일잘러를 위한 파이썬 기초와 웹 크롤링 강의

CAREER SKILL UP TASK AUTOMATION WITH PYTHON

커리어 스킬업 파이썬 업무 자동화

손원준 지음

길벗

직장인을 위한 파이썬 업무 자동화
이 책으로 시작하세요!

누구를 위한 책인가

이 책은 비전공자를 위한 파이썬 코딩 도서로, 파이썬을 처음 접하는 입문자 그리고 이미 파이썬을 배웠지만 실제 업무에 어떻게 적용해야 할지 막막한 이들을 위한 책입니다. 파이썬의 모든 문법과 기능을 다루기보다는 업무에 유용하게 활용할 수 있는 기능 위주로 소개하며, 모든 코드의 로직을 이해하고 따라 할 수 있도록 설명합니다.

책에서 다루는 내용

이 책은 총 세 파트, 13개 장으로 구성돼 있습니다. 파트 1에서는 파이썬 기초 문법을 소개하고, 파트 2에서는 파이썬으로 웹 크롤링을 하는 방법을, 파트 3에서는 각종 자동화 프로그램을 만드는 방법과 엑셀 자동화를 다룹니다. 파트별 실습 내용은 다음과 같습니다.

1 파이썬 기초

- 기본 입출력
- 자료형의 종류와 특징
- 제어문과 예외 처리
- 함수와 모듈

2 파이썬 크롤링

- 무비 차트 수집하기
- 환율 정보 수집하기
- 연관 검색어 수집하기
- 뉴스 기사 수집하기
- 이미지 수집하기
- 포털 사이트 자동 로그인하기
- 유튜브 댓글 수집하기
- 블로그 글 수집하기
- 날씨 데이터 수집하기
- 수집한 정보 시각화하기
- 뉴스 기사 음성으로 변환하기

3 파이썬 업무 자동화

- SNS 좋아요 자동 누르기
- 카페 자동 글쓰기
- 중고나라 관심 물건 스마트폰으로 알림 받기
- 여러 사람에게 이메일 보내기
- 엑셀 작업 자동화하기

베타 학습단의 한마디

혼자서 모든 일을 처리하고 있는 1인 법인의 대표입니다. 이 책은 코딩을 모르는 초보자도 배울 수 있도록 파이썬 기초부터 업무에 바로 적용할 수 있는 크롤링과 엑셀 자동화 방법을 설명합니다. 베타 학습단을 계기로 코딩의 참맛을 알게 됐고, 업무 능력을 향상하는 데 많은 도움을 받았습니다.

정태광

크롤링이나 API 기술을 활용한 업무 자동화 방법이 잘 설명돼 있어 공부하는 내내 즐거웠습니다. 코딩 경험이 없더라도 쉽게 따라 할 수 있는 파이썬 업무 자동화 방법이 알차게 담겨 있습니다. 업무 효율화를 위해 파이썬을 배우려고 한다면 이 책으로 시작해보세요.

박병조

업무 자동화에 대해 생각도 못해본 분들에게 이 책을 추천합니다. 처음 알게 된 새로운 방식의 업무 효율화에 놀라고 재미까지 느끼게 될 것입니다. 이 책을 보면서 파이썬을 더 능숙하게 사용할 수 있으면 좋겠다는 생각이 들었습니다.

김고은

파이썬을 몰라도 하나하나 따라 하면 완성할 수 있는 정도의 난이도입니다. 물론 파이썬과 HTML, CSS를 알고 있다면 더 수월할 것입니다. 평소에 이용하던 사이트와 서비스를 파이썬으로 조작해 결과를 출력하는 과정을 보면서 파이썬 업무 자동화가 어떤 구조로 작동하는지 이해할 수 있었습니다.

이우영

대기업 임원 출신 은퇴자로 올해 62세입니다. 젊은 시절부터 코딩의 필요성을 느꼈으나 막연한 두려움에 가까이하지 못하다가 이 책을 통해 파이썬 코딩에 대한 자신감을 얻었습니다. 은퇴 이후 부동산 투자를 하고 있는데, 네이버 부동산 매물을 내 입맛에 맞게 다운로드해 효율적으로 관리할 수 있게 됐습니다.

김상연

예전에 구글 시트를 사용해 유튜브 조회수를 수집한 적이 있는데, 이 책에서는 그보다 훨씬 쉽고 간단한 방법으로 유튜브 조회수 수집 프로그램을 만들고 엑셀 파일에 그래프를 그리기도 합니다. 반복 작업이 많은 직장인이 배워두면 좋을 것 같고, 데이터를 모아 뭔가 만들어보려는 학생에게도 도움이 될 것 같습니다.

조민혜

파이썬으로 어떻게 업무를 자동화할 수 있는지 명확히 제시합니다. 모든 업무를 커버할 수는 없겠지만, 파이썬을 활용해 자동화할 수 있는 기본적인 방법을 설명하기 때문에 다양한 분야에 응용할 수 있으리라 생각합니다. 저자가 경험한 알짜 팁도 소개돼 있어 코딩을 하면서 겪는 시행착오를 예방할 수 있습니다.

강경목

어렸을 적에 필자는 개발자였던 외삼촌이 컴퓨터를 다루시는 모습을 자주 구경했습니다. 모니터에 암호 같은 글자를 입력하시는 모습이 멋있어 보였죠. 외삼촌이 무엇을 하시는지는 몰랐지만, 조용하고 소심했던 필자에게 컴퓨터는 재미있는 장난감이었습니다. 그런데 어머니는 "원준아, 나중에 외삼촌처럼 컴퓨터 만지는 직업을 갖게 되면 배고프게 살 거야"라며 컴퓨터를 보지 말라고 하셨습니다. 대신 필자는 수많은 과외를 받고 학원을 다녔습니다. 바둑, 미술, 피아노, 서예, 스케이트, 수영, 탁구, 종이 접기 등 정말 많은 것을 배웠습니다. 그런데 그중에서 필자의 적성에 맞는 것이 없었고, 결국 어머니가 그렇게 말리시던 컴퓨터를 전공해 사람들에게 코딩을 가르치고 있습니다. 이제 와 어머니는 "그냥 놔둘걸" 하고 후회하십니다.

코딩 능력이 대우받는 세상이 올지 예전에는 미처 몰랐습니다. 2010년대 후반부터 코딩 열풍이 불기 시작하면서 파이썬의 인기도 올라갔습니다. 지금은 파이썬 관련 책이 서점의 한 코너를 차지할 정도입니다. 파이썬은 '비전공자도 배워서 업무에 활용할 수 있다'는 새로운 가능성을 열어줬습니다. 언어 자체를 쉽게 배울 수 있을뿐더러 업무 자동화, 웹 개발, 데이터 분석 등 다양한 분야에 활용할 수 있다는 점에 많은 사람이 매료됐습니다. 필자는 이 좋은 것을 혼자만 알고 있기가 아까웠습니다. 최대한 많은 사람에게 파이썬을 배워야 하는 이유를 알려주고, 직접 경험할 수 있게 해야겠다는 목표가 생겼습니다.

2018년부터 시작한 파이썬 강의가 어느새 7년 차에 접어들었고 여러 대학, 기업, 공공 기관 등에서 강의를 하면서 1,800여 명의 비전공자를 만났습니다. 감사하게도 제 강의에서 많은 것을 얻어 간 분들도 있는 한편, 그렇지 못한 분들도 있었습니다. 필자의 강의를 들은 수강생 중에는 취업을 한 분, 이직에 성공한 분, 업무에 자동화 프로그램을 적용해 회사에서 주목받는 분도 있습니다. 이런 분들을 보면서 강의에 자부심을 갖다가도, 코딩이 어려워 금방 포기하는 분, 공부를 해도 도저히 감을 잡지 못하겠다는 분을 보면서 '내 강의는 아직 멀었군' 하고 반성하기도 했습니다. 그리고 틈날 때마다 '코딩을 더 쉽고 재미있게 알려주려면 어떻게 해야 할까?'라고 고민하면서 강의 내용을 정리했습니다. 이렇게 쌓아온 코딩 노하우와 강의 내용을 망라해 마침내 책으로 펴내게 됐습니다.

이 책에서 다루는 파이썬은 단순한 프로그래밍 언어 그 이상입니다. 파이썬을 배우는 것은 다양한 분야에서의 문제 해결 능력을 키우는 과정이며, 이는 여러분이 더 효율적으로 일하고 새로운 기술을 쉽게 습득할 수 있는 기반을 마련해줄 것입니다. 특히 웹 크롤링, 엑셀 자동화 등 실용적인 예제를 통해 실무에 바로 적용할 수 있는 기술을 세세히 다뤘습니다. 이 책을 통해 많은 독자가 '코딩이 생각보다 쉽고 재미있다'는 데 공감하길 바랍니다. 여러분의 새로운 시작을 응원합니다.

끝으로, 책을 쓰는 동안 응원과 격려를 아끼지 않으신 부모님과 형, 연구실 후배들에게 고마운 마음을 전합니다.

손원준

손원준 | **swj8905@naver.com**

고려대학교 전기전자공학과에서 실내 위치 인식 기술을 연구해 곧 박사 학위 취득을 앞두고 있는 대학원생이자 코딩 강사입니다. 재능 공유 플랫폼에서 취미처럼 시작한 파이썬 강의가 벌써 7년 차에 접어들었고 1,800여 명의 수강생에게 코딩의 무한한 가능성을 안겨줬습니다. 강의에서는 주로 웹 크롤링, 업무 자동화, 인공지능, 챗GPT 관련 주제를 다루고 있습니다.

탈잉 https://www2.taling.me/talent/4466

크몽 https://kmong.com/gig/129467

문의/답변 오픈채팅방 https://open.kakao.com/o/gO7vjbcc

이 책의 구성

파이썬을 처음 접하는 사람도 쉽게 따라 할 수 있도록 구성했습니다. **개념 설명→실습/결과 확인
→1분 퀴즈→마무리** 순으로 이어지는 단계별 학습을 통해 코드가 어떤 원리로 돌아가는지 이해
하고 활용할 수 있습니다.

❶ 개념 설명

본문 실습에 필요한 주요 개념을 설명합니다.

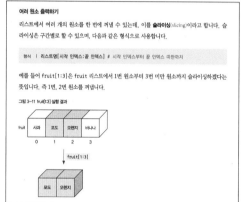

❷ 실습/결과 확인

실습을 따라 하며 코드를 완성하고 결과를 확인합니다.

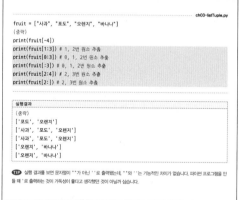

❸ 1분 퀴즈

간단한 퀴즈를 풀며 학습 내용을 확인합니다.

❹ 마무리

본문에서 배운 핵심 내용을 정리합니다.

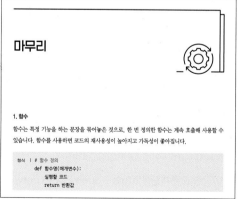

소스 코드 안내

책에서 사용하는 소스 코드는 깃허브 또는 길벗 홈페이지에서 내려받을 수 있습니다.

깃허브에서 내려받기

① 웹 브라우저로 **https://github.com/gilbutITbook/080363**에 접속합니다.

② 화면 오른쪽에 **Code** 버튼을 누른 후 **Download ZIP**을 선택해 압축 파일을 내려받습니다.

길벗 홈페이지에서 내려받기

① 길벗 홈페이지(**https://www.gilbut.co.kr**)에 접속해 **검색창에 도서명을 입력**한 후 검색된 도서를 선택해 해당 페이지로 갑니다.

② 표지 아래쪽의 **자료실**을 선택하고 **실습예제**란의 파일명을 클릭해 압축 파일을 내려받습니다. 내려받은 파일의 압축을 풀면 2개의 폴더가 있습니다.

- **pythonStudy**: 본문의 실습을 모두 따라 했을 때의 완성 코드입니다.
- **source**: 실습에 필요한 준비 파일입니다. 본문의 안내에 따라 불러와 사용하세요.

실습 환경과 동영상 강의

책에서 사용하는 프로그램 버전은 다음과 같으며, 자세한 내용은 **1.1절 실습 환경 설정하기**에 설명돼 있습니다. 원활한 학습을 위해 책의 버전과 똑같이 설치한 후 실습하세요.

- **파이썬**: 3.9.10 버전
- **파이참**: 커뮤니티 에디션

다음 링크에 접속하면 이 책의 기반인 동영상 강의를 볼 수 있습니다. 저자의 온라인 줌 강의를 녹화한 것이므로 세부 전개와 내용이 책과 조금 다릅니다. 파이썬이 처음이라면 책으로 먼저 공부한 후 동영상을 보며 복습할 것을 추천합니다. 책과 동영상을 비교한 내용은 코딩 자율학습단 카페에 자세히 소개되어 있으니 참고하세요.

강의 바로가기

- **동영상 강의**: http://gilbut.co/c/24059119QJ
- **코딩 자율학습단**: https://cafe.naver.com/gilbutitbook/10518

목차

4장 제어문과 예외 처리   115

Part 3 | **파이썬 업무 자동화**

10장 자동화 프로그램 만들기   343

PART
1

파이썬 기초

1 — 파이썬 기초

# 1장

파이썬
시작하기

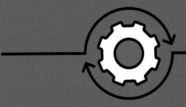

이 장에서는 파이썬으로 코딩할 때 필요한 프로그램을 설치합니다. 그리고 오늘날 파이썬이 주목을 받는 이유와 코딩을 잘하기 위한 팁을 알아봅니다.

실습 환경 설정하기

1.1

이 책의 실습에 필요한 프로그램은 **파이썬**(Python)과 **파이참**(PyCharm)입니다. 파이썬은 프로그래밍 언어이며, 컴퓨터에 파이썬을 설치하면 컴퓨터가 파이썬으로 작성된 코드를 이해하고 실행할 수 있습니다. 또한 파이썬으로 코딩하는 데 도움이 되는 도구인 파이참은 다양한 기능을 지원합니다. 그럼 파이썬과 파이참을 설치해봅시다.

1.1.1 파이썬 설치하기

파이썬은 버전이 높다고 해서 꼭 좋은 것은 아닙니다. 높은 버전을 사용하는 것보다 안정적인 버전을 사용하는 것이 바람직합니다. 여기서는 안정화된 3.9.10 버전을 설치하겠습니다.

1   파이썬 공식 사이트의 3.9.10 버전 다운로드 페이지(**https://www.python.org/downloads /release/python-3910**)에 접속합니다.

> **TIP** 구글에서 'python 3.9.10 download'를 검색해 접속해도 됩니다.

그림 1-1 파이썬 3.9.10 버전 다운로드 페이지 접속

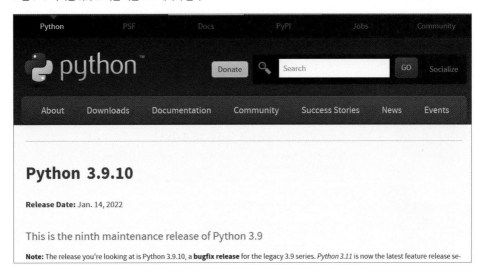

Python
PSF
Docs
PyPI
Jobs
Community
python™
Donate
Search
GO
Socialize
About
Downloads
Documentation
Community
Success Stories
News
Events
Python 3.9.10
Release Date: Jan. 14, 2022
This is the ninth maintenance release of Python 3.9
Note: The release you're looking at is Python 3.9.10, a bugfix release for the legacy 3.9 series. Python 3.11 is now the latest feature release se-

2 스크롤을 내리면 [Files] 항목에 파이썬 설치 링크가 표로 정리돼 있습니다.

- 윈도우 사용자는 **Windows installer (64-bit)**를 클릭하세요.
- 맥OS 사용자는 CPU에 따라 설치 링크가 다릅니다. 인텔 CPU 사용자는 **macOS 64-bit Intel-only installer**를, M1 또는 M2 CPU 사용자는 **macOS 64-bit universal2 installer**를 클릭하세요.

그림 1-2 파이썬 설치 파일 다운로드

Version	Operating System	Description	MD5 Sum	File Size	GPG
Gzipped source tarball	Source release		1440acb71471e2394befdb30b1a958d1	24.6 MB	SIG
XZ compressed source tarball	Source release		e754c4b2276750fd5b4785a1b443683a	18.3 MB	SIG
macOS 64-bit Intel-only installer	macOS	for macOS 10.9 and later, deprecated	2714cb9e6241cf7e2f9022714a55d27a	29.0 MB	SIG
macOS 64-bit universal2 installer	macOS	for macOS 10.9 and later	c2393ab11a423d817501b8566ab5da9f	36.4 MB	SIG
Windows installer (64-bit)	Windows	Recommended	747ac35ae667f4ec1ee3b001e9b7dbc6	27.6 MB	SIG
Windows installer (32-bit)	Windows		457d648dc8a71b6bc32da30a7805c55b	26.5 MB	SIG

맥OS(인텔) 사용자
맥OS(M1, M2) 사용자
윈도우 사용자

TIP 맥OS의 CPU 정보는 화면 왼쪽 상단의 애플 로고를 클릭해 [이 Mac에 관하여]를 선택하면 확인할 수 있습니다.

컴퓨터에 파이썬을 설치하는 방법은 윈도우와 맥OS로 구분해 설명하겠습니다.

윈도우에 파이썬 설치하기

1 내려받은 설치 파일(**python-3.9.10-amd64.exe**)을 더블클릭합니다. 다음과 같은 화면이 나타나면 [Add Python 3.9 to PATH]에 체크하고 [Install Now]를 클릭합니다.

그림 1-3 파이썬 설치 시작

2 파이썬 설치가 진행된 후 완료 화면이 뜨면 [Close] 버튼을 클릭합니다.

그림 1-4 파이썬 설치 완료

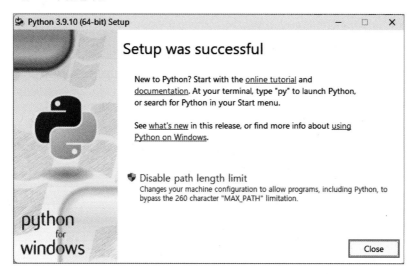

맥OS에 파이썬 설치하기

1 내려받은 설치 파일(**python-3.9.10-masosx10.9(macos11).pkg**)을 더블클릭합니다. 기본 설정을 그대로 두고 안내에 따라 [계속] 버튼을 클릭하다가 소프트웨어 이용 약관 화면이 나타나면 [동의] 버튼을 클릭하고, 마지막으로 [설치] 버튼을 클릭합니다. 암호를 묻는 창이 뜨면 맥OS 컴퓨터의 비밀번호를 입력하세요. 모든 과정을 마치면 [Python 3.9] 폴더가 나타나는데, 이 폴더를 확인하고 [닫기] 버튼을 클릭합니다.

그림 1-5 파이썬 설치 완료

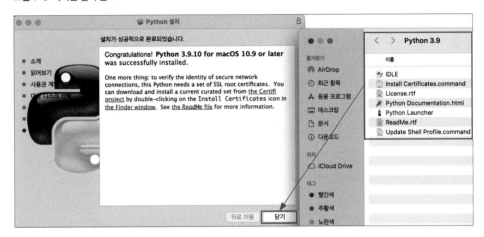

2 맥OS에 파이썬을 처음 설치하면 맥에서 파이썬의 일부 함수를 사용하지 못하게 막는데, 이 설정을 해제하겠습니다. [Python 3.9] 폴더의 **Install Certificates.command** 파일을 더블클릭합니다.

그림 1-6 Install Certificates.command 파일 실행

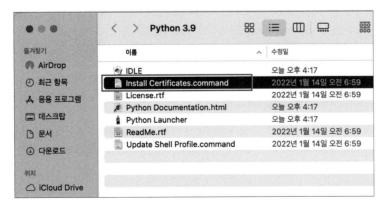

3 잠시 후 [프로세스 완료됨]이 나타나면, 파이썬의 일부 함수를 사용하지 못하게 막는 설정을 해제한 것입니다. 닫기 아이콘을 클릭해 창을 닫습니다.

그림 1-7 [프로세스 완료됨] 확인

```
● ● ●          📁 gilbut — Install Certificates.command — 80×24
/Applications/Python\ 3.9/Install\ Certificates.command ; exit;
/Users/gilbut/.zshrc:1: command not found: expert
/Users/gilbut/.zshrc:2: command not found: expert
gilbut@ITdanhacBookAir ~ % /Applications/Python\ 3.9/Install\ Certificates.comma
nd ; exit;
 --\ pip install --upgrade certifi
Requirement already satisfied: certifi in /Library/Frameworks/Python.framework/V
ersions/3.9/lib/python3.9/site-packages (2023.11.17)
WARNING: You are using pip version 21.2.4; however, version 23.3.1 is available.
You should consider upgrading via the '/Library/Frameworks/Python.framework/Vers
ions/3.9/bin/python3.9 -m pip install --upgrade pip' command.
 -- removing any existing file or link
 -- creating symlink to certifi certificate bundle
 -- setting permissions
 -- update complete

Saving session...
...copying shared history...
...saving history...truncating history files...
...completed.

[프로세스 완료됨]█
```

NOTE **파이썬과 아나콘다**

강의나 다른 책, 인터넷 자료를 보면 파이썬이 아니라 아나콘다(Anaconda)를 설치하라고 안내하는 경우가 많습니다. 아나콘다는 파이썬과 파이썬 관련 모듈을 하나로 묶은 패키지로, 필요한 모듈을 한 번에 설치할 수 있어 편리합니다.

그림 1-8 아나콘다 로고

ANACONDA®

하지만 필자는 다음과 같은 이유로 입문자에게는 아나콘다를 추천하지 않습니다

첫째, 용량이 너무 큽니다. 아나콘다는 최소 5기가바이트, 많게는 50기가바이트를 차지합니다. 불필요한 모듈이 많이 포함돼 있기 때문인데, 전문 개발자가 아닌 이상 아나콘다에 포함된 모듈의 10%도 사용하지 않습니다. 그래서 입문자는 이렇게 무거운 프로그램을 설치할 필요가 없습니다.

둘째, 원인 모를 오류가 발생할 확률이 높습니다. 이는 파이썬을 단독으로 설치하고 필요한 모듈만 따로 설치하면 겪지 않는 오류입니다. 따라서 아나콘다에 익숙한 전문 개발자가 아니라면 아나콘다를 권하지 않습니다. 파이썬을 단독으로 사용해야 안정적으로 코딩할 수 있습니다.

1.1.2 파이참 설치하기

파이참에는 유료 버전인 프로페셔널(Professional)과 무료 버전인 커뮤니티 에디션(Community Edition)이 있는데, 여기서는 커뮤니티 에디션을 사용하겠습니다. 파이참 공식 다운로드 사이트 (**https://www.jetbrains.com/pycharm/download**)에 접속하면 윈도우와 맥OS로 구분된 설치 파일 다운로드 링크가 있습니다.

1 윈도우 사용자는 [Windows]를 선택하고 스크롤을 내려 커뮤니티 에디션의 [Download] 버튼을 클릭하세요.

2 맥OS 사용자는 [macOS]를 선택하고 스크롤을 내려 커뮤니티 에디션의 [Download] 버튼을 클릭하세요. CPU에 따라 설치 파일이 다른데, 맥OS(인텔) 사용자는 **.dmg (Intel)**을 선택한 후 [Download] 버튼을 클릭하고, 맥OS(M1, M2) 사용자는 **.dmg (Apple Silicon)**을 선택한 후 [Download] 버튼을 클릭하면 됩니다.

그림 1-9 파이참 설치 파일 다운로드

(a) 윈도우

(b) 맥OS

TIP 다시 한번 강조하지만 화면에 바로 보이는 프로페셔널의 설치 파일을 다운로드하면 안 됩니다. 스크롤을 조금 내려 커뮤니티 에디션의 설치 파일을 다운로드해야 합니다.

설치 파일이 다운로드됩니다. 컴퓨터에 파이참을 설치하는 방법은 윈도우와 맥OS로 구분해 설명하겠습니다.

윈도우에 파이참 설치하기

1 내려받은 설치 파일(**pycharm-community-2024.1.exe**)을 더블클릭해 실행합니다. 설치 시작 화면에서 [다음] 버튼을 클릭하고, 설치 위치 선택 화면에서는 기본값을 그대로 둔 채 [다음] 버튼을 클릭합니다.

그림 1-10 파이참 설치 시작

TIP 파이참의 설치 파일명은 파이참 버전을 나타냅니다. 다운로드 시기에 따라 책과 버전이 다를 수 있으나 실습하는 데에는 문제가 없습니다.

2 설치 옵션 화면이 나타나면 모든 옵션에 체크하고 [다음] 버튼을 클릭합니다.

그림 1-11 파이참 설치 옵션 설정

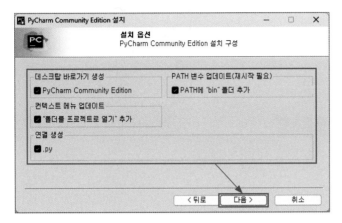

3 시작 메뉴 폴더 선택 화면에서 [설치] 버튼을 클릭해 설치를 시작합니다. 설치 완료 화면이 나타나면 [지금 재부팅 하겠습니다.]에 체크하고 [마침] 버튼을 클릭합니다. 버튼을 클릭하는 순간 컴퓨터가 바로 재부팅되니 중요한 파일을 모두 저장한 후 [마침] 버튼을 클릭해야 합니다.

그림 1-12 파이참 설치 완료

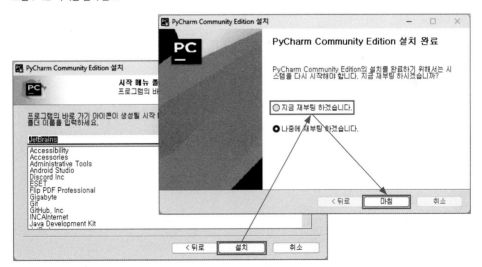

맥OS에 파이참 설치하기

내려받은 설치 파일(**pycharm-community-2024.1(-aarch64).dmg**)을 더블클릭합니다.
[PyCharm CE.drag_to Applications] 창이 나타나면 파인더(Finder)를 실행해 [응용 프로
그램] 폴더에 들어가 PyCharm CE 아이콘을 [응용 프로그램] 폴더로 드래그합니다(❶). 그러
면 PyCharm CE 프로그램이 응용 프로그램에 추가되며(❷) 설치가 끝납니다.

그림 1-13 응용 프로그램에 PyCharm CE 추가

1.1.3 파이참 프로젝트 생성하기

1 파이참을 설치하면 윈도우의 경우 바탕화면에서 파이참 아이콘을 확인할 수 있고, 맥OS의
경우 [응용 프로그램] 폴더에서 파이참 프로그램을 확인할 수 있습니다. 파이참을 더블클릭
해 실행합니다.

그림 1-14 파이참 프로그램 실행

(a) 윈도우

PyCharm
Communi...

(b) 맥OS

2 기존의 파이참 설정을 가져올지 묻는 창이 나타나면 [Skip Import]를 선택합니다.

그림 1-15 파이참 설정 가져오기 선택

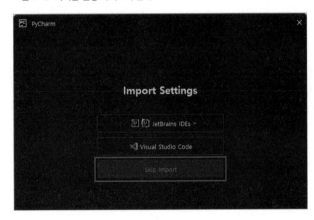

3 파이참 시작 화면에서 [New Project]를 클릭합니다. 여기서 프로젝트는 폴더를 가리킵니
다. 프로젝트라는 말이 거창해 보이지만 사실은 하나의 프로그램을 만들기 위해 여러 개의
파일을 폴더에 저장한 것입니다. 지금부터 이 폴더를 **프로젝트 폴더**라고 부르겠습니다.

그림 1-16 새 프로젝트 생성

4 [New Project] 창이 나타나면 Name의 프로젝트명을 'pythonProject'에서 'python Study'로 수정합니다. 또한 [Create a welcome script]에 체크하고, Python version이 운영체제별로 다음과 같은 경로로 설정돼 있는지 확인합니다. 경로가 다르면 다음 경로를 참고해 직접 수정하세요. 확인을 모두 마치면 [Create] 버튼을 클릭합니다.

- **윈도우**: C:\Users\사용자명\AppData\Local\Programs\Python\Python39\ python.exe

- **맥OS**: /usr/local/bin/python3.9

그림 1-17 프로젝트명과 버전 설정

(a) 윈도우

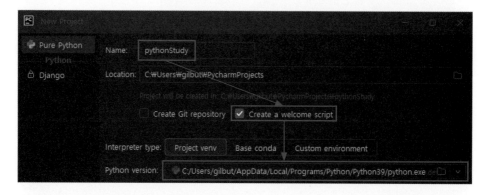

(b) 맥OS

5 프로젝트가 성공적으로 만들어지면 다음과 같이 [pythonStudy] 프로젝트 폴더 아래에 **main.py** 파일이 생성된 것을 확인할 수 있습니다.

그림 1-18 프로젝트 생성 확인

1.1.4 파이참 환경 설정하기

1 파이참을 본격적으로 사용하기 전에 몇 가지 환경 설정을 하겠습니다. 윈도우 사용자는 화면 왼쪽 상단의 햄버거 아이콘을 클릭한 후 메뉴에서 View→Appearance→Show Main Menu in Separate Toolbar를 선택해 메인 메뉴를 표시합니다. 맥OS 사용자는 메인 메뉴를 표시할 수 없으니 이 부분을 건너뜁니다.

그림 1-19 메인 메뉴 표시

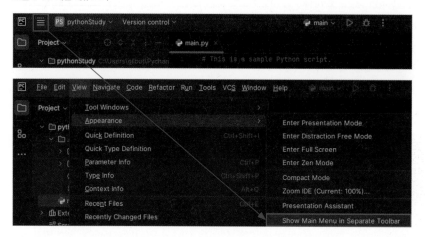

2 파이참의 환경 설정을 하기 위해 [Settings] 창을 띄웁니다. 윈도우 사용자는 File→Settings 메뉴를 선택하고, 맥OS 사용자는 화면 왼쪽 상단에서 애플 로고 옆의 PyCharm→Settings 메뉴를 선택합니다.

그림 1-20 Settings 창 띄우기

(a) 윈도우

(b) 맥OS

3 [Settings] 창에서 화면 테마, 실행 단축키, 글자 크기를 변경합니다. 먼저 어두운 화면을 밝게 바꾸기 위해 왼쪽 목록에서 **Appearance & Behavior > Appearance**를 선택하고 오른쪽의 Theme을 'Light'로 변경합니다. 그러면 화면이 밝은색으로 바뀝니다.

그림 1-21 화면 테마 변경

4 파이참에서 작성한 코드를 실행할 때는 메뉴 또는 단축키를 이용합니다. 그런데 실행에 사용하는 단축키의 경우 기본적으로 복잡하게 설정돼 있습니다. 이를 간단한 키로 바꾸기 위해 왼쪽 목록에서 **Keymap**을 선택하고 오른쪽 검색창에 'run context'를 입력합니다. 아래에 Run context configuration 항목이 뜨면 클릭하고 마우스 오른쪽 버튼을 눌러 [Add Keyboard Shortcut]을 선택합니다.

그림 1-22 실행 단축키 설정 1

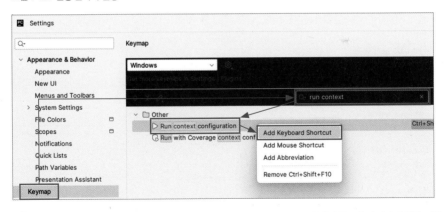

TIP 만약 Run context configuration 항목이 여러 개 뜨면 단축키가 이미 할당된 항목이 딱 하나만 있을 것입니다. 그 항목에서 마우스 오른쪽 버튼을 눌러 [Add Keyboard Shortcut]을 선택합니다.

5 실행 단축키는 Run의 앞 글자를 따서 윈도우는 Ctrl+R, 맥OS는 command+R로 설정하겠습니다. 입력 칸에서 윈도우 사용자는 Ctrl 키를, 맥OS 사용자는 command 키를 누른 채

⟨R⟩ 키를 눌러 단축키를 입력하고 [OK] 버튼을 클릭합니다. 이미 다른 용도로 사용되는 단축키라는 경고창이 뜨면 [Remove] 버튼을 클릭합니다.

그림 1-23 실행 단축키 설정 2

(a) 윈도우

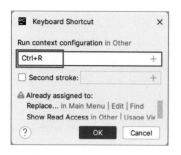

(b) 맥OS

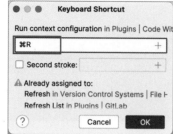

(c) 경고창 확인

6 파이참을 처음 설치하면 편집창의 글자 크기가 작습니다. 왼쪽 목록에서 **Editor > Font**를 선택하고 오른쪽의 Size를 '15'로 수정해 글자 크기를 키웁니다.

그림 1-24 글자 크기 변경

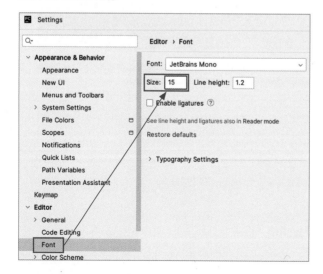

7 왼쪽 목록에서 **Editor > General**을 선택하고 [Change font size with Ctrl+Mouse Wheel in:]에 체크합니다. 이렇게 설정하면 파이참 화면에서 [Ctrl]+마우스 휠(맥OS는 [command]+마우스 휠)로 글자 크기를 조절할 수 있습니다. 모든 설정이 끝나면 [Apply]에 이어 [OK] 버튼을 클릭합니다.

그림 1-25 마우스 휠로 글자 크기 조절 설정

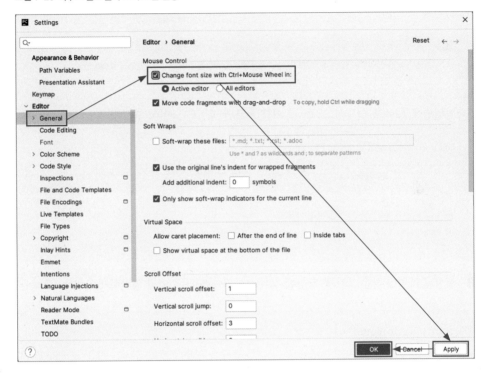

1.1.5 파이썬 코드 실행하기

1 pythonStudy 프로젝트에 첫 번째 파이썬 프로그램을 만들고 실행해보겠습니다. 프로젝트 탐색기의 [pythonStudy] 폴더를 선택하고 마우스 오른쪽 버튼을 눌러 **New→Python File**을 선택합니다.

그림 1-26 새 파이썬 파일 생성

TIP 파이썬 파일을 만들 때는 꼭 프로젝트 폴더(pythonStudy)에 만들고, 마우스 오른쪽 버튼을 누른 다음에는 New → Python File을 선택해야 합니다. 입문자는 실수로 New → File을 선택할 수도 있으니 주의하세요.

2 파일명에 'test'를 입력하고 Enter 키를 누르면 파이썬 파일이 생성됩니다.

그림 1-27 test.py 생성

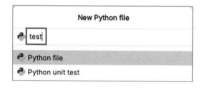

3 생성된 파일에 다음 코드를 작성합니다. 오타가 없도록 주의해 입력하세요.

test.py

```python
print("Hello World")
print(10 + 20)
print(len("Hello"))
```

4 앞에서 설정한 실행 단축키(윈도우는 Ctrl + R, 맥OS는 command + R)를 눌러 코드를 실행하면 화면 하단의 실행창에서 결과를 확인할 수 있습니다. 이 코드는 컴퓨터에 다음과 같이 명령한 것으로, 실행 단축키를 누르는 순간 컴퓨터가 이 명령을 이해하고 실행창에 결과를 보여줍니다.

```python
print("Hello World")  # "Hello World"라는 문자열을 실행창에 띄워
print(10 + 20)        # 10 + 20의 연산 결과를 실행창에 띄워
print(len("Hello"))   # "Hello"라는 문자열의 글자 수를 세어 실행창에 띄워
```

그림 1-28 결과 확인

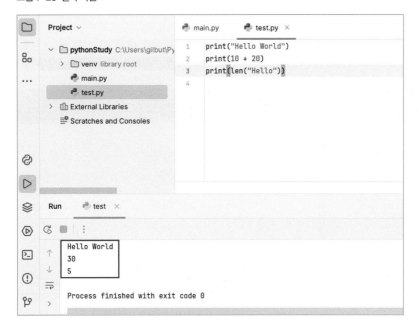

NOTE **코드 실행 시 주의점**

코드를 실행할 때는 편집창의 아무 곳에서 마우스 오른쪽 버튼을 누르고 [Run 'test']를 선택해도 됩니다. 단, 화면 오른쪽 상단에 있는 초록색 실행 버튼을 클릭하면 안 됩니다. 이 버튼은 버튼 왼쪽에 표시된 파이썬 파일을 실행하기 위한 것으로, 현재 작업 중인 파이썬 파일을 실행하는 버튼이 아닙니다. 이 버튼을 잘못 클릭하면 자칫 엉뚱한 파일이 실행될 수 있으니 주의하세요.

그림 1-29 코드 실행 시 주의점

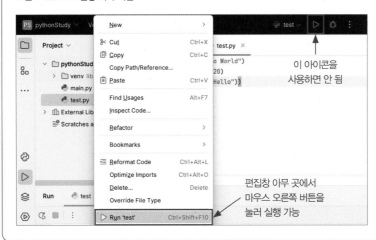

5 파이참 화면은 윈도우의 경우 다섯 영역으로 구성되며, 맥OS의 경우 메뉴(❶)가 없고 나머지는 동일합니다.

그림 1-30 파이참의 화면 구성(윈도우)

❶ **메뉴:** 파이참의 모든 기능에 접근할 수 있습니다.

❷ **툴바:** 자주 사용하는 메뉴가 원클릭 아이콘으로 나열돼 있습니다.

❸ **프로젝트 탐색기:** 프로젝트의 구조를 탐색하고 특정 파일을 바로 열 수 있습니다.

❹ **편집창:** 파이썬 코드를 작성하거나 편집합니다.

❺ **실행창:** 파이썬 코드의 실행 결과를 보여줍니다.

❻ **상태바:** 파이썬 버전 정보와 다양한 경고, 정보 메시지를 보여줍니다.

1.1.6 소스 코드 내려받기

아직 소스 코드를 내려받지 않았다면 다음 링크에서 소스 코드를 내려받아 압축을 푸세요.

- **소스 코드 다운로드:** https://github.com/gilbutITbook/080363

소스 코드의 [pythonStudy] 폴더에는 완성 코드가 들어 있고, [source] 폴더에는 실습에 필요한 준비 파일이 들어 있습니다. 특히 [source] 폴더 내 **(참고)모듈버전.txt** 파일에는 이 책에서 사용하는 파이썬 외장 모듈과 그 버전이 기록돼 있습니다. 이 모듈은 앞으로 실습하면서 하나씩 설치할 예정이니 지금은 참고만 하세요. 책을 다 읽은 후 또는 읽는 도중에 책에서 사용한 외장 모듈과 버전이 궁금할 때는 이 파일에서 확인하면 됩니다.

그림 1-31 책에서 사용한 외장 모듈 리스트

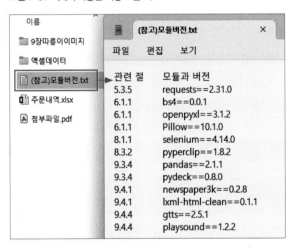

파이썬의 장점과
코딩 팁

1.2.1 파이썬이 인기 있는 이유

파이썬, C 언어, 자바(Java), 자바스크립트(Javascript) 등 다양한 프로그래밍 언어 중에서도 파이썬은 가장 주목받는 언어입니다. 실제로 구글, 페이스북, 인스타그램, 넷플릭스, 드롭박스 등의 프로그램은 모두 파이썬으로 만들어졌고, 데이터를 다루는 국내외 회사는 대부분 파이썬을 사용합니다. 파이썬은 전공자는 물론이고 비전공자도 앞다퉈 배우려고 합니다.

그림 1-32 프로그래밍 언어의 인기 순위(출처: www.tiobe.com, 2024년 5월)

May 2024	May 2023	Change		Programming Language	Ratings	Change
1	1			Python	16.33%	+2.88%
2	2			C	9.98%	-3.37%
3	4	∧		C++	9.53%	-2.43%
4	3	∨		Java	8.69%	-3.53%
5	5			C#	6.49%	-0.94%

파이썬은 왜 이렇게 인기가 있을까요? 필자가 생각하는 이유는 두 가지입니다.

코딩하기 쉽다

필자는 대학교 4학년 때 파이썬을 처음 접했습니다. 어느 날 개발자 커뮤니티에 '파이썬은 너무 쉽다'라는 제목의 글이 올라왔는데, 이 글을 보고 서점에서 파이썬 기초 책을 샀습니다. 그런데 몇 페이지를 넘기자마자 "와, 쉽다"라는 말이 절로 나왔습니다. 필자가 알던 프로그래밍 언어는 개발자들이 빈 화면에 알 수 없는 기호와 영어를 입력하면서 멋있는 척하는, 그들만의 전유물이었습니다. 하지만 파이썬은 달랐습니다. 파이썬은 누구나 배울 수 있을 정도로 문법과 함수가 간단하고 쉬웠습니다.

파이썬이 얼마나 코딩하기 쉬운 언어인지 예를 들어보겠습니다. 다음은 같은 코드를 C 언어, 자바, 파이썬으로 작성한 것입니다.

그림 1-33 "Hello World"를 출력하는 프로그램

C 언어

```c
#include <stdio.h>
int main() {
    printf("Hello, World!");
    return 0;
}
```

자바

```java
public class HelloWorld {
    public static void main(String[] args) {
        System.out.println("Hello, World!");
    }
}
```

파이썬

```python
printf("Hello, World!");
```

이처럼 C 언어나 자바로는 5줄을 작성해야 하는 코드를 파이썬으로는 1줄로 해결할 수 있습니다.

여러 분야에 사용된다

쉬운 프로그래밍 언어라고 하면 '아이들 교육용으로만 사용되는 것 아냐', '실제로 유용하게 쓸 수 있냐'라는 의구심이 들 수도 있습니다. 하지만 파이썬은 그 어떤 프로그래밍 언어보다 많은 기능을 지니고 있습니다. 파이썬은 인공지능, 빅데이터뿐만 아니라 웹 개발, 웹 크롤링, 업무 자동화, 온라인 게임 등 다양한 분야에서 사용됩니다. 이렇게 많은 분야를 지원하는 프로그래밍 언어는 파이썬이 유일하다고 볼 수 있습니다.

파이썬을 배우면 다양한 분야로 확장해 공부할 수 있습니다. 업무 자동화를 익히려고 이 책을 폈더라도 파이썬을 배우고 나면 그 어려워 보이던 인공지능, 데이터 분석, 웹 개발 등에 '나도 도전해볼까' 하는 생각이 듭니다.

파이썬을 배우면 다음과 같은 일을 할 수 있습니다.

- 쇼핑몰 사이트에서 데이터를 수집해 자신이 원하는 양식의 엑셀 파일로 저장할 수 있습니다.
- 주식 데이터를 수집한 후 인공지능 기술을 이용해 학습시켜 자동으로 주식을 사고파는 프로그램을 만들 수 있습니다.
- 데이터 분석을 통해 얻은 결과를 사이트에 올려 쉽게 배포할 수 있습니다.

비전공자도 파이썬을 배우면 이러한 일을 생각보다 쉽게 해낼 수 있어 코딩을 업무에 활용하거나 코딩으로 돈을 벌 수도 있습니다.

1.2.2 코딩을 잘하기 위한 팁

그렇다면 어떻게 해야 코딩을 잘할 수 있을까요? 코딩을 처음 배울 때는 책이나 강의의 내용을 따라 하면서도 '내가 지금 뭘 한 거지?'라는 생각이 들곤 합니다. 코딩의 기본적인 원리를 이해하지 못했기 때문입니다. 이에 코딩을 잘하기 위한 다섯 가지 팁을 알려드리겠습니다.

명령을 잘하라

'computer'는 '계산하다'라는 뜻의 라틴어 *computare*(콤푸타레)'에서 유래했듯이, 컴퓨터는 간단히 말해 계산하는 기계입니다. 사람들은 컴퓨터가 많은 일을 처리할 수 있기 때문에 똑똑한 기계라고 생각하지만 사람의 일을 대신하는 기계에 불과합니다.

컴퓨터는 정해진 규칙에 따라 움직이고 결과를 출력합니다. 따라서 컴퓨터에 일을 시키려면 모든 명령을 정확하게 내려야 합니다. 논리적인 순서에 따라 필요한 동작 하나하나를 명령해야 원하는 결과를 얻을 수 있습니다. 만약 컴퓨터가 제대로 동작하지 않는다면 그것은 명령을 잘못한 사람 때문입니다. 프로그램을 실행하는 도중 오류가 발생할 때 이를 '컴퓨터의 잘못'이 아닌 '자신의 잘못'으로 인지하는 것이 입문자를 벗어나는 첫 번째 단계입니다. 이러한 생각의 전환은 쉬워 보여도 막상 코딩을 하다 보면 무의식적으로 컴퓨터 탓을 하게 됩니다. 하지만 사람이 명령을 잘해야 컴퓨터가 올바로 동작한다는 사실을 명심하세요.

그림 1-34 사용자의 명령에 따라 동작하는 컴퓨터

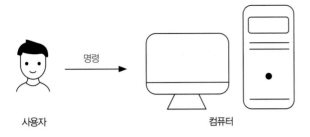

인터프리터의 역할을 이해하라

컴퓨터는 기계어밖에 모릅니다. 기계어는 0110000110011…과 같이 0과 1로만 이뤄진 언어로, 컴퓨터에 명령할 때 기계어를 사용해야 컴퓨터가 알아들을 수 있습니다. 하지만 기계어는 사람이 사용하기가 어렵기 때문에 C 언어, 자바, 파이썬 같은 프로그래밍 언어가 등장했습니다.

파이썬으로 print("Hello World!")라고 명령한다면 컴퓨터는 이 명령을 바로 이해하지 못합니다. print("Hello World!")는 기계어가 아니기 때문입니다. 따라서 통역사가 필요합니다. 파이썬으로 작성된 코드를 통역사가 기계어로 번역하면 컴퓨터가 명령을 이해하고 실행하는데, 이러한 통역사를 **인터프리터**(interpreter)라고 부릅니다. 다시 말해 인터프리터는 프로그래밍 언어로 작성된 코드를 기계어로 변환하는 번역기입니다.

앞서 파이참에서 파이썬 코드를 작성하고 실행 단축키를 눌렀는데, 이는 인터프리터를 부르는 행위입니다. 인터프리터가 파이썬 코드를 기계어로 번역해 컴퓨터에 전달하면 컴퓨터는 실행 결과를 출력합니다.

그림 1-35 인터프리터의 동작

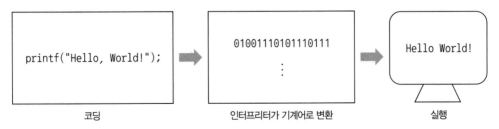

| 코딩 | 인터프리터가 기계어로 변환 | 실행 |

사용자는 인터프리터가 코드를 번역할 때 어떤 순서로 번역하고 그 과정에서 무슨 일이 벌어지는지를 이해해야 합니다. 인터프리터가 어떤 식으로 동작하는지를 알면 코딩이 쉬워지기 때문입니다. 또한 파이썬뿐만 아니라 다른 프로그래밍 언어도 독학할 수 있는 힘이 생깁니다. 앞으

로 인터프리터를 자주 언급할 텐데, 그때마다 인터프리터에 대해 이해하려고 노력하세요. 코딩 공부는 곧 인터프리터에 대해 이해하는 과정이라고 해도 될 만큼 중요하니까요.

많이 만들어보라

요리를 배우러 학원에 등록했다고 합시다. 그런데 학원에서 요리 만드는 방법은 가르쳐주지 않고 한 달 내내 칼질하는 법, 오븐과 믹서기 사용법만 알려준다면 학원에 다니는 의미가 있을까요? 요리를 배우는 것은 맛있는 요리를 만들기 위해서입니다. 조리 도구 사용법은 요리를 하다 보면 자연스레 알게 됩니다.

코딩도 마찬가지입니다. 코딩을 배우는 것은 일상생활이나 업무에 도움이 되는 프로그램을 만들기 위해서입니다. 파이썬 자체를 배우는 것이 목적이 아닙니다. 파이썬 문법만 공부한다면 한달 내내 조리 도구 사용법만 익히는 것과 같습니다. 처음에는 파이썬이 어렵게 느껴지고 익숙지 않더라도 계속해서 여러 가지 프로그램을 만들어봐야 합니다. 다양한 프로그램을 만들다 보면 어느새 파이썬이 익숙해져서 머리로 이해하기 전에 손가락이 먼저 움직이는 날이 올 것입니다.

어렵게 생각하지 말라

코딩에서 중요한 것은 파이썬을 잘 다루는 능력이 아니라 자신의 생각을 논리적으로 정리할 수 있는 능력입니다. 파이썬을 아무리 잘 알더라도 자신의 생각을 논리적으로 정리하지 못하면 컴퓨터에 올바른 명령을 내릴 수 없습니다. 그런데 여러분에게는 그러한 능력이 있습니다.

예컨대 길에서 누군가가 지하철역까지 가는 방법을 묻는다면 여러분은 상세하게 알려줄 수 있을 것입니다. 혹은 누군가가 스마트폰으로 사진 보내는 방법을 물었을 때 차근차근 설명해줄 수 있을 것입니다. 이 정도의 능력이 있다면 코딩을 할 수 있는 잠재력을 가졌다고 볼 수 있습니다. 코딩이 어렵게 느껴진다면 파이썬이라는 언어가 낯설어서 그런 것입니다. 파이썬과 친해지려는 노력을 조금만 기울인다면 코딩만큼 쉽고 재미있는 것도 없습니다.

재미를 잃지 말라

코딩을 공부하는 데 단연 중요한 것은 '재미'입니다. 억지로 컴퓨터 앞에 앉아서 코딩을 한다면 그것은 공부이고, 공부는 재미없다고 느껴지게 마련입니다. 요리, 운동, 게임, 독서처럼 코딩을 취미로 생각하고 가벼운 마음으로 접근하세요. 코딩에 재미를 느끼는 순간 누가 시키지 않아도 밤새 코딩만 하게 됩니다.

이 책을 읽을 때도 '어떻게 하면 재미있는 것을 만들 수 있을까?'라는 생각을 가지세요. '이런 기능이 있으면 더 좋을 것 같은데', '이런 식으로 보이면 더 멋있을 것 같은데'라는 생각을 끊임없이 해야 합니다. 책에 나오는 코드는 누구나 따라 할 수 있습니다. 한 글자씩 따라 치는 것은 어린아이도 할 수 있죠. 실습에 담긴 지식을 자신의 것으로 만들고 싶다면 코드에 새로운 기능을 추가하려는 고민과 시도를 해봐야 합니다. 코딩의 재미는 이러한 과정에서 비롯됩니다.

마무리

1. 파이썬이 인기 있는 이유

- **코딩하기 쉽다:** 파이썬은 다른 프로그래밍 언어보다 문법과 함수가 간단하기 때문에 쉽게 배울 수 있습니다. 간단한 코드로 다양한 작업을 수행할 수 있어 입문자에게 인기가 높습니다.

- **여러 분야에 사용된다:** 파이썬은 인공지능, 빅데이터, 웹 개발 등 다방면에 활용됩니다. 비전공자도 파이썬을 배우면 다양한 프로그램을 만들어 업무나 일상생활에 활용할 수 있습니다.

2. 코딩을 잘하기 위한 팁

- **명령을 잘하라:** 컴퓨터는 사람의 명령 없이는 아무것도 하지 못합니다. 코딩 중에 오류가 발생하면 자신의 탓임을 인지하고, 어디서 오류가 발생했는지 찾으려는 자세를 갖춰야 합니다.

- **인터프리터의 역할을 이해하라:** 파이썬 코드를 번역하는 인터프리터의 동작 방식을 이해하면 코딩이 더 쉬워집니다.

- **많이 만들어보라:** 코딩을 배우는 목적은 실용적인 프로그램을 만들어 업무와 일상생활에 활용하는 것이므로 파이썬에 목매기보다 다양한 프로그램을 만들어보는 연습을 하는 것이 중요합니다.

- **어렵게 생각하지 말라:** 코딩에서는 파이썬의 기본 문법을 얼마나 아는가보다는 논리적인 생각을 바탕으로 문제를 해결하는 능력이 더 중요합니다. 따라서 일상생활의 문제를 해결할 수 있는 능력을 갖췄다면 누구나 코딩을 할 수 있습니다.

- **재미를 잃지 말라:** 코딩을 배울 때 재미를 찾으세요. 코딩이 일상생활과 연결돼 있다고 생각하면 코딩 공부가 지루하지 않을 것입니다.

# 2장

기본
입출력

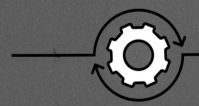

이 장에서는 특정 값을 화면에 출력하는 함수와 키보드로 특정 값을 입력받는 함수에 대해 알아봅니다. 이는 파이썬으로 코딩할 때 자주 사용하는 함수이니 사용법을 정확히 숙지해야 합니다.

기본 출력:
print() 함수

파이썬에서 특정 값을 화면에 출력하려면 print() 함수를 사용합니다. print()는 "이 값을 화면에 출력해"라고 컴퓨터에 명령하는 함수입니다.

2.1.1 print() 함수 사용법

실습을 위해 새 파이썬 파일을 만들어봅시다. 프로젝트 탐색기에서 [pythonStudy] 폴더를 선택하고 마우스 오른쪽 버튼을 눌러 **New→Python File**을 선택합니다. 그런 다음 파일명에 **ch02-print**를 입력하고 Enter 키를 누릅니다.

문자열 출력하기

print() 함수로 문자열을 출력할 때는 큰따옴표(" ")로 문자열을 감쌉니다. 다음 코드를 작성하고 실행 단축키(윈도우는 Ctrl + R, 맥OS는 command + R)를 눌러보세요. 실행창에 안녕하세요!라는 문자열이 출력됩니다.

ch02-print.py

```
print("안녕하세요!")
```

실행결과
안녕하세요!

다양한 자료형 출력하기

print( ) 함수는 문자열뿐만 아니라 숫자, 리스트, 딕셔너리 등의 다양한 자료형을 출력할 수 있습니다. **자료형**(data type)이란 컴퓨터에 저장되는 데이터의 유형을 식별할 수 있도록 분류한 것을 말합니다. 자세한 내용은 **3장 자료형**에서 다룰 것이니 여기서는 print( ) 함수로 다양한 자료형을 출력할 수 있다는 정도만 알아두세요.

print( ) 함수로 다양한 자료형을 출력해봅시다. 코드에서 음영으로 표시된 부분을 추가하고 실행하면 숫자, 리스트, 딕셔너리 자료형의 데이터가 출력됩니다.

ch02-print.py

```python
print("안녕하세요!")
print(12.345) # 숫자 출력
print(["A", "B", "C"]) # 리스트 출력
print({"짜장":5000, "짬뽕":6000}) # 딕셔너리 출력
```

실행결과

```
(중략)
12.345
['A', 'B', 'C']
{'짜장': 5000, '짬뽕': 6000}
```

NOTE 주석

코드에서 해시(#) 기호로 시작하는 텍스트를 주석(comment)이라고 합니다. 주석은 코드에 대한 보충 설명, 즉 메모를 남기고 싶을 때 사용합니다. 코드 오른쪽에 #를 입력하고 메모를 달면 해당 문장이 주석으로 처리됩니다. 코드를 실행할 때 인터프리터가 주석을 무시하기 때문에 주석은 프로그램에 아무런 영향을 주지 않습니다.

주석 처리 시 사용하는 단축키는 다음과 같습니다.

- 윈도우: Ctrl + /
- 맥OS: command + /

주석은 코드에 메모를 남길 때뿐만 아니라 프로그램의 특정 코드를 실행하지 않을 때도 사용합니다. 이때 코드 한 줄만 주석으로 처리할 수도 있고, 여러 줄을 주석으로 처리할 수도 있습니다. 한 줄 주석 처리의 경우 해당 줄 앞에 커서를 두고 단축키를 누르며, 여러 줄 주석 처리의 경우 해당 줄을 드래그하고 단축키를 누릅니다.

그림 2-1 주석 처리

(a) 한 줄 주석 처리

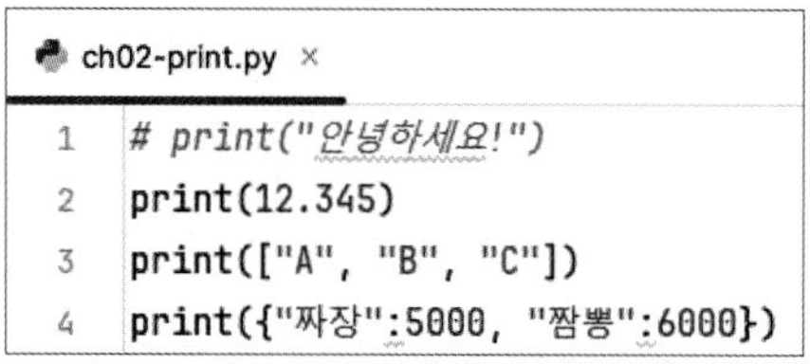

```
ch02-print.py ×
1  # print("안녕하세요!")
2  print(12.345)
3  print(["A", "B", "C"])
4  print({"짜장":5000, "짬뽕":6000})
```

(b) 여러 줄 주석 처리

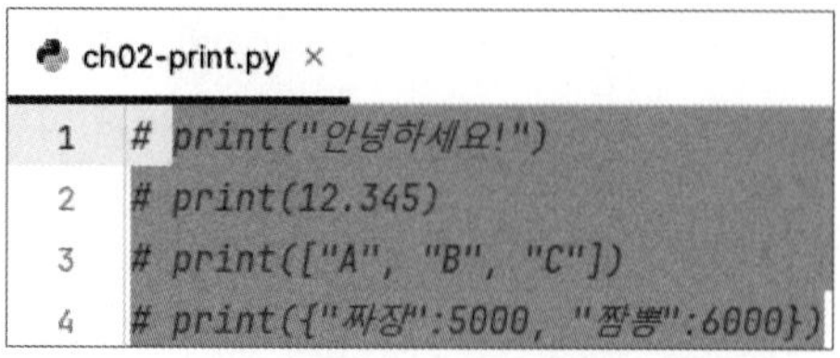

```
ch02-print.py ×
1  # print("안녕하세요!")
2  # print(12.345)
3  # print(["A", "B", "C"])
4  # print({"짜장":5000, "짬뽕":6000})
```

주석 처리된 문장에서 해당 단축키를 한 번 더 누르면 주석이 해제됩니다. 여러 줄 주석을 해제할 때는 여러 줄을 드래그하고 단축키를 누르면 됩니다.

여러 값 출력하기

print( ) 함수 안에서 쉼표(,)로 구분하면 여러 값을 동시에 출력할 수 있습니다. 다음 코드를 실행하면 3개의 값이 공백으로 구분돼 출력됩니다.

ch02-print.py

```
print({"짜장":5000, "짬뽕":6000}) # 딕셔너리 출력
print("홍길동", 25, "남자") # 여러 값 출력
```

실행결과
(중략)
홍길동 25 남자

변숫값 출력하기

이번에는 변수에 들어 있는 값을 출력해봅시다. **변수**(variable)는 값을 저장하는 일종의 상자로, 변수에 값을 저장하는 형식은 다음과 같습니다.

형식	변수명 = 값

예를 들어 변수명을 foo로 짓고 "Hello World!"라는 문자열을 저장하려면 다음과 같이 작성합니다.

```
foo = "Hello World!"
```

여기서 등호(=)는 오른쪽에 있는 값을 왼쪽에 저장하라는 뜻의 **할당 연산자**입니다. 할당 연산자는 수학에서 사용하는 '같다'라는 의미가 아니니 주의하세요. 지금은 이해했더라도 나중에 헷갈릴 수 있으니 꼭 기억하기 바랍니다.

앞의 코드를 실행하면 다음과 같이 foo라는 이름의 변수에 "Hello World!" 문자열이 저장됩니다.

그림 2-2 foo 변수에 "Hello World!" 문자열이 저장되는 과정

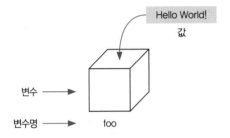

변수를 사용해 값을 출력해보겠습니다. foo 변수에 "Hello World!" 문자열을 저장하고 print() 함수 안에 foo 변수명을 입력합니다. 이는 foo 변수에 저장된 값인 Hello World!를 출력하라는 의미입니다.

ch02-print.py

```
print("홍길동", 25, "남자") # 여러 값 출력
foo = "Hello World!" # 변수에 문자열 저장
print(foo) # 변숫값 출력
```

실행결과
```
(중략)
Hello World!
```

변수명을 foo로 지은 데에는 별다른 이유가 없지만, 변수명을 지을 때는 어떤 데이터를 저장하는지 알 수 있도록 정하는 것이 좋습니다. 예를 들어 사람 이름을 저장한다면 name, 키를 저장한다면 height로 정하는 것입니다. 또한 변수명을 정할 때는 다음 규칙을 따라야 합니다.

❶ 변수명에는 띄어쓰기가 포함되면 안 됩니다. 띄어쓰기를 하고 싶을 때는 언더바(_) 기호를

사용합니다.

```
foo bar = "Hello" (×)
foo_bar = "Hello" (○)
```

❷ 변수명에는 언더바 외에 특수 기호(@, #, $, %, ^ 등)를 사용할 수 없습니다.

```
foo!$% = "Hello" (×)
```

❸ 변수명에 숫자를 포함할 수 있지만 숫자가 맨 앞에 오면 안 됩니다.

```
foo123 = "Hello" (○)
foo123bar = "Hello" (○)
123foobar = "Hello" (×)
```

이러한 규칙에 대해 '헉, 외워야 할 게 생겼다'고 생각하지 마세요. 변수명 규칙은 외울 필요가 없습니다. 변수명이 올바르지 않으면 파이참에서 다음과 같이 밑줄로 표시해주기 때문입니다.

그림 2-3 올바르지 않은 변수명에 대한 오류 표시

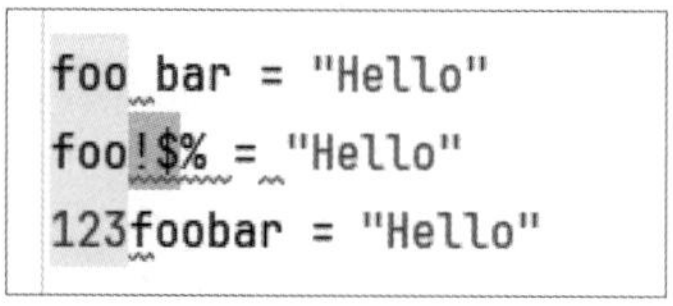

```
foo bar = "Hello"
foo!$% = "Hello"
123foobar = "Hello"
```

2.1.2 print() 함수의 추가 옵션

print() 함수는 기본적으로 실행 결과를 행갈이해서 출력합니다. 만약 행갈이를 하고 싶지 않다면 end 옵션을 사용합니다. 다음 코드를 실행하면 안녕하세요. 저는 파이썬을 배우는 중입니다.가 한 줄로 출력됩니다.

```
print(foo) # 변숫값 출력
print("안녕하세요.", end=" ") # end 옵션 사용
print("저는 파이썬을 배우는 중입니다.")
```

실행결과

(중략)

안녕하세요. 저는 파이썬을 배우는 중입니다.

---

end 옵션은 행갈이를 하는 대신 미리 설정된 문자를 출력합니다. 앞의 코드에서는 end에 " "(공백)을 넣었기 때문에 두 문장 사이에 공백이 있고 한 줄로 출력됐습니다. 만약 " " 대신 "abcd", "1234"를 넣으면 다음과 같이 출력됩니다.

```
print("안녕하세요.", end=" ") # end 옵션 사용
print("저는 파이썬을 배우는 중입니다.")
print("안녕하세요.", end="abcd")
print("저는 파이썬을 배우는 중입니다.")
print("안녕하세요.", end="1234")
print("저는 파이썬을 배우는 중입니다.")
```

실행결과

(중략)

안녕하세요.abcd저는 파이썬을 배우는 중입니다.
안녕하세요.1234저는 파이썬을 배우는 중입니다.

(🔔) 1분 퀴즈

정답 p. 484

1 print() 함수에 대한 설명 중 옳지 않은 것을 고르세요.

① print() 함수의 괄호 안에는 문자열만 입력해야 한다.

② print() 함수는 여러 개의 값을 출력할 수 있다.

③ print() 함수는 기본적으로 출력한 후 행갈이를 한다.

④ print() 함수의 end 옵션을 " "로 설정하면 행갈이를 하는 대신 공백을 출력한다.

기본 입력: input( ) 함수

2.2

input( ) 함수는 컴퓨터에 "사용자의 입력을 읽어들여"라고 명령할 때 사용합니다. 웹이나 모바일에서 이용하는 대부분의 프로그램에는 사용자의 입력을 받는 입력 상자가 있습니다. 예를 들어 채팅 앱에는 대화 내용을 입력하는 입력 상자가 있고, 포털 사이트에는 검색어를 입력하는 입력 상자가 있습니다. input( ) 함수는 이러한 입력 상자를 만드는 기능을 합니다.

2.2.1 글자 수 세기 프로그램 만들기

문자열을 입력하면 글자 수를 세는 프로그램을 만들면서 input( ) 함수의 사용법을 익혀봅시다. 프로젝트 탐색기에서 [pythonStudy] 폴더를 선택하고 마우스 오른쪽 버튼을 눌러 **New →Python File**을 선택합니다. 파일명에 **ch02-inputCount**를 입력하고 Enter 키를 누릅니다. 그런 다음 편집창에 input( ) 함수를 작성하고 실행합니다.

ch02-inputCount.py

```
input()
```

실행창에 아무것도 출력되지 않습니다. 그 상태에서 실행창을 클릭하고, 커서가 깜빡이면 **Hello World!**를 입력한 뒤 Enter 키를 눌러보세요.

그림 2-4 Hello World!를 입력하고 [Enter] 키를 누른 후의 모습

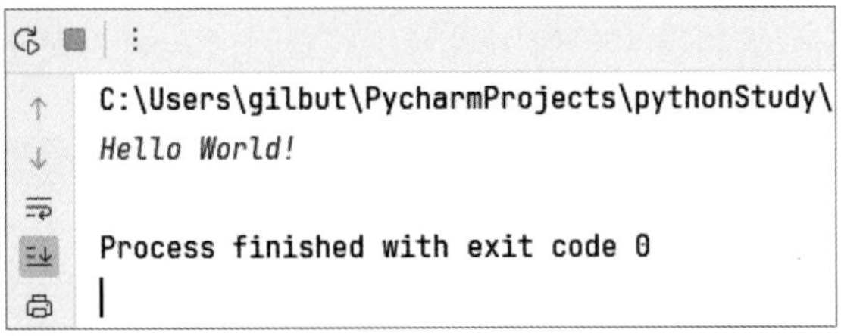

```
C:\Users\gilbut\PycharmProjects\pythonStudy\
Hello World!

Process finished with exit code 0
```

코드에 input() 함수만 작성했기 때문에 별다른 동작을 하지 않고 프로그램이 종료됩니다. 하지만 컴퓨터 내부적으로는 사용자가 입력한 문자열(Hello World!)을 읽어들인 후 프로그램을 종료한 것입니다. 이처럼 input() 함수를 사용하면 실행창을 입력 상자 모드로 바꿔 키보드로 입력된 내용을 읽어들입니다. 정말 그런지 코드를 변형해보겠습니다. 기존 코드를 지우고 다음과 같이 작성한 후 실행합니다.

———————————————————————————————————— ch02-inputCount.py

```
foo = input()
print(len(foo)) # len()은 글자 수를 세는 함수
```

실행창을 클릭하고 **Hello World!**를 입력한 뒤 [Enter] 키를 눌러보세요. Hello World!의 글자수인 12가 출력됩니다. 글자 수를 셀 때 공백도 기호로 간주하므로 공백을 포함한 글자 수가 결괏값으로 나옵니다. 놀랍게도 단 2줄의 코드로 글자 수 세기 프로그램을 완성했습니다. 프로그램을 만드는 것이 대단한 일 같지만, 이렇게 간단한 코드로도 프로그램을 만들 수 있습니다.

그림 2-5 Hello World! 문자열의 글자 수 출력

```
C:\Users\gilbut\PycharmProjects\pythonStudy\
Hello World!
12
```

그렇다면 컴퓨터는 이 2줄의 코드를 어떻게 이해한 것일까요? 컴퓨터는 파이썬 코드를 보면 무엇을 어떻게 동작시킬지 단계적으로 해석하는데, 이 단계를 따라가 봅시다. 먼저 foo = input() 문을 살펴보겠습니다.

foo = input() 문의 실행 순서

컴퓨터가 코드를 실행할 때는 우선순위 규칙을 따릅니다. 이 규칙 중 하나로, 등호(=)가 들어간 문장의 경우 = 오른쪽 문장을 먼저 실행하고 그다음에 =를 실행합니다.

그림 2-6 foo = input() 문의 실행 순서

$$\underset{\textbf{❷}}{\underline{\text{foo}}} = \underset{\textbf{❶}}{\underline{\text{input()}}}$$

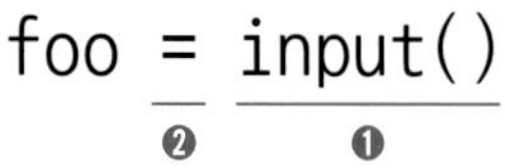

❶ input() 실행

우선순위 규칙에 따라 컴퓨터는 = 오른쪽에 있는 input() 함수를 실행합니다. 그러면 파이참의 실행창이 입력 상자로 바뀌며, 여기에 문자열(Hello World!)을 입력한 후 Enter 키를 누르면, 방금 읽어들인 문자열이 input() 함수가 있던 자리로 치환됩니다. 즉 사용자가 작성한 코드를 컴퓨터가 마음대로 수정한 것입니다. 우리 눈에는 보이지 않지만 이처럼 컴퓨터는 자기가 이해하기 편한 대로 코드를 수정합니다.

그림 2-7 실행창에 Hello World!를 입력한 경우

```
foo = input()      실행창에      foo = "Hello World!"
              Hello World! 입력
              ─────────────────▶
```

❷ = 실행

할당 연산자인 =가 실행돼 오른쪽에 있던 값(Hello World!)이 왼쪽 변수(foo)에 저장됩니다.

컴퓨터는 파이썬 코드 한 줄을 보고 이렇게 동작합니다. 별로 어렵지 않죠? 코딩을 잘하는 사람은 코드를 실행하기 전에 어떤 결과가 나올지 추측할 수 있습니다. 컴퓨터의 실행 과정을 알기 때문입니다. 이 책을 공부하면서 이렇게 생각하는 훈련을 꾸준히 하기 바랍니다.

print(len(foo)) 문의 실행 순서

코드에 괄호가 중첩된 경우 컴퓨터는 가장 내부에 있는 괄호부터 실행합니다.

그림 2-8 print(len(foo)) 문의 실행 순서

```
print(len(foo))
         ❶
    ❷
```

❶ len(foo) 실행

앞서 foo 변수에 Hello World!를 저장했습니다. 따라서 len(foo)는 len("Hello World!")로 치환됩니다. len()은 글자 수를 세는 함수로, len() 내부에 있는 Hello World! 문자열을 세면 12개입니다. 따라서 len(foo)를 실행한 결과는 12입니다.

그림 2-9 len(foo) 문의 실행 결과

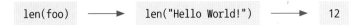

❷ print(len(foo)) 실행

len(foo) 문의 실행 결과가 12이므로 컴퓨터는 이를 len(foo)가 있던 자리로 치환해 print(12)로 만듭니다. 이는 12를 출력하라는 뜻이므로 실행창에 12가 출력됩니다.

2.2.2 입력 상자에 메시지 띄우기

input() 함수로 실행창을 입력 상자 모드로 바꾸면 뭔가 허전합니다. 이 프로그램이 무슨 일을 하는지 모르는 사람이 코드를 실행한다면 커서가 깜빡이는 실행창을 보고만 있을 것입니다. 따라서 입력 상자에 안내 메시지를 띄워 사용자가 해야 할 일을 알려주기 위해 다음과 같이 수정하고 실행합니다.

ch02-inputCount.py

```
foo = input("문자열 입력 >> ")
print(len(foo))
```

입력 상자에 문자열 입력 >>이라는 메시지가 뜹니다. 별것 아니지만 이러한 친절함은 프로그램의 품질을 높여줍니다.

그림 2-10 입력 상자에 메시지 띄우기

```
C:\Users\gilbut\PycharmProjects\pythonStudy\
문자열 입력 >>
```

2.2.3 곱셈 계산기 만들기

이번에는 input() 함수를 이용해 곱셈 계산기를 만들어봅시다. 두 수를 입력받아 곱셈 결과를 출력하는 프로그램을 만들기 위해 [pythonStudy] 폴더에 **ch02-inputMul**이라는 이름의 새 파일을 생성합니다.

두 수를 입력받아야 하니 input() 함수를 두 번 사용하고, 입력받은 두 수의 곱셈 결과를 출력하겠습니다. 참고로 컴퓨터에서 사용하는 사칙연산 기호는 +, -, *, /입니다. 곱셈과 나눗셈은 수학에서 사용하는 기호와 다르니 주의하세요.

ch02-inputMul.py

```python
num1 = input("첫 번째 숫자 입력 >> ")
num2 = input("두 번째 숫자 입력 >> ")
print(num1 * num2)
```

코드를 실행한 후 숫자 2개를 입력하면 다음과 같이 오류가 나타납니다.

그림 2-11 오류 확인

```
첫 번째 숫자 입력 >> 10
두 번째 숫자 입력 >> 20
Traceback (most recent call last):
  File "C:\Users\gilbut\PycharmProjects\pythonStudy\ch02-inputMul.py",
    print(num1 * num2)
TypeError: can't multiply sequence by non-int of type 'str'
```

오류 메시지에서 non-int의 int는 정수(integer)를 뜻하고 str은 문자열(string)을 뜻합니다. 오류의 내용이 '정수가 아닌 문자열끼리는 곱할 수 없다'인데 뭔가 이상하죠? 분명히 숫자 10과 20을 입력했는데 갑자기 문자열이라니요.

왜 그런지 이해하려면 자료형을 알아야 합니다. 파이썬의 다양한 자료형 중에는 숫자와 문자열이 있습니다. 숫자와 문자열은 성질이 달라서 숫자는 덧셈, 뺄셈, 곱셈, 나눗셈과 같은 사칙연산을 할 수 있지만 문자열은 불가능합니다. 그런데 컴퓨터는 input() 함수로 입력받은 값을 모두 문자열로 읽어들이는 특징이 있습니다. 즉 사용자가 문자를 입력하든 숫자를 입력하든 모두 문자열로 읽어들이기 때문에 변수 num1과 num2에 곱셈 연산이 불가능한 문자열이 저장됩니다.

이를 해결하려면 num1과 num2에 저장되는 값을 숫자로 바꿔야 합니다. 따라서 코드의 input() 함수를 int() 함수로 감쌉니다.

ch02-inputMul.py

```python
num1 = int(input("첫 번째 숫자 입력 >> "))
num2 = int(input("두 번째 숫자 입력 >> "))
print(num1 * num2)
```

실행결과

```
첫 번째 숫자 입력 >> 10
두 번째 숫자 입력 >> 20
200
```

코드를 실행한 후 다시 숫자 2개를 입력하면 곱셈 결과가 제대로 출력됩니다. int() 함수가 문자열을 숫자로 변환하는 **형변환**(type casting)을 하기 때문입니다. 형변환이란 자료형을 바꾸는 것으로, 지금처럼 문자열은 숫자로, 숫자는 문자열로 변환하는 것을 말합니다. 앞으로 코딩을 할 때는 이 점을 유념하세요. "입력 상자에 입력할 값이 숫자라면 input() 함수 바깥에 int() 함수를 씌워 형변환을 한다."

(🔔) 1분 퀴즈

정답 p. 484

2 **input() 함수에 대한 설명 중 옳지 않은 것을 고르세요.**

① input() 함수의 괄호 안에 문자열을 넣으면 그 문자열이 실행창에 출력된다.

② 입력 상자에 문자열을 입력하면 input() 함수는 그것을 문자열로 읽어들인다.

③ 입력 상자에 숫자를 입력하면 input() 함수는 그것을 숫자로 읽어들인다.

④ input() 함수로 입력받은 값을 숫자로 읽어들이려면 형변환을 해야 한다.

3 다음은 키와 몸무게를 입력받아 BMI(체질량지수)를 출력하는 프로그램입니다. 빈칸을 채워 완성하세요.

```
height = _____①_____
weight = _____②_____
bmi = round(weight/(height/100)**2, 2) # round() 함수: 숫자 반올림, **2: 2제곱
print("당신의 BMI(체질량지수)는", bmi, "입니다.")
```

실행결과

키 입력 (cm) >> **180**
몸무게 입력 (kg) >> **75**
당신의 BMI(체질량지수)는 23.15 입니다.

마무리

1. print() 함수

- 문자열, 숫자, 리스트, 딕셔너리 등 다양한 자료형의 값을 출력합니다.

- 여러 값을 출력할 때는 해당 값을 쉼표로 구분해 넣습니다.

- 함수에 변수를 넣으면 변수에 저장된 값이 출력됩니다.

- end 옵션을 사용하면 행갈이를 하는 대신 지정한 문자열이 출력됩니다.

2. input() 함수

- 실행창을 입력 상자로 바꿉니다. 사용자가 입력 상자에 텍스트를 입력한 후 Enter 키를 누르면 컴퓨터가 그 값을 읽어들입니다.

- 함수의 괄호 안에 문자열을 입력하면 입력 상자에 해당 문자열이 출력됩니다. 어떤 문자열을 입력하라고 사용자에게 안내할 때 이 방법을 씁니다.

- 입력받은 모든 값을 문자열로 읽어들입니다. 따라서 숫자를 입력받으려면 int( ) 함수로 문자열을 숫자로 형변환을 해야 합니다.

MEMO

# 3장

자료형

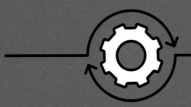

자료형은 데이터의 유형을 의미합니다. 영어 공부를 할 때 알파벳부터 배우듯이 파이썬을 배울 때는 자료형부터 마스터해야 합니다. 파이썬에서 사용하는 자료형에는 숫자 자료형, 문자열, 리스트, 튜플, 딕셔너리, 불 자료형이 있습니다. 이 장에서는 각 자료형의 특징과 사용법을 알아봅니다.

숫자 자료형

3.1

3.1.1 숫자 자료형의 개요

컴퓨터는 어떤 데이터의 자료형을 구분할 때 그 데이터가 어떤 기호("", [ ], ( ), { } 등)로 둘러싸여 있는지를 봅니다. 어떤 값이 숫자인데 둘러싸고 있는 기호가 없다면 숫자 자료형으로 인식합니다.

숫자 자료형은 소수점이 없는 **정수형**과 소수점이 있는 **실수형**으로 나뉩니다. 정수형은 integer의 약어를 써서 int 자료형, 실수형은 floating point의 약어를 써서 float 자료형이라고도 합니다. 예를 들어 1024, 0 등은 int 자료형이고 6.17, 0.0 등은 float 자료형입니다.

> **NOTE** 실수형을 float라고 하는 이유
>
> 실수형은 왜 real number(실수)가 아닌 floating point(부동 소수점)의 약어를 써서 float라고 할까요? 이는 컴퓨터에서 실수를 표현하는 방식이 부동 소수점 방식이기 때문입니다. 여기서 '부동'은 소수점의 위치가 고정돼 있지 않고 움직일 수 있다는 의미입니다. 소수점을 움직일 수 있으면 같은 저장 용량이라도 매우 큰 수부터 작은 수까지 다양한 크기의 실수를 표현할 수 있습니다.

3.1.2 숫자 자료형의 연산

숫자 자료형끼리는 다양한 산술 연산을 할 수 있습니다. 숫자 자료형에 사용할 수 있는 산술 연산자는 다음과 같습니다.

표 3-1 산술 연산자

산술 연산자	의미
a + b	a와 b를 더한다.
a - b	a에서 b를 뺀다.
a * b	a와 b를 곱한다.
a / b	a를 b로 나눈다.
a ** b	a의 b 제곱을 구한다.
a // b	a를 b로 나눈다. 단, 결과를 정수로 표현한다.
a % b	a를 b로 나눈 나머지를 구한다.

[pythonStudy] 폴더에 **ch03-number.py** 파일을 만들고 다음 코드를 작성한 후 실행해봅시다. 5+3, 5-3, 5×3, 5÷3의 몫과 5^3, 5÷3의 정수 몫, 5÷3의 나머지를 확인할 수 있습니다.

ch03-number.py

```
num1 = 5
num2 = 3
print(num1 + num2, num1 - num2, num1 * num2, num1 / num2)
print(num1 ** num2, num1 // num2, num1 % num2)
```

실행결과

```
8 2 15 1.6666666666666667
125 1 2
```

실행 결과에서 보듯이 num1 / num2는 나눗셈의 몫을 소수점을 포함해 출력하고, num1 // num2 는 나눗셈의 몫에서 정수 부분만 출력합니다.

숫자 자료형의 경우 대소 관계를 비교하는 비교 연산자도 사용할 수 있습니다. 비교 결과 참이면 True, 거짓이면 False를 출력합니다.

표 3-2 비교 연산자

비교 연산자	의미	비교 연산자	의미
a > b	a가 b보다 크다.	a <= b	a가 b보다 작거나 같다.
a >= b	a가 b보다 크거나 같다.	a == b	a와 b가 같다.
a < b	a가 b보다 작다.	a != b	a와 b가 다르다.

앞서 작성한 코드에 이어서 비교 연산자를 활용한 코드를 작성하고 실행해봅시다.

ch03-number.py

```
print(num1 ** num2, num1 // num2, num1 % num2)
print(num1 > num2, num1 >= num2, num1 < num2, num1 <= num2)
print(num1 == num2, num1 != num2)
```

실행결과

```
(중략)
True True False False
False True
```

마지막 줄의 num1 == num2는 5 == 3(5와 3이 같다)이므로 False를 출력합니다. 또한 num1 != num2는 5 != 3(5와 3이 다르다)이므로 True를 출력합니다.

> **NOTE** **자료형 확인 방법**
>
> 어떤 변수의 자료형이 궁금할 때는 type( ) 함수를 사용합니다. num1 변수에 3, num2 변수에 3.5를 저장하고 type( ) 함수로 확인하면 각각 'int'(정수형), 'float'(실수형) 자료형임을 알 수 있습니다.
>
> ```
> num1 = 3
> num2 = 3.5
> print(type(num1))
> print(type(num2))
> ```
>
> 실행결과
>
> ```
> <class 'int'>
> <class 'float'>
> ```

(◔)) 1분 퀴즈

1 숫자 자료형에 대한 설명 중 옳지 않은 것을 고르세요.

① int 자료형은 소수점을 포함하지 않은 정수를 나타낸다.

② float 자료형은 소수점을 포함한 수를 나타낸다.

③ 숫자 0.0은 정수형이다.

④ 숫자 자료형은 사칙 연산이 가능하다.

2 다음 코드의 실행 결과를 고르세요.

```
num1 = 10
num2 = 4
print(num1 + num2 - 4 != 10)
```

① True   ② False   ③ 0   ④ 10

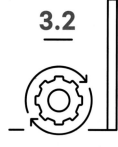

문자열

3.2

3.2.1 문자열의 개요

문자열(string)은 텍스트를 나타내는 자료형입니다. "Hello World", "안녕", "!@#$%", "123"처럼 영문, 한글, 특수 기호, 숫자가 큰따옴표(" ")로 둘러싸여 있으면 컴퓨터는 문자열로 인식합니다. 특히 숫자의 경우 큰따옴표로 묶지 않으면 숫자 자료형이고, 큰따옴표로 묶으면 문자열이 된다는 것을 명심하세요. 사람은 똑같은 123으로 인식하지만, 컴퓨터는 큰따옴표가 있느냐 없느냐에 따라 123을 숫자로, "123"을 문자열로 구분해 인식합니다.

3.2.2 문자열의 표현 방식

큰따옴표로 둘러싸여 있으면 문자열이라고 했는데, 사실 파이썬에서 문자열을 표현하는 방법은 총 네 가지입니다. 즉 큰따옴표 1개(" "), 작은따옴표 1개(' '), 큰따옴표 3개(""" """), 작은따옴표 3개(''' ''')를 사용하는 방식이 있습니다.

표 3-3 문자열 표현 방식

방식	사용 예
큰따옴표 1개(" ") 사용	"Hello World"
작은따옴표 1개(' ') 사용	'Hello World'
큰따옴표 3개(""" """) 사용	"""Hello World"""
작은따옴표 3개(''' ''') 사용	'''Hello World'''

문자열을 표현하고 싶을 때 네 가지 방식 중 무엇을 사용해도 상관없습니다. 그렇다면 파이썬 창시자는 왜 여러 가지 방식을 만들었을까요?

> **NOTE 파이썬 창시자**
>
> 네덜란드 출신의 휘도 판로쉼(Guido van Rossum)은 1989년 크리스마스 휴가 동안 취미 삼아 프로그래 밍 언어를 만들었는데, 이것이 파이썬 탄생의 시초입니다. 휘도는 'Beautiful is better than ugly, Simple is better than complex(아름다운 것이 추한 것보다 낫다, 단순한 것이 복잡한 것보다 낫다)'라는 철학을 갖고 모두를 위한 프로그래밍 언어를 만들고자 했습니다. 참고로 파이썬이라는 이름은 당시에 그가 좋아한 영국의 코미디쇼 〈Monty Python's Flying Circus(몬티 파이썬의 비행 서커스)〉에서 따온 것이라고 합니다.

실습을 통해 그 이유를 알아봅시다. 먼저 [pythonStudy] 폴더에 **ch03-string.py** 파일을 만듭니다.

큰따옴표 1개를 사용하는 경우

작은따옴표가 포함된 다음 문장을 문자열로 출력하려면 코드를 어떻게 작성해야 할까요?

> 강아지가 '멍멍' 짖는다

문장을 큰따옴표로 둘러싸면 됩니다. 코드를 실행해보면 원하는 결과가 출력될 것입니다.

———————————————————————————————————— ch03-string.py

```
print("강아지가 '멍멍' 짖는다")
```

실행결과
강아지가 '멍멍' 짖는다

작은따옴표 1개를 사용하는 경우

그렇다면 다음 문장은 어떨까요?

> 강아지가 "멍멍" 짖는다

이럴 때는 문장을 큰따옴표로 묶으면 안 됩니다. 코드를 입력하면서부터 빨간색 밑줄이 생기고 오류 표시가 뜹니다. "강아지가 "라는 문자열과 " 짖는다"라는 문자열이 만들어지며, 중간에 있는 멍멍이라는 글자가 애매하게 남기 때문입니다.

그림 3-1 문자열 표현 오류

```
1  print("강아지가 '멍멍' 짖는다")
2  print("강아지가 "멍멍" 짖는다")
```

이 문제를 해결하기 위해 파이썬 창시자는 큰따옴표뿐만 아니라 작은따옴표로도 문자열을 표현할 수 있게 했습니다. 다음과 같이 큰따옴표가 포함된 문자열을 작은따옴표로 둘러싸면 원하는 결과를 얻을 수 있습니다.

———————————————————————————————————— ch03-string.py

```
print("강아지가 '멍멍' 짖는다")
print('강아지가 "멍멍" 짖는다')
```

실행결과

```
(중략)
강아지가 "멍멍" 짖는다
```

큰따옴표 3개, 작은따옴표 3개를 사용하는 경우

다음과 같이 두 번 행갈이한 문장을 하나의 문자열로 표현하려면 어떻게 해야 할까요?

```
그는
안녕이라고
인사한다
```

행갈이된 문장을 하나의 문자열로 표현하기 위해 문장의 양 끝에 "를 넣으면 다음과 같이 빨간색 밑줄이 생깁니다.

그림 3-2 문자열 표현 오류

```
3  print("그는
4  안녕이라고
5  인사한다")
```

여러 줄을 하나의 문자열로 표현하는 것은 큰따옴표 1개로 불가능하며, 이럴 때는 큰따옴표 3개를 사용해야 합니다.

ch03-string.py

```
print('강아지가 "멍멍" 짖는다')
print("""그는
안녕이라고
인사한다""")
```

실행결과

```
(중략)
그는
안녕이라고
인사한다
```

작은따옴표 3개는 다음과 같은 문자열을 표현하기 위해 만들어졌습니다.

```
그는
"""안녕"""이라고
인사한다
```

이때도 양 끝에 큰따옴표 3개를 넣으면 안녕 문자열을 중심으로 2개의 문자열로 분리되기 때문에 오류가 발생합니다. 따라서 이 경우에는 작은따옴표 3개로 전체 문자열을 둘러싸 문제를 해결합니다.

ch03-string.py

```
인사한다""")
print('''그는
"""안녕"""이라고
인사한다''')
```

실행결과

```
(중략)
그는
"""안녕"""이라고
인사한다
```

표현하고자 하는 문자열 자체에 큰따옴표와 작은따옴표가 들어 있는 것에 대비해 문자열의 표현 방식을 네 가지나 만들었다니 파이썬 창시자의 세심함이 돋보입니다.

3.2.3 이스케이프 코드

이스케이프 코드(escape codes)란 문자열 안에서 행갈이, 탭 등 특수 문자를 표현하기 위해 미리 정의해둔 문자 소합을 말합니다. 이는 **\(역슬래시)+문자** 형식으로 작성하며, 자주 사용되는 이스케이프 코드는 다음과 같습니다.

표 3-4 자주 사용되는 이스케이프 코드

이스케이프 코드	설명
\n	행갈이를 한다.
\t	미리 설정된 고정 간격의 다음 탭으로 이동한다.
\\	문자열 내 역슬래시(\)를 그대로 표현한다.
\"	문자열 내 큰따옴표(")를 그대로 표현한다.
\'	문자열 내 작은따옴표(')를 그대로 표현한다.
\b	백 스페이스 기능을 한다(바로 앞의 문자를 삭제한다).
\r	커서를 문장 처음으로 이동한다.

다음 코드를 작성하고 결과를 확인해봅시다. 코드를 작성할 때 \는 키보드에서 Enter 키 위에 있는 ₩(원화 기호) 키를 누르면 됩니다(맥 키보드는 Enter 키 위에 \가 있습니다).

ch03-string.py

```
인사한다''')
print("난\n파이썬이\n좋아") # 행갈이
print("난\t파이썬이\t좋아") # 탭 기능
print("I\tLOVE\tPYTHON") # 탭 기능
print("난\\파이썬이\\좋아") # 문자열 내 역슬래시를 그대로 출력
print("난\"파이썬이\"좋아") # 문자열 내 큰따옴표를 그대로 출력
print('난\'파이썬이\'좋아') # 문자열 내 작은따옴표를 그대로 출력
print('난 파이썬이 좋아\b\b') # 백스페이스 기능
print('난 파이썬이 좋아\rHello World') # 커서를 문장 처음으로 이동
```

행갈이를 하기 위해 \n을 사용하는 대신 다음과 같이 큰따옴표 3개를 사용해도 됩니다.

```
print("""난
파이썬이
좋아""")
```

또한 실행 결과의 마지막 줄을 보면 \r에 의해 Hello World가 출력됐습니다. 실행창에는 우리 눈에 보이지 않는 키보드 커서가 있습니다. 예를 들어 print('난 파이썬이 좋아') 문을 실행하면 난 파이썬이 좋아가 한 번에 출력되는 것 같지만, 키보드 커서가 뒤로 한 칸씩 이동하며 난, , 파, 이, 썬, 이, …와 같이 문자열을 한 글자씩 출력합니다. 그런데 print('난 파이썬이 좋아\rHello World')와 같이 가운데에 \r을 포함하면 키보드 커서는 난 파이썬이 좋아를 출력한 후 \r을 만나자 맨 앞으로 이동해 Hello World를 출력합니다. 문장 맨 앞에 난 파이썬이 좋아가 있지만 무시하고 그냥 덮어씌우는 것입니다. 결과적으로 먼저 출력된 난 파이썬이 좋아는 보이지 않고 Hello World만 보입니다.

3.2.4 문자열의 연산

문자열의 경우 숫자 자료형처럼 산술 연산자를 사용할 수 있습니다. 단, 덧셈과 곱셈만 가능합니다. 즉 문자열끼리 더하면 문자열이 연결되고, 문자열과 숫자를 곱하면 곱한 숫자만큼 문자열이 연결됩니다. 다음 코드를 작성하고 실행해봅시다.

ch03-string.py

```
print('난 파이썬이 좋아\rHello World') # 커서를 문장 처음으로 이동
string1 = "Hello"
string2 = "World"
print(string1 + string2) # 문자열끼리의 덧셈
print(string1 * 10) # 문자열과 숫자의 곱셈
```

실행결과
```
(중략)
HelloWorld
HelloHelloHelloHelloHelloHelloHelloHelloHelloHello
```

문자열을 연결하려면 3~4줄의 코드를 추가로 작성하거나 복잡한 함수를 외워서 사용해야 하지만 문자열 연산 기능이 있어 매우 유용합니다.

이번에는 string1 변숫값을 "10"으로, string2 변숫값을 "20"으로 수정하고 실행해봅시다.

ch03-string.py

```
string1 = "10"
string2 = "20"
print(string1 + string2) # 문자열끼리의 덧셈
print(string1 * 10) # 문자열과 숫자의 곱셈
```

실행결과
```
1020
10101010101010101010
```

첫 번째 줄에서는 숫자 10과 20을 더한 30이 아니라 1020이 출력됩니다. 또한 두 번째 줄에서는 숫자 10과 10을 곱한 100이 아니라 10101010101010101010이 출력됩니다. 컴퓨터는 큰따옴표로 묶인 "10"과 "20"을 문자열로 인식하고 문자열의 덧셈과 곱셈 연산을 실행합니다. 그래서 두 문자열을 연결한 결과와 첫 번째 문자열을 10번 이어 붙인 결과를 출력합니다. 이처럼 컴퓨터는 어떤 값에 대해 자료형을 먼저 판단하므로 항상 자료형에 유의하면서 코드를 작성해야 합니다.

3.2.5 in, not in 연산자

문자열에는 in 연산자와 not in 연산자를 사용할 수 있습니다.

- **in 연산자:** 문자열 안에 특정 글자가 있는지 알려줍니다. 글자가 있으면 True, 없으면 False를 출력합니다.

- **not in 연산자:** 문자열 안에 특정 글자가 없는지 알려줍니다. 글자가 없으면 True, 있으면 False를 출력합니다.

작성 형식은 다음과 같습니다.

> 형식 | "특정 글자" in 문자열
>   "특정 글자" not in 문자열

다음 코드를 작성하고 실행해봅시다.

ch03-string.py

```
print(string1 * 10) # 문자열과 숫자의 곱셈
foo = "Hello World"
print("Hello" in foo) # Hello World 문자열에 Hello라는 글자가 있는가
print("abcd" in foo) # Hello World 문자열에 abcd라는 글자가 있는가
print("Hello" not in foo) # Hello World 문자열에 Hello라는 글자가 없는가
print("abcd" not in foo) # Hello World 문자열에 abcd라는 글자가 없는가
```

실행결과

```
(중략)
True
False
False
True
```

문자열 안에 특정 글자가 있는지 없는지 확인하기 위해 복잡한 코드를 작성해야 하는 프로그래밍 언어도 있는데, 파이썬의 경우 in과 not in 연산자가 있어 편리합니다.

3.2.6 문자열 관련 함수

문자열과 관련된 함수는 다양한데, 여기서는 자주 사용하는 함수 위주로 살펴보겠습니다.

문자열의 글자 수 세기: len()

문자열의 글자 수를 세는 len() 함수는 **2.2.1절 글자 수 세기 프로그램 만들기**에서 이미 사용해봤습니다. 세고자 하는 문자열이 저장된 변수명 또는 문자열 자체를 len() 함수 안에 넣으면 공백을 포함한 글자 수를 알려줍니다.

> 형식 | len(변수명 또는 "문자열")

앞서 작성한 코드에 이어서 다음 코드를 작성하고 실행해봅시다.

ch03-string.py

```python
print("abcd" not in foo) # Hello World 문자열에 abcd라는 글자가 없는가
string = "Hello Python"
result = len(string) # 문자열의 글자 수 세기
print(result)
```

실행결과
(중략)
12

소문자를 대문자로 바꾸기: upper()

upper()는 문자열의 소문자를 대문자로 바꾸는 함수이며, 다음과 같은 형식으로 사용합니다.

> 형식 | 변수명.upper()

ch03-string.py

```python
string = "Hello Python"
result = string.upper() # 소문자를 대문자로 교체
print(result)
```

```
(중략)
HELLO PYTHON
```

NOTE 함수마다 작성 형식이 다른 이유

문자열 함수 len()과 upper()를 살펴봤습니다. 그런데 한 가지 의문점이 듭니다. len() 함수는 괄호 안에 변수명을 작성하는데, upper() 함수는 함수 앞에 변수명을 작성합니다.

```
len(string) # 괄호 안에 변수명 작성
string.upper() # 함수 앞에 변수명 작성
```

왜 이렇게 작성 형식이 다를까요? upper() 함수도 그냥 upper(string)이라고 쓰면 안 될까요?

len() 함수는 여러 자료형을 지원합니다. 따라서 len(string)처럼 괄호 안에 변수명을 쓸 수 있습니다. 반면 upper() 함수는 문자열 자료형일 때만 사용할 수 있습니다. 따라서 string.upper()처럼 함수 앞에 변수명을 씁니다. 실제로 파이참에서 문자열 변수를 입력하고 마침표(.)를 찍으면 다음 그림과 같이 문자열에서만 사용할 수 있는 함수 목록이 뜹니다. 이렇듯 어떤 함수는 괄호 안에 변수명을 작성하고, 어떤 함수는 함수 앞에 작성합니다.

그림 3-3 문자열일 때만 사용할 수 있는 함수 목록

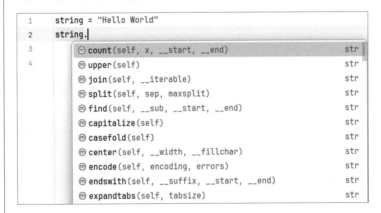

함수마다 작성 형식이 다른 것은 어쩔 수 없이 외워야 합니다. 하지만 달달 외우지는 마세요. 다양한 실습을 하다 보면 머리로 기억하기 전에 손이 먼저 기억할 테니까요.

대문자를 소문자로 바꾸기: lower()

lower()는 문자열의 대문자를 소문자로 바꾸는 함수이며, 다음과 같은 형식으로 사용합니다.

> 형식 | 변수명.lower()

코드를 다음과 같이 수정하고 실행해봅시다.

———————————————————————————————————— ch03-string.py

```
string = "Hello Python"
result = string.lower() # 대문자를 소문자로 교체
print(result)
```

실행결과
```
(중략)
hello python
```

문자열 내 특정 글자 수 세기: count()

count()는 문자열 내 특정 글자의 수를 세는 함수이며, 다음과 같은 형식으로 사용합니다.

> 형식 | 변수명.count("특정 글자")

코드를 다음과 같이 수정해봅시다. string 변수에 저장된 문자열 중 알파벳 o가 몇 개인지 확인할 수 있습니다.

———————————————————————————————————— ch03-string.py

```
string = "Hello Python"
result = string.count("o") # 알파벳 o의 개수 세기
print(result)
```

실행결과
```
(중략)
2
```

만약 count("th")로 코드를 수정하고 실행하면 1이 출력됩니다.

문자열에 구분자 삽입하기: join()

join()은 문자열의 음절 단위로 구분자를 삽입하는 함수이며, 다음과 같은 형식으로 사용합니다. 구분자에는 특수 기호, 숫자, 문자, 빈칸 등 무엇이든 넣을 수 있습니다.

> 형식 | "구분자".join(변수명)

코드를 수정하고 실행해봅시다.

ch03-string.py

```python
string = "대한민국"
result = "/".join(string) # 문자열에 / 삽입
print(result)
```

실행결과
(중략)
대/한/민/국

문자열 양 끝의 공백 삭제하기: strip()

strip()은 문자열 양 끝의 공백을 삭제하고 문자열만 출력하는 함수이며, 다음과 같은 형식으로 사용합니다.

> 형식 | 변수명.strip()

strip()은 문자열 앞뒤에 있는 불필요한 공백을 없애고 문자열의 상태를 고르게 만들 때 사용합니다. 코드를 수정하고 실행하면 Hello World 문자열 앞뒤의 공백이 사라집니다.

```python
string = "     Hello World     "
result = string.strip() # 문자열 양 끝의 공백 삭제
print(result)
```

문자열 내 단어 바꾸기: replace()

replace()는 문자열 내 특정 단어를 새 단어로 바꾸는 함수이며, 다음과 같은 형식으로 사용합니다.

> 형식 ┃ 변수명.replace("기존 단어", "새 단어")

코드를 수정하고 실행하면 World 문자열이 Python으로 바뀌어 출력됩니다.

ch03-string.py

```python
string = "Hello World"
result = string.replace("World", "Python") # World를 Python으로 교체
print(result)
```

실행결과

(중략)

Hello Python

문자열 나누기: split()

split()은 구분자를 기준으로 문자열을 나누는 함수입니다. 구분자를 생략하면 띄어쓰기를 기준으로 문자열을 나눕니다.

> 형식 ┃ 변수명.split("구분자") # 구분자 생략 가능

코드를 수정하고 실행 결과를 확인해보면 원래 하나였던 문자열이 구분자를 기준으로 구분돼 출력됩니다. 분리된 문자열은 대괄호([ ])로 묶이는데, 이는 리스트 자료형으로 반환됐기 때문입니다. 리스트 자료형은 다음 절에서 자세히 살펴보겠습니다.

```
string = "Hello_World_Hello_Python"
result = string.split("_") # _를 기준으로 문자열 구분
print(result)
```

실행결과

```
(중략)
['Hello', 'World', 'Hello', 'Python']
```

3.2.7 문자열 포매팅

2.2.1절 글자 수 세기 프로그램 만들기에서 작성한 코드의 경우 결과를 숫자로만 출력했습니다. 여기에 다음과 같이 친절한 설명을 덧붙여 출력하려면 어떻게 해야 할까요?

그림 3-4 글자 수 세기 프로그램 업그레이드

바로 **문자열 포매팅**(string formatting)을 이용하면 됩니다. 쉽게 말해 문자열 포매팅은 문자열 안에 원하는 값을 삽입하는 방법입니다. **그림 3-4**는 다음과 같은 형식으로 문자열 포매팅을 한 결과입니다.

```
print(f"현재 입력된 글자의 수는 {원하는 값}개입니다.")
```

즉 출력할 문자열 앞에 f를 붙이면 문자열 포매팅을 사용할 수 있는 상태가 됩니다. 이 상태에서 문자열 내부에 사용자의 입력에 따라 변하는 부분을 중괄호({ })로 처리하고 그 안에 원하는 변수나 함수를 넣습니다.

정말로 그런지 확인해봅시다. **ch03-string.py** 파일의 맨 끝에 다음 코드를 추가하고 실행한 후 Hello world!를 입력하면 **그림 3-4**의 오른쪽과 같은 결과가 나옵니다.

```
print(result)
foo = input("문자열 입력 >> ")
print(f"현재 입력된 글자의 수는 {len(foo)}개입니다.")
```

문자열 앞에 왜 f를 붙이는지 궁금한 독자도 있겠죠? 그렇다면 f를 빼고 실행해보세요. 다음과 같은 결과가 출력됩니다. f는 문자열 포매팅을 사용하겠다고 컴퓨터에 알리는 역할을 합니다. 궁금증이 생기면 지금처럼 코드를 수정하면서 다양하게 시도해보세요. 호기심이 있는 사람은 코딩 실력이 빨리 늡니다.

그림 3-5 문자열 포매팅 적용 실패

```
문자열 입력 >> Hello World!
현재 입력된 글자의 수는 {len(foo)}개입니다.
```

> **NOTE** 문자열 포매팅 문장 작성 팁
>
> 문자열 포매팅 문장을 작성할 때 대부분의 사람은 print() 함수 안에서 f부터 입력하거나 문자열을 다 입력한 후 커서를 맨 앞으로 옮겨 f를 입력할 것입니다. 그런데 파이참에서는 그럴 필요가 없습니다. 문자열의 { } 부분에 원하는 변수나 함수명을 작성하려고 하면 다음과 같이 자동 완성 목록이 나타납니다. 여기서 원하는 변수나 함수명을 선택하고 [Tab] 키를 누르면 변수나 함수명이 들어가면서 문자열 앞에 f가 자동으로 붙습니다. 별일 아닌 것 같지만 코딩할 때 정말 편리한 기능입니다.
>
> 그림 3-6 문자열 포매팅 시 f 자동 입력
>
>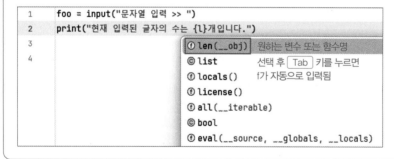

3 다음 코드의 실행 결과를 쓰세요.

```
print("오늘 점심 메뉴는 \r\"돈까스\"")
```

4 입력받은 문장에 '제주도', '여행', '맛집'이라는 단어가 들어 있는 경우 이 단어를 해시태그(#)로 변환하는 프로그램을 작성하세요(키워드 앞에 # 기호만 붙이면 됩니다).

> **실행결과**
>
> 문장 입력 >> 제주도 여행에서 파스타 맛집을 찾아갔어요. 제주도 맛집 추천!
> 결과: #제주도 #여행에서 파스타 #맛집을 찾아갔어요. #제주도 #맛집 추천!

리스트와 튜플

리스트와 튜플은 하나의 변수로 여러 값을 저장하는 자료형입니다. 먼저 리스트에 대해 알아봅시다.

3.3.1 리스트의 개요

학생 3명의 정보가 있다고 합시다. 이를 변수에 저장해보겠습니다.

```
student1 = "홍길동"
student2 = "김철수"
student3 = "이영희"
```

이 상태에서 학생이 늘어난다면 변수를 더 만들어야 하니 코드가 길어집니다. **리스트**(list)는 이럴 때 사용하는 자료형으로, 여러 값을 하나의 공간에 순서대로 저장합니다. 리스트를 작성할 때는 리스트명을 선언하고 해당 리스트에 저장할 값을 대괄호([ ])로 감싼 후 쉼표(,)로 구분합니다. 리스트의 값 하나하나는 **원소**(element)라고 합니다.

> 형식 | 리스트명 = [원소, 원소, 원소, …]

앞에서 세 변수에 저장한 학생 정보를 리스트로 저장하면 다음과 같습니다.

```
student = ["홍길동", "김철수", "이영희"]
```

그림 3-7 학생 정보를 저장하는 방법

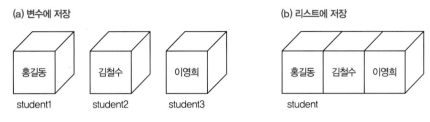

리스트의 각 원소는 **인덱스**(index)로 구분합니다. 인덱스는 컴퓨터가 원소에 부여하는 번호로, 맨 앞부터 0, 1, 2, 3, … 순으로 매기기도 하고, 맨 마지막부터 역으로 -1, -2, -3, … 순으로 매기기도 합니다. student 리스트의 "홍길동"은 인덱스가 0이자 -3이기도 합니다.

그림 3-8 student 리스트의 인덱스

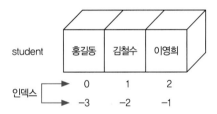

인덱스를 이용해 리스트의 특정 원소를 가리킬 때는 다음과 같이 작성합니다. student 리스트의 첫 번째 원소는 student[0] 또는 student[-3]으로 씁니다.

형식 | 리스트명[인덱스]

3.3.2 리스트 출력 방법

[pythonStudy] 폴더에 **ch03-listTuple.py** 파일을 만들고 리스트 관련 실습을 해봅시다.

특정 원소 출력하기

먼저 fruit 리스트를 만들고 4개의 과일을 저장한 후 인덱스가 0, 2, -1, -4인 원소를 출력합니다.

ch03-listTuple.py

```python
fruit = ["사과", "포도", "오렌지", "바나나"]
print(fruit[0])
print(fruit[2])
print(fruit[-1])
print(fruit[-4])
```

실행결과
사과
오렌지
바나나
사과

fruit[0], fruit[-1]처럼 리스트의 특정 원소를 가리킬 때 사용하는 [ ]를 **인덱싱 연산자**라고 합니다. 인덱싱 연산자는 리스트를 선언할 때 사용한 [ ]와 다릅니다. 다음 코드를 봅시다.

```python
fruit = ["사과", "포도", "오렌지", "바나나"] # 리스트 선언
print(fruit[0]) # 인덱싱 연산자 사용
```

첫 번째 줄에서는 리스트를 선언하기 위해 대괄호를 사용했고, 두 번째 줄에서는 인덱싱 연산자로 대괄호를 사용했습니다. 그렇다면 컴퓨터는 리스트를 선언할 때 사용하는 대괄호인지, 인덱싱 연산자를 나타내는 대괄호인지 어떻게 구분할까요? 원리는 다음과 같습니다.

❶ 컴퓨터는 첫 번째 줄에서 ["사과", "포도", "오렌지", "바나나"]라는 4개의 값을 저장한 리스트 자료형임을 인식하고 fruit 변수에 이 값을 저장합니다.

❷ 두 번째 줄에서 print( ) 문 내 fruit 변수를 보고 fruit 변수에 있는 값을 꺼내 치환합니다.

그림 3-9 fruit 변숫값으로 치환

```
print(fruit[0])  ⟶  print(["사과", "포도", "오렌지", "바나나"][0])
```

❸ 이를 본 컴퓨터는 "리스트(["사과", "포도", "오렌지", "바나나"]) 뒤에 [ ]가 또 있네? 아, 이것은 인덱싱 연산자구나! 인덱싱 연산자 안에 0이 적혀 있으니 앞에 있는 리스트에서 0번째 값을 꺼내라는 말이군"이라고 판단하고 0번째 값인 "사과"를 꺼내 다음과 같이 치환합니다. print( ) 문은 결국 "사과"라는 문자열을 출력하는 문장이 됩니다.

그림 3-10 리스트의 0번째 값으로 치환

print(["사과", "포도", "오렌지", "바나나"][0]) ⟶ print("사과")

실제로 인덱싱 연산자 앞에 변수가 아닌 리스트 값을 통째로 넣어도 같은 결과가 출력됩니다. 코드의 두 번째 줄을 print(["사과", "포도", "오렌지", "바나나"][0])으로 수정하고 실행하면 정상적으로 작동합니다.

여러 원소 출력하기

리스트에서 여러 개의 원소를 한 번에 꺼낼 수 있는데, 이를 **슬라이싱**(slicing)이라고 합니다. 슬라이싱은 구간별로 할 수 있으며, 다음과 같은 형식으로 사용합니다.

형식 | **리스트명[시작 인덱스:끝 인덱스]** # 시작 인덱스부터 끝 인덱스 미만까지

예를 들어 fruit[1:3]은 fruit 리스트에서 1번 원소부터 3번 미만 원소까지 슬라이싱하겠다는 뜻입니다. 즉 1번, 2번 원소를 꺼냅니다.

그림 3-11 fruit[1:3] 실행 결과

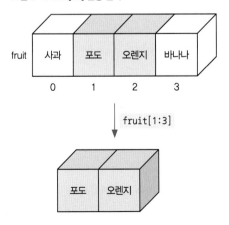

슬라이싱을 할 때는 시작 인덱스 또는 끝 인덱스를 생략할 수 있습니다. 즉 처음 원소부터 중간 원소까지 꺼낼 때 시작 인덱스를 생략해도 되고, 중간 원소부터 마지막 원소까지 꺼낼 때 끝 인덱스를 생략해도 됩니다. 예를 들어 0번 원소부터 2번 원소까지 꺼내고 싶다면 fruit[0:3]이라고 해도 되고 fruit[:3]이라고 해도 됩니다. 또한 2번 원소부터 마지막 3번 원소까지 꺼내고 싶다면 fruit[2:4]라고 해도 되고 fruit[2:]라고 해도 됩니다.

코드를 작성하고 실행 결과를 확인해봅시다. 기존 코드에 fruit 리스트가 선언돼 있으니 맨 아래에 다음 코드를 추가하고 실행합니다.

ch03-listTuple.py

```
fruit = ["사과", "포도", "오렌지", "바나나"]
(중략)
print(fruit[-4])
print(fruit[1:3]) # 1, 2번 원소 추출
print(fruit[0:3]) # 0, 1, 2번 원소 추출
print(fruit[:3]) # 0, 1, 2번 원소 추출
print(fruit[2:4]) # 2, 3번 원소 추출
print(fruit[2:]) # 2, 3번 원소 추출
```

실행결과
```
(중략)
['포도', '오렌지']
['사과', '포도', '오렌지']
['사과', '포도', '오렌지']
['오렌지', '바나나']
['오렌지', '바나나']
```

TIP 실행 결과를 보면 문자열이 " "가 아닌 ' '로 출력됐는데, " "와 ' '는 기능적인 차이가 없습니다. 파이썬 프로그램을 만들 때 '로 출력하는 것이 가독성이 좋다고 생각했던 것이 아닐까 싶습니다.

3.3.3 리스트의 연산

리스트에도 문자열처럼 덧셈, 곱셈 연산자를 사용할 수 있습니다. 또한 in 연산자와 not in 연산자도 사용 가능합니다. 사용법은 동일합니다. 덧셈 연산을 하면 두 리스트가 연결되고, 곱셈

연산을 하면 곱한 수만큼 리스트가 연결됩니다. in 연산자로는 리스트의 원소 중에 특정 값이 있는지 확인할 수 있고, not in 연산자로는 리스트의 원소 중에 특정 값이 없는지 확인할 수 있습니다.

```
형식 │ 리스트1 + 리스트2  # 두 리스트 연결
      리스트1 * 숫자       # 리스트1을 숫자만큼 연결
      값 in 리스트1        # 리스트1의 원소 중에 값이 있으면 True
      값 not in 리스트1   # 리스트1의 원소 중에 값이 없으면 True
```

fruit1과 fruit2 리스트를 선언하고 두 리스트에 대한 연산을 해봅시다.

─── ch03-listTuple.py

```python
print(fruit[2:]) # 2, 3번 원소 추출
fruit1 = ["사과", "포도", "오렌지"]
fruit2 = ["수박", "귤", "바나나"]
print(fruit1 + fruit2) # fruit1과 fruit2 연결
print(fruit1 * 3) # fruit1을 세 번 연결
print("포도" in fruit1) # fruit1 리스트 중에 "포도"라는 원소가 있는지 확인
print("자몽" not in fruit1) # fruit1 리스트 중에 "자몽"이라는 원소가 없는지 확인
print("포도@" in fruit1) # fruit1 리스트 중에 "포도@"이라는 원소가 있는지 확인
```

```
실행결과
(중략)
['사과', '포도', '오렌지', '수박', '귤', '바나나']
['사과', '포도', '오렌지', '사과', '포도', '오렌지', '사과', '포도', '오렌지']
True
True
False
```

위 코드에서 마지막 줄은 print("포도@" in ["사과, "포도", "오렌지"])로 치환할 수 있습니다. 여기서 찾는 값과 원소의 값이 정확하게 일치하는 경우가 없으므로 False가 출력됩니다. 이처럼 리스트에서 in 연산자와 not in 연산자를 사용할 때 찾는 값과 원소의 값이 조금이라도 다르면 다른 값으로 간주됩니다.

3.3.4 리스트의 원소 추가, 삭제, 수정

리스트에 원소를 추가하려면 append() 함수를 사용하고, 리스트의 원소를 삭제하려면 remove(), del() 함수를 사용합니다. remove()와 del()은 기능이 같지만 사용법이 다릅니다. remove()는 원소의 값을 이용해 삭제하고, del()은 원소의 인덱스를 이용해 삭제합니다.

> 형식 | 리스트명.append(추가할 원솟값)
> 리스트명.remove(삭제할 원솟값)
> del(리스트명[삭제할 인덱스])

리스트의 원소를 수정할 때는 별도의 함수를 사용하지 않고 =(할당 연산자)로 새로운 값을 배정합니다. 그러면 기존 값이 새로운 값으로 대체됩니다.

> 형식 | 리스트명[수정할 인덱스] = 새로운 값

다음 코드를 작성하고 원소를 추가·삭제·수정해봅시다. fruit 리스트를 **ch03-listTuple.py** 파일의 맨 위에 선언했으니 마지막에 다음 코드만 추가하면 됩니다.

ch03-listTuple.py

```
fruit = ["사과", "포도", "오렌지", "바나나"]
(중략)
print("포도@" in fruit1)
fruit.append("자몽") # 원소 추가(리스트 맨 마지막에 추가)
print(fruit)
fruit.remove("바나나") # 원소 삭제(원소의 값을 이용해 삭제)
print(fruit)
del(fruit[2]) # 원소 삭제(원소의 인덱스를 이용해 삭제)
print(fruit)
fruit[0] = "수박" # 원소 수정
print(fruit)
```

```
(중략)
['사과', '포도', '오렌지', '바나나', '자몽']
['사과', '포도', '오렌지', '자몽']
['사과', '포도', '자몽']
['수박', '포도', '자몽']
```

원소를 추가하면 리스트의 맨 마지막에 추가되고, 원소를 삭제하면 해당 원소가 삭제되면서 뒤에 있는 원소들이 앞으로 당겨집니다.

그림 3-12 리스트의 원소 추가, 삭제

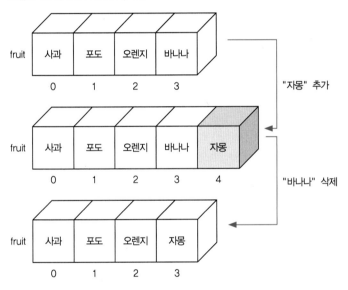

리스트 추가, 삭제 함수 작성 시 주의점

앞에서 리스트에 원소를 추가하기 위해 fruit.append("자몽")이라고 명령했습니다. 그런데 'fruit = fruit.append("자몽")이라고 작성해야 하지 않나?'라는 의문이 들 수 있습니다. append() 함수로 리스트에 원소를 추가한 후 =를 이용해 그 결과를 fruit 변수에 넣어야 할 것 같지만, 그렇지 않습니다. 실제로 다음과 같이 코드를 수정하고 실행해보면 None이 출력됩니다.

```
fruit = ["사과", "포도", "오렌지", "바나나"]
fruit = fruit.append("자몽")
print(fruit)
```

append( )는 리스트에 원소를 추가하고 아무런 결괏값을 내뱉지 않는 함수입니다. 더 정확히 말하면 아무것도 내뱉지 않는 것이 아니라 None이라는 값을 내뱉는 것입니다. 따라서 다음 문장에서 = 오른쪽 부분이 동작하고 나면 fruit.append("자몽")이 있던 자리가 None으로 치환되고, 결국 None이 출력됩니다.

그림 3-13 리스트에 원소를 추가한 결과 None 반환

```
fruit = fruit.append("자몽")  ⟶  fruit = None
```

만약 append( )가 리스트에 원소를 추가한 후 그 결과를 내뱉는 함수라면 fruit = fruit.append("자몽")이라고 작성해야 할 것입니다. 하지만 파이썬 창시자는 그렇게 만들지 않았습니다. 따라서 append( ) 함수를 사용할 때는 = 없이 함수만 써도 컴퓨터가 알아서 리스트에 원소를 추가하고 그 결과를 갱신합니다. 원소를 삭제하는 remove( )와 del( ) 함수도 마찬가지입니다. = 없이 함수만 사용해도 컴퓨터가 알아서 리스트의 원소를 삭제하고 그 결과를 갱신합니다.

어떤 함수는 결괏값을 내뱉기 때문에 =로 그 값을 받아야 하고(예: len( ) 함수), 어떤 함수는 결괏값을 내뱉지 않기 때문에(정확히는 None을 내뱉기 때문에) =를 사용하면 안 되고… 복잡하죠? 이 또한 약간의 암기가 필요하지만 너무 부담 갖지 마세요. 다양한 프로그램을 만들다 보면 저절로 외워진답니다.

3.3.5 리스트 관련 함수

리스트의 원소 추가, 삭제 함수 외에 몇 가지 함수를 더 살펴봅시다.

리스트의 원소 수 세기: len()

len( )은 리스트의 원소 수를 세는 함수이며, 다음과 같은 형식으로 사용합니다.

형식 | len(리스트명)

다음 코드를 작성하고 실행하면 3이 출력됩니다.

```
print(fruit)
foo = ["hello", "world", "python"]
result = len(foo)
print(result)
```

실행결과
(중략) 3

리스트의 원소 정렬하기: sorted()

sorted()는 리스트의 원소를 오름차순으로 정렬하는 함수입니다. reverse 옵션을 True로 설정하면 내림차순으로 정렬할 수 있습니다.

> 형식 ㅣ sorted(리스트명) # 오름차순 정렬
> sorted(리스트명, reverse = True) # 내림차순 정렬

다음과 같이 코드를 수정하고 실행해봅시다.

```
print(fruit)
foo = [7, 3, 5, 2, 1]
result1 = sorted(foo) # 오름차순 정렬
result2 = sorted(foo, reverse = True) # 내림차순 정렬
print(result1, result2)
```

실행결과
(중략) [1, 2, 3, 5, 7] [7, 5, 3, 2, 1]

리스트의 원소가 문자열이면 알파벳순 또는 가나다순으로 정렬됩니다. foo 리스트의 원솟값을 문자열로 변경하고 결과를 확인해보세요.

원솟값으로 인덱스 알아내기: index()

index()는 원솟값으로 해당 원소의 인덱스를 찾는 함수이며, 다음과 같은 형식으로 사용합니다.

> 형식 | 리스트명.index(원솟값)

4명의 학생이 저장된 리스트에서 상혁이가 몇 번 인덱스인지 알아봅시다. 앞의 코드를 다음과 같이 수정하고 실행하면 3이 출력됩니다.

ch03-listTuple.py

```
print(fruit)
foo = ["영희", "철수", "민희", "상혁"]
result = foo.index("상혁")
print(result)
```

실행결과
(중략)
3

3.3.6 튜플의 개요

튜플(tuple)은 리스트처럼 하나의 변수로 여러 값을 저장하는 자료형으로 소괄호(( ))로 표현합니다.

> 형식 | 튜플명 = (원소, 원소, 원소, …)

리스트와 마찬가지로 튜플은 특정 원소 출력, 여러 원소 출력(슬라이싱), 덧셈과 곱셈 연산이 가능하며, 이때 인덱싱 연산자([ ])를 사용합니다. **ch03-listTuple.py** 파일의 맨 밑에 다음 코드를 작성하고 실행하면 오류 없이 잘 출력됩니다.

```
print(result)
foo1 = ("a", "b", "c") # foo1 튜플 선언
foo2 = ("d", "e", "f") # foo2 튜플 선언
print(foo1[0])          # foo1 튜플의 0번 원소 출력
print(foo1[:2])         # foo1 튜플의 0, 1번 원소 출력
print(foo1 + foo2)      # foo1, foo2 튜플 연결
print(foo1 * 2)         # foo1 튜플 두 번 연결
print(len(foo1))        # foo1 튜플의 원소 수 출력
```

실행결과

```
(중략)
a
('a', 'b')
('a', 'b', 'c', 'd', 'e', 'f')
('a', 'b', 'c', 'a', 'b', 'c')
3
```

그러나 튜플의 경우 원소 추가·삭제·수정이 불가능합니다. 앞의 코드에 다음 코드를 추가하면
오류 메시지가 나타납니다.

```
foo1 = ("a", "b", "c")
foo2 = ("d", "e", "f")
(중략)
print(len(foo1))
foo1.append("d") # foo1 튜플에 원소 추가 시도
foo1.remove("b") # foo1 튜플에 원소 삭제 시도
foo1[0] = "A"    # foo1 튜플의 원솟값 수정 시도
```

실행결과

```
(중략)
Traceback (most recent call last):
  File "C:\Users\gilbut\PycharmProjects\pythonStudy\ch03-listTuple.py", line 42,
in <module>
    foo1.append("d") # foo1 튜플에 원소 추가 시도
AttributeError: 'tuple' object has no attribute 'append'
```

TIP 오류 메시지가 나타나지 않으면 Ctrl + R 키를 다시 한번 눌러보세요. 오류 메시지를 볼 수 있습니다.

앞서 말했듯이 튜플은 리스트처럼 여러 값을 저장하지만 원소를 추가·삭제·수정할 수 없습니다. 그렇다면 리스트를 사용하지 왜 튜플을 만들었을까요? 튜플은 원소를 추가·삭제·수정할 수 없지만 리스트보다 빠르고 가볍다는 장점이 있습니다. 그래서 용량이 큰 프로그램을 만들 때 조금이라도 실행 속도를 높이고 메모리 사용량을 최소화하기 위해 튜플을 사용합니다. 또한 혹시 모를 개발자의 실수로 리스트의 중요한 값이 변경되는 것을 예방하기 위해 리스트 대신 튜플을 사용합니다. 이 두 가지 경우를 제외하고는 대부분 리스트 자료형을 사용하며, 이 책에서도 리스트를 주로 사용합니다.

1분 퀴즈

정답 p. 484~485

5 실행 결과를 참고해 다음 코드의 각 문장에서 틀린 부분을 찾아 바르게 고치세요.

```
weather = ("맑음", "눈", "흐림", "천둥번개", "비") ----- ①
weather = weather.append("안개") -------------------- ②
weather.remove(["천둥번개"]) ------------------------ ③
print(weather[-1:-4]) ------------------------------ ④
```

실행결과
```
['눈', '흐림', '비']
```

6 장을 보러 가기 전에 구매할 물건을 미리 작성하고 이를 가나다순으로 정렬하려고 합니다. 다음과 같은 실행 결과가 출력되도록 코드를 작성하세요(힌트: 문자열의 split() 함수 활용).

실행결과
```
구매할 물건을 쉼표로 구분해 입력: 샴푸,후추,치약,물티슈,설탕
정렬된 쇼핑 목록: ['물티슈', '샴푸', '설탕', '치약', '후추']
```

딕셔너리

3.4.1 딕셔너리의 개요

리스트를 사용하다 보면 불편한 점이 있습니다. 예를 들어 다음과 같이 짜장면, 짬뽕, 탕수육의 가격을 순서대로 저장했다고 합시다.

---

price = [6000, 7000, 20000]

한참 코딩을 하다가 짜장면의 가격을 출력하려고 하는데, 리스트의 몇 번째에 저장했는지 인덱스를 잊어버렸습니다. 이러한 난감한 상황에는 컴퓨터가 자동으로 붙이는 인덱스 말고 인덱스 이름이 있으면 좋을 것입니다. price[0]이 아닌 price["짜장면"]처럼 말이죠. 그래서 만들어진 것이 바로 **딕셔너리**(dictionary) 자료형입니다.

딕셔너리는 각 원소를 키(key)와 값(value)의 쌍으로 표현하고 쉼표(,)로 구분한 후 이를 중괄호({ })로 감쌉니다. 여기서 키는 원소를 구분하는 기준이므로 한 딕셔너리 내에서 중복되면 안 됩니다.

> 형식 | 딕셔너리명 = {키: 값, 키: 값, 키: 값, …}

앞의 예를 딕셔너리 자료형으로 나타내면 다음과 같습니다.

---

price = {"짜장면": 6000, "짬뽕": 7000, "탕수육": 20000}

이렇게 하면 자신이 원하는 값을 인덱스가 아닌 키를 이용해 출력할 수 있습니다.

> 형식 | 딕셔너리명[키] # 인덱스 대신 키로 특정 원소에 접근

짜장면의 가격을 출력하려면 다음과 같이 작성합니다.

```
print(price["짜장면"])
```

딕셔너리와 리스트의 차이점은 인덱스 번호를 사용하느냐, 키를 사용하느냐입니다. 이는 작은 차이지만, 딕셔너리를 사용하면 리스트를 사용할 때보다 코드의 가독성이 높아집니다.

3.4.2 딕셔너리의 원소 추가, 삭제, 수정

딕셔너리에 원소를 추가하는 방법은 리스트와 다릅니다. 딕셔너리에 원소를 추가할 때는 append() 함수를 사용하지 않고 다음과 같이 새로운 키와 값을 작성합니다.

> 형식 | 딕셔너리명[새로운 키] = 새로운 값

예를 들어 메뉴에 짬뽕밥이 추가돼 딕셔너리에 추가해야 한다면 다음과 같이 작성합니다. 그러면 컴퓨터는 '짬뽕밥이라는 키를 가진 원소가 없으니 새 원소를 추가해야겠다'라고 판단하고 알아서 원소를 추가합니다.

```
price["짬뽕밥"] = 7500
```

딕셔너리에서 원소를 삭제할 때는 del() 함수를 사용합니다. 리스트에서 원소를 삭제할 때는 원솟값을 이용해 삭제하는 remove() 함수와 인덱스를 이용해 삭제하는 del() 함수를 사용했습니다. 하지만 딕셔너리의 경우 원소의 키를 이용해 삭제하는 del() 함수만 사용합니다.

리스트의 원소 삭제	딕셔너리의 원소 삭제
리스트명.remove(삭제할 원솟값) del(리스트명[삭제할 인덱스])	del(딕셔너리명[삭제할 키])

딕셔너리의 특정 원솟값을 수정하는 방법은 리스트와 같습니다. 즉 해당 키의 값을 새 값으로 덮어씌웁니다.

> 형식 | 딕셔너리명[수정할 키] = 새로운 값

[pythonStudy] 폴더에 **ch03-dictionary.py** 파일을 만들고 다음 코드를 작성한 후 실행 결과를 확인해보세요.

———————————————————————————— ch03-dictionary.py

```
price = {"짜장면": 6000, "짬뽕": 7000, "탕수육": 20000}
print(price["짜장면"]) # price 딕셔너리의 특정 원소 출력
price["짬뽕밥"] = 7500 # price 딕셔너리에 새 원소 추가
del(price["짬뽕"])      # price 딕셔너리의 특정 원소 삭제
price["짜장면"] = 6500 # price 딕셔너리의 특정 원솟값 수정
print(price)
```

실행결과
```
6000
{'짜장면': 6500, '탕수육': 20000, '짬뽕밥': 7500}
```

3.4.3 딕셔너리 관련 함수

딕셔너리를 사용할 때 없어서는 안 되는 함수를 알아봅시다.

딕셔너리의 모든 키 가져오기: keys()

keys() 함수는 딕셔너리 내 모든 원소의 키를 가져옵니다.

> 형식 | 딕셔너리명.keys()

다음은 과일 이름을 키로, 가격을 값으로 저장하는 fruit 딕셔너리에서 키만 가져오는 코드입니다.

ch03-dictionary.py

```
print(price)
fruit = {"사과": 2000, "포도": 3500, "오렌지": 4500}
result = fruit.keys() # fruit 딕셔너리의 모든 키 가져오기
print(result)
```

실행결과
```
(중략)
dict_keys(['사과', '포도', '오렌지'])
```

코드를 실행하면 딕셔너리의 모든 키가 출력됩니다. 출력된 내용 중 dict_keys()는 딕셔너리의 키를 저장하는 자료형입니다. 이를 리스트형으로 보기 좋게 출력하고 싶다면 list(result)와 같이 list() 함수를 씌우면 됩니다.

ch03-dictionary.py

```
print(price)
fruit = {"사과": 2000, "포도": 3500, "오렌지": 4500}
result = fruit.keys() # fruit 딕셔너리의 모든 키 가져오기
print(result)
print(list(result)) # 딕셔너리를 리스트형으로 변환해 출력
```

실행결과
```
(중략)
dict_keys(['사과', '포도', '오렌지'])
['사과', '포도', '오렌지']
```

딕셔너리의 모든 값 가져오기: values()

values() 함수는 딕셔너리 내 모든 원소의 값을 가져옵니다.

형식 | 딕셔너리명.values()

앞의 코드를 다음과 같이 수정하고 실행하면 fruit 딕셔너리의 모든 값이 출력됩니다.

ch03-dictionary.py

```python
fruit = {"사과": 2000, "포도": 3500, "오렌지": 4500}
result = fruit.values() # fruit 딕셔너리의 모든 값 가져오기
print(list(result))
```

실행결과
```
(중략)
[2000, 3500, 4500]
```

딕셔너리의 모든 키, 값을 쌍으로 가져오기: items()

items() 함수는 딕셔너리 내 모든 원소의 키와 값을 쌍으로 가져옵니다.

> 형식 | 딕셔너리명.items()

코드를 다음과 같이 수정하고 키와 값의 쌍이 출력되는지 확인해보세요.

ch03-dictionary.py

```python
fruit = {"사과": 2000, "포도": 3500, "오렌지": 4500}
result = fruit.items() # fruit 딕셔너리의 모든 키와 값을 쌍으로 가져오기
print(list(result))
```

실행결과
```
(중략)
[('사과', 2000), ('포도', 3500), ('오렌지', 4500)]
```

3.4.4 딕셔너리의 값으로 리스트가 저장된 경우

딕셔너리의 값으로 리스트를 저장할 수 있습니다. 다음의 school 딕셔너리는 1반, 2반, 3반 키를 가지고 있고, 각 키의 값이 리스트로 저장돼 있습니다. 또한 해당 리스트는 딕셔너리 자료형의 원소를 가지고 있습니다.

```
print(list(result))
school = {
    "1반": [
        {"이름": "김민수", "성적": {"수학": 90, "과학": 88, "영어": 94}},
        {"이름": "박서연", "성적": {"수학": 82, "과학": 95, "영어": 88}}
    ],
    "2반": [
        {"이름": "이지훈", "성적": {"수학": 61, "과학": 95, "영어": 56}},
        {"이름": "최윤아", "성적": {"수학": 89, "과학": 83, "영어": 100}}
    ],
    "3반": [
        {"이름": "정하윤", "성적": {"수학": 77, "과학": 87, "영어": 95}},
        {"이름": "송태민", "성적": {"수학": 84, "과학": 96, "영어": 46}}
    ]
}
```

이처럼 딕셔너리와 리스트가 복잡하게 구성된 경우 원하는 값을 출력하기가 어려울 것 같지만 생각보다 쉽습니다. 딕셔너리와 리스트에서 원하는 값을 꺼낼 때와 마찬가지로 키 또는 인덱스를 사용하면 됩니다. 다음은 school 딕셔너리에서 1반 김민수의 수학 성적과 3반 송태민의 영어 성적을 출력하는 코드입니다.

```
school = {
    (중략)
}
print(school["1반"][0]["성적"]["수학"]) # 1반 김민수의 수학 성적 출력
print(school["3반"][1]["성적"]["영어"]) # 3반 송태민의 영어 성적 출력
```

실행결과
(중략)
90
46

7 딕셔너리에 관한 설명 중 옳지 <u>않은</u> 것을 고르세요.

① 딕셔너리는 키와 값의 쌍으로 이뤄진다.

② 딕셔너리의 값은 변경할 수 없다.

③ 딕셔너리는 { }로 정의된다.

④ 딕셔너리의 원소는 삭제할 수 있다.

8 다음은 현재 환율 정보를 입력하면 해당 정보로 업데이트하고, 변환할 통화 금액을 입력하면 환전 금액을 출력하는 프로그램입니다. 빈칸을 채워 완성하세요.

```python
# 현재 환율 정보
exchange_rates = {
    "USD": 1200, # 1달러가 1200원
    "EUR": 1400, # 1유로가 1400원
    "JPY": 11    # 1엔이 11원
}
print("--------- 환율 정보 추가/수정 ---------")
key = input("추가하거나 수정할 통화를 입력하세요: ")
value = int(input(f"{key}의 현재 환율 금액을 입력하세요: "))
_____①_____
print("--------- 환율 계산기 ---------")
currency = input(f"통화({list(exchange_rates.keys())})를 입력하세요: ")
price = int(input(f"변환할 금액({currency})을 입력하세요: "))
print(f"환율 계산 결과: {_____②_____}원")
```

실행결과

--------- 환율 정보 추가/수정 ---------
추가하거나 수정할 통화를 입력하세요: **USD**
USD의 현재 환율 금액을 입력하세요: **1334**
--------- 환율 계산기 ---------
통화(['USD', 'EUR', 'JPY'])를 입력하세요: **USD**
변환할 금액(USD)을 입력하세요: **120**
환율 계산 결과: 160080원

또는

---------- 환율 정보 추가/수정 ----------

추가하거나 수정할 통화를 입력하세요: **CNY**

CNY의 현재 환율 금액을 입력하세요: **184**

---------- 환율 계산기 ----------

통화(['USD', 'EUR', 'JPY', 'CNY'])를 입력하세요: **CNY**

변환할 금액(CNY)을 입력하세요: **350**

환율 계산 결과: 64400원

불 자료형

3.5.1 불 자료형의 개요

코딩을 하다 보면 참 또는 거짓을 표현해야 할 때가 많은데, **불**(boolean) 자료형은 이를 위한 것입니다. 참을 나타내는 True, 거짓을 나타내는 False가 어떤 기호로도 둘러싸여 있지 않으면 컴퓨터는 불 자료형으로 인식합니다. 이때 첫 글자는 반드시 대문자로 써야 합니다.

예를 들어 다음과 같이 비교 연산자를 사용한 다음 print() 문을 실행하면 어떤 결과가 출력될까요? 10은 5보다 크거나 같으므로 True가 출력됩니다.

```
print(10 >= 5) # 실행 결과 True 출력
```

이 밖에도 코딩을 하다 보면 '찾았다/못 찾았다', '성공했다/실패했다', '좋다/나쁘다' 등으로 구분해 변수에 저장해야 할 때가 많습니다. 만약 불 자료형이 없다면 이러한 정보를 문자열로 저장해야 하지만, 불 자료형으로 저장하면 코드의 가독성을 높일 수 있습니다.

——— 불 자료형 대신 문자열로 표현한 경우 ———	——— 불 자료형으로 표현한 경우

```
find = "OK"
success = "FAIL"
is_good = "GOOD"
```

```
find = True      # 찾으면 True, 못 찾으면 False
success = False  # 성공하면 True, 실패하면 False
is_good = True   # 좋으면 True, 나쁘면 False
```

3.5.2 불 자료형의 연산

불 자료형에는 논리 연산자를 사용할 수 있습니다. 논리 연산자에는 and(그리고), or(또는), not(부정)이 있는데, and와 or는 2개의 항을 사용하는 이항 연산자이고, not은 하나의 항만 사용하는 단항 연산자입니다.

- **and:** 두 값이 모두 True이면 True를 출력하고, 그 밖의 경우에는 False를 출력합니다.

- **or:** 두 값 중 하나라도 True이면 True를 출력하고, 그 밖의 경우에는 False를 출력합니다.

- **not:** True는 False로, False는 True로 바꿉니다.

표 3-5 논리 연산자

사용 형식	a	b	결과
a and b	True	True	True
	True	False	False
	False	True	False
	False	False	False
a or b	True	True	True
	True	False	True
	False	True	True
	False	False	False
not a 또는 not b	True	–	False
	False	–	True
	–	True	False
	–	False	True

[pythonStudy] 폴더에 **ch03-boolean.py** 파일을 만들고 다음 코드를 작성한 후 실행 결과를 확인해봅시다.

ch03-boolean.py

```
print(True and True, True and False, False and True, False and False)
print(True or True, True or False, False or True, False or False)
print(not True, not False)
```

논리 연산자(and, or, not)는 비교 연산자(>, >=, <, <=, ==, !=)와 함께 사용하곤 합니다. 다음 코드를 작성하고 실행하면 불 자료형인 결과가 출력됩니다.

ch03-boolean.py

```python
print(not True, not False)
num1 = 20
num2 = 10
print(num1 >= 10 and num2 <= 30) # True and True
print(num1 == 20 or num2 == 5)   # True or False
print(not num1 == 20)            # not True
```

(◐) 1분 퀴즈 정답 p. 485

9 불 자료형에 대한 설명 중 옳지 않은 것을 고르세요.

① 불 자료형의 값은 True와 False뿐이다.

② true와 True는 둘 다 불 자료형이다.

③ and, or, not 연산자의 결괏값은 항상 True 또는 False이다.

④ True and False의 결괏값은 False이다.

10 라이브 콘서트에 입장하기 위한 조건이 다음과 같습니다.

- 나이가 18세 이상이어야 한다.
- 티켓을 소지하고 있어야 한다.
- VIP 티켓 소지자는 나이 및 드레스 코드 제한 없이 입장할 수 있다.
- 드레스 코드인 파란색 옷을 입어야만 입장할 수 있다.

나이, 티켓 소지 여부, 옷 색깔을 입력받아 입장할 수 있는지(True) 또는 입장할 수 없는지(False)를 출력하는 프로그램을 작성하세요(비교 연산자와 논리 연산자를 활용하세요).

실행결과
나이를 입력하세요: **25**
일반 티켓을 소지하고 있습니까? (네/아니요): **네**
VIP 티켓을 소지하고 있습니까? (네/아니요): **아니요**
옷 색깔을 입력하세요 (검정/빨강/파랑/초록): **초록**
입장 가능 여부: False

또는

실행결과
나이를 입력하세요: **15**
일반 티켓을 소지하고 있습니까? (네/아니요): **아니요**
VIP 티켓을 소지하고 있습니까? (네/아니요): **네**
옷 색깔을 입력하세요 (검정/빨강/파랑/초록): **검정**
입장 가능 여부: True

마무리

1. 숫자 자료형

- 소수점이 없는 정수형(int)과 소수점이 있는 실수형(float)으로 구분합니다.
- 산술 연산(+, -, *, /, **, //, %)과 비교 연산(>, >=, <, <=, ==, !=)이 가능합니다.

2. 문자열

- 큰따옴표 1개, 작은따옴표 1개, 큰따옴표 3개, 작은따옴표 3개로 감싸는 네 가지 방식으로 표현할 수 있습니다. 다만 문자열을 여러 줄로 출력할 때는 큰따옴표 3개 또는 작은따옴표 3개를 사용합니다.
- 문자열의 출력 결과를 보기 좋게 정렬하기 위해 이스케이프 코드를 사용합니다. 이스케이프 코드는 \(역슬래시)+문자로 구성됩니다.
- 문자열끼리는 연결(+), 반복(*) 연산이 가능하며, in 연산자와 not in 연산자를 사용해 문자열 내 특정 글자가 있는지 확인할 수 있습니다.
- 문자열 안에 원하는 값을 삽입하기 위해 문자열 포매팅을 이용합니다. 문자열 포매팅 문장을 작성할 때는 f와 중괄호({ })를 사용합니다.

3. 리스트와 튜플

- 리스트는 대괄호([ ])로 표현하며 각 원소를 쉼표(,)로 구분합니다. 또한 원소의 추가, 삭제, 수정이 가능합니다.

- 튜플은 소괄호(( ))로 표현하며, 리스트와 유사하지만 원소의 추가, 삭제, 수정이 불가능합니다.

- 리스트와 튜플에서 원소를 가져올 때는 인덱싱 연산자([ ])를 사용하며, [ ] 안에는 각 원소의 인덱스를 넣습니다.

4. 딕셔너리

- 딕셔너리는 중괄호({ }) 안에 각 원소를 키: 값 형태로 쓰고 쉼표(,)로 구분합니다.

- 원소를 가져올 때는 인덱싱 연산자([ ])를 사용하며, [ ] 안에는 가져오고자 하는 값의 키를 넣습니다.

- 원소의 추가, 수정, 삭제가 가능합니다.

5. 불 자료형

- 불 자료형의 값은 True(참)와 False(거짓)입니다.
- 논리 연산자(and, or, not)를 이용해 복잡한 조건을 표현할 수 있습니다.

# 4장

제어문과
예외 처리

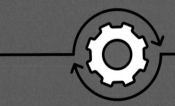

3장에서 영어의 알파벳에 해당하는 파이썬의 자료형을 배웠으니 이제 문장을 만드는 규칙인 문법을 배울 차례입니다. 대화를 나눌 때 최소한의 문법을 지켜야 하듯이 파이썬 코딩을 할 때도 문법에 따라 코드를 작성해야 합니다. 이 장에서는 코드의 실행 흐름을 결정하는 문법인 제어문과 코드 실행 시 접할 수 있는 예외 상황의 처리 방법을 알아봅니다.

if 문

조건에 따라 코드의 실행 흐름을 제어하는 문법을 조건문이라고 합니다. 예를 들어 점수를 입력받아 점수 구간별로 학점을 부여하는 프로그램의 경우 조건문을 이용해 만들며, 파이썬에서는 조건문으로 if 문을 사용합니다. [pythonStudy] 폴더에 **ch04-if.py** 파일을 만들고 실습을 통해 if 문의 사용법을 익혀봅시다.

4.1.1 학점 판별 프로그램 만들기

점수가 90점 이상이면 A, 80점 이상~90점 미만이면 B, 70점 이상~80점 미만이면 C, 70점 미만이면 F를 출력하는 학점 판별 프로그램을 만들어봅시다. 사용자가 컴퓨터에 내리는 명령은 다음과 같으며, 이를 이 프로그램의 '시나리오'라고 하겠습니다.

```
만약 score가 90 이상이면
    "학점 : A"를 출력해
그게 아니라 만약 score가 80 이상 90 미만이면
    "학점 : B"를 출력해
그게 아니라 만약 score가 70 이상 80 미만이면
    "학점 : C"를 출력해
위 경우가 모두 아니면
    "학점 : F"를 출력해
```

먼저 input( ) 함수로 사용자의 입력을 받아 score 변수에 저장합니다. 이때 입력받는 값이 문

자열이므로 input( ) 함수의 바깥에 int( ) 함수를 씌워 숫자로 변환합니다.

———————————————————————————————————— ch04-if.py

```python
score = int(input("점수 입력 >> "))
```

score에 저장된 값에 따라 학점을 출력하려면 if 문을 사용해야 하며, 형식은 다음과 같습니다. 앞의 시나리오와 닮은 모습입니다.

> 형식 | if 조건:
>   실행할 코드
>   elif 다른 조건:
>   실행할 코드
>   else:
>   앞의 조건을 모두 충족하지 않을 때 실행할 코드

시나리오를 if 문으로 옮겨봅시다. '만약'은 if로, '~라면'은 조건으로 작성하고 마지막에 콜론 (:)을 붙입니다. 조건을 충족하면 수행할 문장은 그다음 줄에 작성하는데, 이때 들여쓰기를 해야 합니다. 들여쓰기는 if 문을 충족했을 때 실행할 코드의 범위를 나타냅니다. 수행할 문장이 여러 개라면 같은 칸만큼 들여쓰기를 한 문장을 다음 줄에 추가합니다. 들여쓰기는 if 문을 작성하고 Enter 키를 누르면 파이참이 자동으로 해줍니다.

———————————————————————————————————— ch04-if.py

```python
score = int(input("점수 입력 >> "))
if score >= 90:
    print("학점 : A")
```

> **NOTE 들여쓰기를 통일하는 법**
>
> 코드를 수정하다 보면 들여쓰기를 직접 해야 할 때가 있습니다. 이럴 때는 키보드의 Tab 키를 한 번만 누르세요. 들여쓰기를 하기 위해 스페이스바나 Tab 키를 규칙 없이 누르면 들여쓰기가 들쭉날쭉해져서 컴퓨터가 제대로 인식하지 못해 오류가 발생할 수 있습니다. 따라서 들여쓰기는 Tab 키 한 번으로 통일해야 합니다.

이어서 '그게 아니라 만약'은 elif 문으로 작성합니다. 조건을 충족하면 수행할 문장은 들여쓰기를 해서 작성합니다. 그리고 '위 경우가 모두 아니면'은 else 문으로 작성합니다.

```
score = int(input("점수 입력 >> "))
if score >= 90:
    print("학점 : A")
elif 80 <= score < 90:
    print("학점 : B")
elif 70 <= score < 80:
    print("학점 : C")
else:
    print("학점 : F")
```

TIP 사실 영어에는 elif라는 단어가 없습니다. 영어 문법상으로는 else if가 맞지만, 파이썬에서는 그것을 줄여 elif라고 씁니다. 간결하고 단순한 것을 좋아하는 파이썬 창시자의 가치관이 여기서도 엿보입니다.

코드를 완성했습니다. 코딩을 조금 공부한 독자라면 코드가 어떻게 동작할지 예상할 수 있을 만큼 간결하고 가독성이 좋습니다. 이 코드를 실행하면 입력 점수에 따라 학점이 출력됩니다.

실행결과
점수 입력 >> **85** 학점 : B

4.1.2 if 문의 번역 순서

인터프리터는 코드의 첫 줄부터 아래로 한 줄씩 읽으면서 기계어로 번역해 컴퓨터에 전달하고, 컴퓨터는 이를 실행합니다. 그런데 인터프리터가 if 문을 만나면 번역 순서가 달라집니다. 학점 판별 프로그램에 '85'를 입력한 경우를 살펴봅시다.

```
score = int(input("점수 입력 >> ")) ----- ❶
if score >= 90: ---------------------- ❷
    print("학점 : A") ----------------- SKIP
elif 80 <= score < 90: --------------- ❸
    print("학점 : B") ----------------- ❹
elif 70 <= score < 80: --------------- SKIP
    print("학점 : C") ----------------- SKIP
```

```
print("학점 : F") ------------------ SKIP
-------------------------------------- ❺
```

❶ 입력받은 숫자 85가 score에 저장됩니다.

❷ if 문을 만난 인터프리터는 조건을 검사합니다. score가 85이니 조건(score >= 90)을 충
족하지 않기 때문에, 다음 줄에 들여쓰기로 작성된 문장을 번역하지 않고 건너뜁니다.

❸ elif 문을 만난 인터프리터는 다시 한번 조건을 검사합니다. 이번에는 조건(80 <= score <
90)을 충족하므로 다음 줄로 이동합니다.

❹ 인터프리터는 print() 문을 번역해 컴퓨터에 전달하고, 컴퓨터는 실행창에 학점 : B를 출력
합니다. 이후의 elif~else 문은 전부 번역하지 않고 건너뜁니다. 결과가 나왔으니 더 이상
번역할 필요가 없기 때문입니다.

❺ 코드의 마지막 줄에는 번역할 문장이 없으므로 프로그램을 종료합니다.

인터프리터가 if 문을 만나면 번역 순서가 두 번째 줄에서 네 번째 줄로 점프하기도 하고, 다섯
번째 줄에서 마지막 줄로 점프하기도 합니다. 뒤에서 소개할 while 문이나 for 문을 사용하면
번역 순서가 거꾸로 되돌아가기도 합니다. 이렇게 if 문, while 문, for 문은 인터프리터의 번
역 흐름을 제어하기 때문에 제어문이라고 합니다.

NOTE 인터프리터의 번역 순서를 알아야 하는 이유

인터프리터의 번역 순서를 알면 어디서 오류가 발생할지 미리 알 수 있고, 추가 기능을 넣고 싶을 때 어디에
어떤 문장을 넣어야 할지도 알 수 있습니다. 결국 코딩을 잘하려면 인터프리터의 번역 순서를 알아야 합니다.
인터프리터의 번역 순서를 잘 따라갈 수 있으면 코딩이 쉬워지고, 파이썬뿐만 아니라 다른 프로그래밍 언어도
독학할 수 있는 힘이 생깁니다.

인터프리터의 번역 원리를 깨치기 위한 훈련 방법은 간단합니다. 어떤 코드든 실행하기 전에 번역 순서를 쫓
으며 실행 결과를 예상해보세요. 자신이 예상한 것과 다른 결과가 나오면 다시 한번 찬찬히 번역 순서를 따라
가면서 왜 그런 결과가 나왔는지 살펴보세요. 이러한 훈련을 반복하면 자기도 모르는 새 코딩이 쉽게 느껴지
는 순간을 맞게 됩니다.

 **1분 퀴즈** 정답 p. 485

1 다음 코드의 실행 결과를 쓰세요.

```
num = 10
if num >= 5:
    print("Hello")
else:
    print("World")
if num >= 30:
    print("Hello")
else:
    print("Python")
```

2 다음은 나이에 따라 영화 장르를 추천하는 프로그램입니다. 코드에서 잘못된 두 곳을 바르게 고치세요.

```
age = int(input("나이를 입력하세요: "))
if 0 <= age < 13: # 13세 미만이면
    print("어린이를 위한 애니메이션을 추천합니다.")
elif 13 <= age or age < 19: # 13세 이상 19세 미만이면 ------- ①
    print("청소년을 위한 액션 영화를 추천합니다.")
else 19 <= age: # 19세 이상이면 -------------------------- ②
    print("성인을 위한 드라마 장르를 추천합니다.")
```

4.2

while 문

어떤 조건을 충족하는 동안 특정 코드를 반복하는 문법을 반복문이라고 합니다. 반복문에는 while 문과 for 문이 있는데, 먼저 while 문을 살펴보고 다음 절에서 for 문을 다루겠습니다. while 문은 if 문과 형식이 비슷하기 때문에 쉽게 이해할 수 있습니다. [pythonStudy] 폴더에 **ch04-while.py** 파일을 만들고 실습을 시작합시다.

4.2.1 Hello World 100번 출력하기

지금까지 배운 문법을 사용해 Hello World를 100번 출력하는 프로그램을 만든다면 다음과 같이 작성할 수 있습니다.

```python
print("Hello World")
print("Hello World")
print("Hello World")
# 96번 반복
print("Hello World")
```

하지만 이는 코드를 100줄이나 작성해야 하는 무모한 방법입니다. 이럴 때는 다음과 같은 형식의 while 문을 사용하면 편리합니다.

while 문을 사용하면 100줄을 작성해야 할 코드를 단 몇 줄로 해결할 수 있습니다. 다음 코드를 작성하고 실행하면 Hello World가 100번 출력됩니다.

ch04-while.py

```
num = 1
while num <= 100:
    print("Hello World")
    num = num + 1
```

실행결과

```
Hello World
(중략)
Hello World
```

4.2.2 while 문의 번역 순서

while 문의 동작 과정을 이해하기 위해 인터프리터의 번역 순서를 살펴봅시다. 그런데 코드를 설명하기에 100번 반복은 너무 많으니 100을 3으로 수정하겠습니다. 그리고 마지막 문장인 num = num + 1을 num += 1로 수정합니다.

ch04-while.py

```
num = 1
while num <= 3:
    print("Hello World")
    num += 1
```

수정하기 전 문장인 num = num + 1은 num 변수에 1을 더해 num 변수에 저장하는 것으로, 쉽게 말해 num에 저장된 값을 1 증가시킵니다. 이와 같은 문장을 일일이 타이핑하는 것이 번거로웠던 개발자들은 타이핑을 줄이기 위해 **복합 대입 연산자**인 +=를 만들었습니다. +=는 왼쪽 값과 오른쪽 값을 더해 왼쪽에 할당하라는 의미입니다. 처음에는 익숙지 않겠지만 사용해보면 확실히 타이핑이 줄어들어 편리합니다. 복합 대입 연산자는 += 말고도 여러 가지가 있는데 이를 다음 표에 정리했습니다.

표 4-1 복합 대입 연산자

복합 대입 연산자	의미
a += b	a = a + b
a -= b	a = a - b
a *= b	a = a * b
a /= b	a = a / b
a **= b	a = a ** b
a //= b	a = a // b
a %= b	a = a % b

앞의 코드를 실행하면 Hello World가 세 번 출력되는 것을 확인할 수 있습니다.

```
실행결과
Hello World
Hello World
Hello World
```

while 문에서 인터프리터의 번역 순서는 다음과 같습니다.

```
num = 1 -------------------- ❶
while num <= 3: ------------ ❷ --- ❺ --- ❽ --- ⓫
    print("Hello World") --- ❸ --- ❻ --- ❾ --- SKIP
    num += 1 --------------- ❹ --- ❼ --- ❿ --- SKIP
-------------------------------------------- ⓬
```

❶ 첫 줄부터 번역을 시작해 1을 num 변수에 저장합니다.

❷ while 옆에 있는 조건(num <= 3)을 검사합니다. if 문과 마찬가지로 조건을 충족하면 다음 줄로 이동해 들여쓰기된 문장을 모두 번역하고, 조건을 충족하지 않으면 모두 번역하지 않고 건너뜁니다. 현재 num 변수가 1이니 조건을 충족하기 때문에 다음 줄로 이동합니다.

❸ 들여쓰기된 문장을 번역해 Hello World를 출력합니다.

❹ 그다음 줄의 들여쓰기된 문장도 번역해 num 변수를 1에서 2로 증가시킵니다.

❺ if 문과 달리 while 문은 들여쓰기된 문장을 모두 번역하고 나면 다시 while 문의 처음으로 돌아가 조건(num <= 3)을 충족하는지 검사합니다. 이것이 if 문과 while 문의 차이점입니다. 현재 num 변수가 2이니 조건을 충족하기 때문에 다음 줄로 이동합니다.

❻ 들여쓰기된 문장을 다시 번역해 Hello World를 출력합니다.

❼ 그다음 줄의 늘여쓰기된 문장도 번역해 num 변수를 2에서 3으로 증가시킵니다.

❽ 다시 while 문의 처음으로 돌아가 조건을 검사합니다. num 변수가 3이니 여전히 조건을 충족하기 때문에 다음 줄로 이동합니다.

❾ 들여쓰기된 문장을 번역해 Hello World를 출력합니다.

❿ num 변수를 3에서 4로 증가시킵니다.

⓫~⓬ 다시 while 문의 처음으로 돌아가 조건을 검사합니다. 그런데 num 변수가 4이므로 조건을 충족하지 않습니다. 따라서 들여쓰기된 문장을 모두 건너뛰고 while 문 아래로 이동하며, 더 이상 번역할 것이 없으므로 프로그램을 종료합니다.

while 문의 기본 원리는 if 문과 마찬가지로 조건을 충족하면 들여쓰기된 문장을 번역하고, 조건을 충족하지 않으면 들여쓰기된 문장을 번역하지 않는 것입니다. 다만 들여쓰기된 문장을 번역한 후 while 문의 처음으로 돌아간다는 것이 if 문과 다릅니다.

4.2.3 break와 continue 문

3.2.7절 문자열 포매팅에서는 다음과 같이 글자 수 세기 프로그램에 친절한 설명을 넣어 업그레이드했습니다.

글자 수 세기 프로그램

```
foo = input("문자열 입력 >> ")
print(f"현재 입력된 글자의 수는 {len(foo)}개입니다.")
```

그런데 이 프로그램은 문자열을 한 번 입력하고 나면 종료되기 때문에 프로그램을 계속 이용할 수 없습니다. 이렇게 프로그램이 종료되지 않고 계속 문자열을 입력받을 수 있도록 while 문을 이용해봅시다. **ch04-while.py** 파일의 맨 밑에 while 문을 작성하고, 다음 줄에 들여쓰기로 글자 수 세기 프로그램을 작성합니다.

ch04-while.py

```
    num += 1
while True:
    foo = input("문자열 입력 >> ")
    print(f"현재 입력된 글자의 수는 {len(foo)}개입니다.")
```

while 문의 조건에 True를 넣었는데, 이렇게 하면 조건이 항상 참이 되기 때문에 while 문이 무한 반복됩니다. 이렇게 프로그램이 끝없이 동작하는 것을 **무한 루프**(infinite loop)라고 합니다.

하지만 프로그램을 무한히 실행할 수 없으니 입력받은 문자열이 "종료"이면 프로그램을 끝내도록 수정하겠습니다. 다음과 같이 if 문을 작성하고 들여쓰기로 break 문을 작성합니다. 그러면 입력 상자에 종료를 입력하는 순간 if 문이 참이 돼 인터프리터가 그다음 줄인 break 문으로 가서 반복문을 강제로 빠져나옵니다. 반복문을 빠져나왔을 때 번역할 것이 없으므로 프로그램이 종료됩니다.

ch04-while.py

```
while True:
    foo = input("문자열 입력 >> ")
    if foo == "종료":
        break
    print(f"현재 입력된 글자의 수는 {len(foo)}개입니다.")
```

코드를 실행하고 결과를 확인해봅시다. 두 번은 문자열을 입력하고 세 번째에 종료를 입력해보세요. 프로그램이 종료됩니다.

```
실행결과
(중략)
문자열 입력 >> Hello World
현재 입력된 글자의 수는 11개입니다.
문자열 입력 >> I love python
```

```
현재 입력된 글자의 수는 13개입니다.
문자열 입력 >> 종료
Process finished with exit code 0
```

이번에는 아무것도 입력하지 않았을 때 경고 메시지를 띄우고 다시 입력 상자가 나타나게 만들어보겠습니다. 다음과 같이 코드를 수정합니다.

ch04-while.py

```
while True:
    foo = input("문자열 입력 >> ")
    if foo == "종료":
        break
    elif foo == "":
        print("아무것도 입력하지 않았습니다. 다시 입력해주세요.")
        continue
    print(f"현재 입력된 글자의 수는 {len(foo)}개입니다.")
```

입력 상자에 아무것도 입력하지 않고 Enter 키를 누르면 아무것도 입력하지 않았습니다. 다시 입력해주세요.라는 메시지를 보여줍니다. 그리고 다음 줄에서 continue 명령으로 프로그램의 실행 흐름을 바꿉니다. continue 명령은 break와 반대로 인터프리터를 while 문의 처음으로 돌려보내므로 새 입력 상자가 나타납니다.

실행결과

```
(중략)
문자열 입력 >> 안녕하세요! ---- ❶ 문자열 입력
현재 입력된 글자의 수는 6개입니다.
문자열 입력 >> -------------- ❷ Enter 키 누르기
아무것도 입력하지 않았습니다. 다시 입력해주세요.
문자열 입력 >>
```

만약 continue를 삭제하면 어떻게 동작할까요? continue를 삭제하고 실행하면 인터프리터가 while 문의 처음으로 돌아가지 않기 때문에 마지막 print 문이 실행돼 현재 입력된 글자의 수는 0개입니다.가 출력된 후 다시 while 문의 처음으로 돌아가 새 입력 상자가 나타납니다.

3 다음 코드의 실행 결과를 쓰세요.

```python
x = 0
while x < 5:
    x += 1
    if x == 2:
        continue
    if x == 4:
        break
    print(x)
```

4 다음은 간단한 로그인 프로그램으로, 사용자명 "user"와 비밀번호 "pass123"을 코드상에 미리 설정해 뒀습니다. 그런데 코드를 실행하면 프로그램이 제대로 동작하지 않습니다. ①번은 코드가 잘못됐고 ②번은 문장 전체가 누락됐는데, 두 곳을 바르게 고치세요.

```python
username = "user"
password = "pass123"
attempt_count = 0
while attempt_count == 3: ---------- ①
    input_username = input("사용자명을 입력하세요: ")
    input_password = input("비밀번호를 입력하세요: ")
    if input_username == username and input_password == password:
        print("로그인 성공!")
        ---------- ②
    else:
        print("로그인 실패. 다시 시도해주세요.")
        attempt_count += 1
if attempt_count == 3:
    print("로그인 시도 횟수를 초과했습니다.")
```

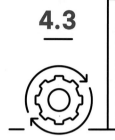

for 문

for 문 역시 반복문입니다. [pythonStudy] 폴더에 **ch04-for.py** 파일을 만들고 실습을 통해 for 문의 사용법을 익혀봅시다.

4.3.1 리스트의 원소 출력하기

for 문은 다음과 같은 형식으로 사용합니다. 즉 for, 변수, in, 리스트([원소, 원소, 원소, …])를 작성하고 마지막에 콜론(:)을 붙입니다. 이렇게 하면 리스트의 원소 수만큼 for 문 내 코드를 반복합니다.

```
형식  | for 변수 in 리스트:
          실행할 코드
```

for 문의 마지막 자리에는 리스트가 아닌 문자열, 튜플, 딕셔너리 자료형이 들어가도 됩니다. 하지만 리스트 외의 자료형을 넣는 경우가 흔치 않으니 입문 단계에서는 'for 문의 맨 마지막 자리에 리스트를 사용한다'고 기억하세요.

다음 코드를 작성하고 실행해봅시다. 단 2줄로 리스트의 모든 원소를 출력할 수 있습니다.

ch04-for.py

```python
for word in ["사과", "포도", "오렌지"]:
    print(word)
```

실행결과
사과
포도
오렌지

4.3.2 for 문의 번역 순서

for 문의 동작 과정을 이해하기 위해 인터프리터의 번역 순서를 살펴봅시다.

```
for word in ["사과", "포도", "오렌지"]: --- ❶ --- ❸ --- ❺
    print(word) ----------------------- ❷ --- ❹ --- ❻
----------------------------------------------------- ❼
```

❶ 인터프리터가 for 문을 번역해 컴퓨터에 전달하면 컴퓨터는 리스트의 0번 원소("사과")를 word 변수에 저장하고 for 문 내부 문장으로 넘어갑니다.

❷ print(word) 문이 print("사과")로 바뀌며 사과가 출력됩니다.

❸ 첫 번째 원소를 반복했으니 for 문의 처음으로 돌아갑니다. 앞서 word에 리스트의 0번 원소를 저장했으므로 이번에는 1번 원소("포도")를 저장합니다.

❹ print 문이 print("포도")로 바뀌며 포도가 출력됩니다.

❺ 다시 for 문의 처음으로 돌아가 리스트의 2번 원소("오렌지")를 word에 저장합니다.

❻ print 문이 print("오렌지")로 바뀌며 오렌지가 출력됩니다.

❼ 리스트의 원소 수만큼 반복했으니 인터프리터는 for 문으로 돌아가지 않고 아래로 내려갑니다. 더 이상 번역할 것이 없으므로 프로그램을 종료합니다.

반복문 중에서 for 문을 사용할지, while 문을 사용할지는 개발자의 선택 문제입니다. 보통은 횟수를 예측할 수 없는 상태에서 특정 조건을 이용할 때 while 문을, 반복 대상과 횟수가 명확할 때 for 문을 사용합니다. 어느 것을 사용해도 상관없다면 while 문보다 간결한 for 문이 낫습니다. 또한 for 문도 while 문과 마찬가지로 break와 continue 명령을 사용할 수 있습니다.

4.3.3 range() 함수

숫자 0부터 100까지 차례대로 출력하는 프로그램을 만들 때 while 문을 사용한다면 다음과 같이 작성할 수 있습니다.

—————————————————————————————————— **1부터 100까지 출력하는 프로그램(while 문 이용)**

```
num = 0
while num <= 100:
    print(num)
    num += 1
```

이 프로그램을 for 문으로 작성한다면 어떻게 해야 할까요? for 문을 사용할 때는 리스트가 하나 필요합니다. 그렇다면 원소 수만큼 반복해야 하니 [0, 1, 2, 3, …, 98, 99, 100]과 같이 리스트를 만들어야 할까요? 아닙니다. range() 함수를 사용하면 간단히 해결할 수 있습니다.

range() 함수는 주어진 범위의 숫자가 들어 있는 리스트를 만들어줍니다. 예를 들어 range() 함수에 101을 넣으면 숫자 0부터 100까지 들어 있는 리스트가 생성됩니다. 따라서 range() 함수를 이용하면 리스트의 원소 수만큼 반복하는 for 문을 작성할 수 있습니다.

```
형식   | # 숫자 0부터 n-1까지 들어 있는 리스트를 생성해 반복
        for 변수 in range(n):
            실행할 코드
```

숫자 0부터 100까지 출력하는 코드를 range() 함수가 포함된 for 문으로 작성하면 다음과 같습니다.

—————————————————————————————————— **1부터 100까지 출력하는 프로그램(for 문 이용)**

```
for i in range(101):
    print(i)
```

이 코드를 실행하면 컴퓨터는 range() 함수를 보자마자 이렇게 바꿉니다.

그림 4-1 range(101)을 리스트로 치환

```
for i in range(101):        for i in [0, 1, 2, 3, …, 98, 99, 100]:
    print(i)         →          print(i)
```

그런데 뭔가 이상하지 않나요? range() 함수에 101을 넣으면 0부터 101까지 들어 있는 리스트가 만들어질 것 같은데, 왜 0부터 100까지 들어 있는 리스트가 만들어질까요? 이는 리스트의 인덱스 번호와 관련이 있습니다. 백문이 불여일타! 직접 코딩하면서 이해해봅시다.

다음 코드를 **ch04-for.py** 파일 맨 아래에 작성하세요. range() 함수는 주로 이렇게 사용합니다.

— ch04-for.py

```
    print(word)
menu = ["짜장면", "짬뽕", "탕수육"]
price = [6000, 7000, 20000]
for i in range(len(menu)):
    print(f"{menu[i]}은 {price[i]}원입니다.")
```

지금까지는 for 문을 작성할 때 하나의 리스트만 활용했지만, 여기서는 menu와 price라는 2개의 리스트를 활용했습니다. 예상컨대 짜장면은 6000원입니다., 짬뽕은 7000원입니다.와 같은 실행 결과를 얻으려고 for 문을 사용했을 것입니다. 즉 for 문을 처음 반복할 때 menu와 price 리스트에서 각각 0번 원소를 가져오고, 두 번째 반복할 때 1번 원소를 가져오게 해야 합니다.

range() 함수는 이럴 때 빛을 발합니다. range() 함수 내부의 len(menu) 함수는 menu 리스트의 원소 수를 세서 반환합니다. 따라서 range(len(menu))가 range(3)으로 치환되고, range(3)이 다시 [0, 1, 2] 리스트로 치환됩니다.

그림 4-2 range(len(menu))의 치환 과정

```
range(len(menu))  ⟶  range(3)  ⟶  [0, 1, 2]
```

결과적으로 for 문은 다음과 같이 변합니다.

그림 4-3 for 문의 치환

```
for i in range(len(menu)):
  print(f"{menu[i]}은 {price[i]}원입니다.")
```
↓
```
for i in [0, 1, 2]:
  print(f"{menu[i]}은 {price[i]}원입니다.")
```

변수 i는 결국 for 문을 돌면서 숫자 0, 1, 2를 차례대로 갖고 오는데, 이것이 마침 menu와 price 리스트의 인덱스 번호와 같습니다. 즉 for 문의 i 변수를 이용해 menu[i], price[i]로 리스트 인덱싱을 할 수 있습니다. range(3)을 넣으면 [0, 1, 2, 3]인 리스트가 나오지 않고 [0, 1, 2]인 리스트가 나오게 만들었는지 이제 이해됐나요? 앞의 코드를 실행해 결과를 확인해봅시다.

실행결과
```
(중략)
짜장면은 6000원입니다.
짬뽕은 7000원입니다.
탕수육은 20000원입니다.
```

range(len()) 함수는 2개 이상의 리스트를 동시에 for 문으로 돌리고 싶을 때 많이 사용합니다. 영어로 치면 숙어처럼 빈번하게 사용되는 표현이니 잘 기억해두세요.

range() 함수는 시작 숫자와 숫자의 증가 간격도 조절할 수 있습니다.

형식 | range(시작 숫자, 마지막 숫자)
　　　 range(시작 숫자, 마지막 숫자, 간격)

예를 들어 다음 코드의 첫 번째 줄은 숫자 5부터 10까지 들어 있는 리스트를 생성하고, 두 번째 줄은 숫자 5부터 시작해서 2 간격으로 증가해 10까지 들어 있는 리스트를 생성합니다.

```
range(5, 11) # [5, 6, 7, 8, 9, 10]
range(5, 11, 2) # [5, 7, 9]
```

4.3.4 zip() 함수

리스트 여러 개를 for 문으로 돌릴 때 앞서 살펴본 range(len()) 함수를 사용할 수 있지만, 그보다 더 간단한 함수가 있습니다. 바로 zip() 함수입니다.

zip() 함수는 for 문 내에서 여러 리스트를 병렬적으로 처리할 때 사용합니다. 다음과 같이 for 문에서 사용할 리스트를 zip() 함수 내에 모두 작성하고, for~in 사이의 변수를 리스트의 개수만큼 선언합니다. 예컨대 리스트가 2개라면 변수 2개를 선언합니다. 그러면 변수1에는 리스트1의 원소가 저장되고 변수2에는 리스트2의 원소가 저장되며, 리스트의 원소 수만큼 for 문 내 코드를 반복합니다.

형식 ㅣ # 변수1에 리스트1의 원소를 저장하고 변수2에 리스트2의 원소를 저장해 반복
```
for 변수1, 변수2 in zip(리스트1, 리스트2):
    실행할 코드
```

zip() 함수를 사용해 앞의 코드를 수정해봅시다. 다음과 같이 작성하고 실행하면 같은 결과가 나옵니다.

ch04-for.py

```python
menu = ["짜장면", "짬뽕", "탕수육"]
price = [6000, 7000, 20000]
for a, b in zip(menu, price):
    print(f"{a}은 {b}원입니다.")
```

실행결과
```
(중략)
짜장면은 6000원입니다.
짬뽕은 7000원입니다.
탕수육은 20000원입니다.
```

앞의 코드에서는 a와 b라는 변수를 선언했습니다(변수명은 마음대로 지어도 됩니다). 이렇게 하면 a 변수는 menu 리스트의 원소를 가져오고, b 변수는 price 리스트의 원소를 가져옵니다.

그림 4-4 for 문의 변수와 zip() 함수의 매칭

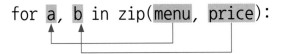

TIP zip(리스트1, 리스트2) 함수에서 리스트1과 리스트2의 원소 수가 같지 않을 때는 원소 수가 적은 쪽에 맞춰 동작하고, 넘치는 원소를 무시합니다.

어떤가요? for 문의 원래 형식과 비슷하게 작성할 수 있어 range(len()) 함수를 사용하는 것보다 직관적이죠? 그래서 필자는 이 방법을 선호합니다. 하지만 경우에 따라 range(len()) 함수

가 더 유용할 때도 있으니 두 가지 방법을 다 알아두세요.

4.3.5 enumerate() 함수

name_list = ["철수", "영희", "영수", "옥순"]이라는 리스트를 다음과 같이 출력하려면 어떻게 해야 할까요?

실행결과
1등: 철수
2등: 영희
3등: 영수
4등: 옥순

ch04-for.py 파일의 맨 아래에 다음 코드를 작성하고 실행하면 예상대로 결과가 출력됩니다.

ch04-for.py

```
    print(f"{a}은 {b}원입니다.")
name_list = ["철수", "영희", "영수", "옥순"]
num = 1
for name in name_list:
    print(f"{num}등: {name}")
    num += 1
```

앞의 코드에서는 등수를 나타내기 위해 num 변수를 만들어 사용했습니다. 그런데 이보다 더 간결하고 멋있는 표현 방법이 있습니다. 바로 enumerate() 함수를 사용하는 것입니다.

enumerate() 함수는 리스트의 인덱스와 함께 원소를 처리할 때 사용합니다. 특이한 점은, 리스트가 하나인데 for 문의 변수를 2개 선언한다는 것입니다. for 문을 돌 때 자동으로 첫 번째 변수에는 리스트의 인덱스가 저장되고, 두 번째 변수에는 리스트의 원소가 저장됩니다.

```
형식  | # 변수1에 리스트의 인덱스를 저장하고 변수2에 리스트의 원소를 저장해 반복
        for 변수1, 변수2 in enumerate(리스트):
            실행할 문장
```

enumerate( ) 함수를 for 문에 적용해봅시다. num 변수와 관련된 코드(두 번째 줄, 마지막 줄)를 삭제합니다. 그리고 for 문에 i 변수를 추가하고 name_list를 enumerate(name_list)로 수정하며, print 문의 첫 번째 중괄호에 들어 있는 num은 i+1로 수정합니다(인덱스가 0부터 시작되므로 1을 더합니다).

ch04-for.py

```
name_list = ["철수", "영희", "영수", "옥순"]
for i, name in enumerate(name_list):
    print(f"{i+1}등: {name}")
```

i 변수는 리스트의 인덱스를 가져오고, name은 리스트의 원소를 가져옵니다. 이렇게 for 문을 돌 때마다 i의 값이 1씩 증가하는데, 이것을 이용해 등수를 표현할 수 있습니다. enumerate( ) 함수도 for 문과 함께 자주 사용되니 머릿속에 담아두세요.

(◑) 1분 퀴즈 정답 p. 485~486

5   다음 코드의 빈칸을 채워 완성하세요.

```
animal_list = ["강아지", "고양이"]
sound_list = ["멍멍", "야옹"]
for animal, sound in _____:
    print(f"{animal} : {sound}.")
```

6   숫자 하나를 입력받아 숫자 계단을 출력하는 프로그램을 작성하세요. 예를 들어 4를 입력했을 때의 실행 결과는 다음과 같습니다.

실행결과
숫자 입력: **4**
1
2 2
3 3 3
4 4 4 4

4.4

예외 처리

코드 실행 도중 오류가 발생하면 오류 메시지가 나타나면서 프로그램이 종료됩니다. 개발자는 이러한 오류를 해결하는 데 많은 시간을 쏟곤 합니다. 게다가 때로는 개발자가 생각지도 못한 오류가 발생할 수도 있는데, 이러한 예외 상황으로 인해 프로그램이 종료되지 않도록 예방하는 것을 **예외 처리**(exception handling)라고 합니다. [pythonStudy] 폴더에 **ch04-except.py** 파일을 만들고 실습을 통해 익혀봅시다.

다음 코드를 작성하고 실행창에 숫자 1을 입력한 다음 숫자 0을 입력해보세요.

ch04-except.py

```python
while True:
    x = int(input("숫자 입력 >> "))
    result = 10 / x
    print(result)
```

실행결과

```
숫자 입력 >> 1
10.0
숫자 입력 >> 0
Traceback (most recent call last):
  File "C:\Users\gilbut\PycharmProjects\pythonStudy\ch04-except.py", line 3, in
<module>
    result = 10 / x
ZeroDivisionError: division by zero
```

0이 아닌 숫자를 입력했을 때는 결과가 잘 나오지만 0을 입력하면 오류가 발생해 프로그램이 종료됩니다. 0으로는 어떠한 값도 나눌 수 없기 때문에 **ZeroDivisionError**라는 오류가 발생하는 것입니다.

프로그램을 다시 실행하고 이번에는 숫자가 아닌 문자를 입력해보세요.

```
실행결과
숫자 입력 >> abc
Traceback (most recent call last):
  File "C:\Users\gilbut\PycharmProjects\pythonStudy\ch04-except.py", line 2, in
<module>
    x = int(input("숫자 입력 >> "))
ValueError: invalid literal for int() with base 10: 'abc'
```

int() 함수는 input() 함수로 입력받은 문자열을 정수형으로 변환합니다. 그런데 abc는 숫자로 바꿀 수 없는 문자열이라 정수형으로 변환할 수 없어 **ValueError**라는 오류가 발생합니다. 이처럼 프로그램을 실행할 때 자주 접하게 되는 오류는 다음과 같습니다.

표 4-2 오류의 종류

오류명	설명
ZeroDivisionError	어떤 수를 0으로 나누려고 할 때 발생한다.
ValueError	부적절한 값을 받았을 때 발생한다.
TypeError	연산이나 함수에 이용되는 값의 자료형이 부적절할 때 발생한다.
IndexError	리스트나 문자열에서 인덱싱 연산자 안의 인덱스 번호가 범위를 벗어날 때 발생한다.
KeyError	딕셔너리에서 인덱싱 연산자 안의 키가 존재하지 않는 키일 때 발생한다.
NameError	존재하지 않는 함수나 변수를 사용하려고 할 때 발생한다.
FileNotFoundError	코드에 명시한 파일 또는 폴더의 경로가 존재하지 않을 때 발생한다.
ImportError	모듈을 가져오지 못할 때 발생한다.
SyntaxError	코드에 문법 오류가 있을 때 발생한다.

예외적인 상황으로 오류가 발생했을 때 프로그램을 종료하지 않고 계속 동작하게 만들려면 try~except 문을 사용합니다.

ZeroDivisionError와 ValueError가 발생했을 때 실행할 문장을 추가해봅시다.

— ch04-except.py

```
while True:
    try:
        x = int(input("숫자 입력 >> "))
        result = 10 / x
    except ZeroDivisionError:
        print("0으로는 어떠한 값도 나누지 못합니다! 다시 입력하세요.")
        continue
    except ValueError:
        print("문자는 입력하지 못합니다! 다시 입력하세요.")
        continue
    print(result)
```

인터프리터가 try: 문을 만나면 try: 문 안에 있는 문장을 번역합니다. 그러다가 오류가 발생하면 그 즉시 해당 오류를 처리하는 except 문으로 이동합니다. 가령 ZeroDivisionError가 발생하면 except ZeroDivisionError: 문으로 이동하고, ValueError가 발생하면 except ValueError: 문으로 이동합니다. 앞의 코드에서는 각 except 문을 통해 경고 메시지를 출력하고 continue 명령을 내림으로써 while 문의 처음으로 돌아가게 했습니다. 그러면 프로그램이 종료되지 않고 입력 상자가 다시 뜹니다.

그런데 except 옆에 오류명을 쓰지 않으면 '기타 모든 오류'를 가리키게 됩니다. 예를 들어 ZeroDivisionError와 ValueError 외의 혹시 모를 다른 오류에 대비하고 싶을 때는 다음과 같이 기타 처리를 하면 됩니다. 그러면 ZeroDivisionError나 ValueError 외의 오류가 발생했을 때 인터프리터가 except: 문으로 이동합니다.

```
while True:
    try:
        x = int(input("숫자 입력 >> "))
        result = 10 / x
    except ZeroDivisionError:
        print("0으로는 어떠한 값도 나누지 못합니다! 다시 입력하세요.")
        continue
    except ValueError:
        print("문자는 입력하지 못합니다! 다시 입력하세요.")
        continue
    except:
        print("알 수 없는 오류입니다. 다시 입력하세요.")
        continue
    print(result)
```

코드를 실행해 확인해봅시다. 무한 루프를 도는 프로그램을 종료하려면 윈도우는 `Ctrl`+`F2` 키를, 맥OS는 `command`+`F2` 키를 누릅니다(여기서는 두 번 눌러야 종료됩니다).

실행결과

```
숫자 입력 >> 0
0으로는 어떠한 값도 나누지 못합니다! 다시 입력하세요.
숫자 입력 >> abc
문자는 입력하지 못합니다! 다시 입력하세요.
숫자 입력 >> ------ Ctrl + F2 키를 두 번 눌러 종료
```

예외 처리 문법은 생각지도 못한 오류로 인해 프로그램이 비정상적으로 종료되는 것을 막아주기 때문에 코드의 완성도를 높이는 데 매우 유용합니다.

1분 퀴즈
정답 p. 486

7 다음 코드의 실행 결과를 고르세요.

```
data = {"사과": 5, "바나나": 7}
try:
    print(data["오렌지"])
```

```
except KeyError:
    print("그 과일은 딕셔너리에 없습니다.")
except:
    print("알 수 없는 오류입니다.")
```

① 7

② 그 과일은 딕셔너리에 없습니다.

③ 알 수 없는 오류입니다.

④ None

8 다음은 잘못된 인덱스를 입력했을 때의 예외 처리 코드입니다. 빈칸에 적절한 오류명을 넣어 완성하세요.

```
numbers = [1, 2, 3]
index = int(input("인덱스를 입력하세요: "))
try:
    print(numbers[index])
except _____:
    print("잘못된 인덱스입니다.")
```

마무리

1. if 문

조건에 따라 코드의 실행 흐름을 제어하는 문법입니다.

```
형식  | if 조건:
           실행할 코드
       elif 다른 조건:
           실행할 코드
       else:
           앞의 조건을 모두 충족하지 않을 때 실행할 코드
```

2. while 문

주어진 조건이 참인 동안 반복적으로 코드를 실행하는 문법입니다.

```
형식  | while 조건:
           실행할 코드
```

3. break와 continue 문

반복문에 break 문을 사용하면 반복문을 빠져나와 그 아래 코드가 실행됩니다. 또한 continue 문은 반복문에서 아직 실행되지 않은 나머지 부분을 건너뛰고 반복문의 처음으로 돌아가게 합니다.

```
형식 | while 조건:
         실행할 코드
         if 조건:
             break
         elif 조건:
             continue
```

4. for 문

리스트의 각 원소를 순차적으로 처리하는 반복문입니다.

```
형식 | for 변수 in 리스트:
         실행할 코드
```

5. for 문에 사용할 수 있는 함수

- **range():** 주어진 범위의 숫자가 들어 있는 리스트를 만들어줍니다.

- **zip():** 여러 리스트를 병렬적으로 처리할 때 사용합니다.

- **enumerate():** 리스트의 인덱스와 함께 원소를 처리할 때 사용합니다.

6. 예외 처리

코드 실행 도중 발생할 수 있는 예외 상황을 처리하기 위한 문법입니다. 예외 처리를 하면 제어 문을 통해 프로그램의 실행 흐름을 유연하게 제어하고, 다양한 상황에 대응하는 로직을 구성할 수 있습니다.

```
형식 | try:
         오류가 발생할 가능성이 있는 코드
     except 오류명:
         해당 오류가 발생했을 때 실행할 코드
     except:
         앞에 명시한 오류 이외의 오류가 발생했을 때 실행할 코드
```

# 5장

함수와
모듈

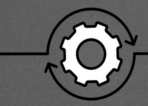

파이썬의 기초 중에서 마지막 장에 이르렀습니다. 함수와 모듈은 개발자가 코드를 한 줄 한 줄 일일이 작성하지 않아도 원하는 결과가 나오도록 도와주는 기능을 합니다. 요리에 비유하자면 밀키트와 같습니다. 어려운 요리도 밀키트로 간단히 만들 수 있듯이 함수와 모듈을 이용하면 복잡한 프로그램을 쉽게 만들 수 있습니다. 이 장에서는 함수와 모듈의 기능을 이해하고 사용법을 익혀봅니다.

함수

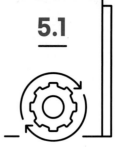

'함수'라는 말을 들으면 수학 시간에 배웠던 삼각 함수, 지수 함수, 로그 함수 등이 떠오를 것입니다. 그러나 파이썬의 함수는 수학의 함수처럼 복잡하지 않습니다. 파이썬의 함수는 다음과 같이 어떤 값을 입력받아 처리한 후 그 결과를 출력합니다.

그림 5-1 파이썬에서 함수의 개념

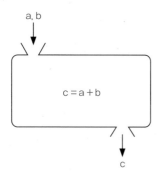

[pythonStudy] 폴더에 **ch05-function.py** 파일을 만들고 파이썬으로 덧셈 함수를 구현해봅시다.

5.1.1 함수 정의와 호출

함수를 사용하려면 먼저 함수를 정의한 후 호출해야 하며, 그 형식은 다음과 같습니다.

```
형식  | # 함수 정의
        def 함수명(매개변수):
            실행할 코드
            return 반환값
        # 함수 호출
        변수 = 함수명(인자)
```

- **함수 정의:** 함수를 만드는 것을 말합니다. 이때 사용하는 def 키워드는 definition(정의)의 약어입니다.

- **함수 호출:** 함수를 사용하기 위해 호출하는 것으로, 함수를 호출할 때 전달할 값을 같이 보냅니다. 함수를 호출하려면 반드시 함수가 정의돼 있어야 합니다.

덧셈 함수를 정의하고 호출해봅시다. 덧셈 함수는 a와 b의 값을 받아 더한 결과를 반환합니다.

❶ 함수를 만들기 위해 def 키워드를 맨 앞에 쓰고 함수명을 add로 짓습니다(함수명은 직관적으로 알 수 있도록 짓습니다). 함수에 들어가는 값인 a와 b는 함수의 괄호 안에 쓰고, 첫 줄의 끝에 콜론(:)을 붙입니다.

❷ 함수 안에서 일어나는 일들을 그다음 줄에 들여쓰기로 작성합니다. 지금은 함수에 들어온 a, b 변수를 더해 c 변수에 저장합니다.

❸ c 변수에 저장된 값을 return 명령으로 반환합니다.

---

ch05-function.py

```
# 함수 정의
def add(a, b): ------ ❶
    c = a + b ------- ❷
    return c -------- ❸
```

이렇게 함수를 만들어놓으면 이후로 두 수를 더할 일이 있을 때 이 함수를 호출하면 됩니다. 그럼 함수를 호출하는 코드를 작성해봅시다.

❶ 함수를 호출할 때는 함수(상자)에 들어갈 실제 값을 넘겨줍니다. 여기서는 10과 20을 넘겼습니다. 10과 20을 받은 add( ) 함수는 두 값을 더해 30을 반환하고(return), 반환된 값은 result 변수에 저장됩니다.

❷ result 변수에 저장된 값(30)을 출력합니다.

ch05-function.py

```
# 함수 정의
def add(a, b):
    c = a + b
    return c
# 함수 호출
result = add(10, 20) ------ ❶
print(result) ------------- ❷
```

실행결과
30

5.1.2 함수의 번역 순서

함수의 동작 과정을 이해하기 위해 인터프리터의 번역 순서를 살펴봅시다. 다시 한번 말하지만 인터프리터의 번역 순서를 알면 어떤 코드도 쉽게 이해할 수 있습니다.

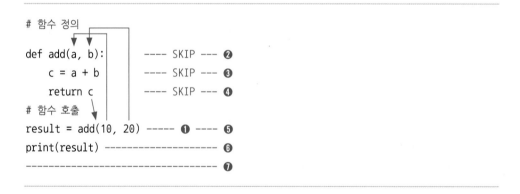

❶ 인터프리터는 원래 첫 줄부터 번역하지만 def 키워드를 보는 순간 해당 함수 전체를 번역하지 않고 건너뜁니다. result = add(10, 20) 문에 도착한 인터프리터는 개발자가 add() 함수를 만들어놓았음을 알아채고는 add() 함수를 찾으러 코드의 위쪽으로 갑니다.

❷ 인터프리터가 add() 함수를 찾으면 컴퓨터는 add() 함수를 호출한 result = add(10, 20) 문에 있던 10과 20을 가져와 a, b 변수에 저장합니다.

❸ a와 b의 값을 더해 c 변수에 저장합니다.

❹ return은 되돌아간다는 의미입니다. 즉 return c 문을 만난 인터프리터는 c 값을 가지고 add() 함수로 오기 전에 번역하던 자리인 result = add(10, 20) 문으로 되돌아갑니다.

❺ 원래 자리로 돌아온 인터프리터는 c 변수의 값을 가져와 add(10, 20)이 있던 자리로 치환합니다. 그러면 result = add(10, 20) 문이 result = 30으로 바뀝니다.

그림 5-2 add(10, 20)을 30으로 치환

result = add(10, 20) ⟶ result = 30

❻ result 변수에 저장된 값 30을 화면에 출력합니다.

❼ 더 이상 번역할 것이 없으므로 프로그램을 종료합니다.

5.1.3 함수의 주요 용어

함수의 주요 용어와 해당 코드의 위치는 다음과 같습니다.

그림 5-3 함수의 주요 용어

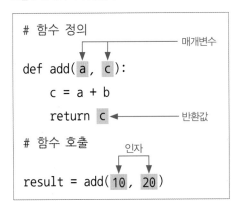

- **매개변수:** 함수를 정의할 때 함수 내부에 입력받는 변수를 말합니다. add() 함수에서는 a와 b가 매개변수입니다.
- **반환값:** 함수를 실행하면 retrun 명령으로 내보내는 함수의 결괏값을 말합니다. add() 함수에서는 c가 반환값입니다.
- **인자:** 함수를 호출할 때 넣는 값으로, 인자로 전달한 값은 매개변수가 받아 저장합니다.

add(10, 20)에서 10과 20이 인자입니다.

5.1.4 함수를 사용하는 이유

간단한 덧셈은 다음과 같이 작성하면 되는데, 왜 군이 함수를 사용하는 것일까요?

```
result = 10 + 20
print(result)
```

함수는 좀 더 편하게 코딩하기 위해 사용합니다. 예를 들어 컴퓨터에 샌드위치를 만들라고 명령하는 경우를 생각해봅시다. 다음은 이해를 돕기 위한 한글 코드입니다.

식빵 2개를 준비해.

식빵 하나를 접시에 놔.

"포도잼" 병을 찾아.
"포도잼" 뚜껑을 열어.
"포도잼" 뚜껑을 테이블 위에 놔.
나이프를 들어.
나이프를 "포도잼" 병 안에 넣어.
"포도잼"을 떠.
나이프를 병에서 꺼내.
"포도잼"을 발라.

달걀 프라이를 넣어.
햄을 넣어.

"딸기잼" 병을 찾아.
"딸기잼" 뚜껑을 열어.
"딸기잼" 뚜껑을 테이블 위에 놔.
나이프를 들어.
나이프를 "딸기잼" 병 안에 넣어.
"딸기잼"을 떠.
나이프를 병에서 꺼내.

"딸기잼"을 발라.

감자 샐러드를 넣어.

"땅콩잼" 병을 찾아.
"땅콩잼" 뚜껑을 열어.
"땅콩잼" 뚜껑을 테이블 위에 놔.
나이프를 들어.
나이프를 "땅콩잼" 병 안에 넣어.
"땅콩잼"을 떠.
나이프를 병에서 꺼내.
"땅콩잼"을 발라.

나머지 식빵으로 덮어.

비슷한 문장이 여러 번 반복되는데, 그러면 코드를 작성하기가 번거롭고 가독성도 떨어집니다. 코드의 가독성이 떨어지면 오류가 발생했을 때 그 위치와 수정해야 할 부분을 찾기가 어렵습니다. 따라서 비슷한 문장끼리 묶어 함수를 만들어보겠습니다.

```
def 잼_바르기(잼_이름):
    "잼_이름" 병을 찾아.
    "잼_이름" 뚜껑을 열어.
    "잼_이름" 뚜껑을 테이블 위에 놔.
    나이프를 들어.
    나이프를 "잼_이름" 병 안에 넣어.
    "잼_이름"을 떠.
    나이프를 병에서 꺼내.
    "잼_이름"을 발라.

식빵 2개를 준비해.
식빵 하나를 접시에 놔.
잼_바르기("포도잼")
달걀 프라이를 넣어.
햄을 넣어.
잼_바르기("딸기잼")
감자 샐러드를 넣어.
잼_바르기("땅콩잼")
나머지 식빵으로 덮어.
```

비슷한 문장을 함수로 묶었더니 코드가 짧아지고 가독성도 좋아졌습니다. 이것이 바로 함수를 사용하는 이유입니다. 함수는 비슷한 문장을 여러 번 작성해야 하는 수고를 덜어주고 코드의 가독성을 향상합니다. 또한 함수를 사용하면 오류를 쉽게 찾을 수 있고, 새 기능을 추가하고 싶을 때 어디에 어떤 문장을 넣어야 하는지 쉽게 판단할 수 있습니다.

🔔 1분 퀴즈

정답 p. 486

1 다음 코드의 실행 결과를 고르세요.

```python
def multiply_by_two(n):
    return n * 2
def add_numbers(a, b):
    return a + b
result = multiply_by_two(add_numbers(3, 2))
print(result)
```

① 5   ② 10   ③ 7   ④ 11

2 다음 코드에 음영으로 표시된 부분을 채워 완성하세요.

```python
# 함수 정의
def calculator(a, b, operator):
    # 여기에 함수 작성
# 함수 호출
print(calculator(10, 5, '+')) # 출력: 15
print(calculator(10, 5, '-')) # 출력: 5
print(calculator(10, 5, '*')) # 출력: 50
print(calculator(10, 5, '/')) # 출력: 2.0
print(calculator(10, 0, '/')) # 출력: 0으로 나눌 수 없습니다.
print(calculator(10, 0, '@')) # 출력: 지원하지 않는 연산자입니다.
```

5.2

내장 함수

5.2.1 내장 함수의 개요

함수에는 사용자가 직접 만들어 사용하는 **사용자 정의 함수**(user-defined function)와 파이썬에서 만들어 제공하는 **내장 함수**(built-in function)가 있습니다. **5.1절**에서 만든 add( ) 함수는 사용자 정의 함수이고, 1장부터 사용했던 print( ), input( ), len( ) 등의 함수는 모두 내장 함수입니다. 만약 파이썬에서 print( ) 함수를 제공하지 않는다면 화면에 값을 출력하기 위해 복잡한 코드를 작성해야 할 것입니다. 하지만 내장 함수인 print( ) 함수가 있어 쉽게 출력할 수 있습니다.

그림 5-4 파이썬 3.9 버전의 내장 함수

내장 함수

파이썬 인터프리터에는 항상 사용할 수 있는 많은 함수와 형이 내장되어 있습니다. 여기에서 알파벳 순으로 나열합니다.

내장 함수				
abs()	delattr()	hash()	memoryview()	set()
all()	dict()	help()	min()	setattr()
any()	dir()	hex()	next()	slice()
ascii()	divmod()	id()	object()	sorted()
bin()	enumerate()	input()	oct()	staticmethod()
bool()	eval()	int()	open()	str()
breakpoint()	exec()	isinstance()	ord()	sum()
bytearray()	filter()	issubclass()	pow()	super()
bytes()	float()	iter()	print()	tuple()
callable()	format()	len()	property()	type()
chr()	frozenset()	list()	range()	vars()
classmethod()	getattr()	locals()	repr()	zip()
compile()	globals()	map()	reversed()	__import__()
complex()	hasattr()	max()	round()	

파이썬의 내장 함수는 다양합니다. 파이썬 3.9 버전에서 제공하는 내장 함수는 공식 문서(https://docs.python.org/ko/3.9/library/functions.html)에서 확인할 수 있습니다.

그렇다면 이 많은 함수를 외워야 할까요? 그렇지 않습니다. 모든 내장 함수의 기능과 사용법을 외우고 있는 개발자는 별로 없을 것입니다. 코딩을 하다가 어떤 기능이 필요하면 해당 기능의 함수가 있는지 검색하면 됩니다. 예를 들어 리스트의 원소 중 중복된 값을 제거하고자 할 때 '파이썬 리스트 중복 제거'를 검색하면 set( ) 함수를 찾을 수 있습니다.

그림 5-5 파이썬 리스트 중복 제거 함수 찾기

프로그래밍 분야에는 열린 사고를 가진 사람이 많습니다. '암기를 잘해야 공부를 잘한다'가 아니라 '암기는 못해도 돼'라고 생각하는 개발자가 많습니다. 그러나 암기 대신 정보 검색 능력을 중요하게 여깁니다. 정보 검색 능력은 쉽게 말해 구글링 실력을 말합니다. 구글링은 단순히 검색하는 행위를 넘어 자신이 궁금해하는 것을 파악하고, 어떤 키워드로 검색할지 생각하고, 수많은 정보 속에서 원하는 정보만 골라 습득하고, 검색해서 얻은 내용을 자신의 코드에 적용하는 과정을 말합니다. 따라서 구글링 실력이 곧 코딩 실력이라고 할 수 있습니다.

5.2.2 구글링하는 방법

코딩을 하다가 문제에 부딪혔을 때 구글링하는 방법을 알아봅시다.

검색어 앞에 '파이썬' 키워드 붙이기

문자열의 길이를 알려주는 내장 함수가 궁금하다면 '파이썬 문자열 길이'와 같이 검색어에 '파이썬' 키워드를 붙이세요. 또한 append( )라는 내장 함수가 어떤 기능을 하는지 궁금할 때는 '파이썬 append'라고 검색하면 됩니다.

그림 5-6 '파이썬' 키워드를 넣어 검색

오류 내용 복사해 붙여넣기

코딩을 하다가 오류를 만나면 그 내용을 그대로 복사해 구글 검색창에 붙여넣으세요. 예를 들어 다음과 같은 오류가 발생했을 때 오류의 마지막 줄을 복사해 검색창에 넣으면 같은 오류를 경험한 사람들이 올려놓은 여러 가지 해결책을 찾을 수 있습니다.

그림 5-7 오류 내용 복사해 붙여넣기

스택오버플로 사이트 활용하기

구글링을 하다 보면 스택오버플로 사이트(**https://stackoverflow.com**)를 자주 접하게 됩니다. 해당 사이트가 검색 결과에 있다면 망설이지 말고 들어가보세요.

그림 5-8 검색 결과의 스택오버플로 사이트

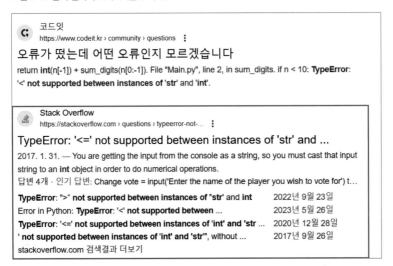

스택오버플로는 네이버 지식인과 같은 사이트로, 전 세계 개발자들이 문답을 주고받는 곳입니다. 누군가 질문을 올리면 같은 문제를 경험하고 해결한 사람이 답변을 달아줍니다. 영어 사이트이지만 겁먹을 것 없습니다. 파이썬 코드 위주로 질문과 답변을 확인하면 됩니다. 파이썬 코드만 확인해도 문제를 어떻게 해결하는지 알 수 있습니다. 예컨대 다음 그림에서는 input() 으로 입력받은 문자열을 int() 함수를 이용해 정수형으로 바꾸라는 조언을 얻었습니다.

그림 5-9 스택오버플로의 답변

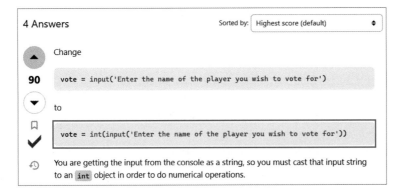

특수 문자 활용하기

구글링할 때 특수 문자를 활용하면 검색 설정을 상세하게 할 수 있습니다.

● 큰따옴표

검색어를 큰따옴표(" ")로 감싸면 구글은 해당 단어가 포함된 검색 결과를 보여줍니다. 예를 들어 '파이썬 리스트 오름차순 정렬'이라는 키워드를 검색할 때 '오름차순'이라는 키워드가 반드시 포함된 검색 결과를 얻고 싶다면 '파이썬 리스트 "오름차순" 정렬'을 검색합니다.

그림 5-10 '오름차순' 키워드가 포함된 검색 결과

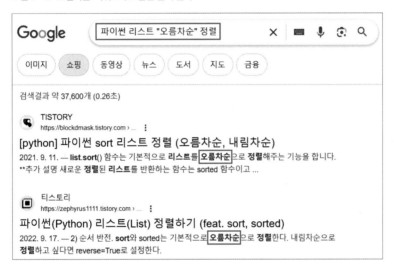

● after:년-월-일/before:년-월-일

특정 날짜 이후 또는 이전에 올라온 게시물만 검색하려 할 때는 after와 before 문자를 사용합니다. 예를 들어 '파이썬 설치법'을 검색할 때 최신 정보만 확인하려면 '파이썬 설치법 after:2024-01-01'을 검색합니다. 그러면 2024년 1월 1일 이후의 게시물만 검색됩니다. 또한 '파이썬 설치법 before:2024-01-01'을 검색하면 2024년 1월 1일 이전의 게시물만 검색됩니다.

그림 5-11 2024년 1월 1일 이후의 게시물만 검색

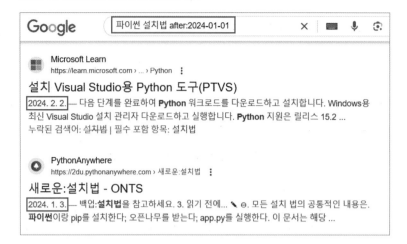

정답 p. 486

1분 퀴즈

3 파이썬 리스트에 들어 있는 숫자의 총합을 알려주는 내장 함수를 찾을 때의 적절한 검색 키워드를 고르세요.

① 파이썬 총합   ② 파이썬 리스트 숫자 총합

③ 리스트 덧셈   ④ 파이썬 리스트 반복

4 2024년 1월 1일부터 6개월 동안 올라온 파이썬 자료형 관련 정보를 찾을 때의 적절한 검색 키워드를 고르세요.

① 자료형

② "파이썬" 자료형

③ 파이썬 "자료형" after:2024-01-01 before:2024-06-01

④ 파이썬 "자료형" 최신

5.3

모듈

모듈은 함수를 모아놓은 것입니다. 실제로 특정 모듈의 내부 코드를 보면 누군가가 만들어놓은 함수(def diagnose(data): ...)가 있습니다. 따라서 자신의 코드에 모듈을 불러오면 여러 함수를 가져다 복잡한 기능을 쉽게 구현할 수 있습니다.

그림 5-12 특정 모듈의 내부 코드

```
1        """Diagnostic functions, mainly for use when doing tech support."""
2
3        # Use of this source code is governed by the MIT license.
4        __license__ = "MIT"
5
6        import ...
21
22    *  def diagnose(data):...
77
78    *  def lxml_trace(data, html=True, **kwargs):...
99
100   *  class AnnouncingParser(HTMLParser):...
137
138   *  def htm...

217   *  def profile(num_elements=100000, parser="lxml"):...
230
231      # If this file is run as a script, standard input is diagnosed.
232  ▶   if __name__ == '__main__':
233          diagnose(sys.stdin.read())
```

파이썬의 calendar 모듈을 불러와 실습하기 위해 [pythonStudy] 폴더에 **ch05-calendar모듈.py** 파일을 만듭니다.

> **NOTE 모듈을 사용하는 파일 생성 시 주의점**
>
> 파이썬 코드에 모듈을 불러와 사용할 때는 파일명을 모듈명과 다르게 지어야 합니다. 예를 들어 calendar 모듈을 사용하려면 파일명을 **calendar.py**로 지으면 안 됩니다. 파일명과 모듈명이 같으면 충돌을 일으켜 코드가 제대로 동작하지 않을 수 있기 때문입니다. 이 경우에는 **ch05-calendar모듈.py**와 같이 숫자, 한글 등을 추가해 파일명을 짓는 것이 좋습니다.

5.3.1 모듈 불러오는 방법 1: import

모듈을 불러오는 방법은 세 가지로, 첫 번째는 import 문을 사용하는 것입니다.

> 형식 | import 모듈명

파일의 맨 위에서 calendar 모듈을 불러오면 해당 파일에서 이 모듈을 사용할 수 있습니다.

ch05-calendar모듈.py

```
import calendar
```

모듈 내 함수를 사용할 때는 마침표(.)를 찍고 함수명을 작성합니다. 이때 함수명을 직접 작성해도 되고, 자동으로 뜨는 목록에서 선택해도 됩니다.

> 형식 | 모듈명.함수명(인자)

calendar를 입력하고 마침표를 찍어봅시다. calendar 모듈의 함수 목록이 나타나면 prcal() (달력을 텍스트로 출력하는 함수)을 선택하고 괄호 안에 2024를 입력합니다.

ch05-calendar모듈.py

```
import calendar
calendar.prcal(2024)
```

코드를 실행하면 2024년 달력이 출력됩니다.

그림 5-13 실행 결과

```
                              2024

          January                 February                  March
    Mo Tu We Th Fr Sa Su    Mo Tu We Th Fr Sa Su    Mo Tu We Th Fr Sa Su
     1  2  3  4  5  6  7              1  2  3  4              1  2  3
     8  9 10 11 12 13 14     5  6  7  8  9 10 11     4  5  6  7  8  9 10
    15 16 17 18 19 20 21    12 13 14 15 16 17 18    11 12 13 14 15 16 17
    22 23 24 25 26 27 28    19 20 21 22 23 24 25    18 19 20 21 22 23 24
    29 30 31               26 27 28 29             25 26 27 28 29 30 31

           April                     May                     June
    Mo Tu We Th Fr Sa Su    Mo Tu We Th Fr Sa Su    Mo Tu We Th Fr Sa Su
     1  2  3  4  5  6  7              1  2  3  4  5              1  2
     8  9 10 11 12 13 14     6  7  8  9 10 11 12     3  4  5  6  7  8  9
    15 16 17 18 19 20 21    13 14 15 16 17 18 19    10 11 12 13 14 15 16
    22 23 24 25 26 27 28    20 21 22 23 24 25 26    17 18 19 20 21 22 23
    29 30                  27 28 29 30 31          24 25 26 27 28 29 30
```

달력을 직접 구현하려면 복잡한 코드를 작성해야 할 텐데 calendar 모듈을 불러오니 단 2줄의 코드로 해결됐습니다.

5.3.2 모듈 불러오는 방법 2 : import~as

모듈을 불러오는 첫 번째 방법은 불편한 점이 있습니다. calendar 모듈의 함수를 사용할 때마다 매번 calendar.를 입력해야 합니다. 이러한 불편을 개선한 두 번째 방법은 모듈명에 별명을 붙이는 방식입니다.

> 형식 | import 모듈명 as 별명

앞의 코드를 다음과 같이 수정한 후 실행하면 같은 결과가 출력됩니다.

ch05-calendar모듈.py

```
import calendar as cal
cal.prcal(2024)
```

이제 calendar라는 이름을 cal로 부를 수 있습니다. as 키워드 뒤의 별명은 마음대로 지어도 됩니다. 가령 별명이 cal이 아니라 ABCD라면 두 번째 줄이 ABCD.prcal(2024)가 됩니다.

5.3.3 모듈 불러오는 방법 3 : from~import

모듈 내 특정 함수만 콕 집어 불러오는 방법도 있습니다.

형식 | from 모듈명 import 함수명

calendar 모듈의 prcal() 함수만 사용할 때는 다음과 같이 모듈을 불러오면 됩니다.

ch05-calendar모듈.py

```
from calendar import prcal
prcal(2024)
```

이 방법을 사용하면 해당 모듈의 모든 함수를 가져오지 않고 필요한 함수만 가져오기 때문에 프로그램이 가벼워집니다. 또한 불러온 모듈을 사용할 때 모듈명.함수명()이라고 쓰지 않고 함수명()만 써도 되므로 코드 입력이 편해집니다. import calender의 경우 prcal() 함수를 사용할 때마다 calender.prcal(2024)로 코딩해야 하는데, 여기서는 prcal(2024)만 작성해도 됩니다. 수정한 코드를 실행하면 2024년 달력이 출력됩니다.

모듈을 불러오는 세 가지 방법을 살펴봤는데, 이 중에서 어떤 것을 사용해도 상관없습니다.

5.3.4 모듈 사용법

모듈은 함수뿐만 아니라 변수와 클래스를 포함하고 있습니다. **클래스**(class)는 함수와 비슷하게 특정 기능을 구현할 수 있도록 미리 정의해놓은 코드의 묶음입니다. 클래스는 한 가지 기능이 아닌 여러 가지 기능을 제공하며, 각 기능은 **메서드**(method) 단위로 구분됩니다. 모듈 내 함수, 변수, 클래스, 메서드를 사용하는 형식은 다음과 같습니다.

형식 | 모듈명.함수명(인자)
　　　모듈명.변수
　　　모듈명.클래스명(인자)
　　　모듈명.클래스명.메서드명(인자)

전문 개발자가 될 것이 아니라면 클래스와 메서드는 굳이 이해하지 않아도 됩니다. 입문자 입장에서는 더 어렵게 느껴지고 코딩에 대한 흥미를 잃을 수도 있으니 이 책에서는 모듈을 불러오면 모듈 내 함수, 변수, 클래스, 메서드를 사용할 수 있다는 정도만 설명하겠습니다. 또한 함수, 변수, 클래스, 메서드라는 용어를 구분하지 않고 '명령'으로 지칭하겠습니다. 앞으로 코드를 작성할 때 어떤 명령을 사용하면 해당 명령이 어떤 모듈에 포함돼 있고 어떤 기능을 하는지를 중점적으로 보세요.

5.3.5 외장 모듈 설치 방법

파이썬 모듈은 따로 설치하지 않고 사용할 수 있는 내장 모듈과 따로 설치해야만 사용할 수 있는 외장 모듈로 구분됩니다. 앞서 실습한 calendar 모듈은 내장 모듈입니다. 내장 모듈인지, 외장 모듈인지 확인하는 방법은 간단합니다. 모듈을 불러왔을 때 모듈명에 빨간색 밑줄이 생기면 외장 모듈입니다.

그림 5-14 모듈을 확인하는 방법

```
1        import requests
```

2부에서 크롤링 실습을 할 때 사용할 requests 모듈을 설치해보겠습니다.

1 파이참 실행창의 툴바에 있는 Python Packages 아이콘을 클릭하고 검색창에 'requests'를 입력합니다.

그림 5-15 requests 모듈 검색

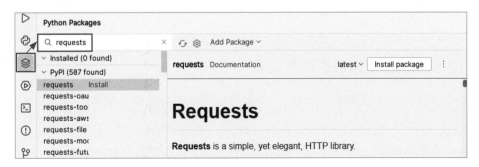

2 오른쪽의 [Install package] 버튼 옆에 있는 latest 목록을 펼쳐 **2.31.0** 버전을 선택하고 [Install package] 버튼을 클릭합니다. 참고로 모듈은 최신 버전이 아니라 책에서 지정한 버전을 설치해야 합니다. 모듈 버전에 따라 실습 코드가 달라질 수 있으니 책의 실습을 따라하기 위해 반드시 2.31.0 버전을 설치하세요.

그림 5-16 requests 모듈의 2.31.0 버전 설치

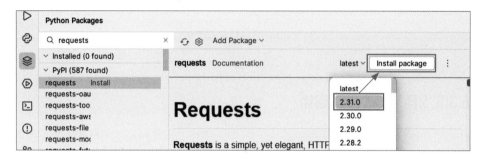

3 잠시 기다리면 모듈이 설치됐다는 메시지가 뜹니다. 앞으로 다양한 모듈을 설치할 때마다 이렇게 설치하면 됩니다.

그림 5-17 모듈 설치 성공 메시지

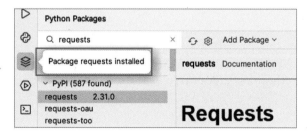

5.3.6 파이썬 모듈이 강력한 이유

파이썬에는 수많은 모듈이 있습니다. '설마 이런 모듈도 있을까?' 하고 검색해보면 별의별 모듈이 다 있습니다. 예를 들어 '파이썬 그래프 모듈'을 구글링하면 matplotlib(맷플롯립)이라는 모듈이 나옵니다. 이 모듈을 사용하면 다음과 같은 고퀄리티 그래프를 그릴 수 있습니다.

그림 5-18 matplotlib 모듈로 그린 그래프

그림 5-18 matplotlib 모듈로 그린 그래프

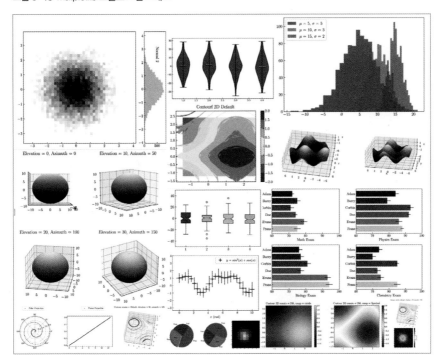

이 밖에도 '파이썬 엑셀 모듈', '파이썬 파워포인트 모듈', '파이썬 PDF 모듈', '파이썬 워드 모듈'을 검색하면 문서 자동화에 사용할 수 있는 모듈이 나옵니다. 그리고 '파이썬 음성 인식 모듈', '파이썬 음성 합성 모듈', '파이썬 번역기 모듈'을 검색하면 인공지능을 활용한 다양한 모듈을 찾을 수 있습니다. 또한 게임에 사용하는 모듈을 찾으려면 '파이썬 3D 모델링 모듈', '파이썬 게임 모듈' 등을 검색하면 됩니다. 파이썬 모듈은 이처럼 다양하기 때문에 강력합니다.

프로그램을 만들 때는 처음부터 모든 것을 구현하려 하지 말고 관련 모듈을 검색해보세요. 모듈을 이용하면 한결 수월하게 프로그램을 만들 수 있습니다.

🔔 1분 퀴즈 정답 p. 486

5 파이썬 모듈을 불러오는 문장으로 적절하지 <u>않은</u> 것을 고르세요.

① `import calendar`

② `import calendar as cal`

③ `from calendar import prcal`

④ `from calendar from prcal`

마무리

1. 함수

함수는 특정 기능을 하는 문장을 묶어놓은 것으로, 한 번 정의한 함수는 계속 호출해 사용할 수 있습니다. 함수를 사용하면 코드의 재사용성이 높아지고 가독성이 좋아집니다.

```
형식  |  # 함수 정의
      def 함수명(매개변수):
            실행할 코드
            return 반환값
      # 함수 호출
      변수 = 함수명(인자)
```

2. 모듈

모듈은 변수, 함수, 클래스를 모아놓은 것으로, 따로 설치하지 않고 사용할 수 있는 내장 모듈과 따로 설치해야만 사용할 수 있는 외장 모듈이 있습니다. 외장 모듈은 파이참의 Python Packages 창에서 검색해 설치하며, 세 가지 방법으로 모듈을 불러올 수 있습니다.

- **import 모듈명:** 모듈을 불러오는 기본적인 방법입니다.

- **import 모듈명 as 별명:** 모듈명을 짧게 지칭하고자 할 때 사용하는 방법입니다. 별명은 마음대로 지어도 됩니다.

- **from 모듈명 import 함수명:** 모듈 안에 있는 특정 함수(또는 클래스)만 불러올 때 사용하는 방법입니다.

PART

2

파이썬 크롤링

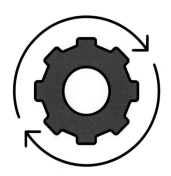

2 — 파이썬 크롤링

# 6장

크롤링
맛보기

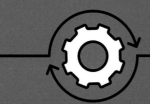

인터넷에는 날씨, 뉴스 기사, 쇼핑몰, 웹툰, 맛집 등의 정보가 넘쳐납니다. 크롤링을 활용하면 매일 찾아보는 이러한 정보를 컴퓨터가 알아서 수집하게 만들 수 있습니다. 이 장에서는 크롤링의 기본 개념과 원리를 알아봅니다.

음원 차트
수집하기

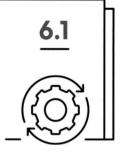

크롤링(crawling)은 웹에서 데이터를 수집하는 기술입니다. 웹은 '거미줄', 크롤링은 '기어다니다' 라는 뜻이며, 거미가 거미줄을 기어다니며 먹이를 수집하듯 인터넷이라는 거대한 공간을 돌아 다니며 원하는 정보만 수집하는 행위가 바로 크롤링입니다.

크롤링 기술은 웹 사이트에서 흔히 볼 수 있습니다. 구글 검색창에 키워드를 입력하면 키워드와 관련된 웹 페이지를 수집해 보여주는 것도 크롤링 기술의 예이고, 네이버 쇼핑에서 어떤 상품을 검색하면 최저가 정보를 수집해 보여주는 것도 크롤링 기술의 예입니다.

그림 6-1 크롤링으로 수집한 최저가 정보

크롤링 기술은 일상생활에서 유용하게 쓰입니다. 한 엔터테인먼트 회사의 마케팅 부서에서 일하는 A 씨가 상사로부터 다음과 같은 지시를 받았다고 합시다.

"이번에 우리 회사 가수의 앨범이 나오니 동향을 살펴볼 겸 음원 사이트의 톱 100 차트를 한 시간마다 엑셀에 정리해서 보고하세요."

하지만 A 씨는 당장 할 일이 많아서 이러한 단순 반복 업무를 하고 있을 시간이 없습니다. 이럴 때 크롤링 기술을 사용하면 실행 버튼 하나로 끝낼 수 있습니다. 아니, 실행 버튼도 필요 없습니다. 사람이 신경 쓰지 않아도 컴퓨터가 알아서 한 시간마다 톱 100 차트를 수집해 엑셀로 정리하게 할 수 있습니다.

백문이 불여일견! 크롤링에 대해 말로 하는 것보다 직접 확인해보면 쉽게 이해될 것입니다. 미리 준비한 음원 차트 수집 프로그램을 실행해보며 크롤링에 대해 알아봅시다.

6.1.1 크롤링 관련 모듈 설치하기

음원 차트 수집 프로그램을 실행하려면 다음 네 가지 외장 모듈이 파이참에 설치돼 있어야 합니다.

- **bs4, requests**: 크롤링 관련 모듈로, 웹 페이지에서 음원 차트 정보를 수집하기 위해 사용합니다.

- **openpyxl**: 엑셀 관련 모듈로, 수집한 정보를 엑셀에 기록하기 위해 사용합니다.

- **pillow**: 이미지 처리 관련 모듈로, 앨범 이미지를 수집해 엑셀에 첨부하기 위해 사용합니다.

TIP 각 모듈의 기능을 벌써부터 외울 필요는 없습니다. 사용하다 보면 저절로 외워질 테니 부담 갖지 마세요.

requests는 5장에서 설치했으니 나머지 모듈을 설치하겠습니다. 외장 모듈을 설치하는 방법은 **5.3.5절 외장 모듈 설치 방법**에서 배웠습니다. 파이참 실행창의 툴바에 있는 Python Packages 아이콘을 클릭해 모듈명을 검색하고, latest 목록을 펼쳐 버전을 선택한 후 [Install package] 버튼을 클릭하면 됩니다. 이렇게 bs4(0.0.1 버전), openpyxl(3.1.2 버전), pillow(10.1.0 버전) 모듈을 설치하세요.

그림 6-2 모듈 설치 완료

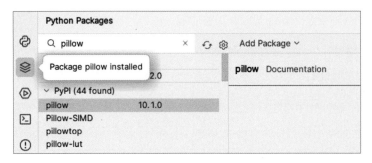

TIP 버전을 선택하지 않고 [Install package] 버튼을 클릭하면 최신 버전이 설치되니 주의하세요. 책에서 지정한 버전을 설치해야 앞으로 실습을 똑같이 따라 할 수 있습니다.

6.1.2 크롤링 프로그램 실행하기

미리 준비한 파이썬 파일을 프로젝트 폴더로 옮겨 실행해보겠습니다. 소스 코드 내 [source] 폴더의 **ch06-멜론차트수집.py** 파일을 선택해 파이참의 프로젝트 폴더로 드래그합니다. 해당 파일을 [pythonStudy] 폴더로 이동하겠냐는 [Move] 창이 뜨면 [Refactor] 버튼을 클릭합니다.

그림 6-3 파이썬 파일을 프로젝트 폴더로 이동

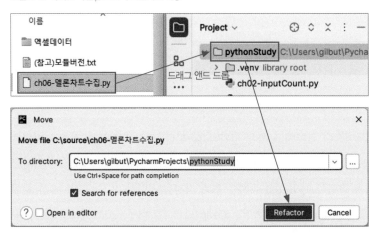

프로젝트 탐색기에 **ch06-멜론차트수집.py** 파일이 들어가면 해당 파일을 열고 Ctrl + R 키를 눌러 실행해보세요. 1위부터 100위까지의 음원 제목과 가수 목록이 나타날 것입니다.

1위. Love wins all - 아이유
(중략)
100위. Chill Kill - Red Velvet (레드벨벳)

웹 화면을 실시간으로 크롤링한 것이므로 언제 실행하느냐에 따라 나타나는 결과가 수시로 바뀝니다. 이후 실습할 프로그램의 실행 결과도 마찬가지이니 실습 결과를 확인할 때 이 점을 유의하세요.

NOTE 실행 시 발생하는 오류

크롤링 프로그램을 실행했을 때 ModuleNotFoundError: No module named '...'라는 오류가 발생한다면 모듈이 제대로 설치되지 않은 것입니다. bs4, requests, openpyxl, pillow 모듈이 잘 설치됐는지 Python Packages 아이콘을 클릭해 확인하고 누락된 모듈을 설치합니다.

이 밖의 다른 오류가 발생한다면 프로젝트 설정이 잘못됐을 가능성이 큽니다. 이럴 때는 **1.1.3절 파이참 프로젝트 생성하기**를 참고해 프로젝트를 새로 만들고 bs4, requests, openpyxl, pillow 모듈을 설치한 후 프로그램을 다시 실행하세요(특히 프로젝트를 생성할 때는 파이썬 버전을 정확히 설정해야 합니다).

맥 사용자라면 urllib.error.URLError: ⟨urlopen error [SSL: CERTIFICATE_VERIFY_FAILED] ··· (_ssl.c:1056)⟩과 같은 오류가 나타날 수도 있습니다. 이는 **1.1.1절 파이썬 설치하기**에서 수행한 **그림 1-6, 그림 1-7**의 설정을 제대로 하지 않았기 때문이니 해당 설정을 다시 하고 실행하세요.

그림 6-4 모듈 설치 확인

실행 결과가 제대로 나왔다면 엑셀에 기록된 결과를 확인해봅시다. 프로젝트 탐색기에 새로 생성된 **멜론_크롤링.xlsx** 파일에서 마우스 오른쪽 버튼을 눌러 **Open in→Explorer**(맥OS는 **Finder**)를 선택합니다. 윈도우 탐색기(맥OS는 파인더)가 열리면 **멜론_크롤링.xlsx** 파일을 찾아 더블클릭합니다.

그림 6-5 멜론_크롤링.xlsx 파일 열기

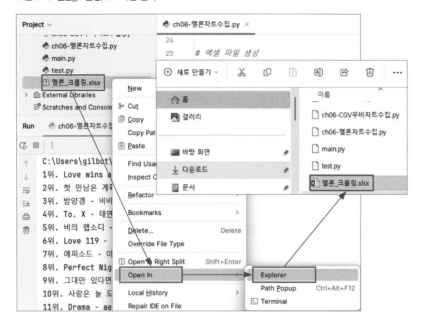

TIP 엑셀 파일은 파이참의 프로젝트 탐색기에서 더블클릭해 바로 열 수 있습니다. 하지만 엑셀 외 형식의 파일은 파이참에서 바로 열 수 없고 윈도우 탐색기(맥OS는 파인더)를 거쳐야만 열 수 있습니다. 그래서 파일을 열 때는 윈도우 탐색기를 사용할 것을 권합니다.

엑셀 파일이 열리면 앨범 이미지, 곡 이름, 가수 이름, 앨범 이름이 저장된 것을 확인할 수 있습니다. 또한 코드를 실행한 날짜와 시간으로 시트 이름이 저장됐습니다.

그림 6-6 음원 차트 수집 결과

앨범 이미지	곡 이름	가수 이름	앨범 이름
	Love wins all	아이유	Love wins all
	밤양갱	비비 (BIBI)	
	To. X	태연 (TAEYEON)	To. X - The 5th Mini Album

2024년 2월 19일 11시 10분 5초

지금은 파이참에서 실행 단축키를 눌러 프로그램을 실행했지만, 윈도우의 자동 스케줄러(맥OS는 크론탭) 기능을 이용하면 컴퓨터가 정해진 시간에 자동으로 프로그램을 실행하도록 설정할 수 있습니다. 이는 **11.2절 윈도우 작업 스케줄러로 자동 실행하기**와 **11.3절 맥OS 크론탭으로 자동 실행하기**에서 자세히 설명하겠습니다.

크롤링이 무엇이고 얼마나 유용한지 이제 감이 왔나요? 크롤링 기술은 개발 분야뿐만 아니라 거의 모든 분야에서 활용할 수 있습니다. 누구나 배워 사용할 수 있을 만큼 프로그램을 만들고 활용하는 방법이 크게 어렵지 않습니다. 처음에는 코드가 낯설고 복잡해 보여도 한두 번 코드를 작성해보면 익숙해질 테니 책을 끝까지 따라 하고 자신의 것으로 만들어보세요. 자, 그럼 크롤링의 세계로 여행을 떠나봅시다.

무비 차트
수집하기

필자가 크롤링을 처음 공부할 때는 예제를 하나씩 실행할 때마다 신기할 따름이었습니다. 코드를 다른 곳에 활용하려고 수정하기도 했는데 눈앞에 나타난 결과는 빨간색 오류투성이였습니다. 누군가에게 원리부터 차근차근 설명을 들었더라면 실수를 줄이고 더 재미있게 공부했을 텐데 그러지 못했습니다. 이 책을 읽는 독자는 필자처럼 시행착오를 겪지 않도록 필자의 지식을 모두 전수하려고 합니다. 여러분도 코드를 따라 타이핑하는 데 그치지 말고 원리를 이해하는 데 집중하기 바랍니다.

본격적인 실습에 들어가기 전에 일단 크롬 브라우저를 설치합니다.

6.2.1 크롬 브라우저 설치하기

이 책의 실습은 크롬 브라우저를 기준으로 진행됩니다. 엣지(Edge), 사파리(Safari) 등의 브라우저를 사용하면 화면 구성이 다를 수 있기 때문에 실습을 따라 하기가 불편할 것입니다. 이미 크롬 브라우저가 설치돼 있다면 이 절을 건너뛰고, 설치돼 있지 않다면 다음 단계에 따라 설치한 후 기본 브라우저로 설정하세요.

1 크롬 공식 사이트(**https://www.google.com/intl/ko/chrome**)에 접속해 [Chrome 다운로드]를 클릭합니다.

그림 6-7 크롬 설치 파일 다운로드

2 내려받은 파일(**ChromeSetup.exe**)을 더블클릭해 안내에 따라 설치합니다. 설치가 끝나면
크롬 브라우저를 실행한 후 오른쪽 위의 점 3개 아이콘을 클릭해 메뉴에서 [설정]을 선택하
고 [기본 브라우저]를 클릭합니다.

그림 6-8 기본 브라우저 설정 1

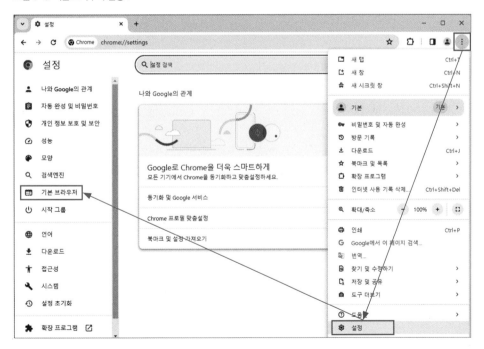

3 기본 브라우저 설정 화면에서 [기본으로 설정] 버튼을 클릭합니다.

그림 6-9 기본 브라우저 설정 2

4 기본 앱 화면이 뜨면 Google Chrome의 >를 클릭한 후 [기본값 설정] 버튼을 클릭해 크롬을 기본 웹 브라우저로 설정합니다.

그림 6-10 기본 브라우저 설정 3

6.2.2 웹 페이지의 동작 원리

본격적으로 크롤링 프로그램을 만들기에 앞서 웹 페이지가 어떤 원리로 동작하는지 알아봅시다. 크롬 브라우저의 주소창에 **www.cgv.co.kr**을 입력해 CGV 웹 사이트에 접속합니다. 상단에 있는 [영화] 메뉴의 [무비차트]를 클릭한 후 무비차트 페이지의 화면 빈 곳에서 마우스 오른쪽 버튼을 눌러 [검사]를 선택합니다.

그림 6-11 CGV 무비차트 페이지에서 [검사] 선택

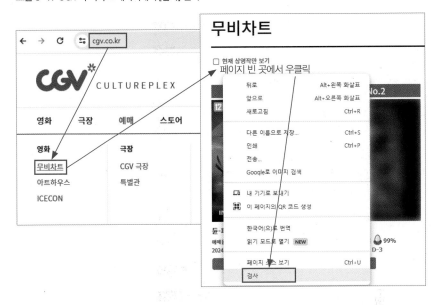

그러면 웹 브라우저 오른쪽에 **개발자 도구**(DevTools)라는 화면이 뜹니다. 화면의 [Elements] 탭에 알 수 없는 코드가 보이는데, 이것이 바로 **HTML**(HyperText Markup Language, 하이퍼텍스트 마크업 언어) 코드입니다. HTML은 웹 페이지를 만들 때 사용하는 언어로, 파이썬과는 완전히 다른 언어이며, 지금 보고 있는 코드는 CGV 웹 개발자가 작성한 HTML 코드입니다.

그림 6-12 개발자 도구에서 본 CGV의 HTML 코드

그렇다면 CGV 웹 사이트는 어떻게 동작하기에 [무비차트] 메뉴를 클릭하자마자 해당 페이지를 보여줄까요? 이는 **클라이언트**(client)와 **서버**(server)의 동작 원리를 통해 이해할 수 있습니다.

• **클라이언트**: 사용자가 서버에 접속할 때 사용하는 컴퓨터 혹은 프로그램을 말합니다.

- **서버**: 클라이언트의 요청을 받아 응답하는 컴퓨터 혹은 프로그램을 말합니다. CGV 서버는 수많은 클라이언트로부터 요청을 받아 처리한 뒤 그 결과를 반환합니다.

서버와 클라이언트는 요청 메시지와 응답 메시지를 주고받으며 통신합니다. 클라이언트에서 [무비차트] 메뉴를 클릭하면 무비차트 페이지를 보여달라는 요청 메시지가 서버에 전송됩니다. 요청 메시지를 받은 서버는 이를 해석한 후 무비차트 페이지의 HTML 코드를 응답 메시지에 실어 클라이언트에 보냅니다. 요청 메시지와 응답 메시지는 매우 빠른 속도로 전송되기 때문에 이 과정이 순식간에 일어납니다.

그림 6-13 클라이언트와 서버가 주고받는 메시지

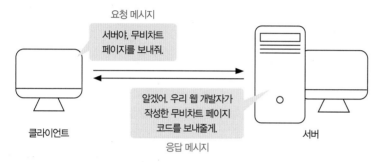

그런데 신기한 점이 있습니다. 서버는 응답으로 무비차트 페이지의 HTML 코드를 보내는데 클라이언트의 화면에는 HTML 코드 대신 보기 좋게 시각화된 웹 페이지가 나타납니다.

그림 6-14 응답으로 받은 무비차트 페이지

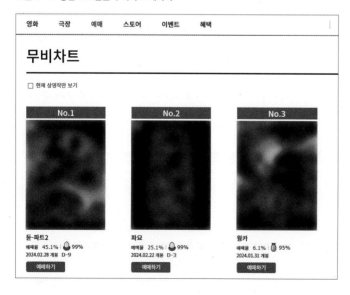

이는 크롬, 엣지, 사파리 등의 웹 브라우저가 서버로부터 전달받은 HTML 코드를 시각화해 보여주기 때문입니다. 이렇게 HTML 코드를 읽어 실제 웹 사이트의 모습으로 보여주는 것을 **렌더링**(rendering)이라고 합니다.

여기서 중요한 점은, 클라이언트가 서버로 요청 메시지를 보내면 서버는 HTML 코드를 응답 메시지로 보낸다는 것입니다. 여기까지 이해했다면 크롤링 원리의 절반을 마스터했다고 할 수 있습니다.

6.2.3 무비 차트 수집 프로그램 만들기

모든 웹 페이지는 HTML로 작성되고 클라이언트와 서버의 요청과 응답으로 동작합니다. 이제 본격적으로 무비 차트 수집 프로그램을 만들기 위해 먼저 [pythonStudy] 폴더에 **ch06-CGV 무비차트수집.py** 파일을 생성합니다. 그리고 서버로부터 HTML 코드 받아오기, 받아온 HTML 코드를 보기 좋게 정리하기, 1위 영화 제목 출력하기, 전체 영화 제목 출력하기 순으로 프로그램을 작성하겠습니다.

서버로부터 HTML 코드 받아오기

CGV 서버에 무비차트 페이지를 보여달라고 요청하고, 서버로부터 무비차트 페이지의 HTML 코드를 응답으로 받습니다.

❶ 실습에 필요한 requests, bs4 모듈을 불러옵니다. bs4 모듈의 경우 모듈 전체를 불러오지 않고 모듈 내 BeautifulSoup만 불러와도 되므로 from~import 문을 사용해 불러옵니다.

❷ requests.get() 명령으로 요청 메시지를 보내고 응답 메시지를 받아 code 변수에 저장합니다. requests.get()은 괄호 안의 서버 주소로 요청 메시지를 보내라는 뜻으로, 무비차트 페이지의 URL을 복사해 괄호 안에 붙여넣고 URL을 " " 또는 ' '로 감쌉니다.

❸ 응답 메시지는 무비차트 페이지의 HTML 코드를 담고 있는 응답 본문, 응답에 필요한 부가 정보를 담고 있는 응답 헤더로 구성됩니다. 여기서 응답 본문만 추출하려면 code 뒤에 .text를 붙여 code.text라고 작성해야 합니다. print() 문으로 code.text를 출력합니다.

그림 6-15 무비차트 페이지의 URL 복사해 붙여넣기

ch06-CGV무비차트수집.py

```
import requests ---------------- ❶ 모듈 불러오기
from bs4 import BeautifulSoup
# 서버로부터 HTML 코드 받아오기        ┌ ❷ 무비차트 페이지 요청 및 응답받기
code = requests.get("http://www.cgv.co.kr/movies/?lt=1&ft=0")
print(code.text) ---------------- ❸ 응답 본문 출력
```

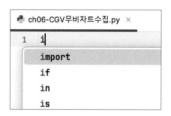

NOTE 자동 완성 기능

혹시 앞의 짧은 코드를 입력할 때 오타가 나지 않았나요? 만약 오타
가 있다면 몇 시간을 헤맬 수도 있으니 코드를 입력할 때는 자동 완
성 기능을 이용하는 것이 좋습니다. 오른쪽 그림처럼 import의 i만
입력해도 자동 완성 목록이 나타나며, 여기서 원하는 단어를 선택하
면 오타 없이 입력할 수 있습니다.

그림 6-16 파이참의 자동 완성 기능

코드를 실행하면 무비차트 페이지의 HTML 코드가 출력됩니다.

실행결과

```
<!DOCTYPE html PUBLIC "-//W3C//DTD XHTML 1.0 Transitional//EN" "http://www.w3.org
/TR/xhtml1/DTD/xhtml1-transitional.dtd">
<html xmlns="http://www.w3.org/1999/xhtml" xml:lang="ko" lang="ko">
(중략)
<!-- End Google Tag Manager -->
</body>
</html>
```

무비차트 페이지의 HTML 코드를 받아왔으니 이제 영화 제목을 수집해보겠습니다. 방법은 간단합니다. 예를 들어 '스타워즈'라는 영화 제목을 찾고 싶다면 컴퓨터에 무비차트 페이지의 HTML 코드를 주며 "이것을 다 뒤져서 '스타워즈'라는 글자를 찾아"라고 명령하면 됩니다. 그러면 컴퓨터는 HTML 코드를 한 글자 한 글자 다 뒤져서 '스타워즈'라는 영화 제목을 찾아냅니다. 달리 비유하자면 이는 교수님이 대학원생에게 두꺼운 전공 서적을 주며 "여기서 수학 공식을 찾아 정리하세요"라고 지시하는 것과 같습니다.

그런데 문제가 있습니다. 명령이 불친절할수록 컴퓨터가 해당 단어를 찾는 데 시간이 많이 걸립니다. 따라서 단어를 찾는 시간을 줄이기 위해 HTML 코드를 정리하겠습니다.

HTML 코드 정리하기

ch06-CGV무비차트수집.py 파일에 다음 코드를 추가합니다.

❶ 코드 마지막 줄의 print(code.text) 문은 더 이상 필요 없으니 주석 처리합니다.

❷ HTML 코드를 정리하기 위해 파일의 맨 앞에서 불러온 BeautifulSoup() 명령을 사용합니다. 괄호 안의 첫 번째 자리에는 서버로부터 받은 HTML 코드(code.text)를 넣고, 두 번째 자리에는 "html.parser"를 넣습니다. "html.parser"는 HTML 코드를 정리하는 방법 중 하나입니다. 이렇게 정리한 HTML 코드를 soup 변수에 저장합니다.

❸ 결과를 확인하기 위해 soup 변수를 출력합니다.

ch06-CGV무비차트수집.py

```
code = requests.get("http://www.cgv.co.kr/movies/?lt=1&ft=0")
# print(code.text) ------------------------------ ❶ 주석 처리
# HTML 코드 정리
soup = BeautifulSoup(code.text, "html.parser") --- ❷ HTML 코드 정리
print(soup) ------------------------------------ ❸ 출력
```

> **TIP** HTML 코드를 정리하는 방법에는 "html.parser" 말고도 "xml", "lxml", "html5lib" 등이 있습니다. 각각은 HTML 코드를 정리하는 방식과 속도가 조금씩 다른데, 어떤 것을 사용해도 상관없습니다. 여기서는 가장 대중적인 "html.parser"를 사용했습니다.

코드를 실행하면 앞에서 확인했던 것과 같은 HTML 코드가 출력됩니다. BeautifulSoup() 명령을 이용하면 코드가 정리된다고 했는데 도대체 어디가 정리된 것인지 파악하기 어렵습니다.

```
<!DOCTYPE html PUBLIC "-//W3C//DTD XHTML 1.0 Transitional//EN" "http://www.w3.org
/TR/xhtml1/DTD/xhtml1-transitional.dtd">
<html lang="ko" xml:lang="ko" xmlns="http://www.w3.org/1999/xhtml">
(중략)
<!-- End Google Tag Manager -->
</body>
</html>
```

크롤링은 교수님이 대학원생에게 전공 서적을 주면서 수학 공식을 찾아 정리하라고 지시하는 것과 같다고 했습니다. 그런데 교수님이 페이지를 알려주고, 목차를 정리해주고, 형광펜으로 표시도 해준다면 대학원생의 작업에 큰 도움이 될 것입니다.

BeautifulSoup()는 바로 그러한 일을 합니다. 우리 눈에는 보이지 않지만, 컴퓨터가 좀 더 쉽게 데이터를 찾을 수 있도록 HTML 코드를 정리하는 것입니다.

> **NOTE** BeautifulSoup()라는 명칭의 유래
>
> 개발자들은 복잡하게 작성된 HTML 코드를 tag soup(태그 수프)라고 불렀습니다. beautiful soup(뷰티풀 수프)는 복잡한 tag soup 코드를 예쁘게 만들어준다는 의미에서 붙은 명칭입니다.

1위 영화 제목 출력하기

HTML 코드를 보기 좋게 정리했으니 1위 영화 제목을 찾아 출력하겠습니다. 1위 영화 제목을 출력하려면 1위 영화 제목의 **요소**(element)를 찾아야 합니다. 요소가 무엇인지 알기 위해 CGV 무비차트 페이지에서 1위 영화 제목에 마우스 커서를 놓고 오른쪽 버튼을 눌러 [검사] 메뉴를 선택합니다(영화 이미지가 아니라 영화 제목에서 마우스 오른쪽 버튼을 눌러야 합니다).

그림 6-17 1위 영화 제목에서 [검사] 선택

개발자 도구가 뜨고 HTML 코드가 나타납니다. 여기서 요소란 HTML 코드를 구성하는 각각의 문장을 말합니다. 모든 HTML 코드는 요소로 구성되며, 요소는 계층 구조로 이뤄져 있습니다. 현재는 1위 영화 제목 요소가 선택됐습니다.

그림 6-18 HTML 요소 확인

1위 영화 제목이 있는 요소는 strong으로 시작됩니다. 그러므로 "내가 원하는 요소는 맨 앞에 strong이 쓰여 있으니 맨 앞에 strong이 쓰여 있는 요소를 찾아"라고 컴퓨터에 명령하면 됩니다. 그러면 컴퓨터 입장에서는 무작정 찾는 것보다 일이 수월합니다. 대학원생 입장에서는 두꺼운 전공 서적을 주며 "여기서 수학 공식을 찾아 정리하세요"라고 지시하는 교수님보다 "필요한 수학 공식이 있는 페이지를 알려줄 테니 해당 페이지의 수학 공식을 정리하세요"라고 지시하는 교수님이 더 좋을 것입니다.

다음과 같이 1위 영화 제목 요소를 가져옵니다.

❶ HTML 코드 전체를 출력할 필요가 없기 때문에 print(soup) 문을 주석 처리합니다.

❷ soup.select_one()은 soup 변수에 저장된 코드 중에서 원하는 요소를 찾으라는 명령입니다. 괄호 안에 원하는 요소, 즉 "strong"을 넣으면 컴퓨터는 soup 변수에 저장된 코드 중에서 맨 앞에 strong이 쓰여 있는 요소를 찾습니다. 이렇게 찾은 요소를 title 변수에 저장합니다.

❸ 요소를 잘 찾았는지 확인하기 위해 title 변수를 출력합니다.

```
# HTML 코드 정리
soup = BeautifulSoup(code.text, "html.parser")
# print(soup) ----------------------- ❶ 주석 처리
# 원하는 요소 가져오기
title = soup.select_one("strong") --- ❷ strong 가져오기
print(title) ----------------------- ❸ 출력
```

코드를 실행한 결과는 다음과 같습니다.

실행결과

`<strong>예매</strong>`

컴퓨터가 strong 요소를 하나 찾아냈습니다. 그런데 1위 영화 제목 요소가 아니라 엉뚱한 요소네요. 이 문제를 해결하기 전에 잠시 다음과 같은 경우를 생각해봅시다.

고려대에 다니는 A 군이 고연전에 가기 위해 동생에게 "고연전에 가야 하니까 내 방에 있는 티셔츠 좀 가져다 줘"라고 시켰습니다. A 군은 당연히 고려대의 상징인 빨간색 티셔츠를 가져올 것이라 예상했는데, 동생은 파란색 티셔츠를 가져왔습니다. 당황한 A 군은 동생에게 "내가 원하는 것은 칼라가 달려 있고, 고려대라고 쓰여 있고, 호랑이가 그려진 빨간색 티셔츠야"라고 말했습니다. 이 말을 들은 동생은 방에 가서 고려대 티셔츠를 가져왔습니다.

컴퓨터에 명령을 내릴 때도 이와 마찬가지입니다. 필요한 요소의 생김새를 자세히 묘사해줘야 그 요소를 정확히 가져옵니다. 개발자 도구에서 본 1위 영화 제목 요소를 다시 살펴봅시다.

그림 6-19 1위 영화 제목 요소 확인

요소의 생김새를 확인한 후 컴퓨터에 다음과 같이 명령하면 됩니다. "내가 원하는 요소는 맨 처음에 strong이 있고 그다음에 class, 그다음에 title이 있어. 이러한 요소를 찾아와." 이 명령을 코드로 옮겨보겠습니다. 그런데 주의할 점이 있습니다. select_one()에 들어가는 인자를

"strong class=title"이라고 작성하면 될 것 같지만 "strong.title"이라고 작성해야 합니다. 그 이유는 실습 결과를 확인한 뒤 설명하겠습니다. 코드를 수정하고 실행하면 원하는 결과가 출력됩니다(영화 제목은 실습하는 시점에 따라 다릅니다).

— ch06-CGV무비차트.py

```python
# 원하는 요소 가져오기
title = soup.select_one("strong.title")
print(title)
```

실행결과

```
<strong class="title">듄-파트2</strong>
```

select_one()의 인자로 "strong class=title" 대신 "strong.title"을 넣은 이유는 무엇일까요? 왜 class라는 말이 사라지고 갑자기 마침표(.)가 나타난 걸까요? 사실 class는 HTML 요소마다 동일한 스타일(크기, 색상, 두께 등)을 지정하기 위해 사용하는 것으로, 대부분의 HTML 코드에 자주 등장합니다.

그림 6-20 HTML 코드에 보이는 수많은 class

```
▼<div class="wrap-movie-chart">
    <!-- Heading Map Multi -->
  ▼<div class="tit-heading-wrap">
      <h3>무비차트</h3>
    ▶<div class="submenu">⋯</div>
    </div>
    <!-- //Heading Map Multi -->
    <!-- Sorting -->
  ▶<div class="sect-sorting">⋯</div>
    <!-- //Sorting -->
  ▶<div class="sect-movie-chart">⋯</div>
  </div>
  <!-- .sect-moviechart -->
▶<script type="text/javascript">⋯</script>
▶<div class="sect-movie-chart">⋯</div>
  <!--
  <div class="sect-ad-benner">
      <a href="javascript:tmp_alert_phototicket()" title="새 창"><img
  src="https://img.cgv.co.kr/R2014/images/main/phototicket_978_223.jpg"
  alt="영화를 영원히 추억하는 방법. CGV 포토티켓" /></a>
  </div>//-->
  <!-- .sect-ad-benner -->
▶<div class="cols-rank" style="display:none">⋯</div>
  <!--
    2016-
  - Fried : 0 ~69
```

이렇게 자주 나오는 class를 일일이 타이핑하는 것이 번거로웠던 개발자들은 class를 마침표로 바꿔 쓰기로 약속했습니다. 그래서 "strong.title"이라고만 작성해도 컴퓨터는 알아서 '맨 처음이 strong, 그다음이 class, 그다음이 title인 요소를 가져오라는 말이군' 하고 이해합니다. 이러한 "strong.title"과 같이 기호와 글자를 이용해 자신이 원하는 요소를 컴퓨터에 알려주는 것을 **CSS 선택자**(Cascading Style Sheets Selector)라고 합니다. **6.3절 HTML 요소와 CSS 선택자**에서 CSS 선택자에 대해 자세히 알아보겠습니다.

이어서 요소 전체(`<strong class="title">듄-파트2</strong>`)가 아니라 요소 안에 있는 영화 제목(듄-파트2)만 출력해보겠습니다. 마지막 `print()` 문의 title 변수 뒤에 `.text`를 붙이면 되는데 `.text`는 해당 **요소의 내용**(화면에 보이는 텍스트, 여기서는 영화 제목)을 문자열로 추출하는 명령입니다. 이렇게 코드를 수정하고 실행하면 영화 제목이 출력됩니다.

────────────────────────────────── **06장-CGV무비차트.py**

```python
# 원하는 요소 가져오기
title = soup.select_one("strong.title")
print(title.text)
```

실행결과
듄-파트2

주석을 제외하면 6줄밖에 안 되는 코드로 실시간 1위 영화 제목을 출력하는 프로그램을 완성했습니다.

전체 영화 제목 출력하기

무비차트 페이지에 있는 전체 영화 제목을 출력하려면 1위뿐만 아니라 나머지 순위의 영화 제목들이 어떤 요소에 들어 있는지 확인해야 합니다. 2위 영화 제목에서 마우스 오른쪽 버튼을 눌러 [검사] 메뉴를 선택하고 해당 HTML 요소를 확인해봅시다. 그 아래에 코드 모양이 똑같은 `<li>` 요소의 오른쪽 삼각형(▶)을 클릭해 세부 내용을 펼쳐보면 3위 영화 제목도 확인할 수 있습니다.

TIP 개발자 도구의 코드에서 오른쪽 삼각형(▶)은 이하에 코드가 숨겨져 있다는 뜻으로, 이것을 클릭하면 코드를 펼칠 수 있습니다. 또한 코드 내의 점 3개(…)는 코드가 길어서 숨겨져 있다는 표시로, 이것을 클릭하면 해당 코드 전체를 볼 수 있습니다.

그림 6-21 2위 영화 제목 확인 후 3위 영화 제목 확인

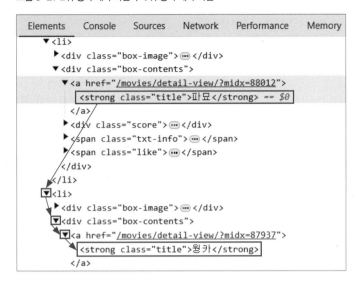

다행히도 CGV 웹 개발자가 모든 영화 제목 요소의 생김새를 똑같이 만들어놓았습니다. 그렇다면 컴퓨터에 "내가 원하는 요소의 생김새가 모두 "strong.title"이니 그것을 전부 가져와"라고 명령하면 됩니다.

❶ 요소 하나만 가져와 출력했던 기존 코드를 주석 처리합니다.

❷ 찾는 요소가 여러 개 있을 때 select_one()은 HTML 문서의 위에서 아래로 탐색해 맨 처음에 찾은 요소만 가져오고, select()는 모든 요소를 가져옵니다. 지금은 모든 영화 제목을 가져와야 하므로 select_one() 대신 select()를 사용해 "strong.title" 요소를 가져온 후 title 변수에 저장합니다.

❸ title 변수를 출력합니다. 이때 .text를 붙이지 않는데, 그 이유는 실행 결과를 확인한 뒤 설명하겠습니다. 지금은 title만 출력하세요.

ch06-CGV무비차트.py

```
# title = soup.select_one("strong.title") --- ❶ 주석 처리
# print(title.text) -------------------------- ❶ 주석 처리
# 여러 요소 한 번에 가져오기
title = soup.select("strong.title") --------- ❷ 모든 strong.title 가져오기
print(title) ---------------------------------- ❸ 출력
```

[<strong class="title">듄-파트2</strong>, <strong class="title">파묘</strong>, <strong class="title">윙카</strong>/strong>, (중략) <strong class="title">추락의 해부
</strong>]

실행 결과의 양 끝이 [ ]로 둘러싸여 있습니다. 이는 title 변수의 자료형이 리스트라는 뜻으로, 이 리스트 안에 모든 영화 제목 요소가 들어 있습니다. 앞에서 title 변수에 .text를 쓸 수 없다고 한 이유가 바로 이것입니다. 요소 하나만 가져올 때는 해당 요소의 내용을 .text로 추출할 수 있지만, 여러 요소를 가져와 리스트 자료형으로 저장된 title 변수에서는 .text로 추출할 수 없습니다.

이 문제를 해결하려면 반복문인 for 문을 사용해야 합니다. 리스트 자료형이 나오면 for 문이 바로 떠오를 정도로 for 문은 리스트 자료형과 궁합이 잘 맞습니다. 따라서 다음과 같이 코드를 수정합니다.

❶ 마지막 줄의 print(title) 문을 지우고 for i in title: 문을 추가합니다. for 문의 변수 i는 리스트 자료형인 title에서 원소를 하나씩 꺼내 저장합니다. 이때 i는 원소를 하나만 가져와 저장했으니 .text를 붙일 수 있습니다.

❷ i.text를 출력합니다.

ch06-CGV무비차트수집.py

```
# 여러 요소 한 번에 가져오기
title = soup.select("strong.title")
for i in title: ------ ❶ 기존 print() 문 삭제, for 문 작성
    print(i.text) ---- ❷ 출력
```

코드를 실행하면 모든 순위의 영화 제목이 출력됩니다.

듄-파트2
(중략)
추락의 해부

영화 제목 앞에 '1위 : , 2위 :'와 같은 문자열을 붙이고 싶다면 num 변수를 선언하고 1로 초기화한 후, for 문을 한 번 반복할 때마다 1씩 증가시킵니다. 그리고 문자열 포매팅 문장을 만들어

순위를 출력하면 됩니다. 문자열 포매팅이 기억나지 않으면 **3.2.7절 문자열 포매팅**을 참고하세요.

ch06-CGV무비차트수집.py

```python
# 여러 요소 한 번에 가져오기
title = soup.select("strong.title")
num = 1
for i in title:
    print(f"{num}위 : {i.text}")
    num += 1
```

실행결과

1위 : 듄-파트2

(중략)

19위 : 추락의 해부

> **NOTE** 순위를 표시하는 다양한 방법
>
> 순위를 표시하는 방법은 앞서 소개한 방법 외에 세 가지가 더 있습니다. 필자는 세 번째가 가장 세련되다고 생각하지만 이는 개인의 취향일 뿐 어떤 것을 사용해도 무방합니다.
>
> 방법 1
>
> ```python
> title = soup.select("strong.title")
> for i in title:
>     print(f"{title.index(i) + 1}위 : {i.text}")
> ```
>
> 방법 2
>
> ```python
> title = soup.select("strong.title")
> for i in range(len(title)):
>     print(f"{i + 1}위 : {title[i].text}")
> ```
>
> 방법 3
>
> ```python
> title = soup.select("strong.title")
> for idx, i in enumerate(title):
>     print(f"{idx + 1}위 : {i.text}")
> ```

이로써 무비 차트 데이터를 실시간으로 수집하는 크롤링 프로그램을 완성했습니다.

 **1분 퀴즈** 정답 p. 487

1 다음 코드에서 음영으로 표시된 곳에는 한 줄마다 잘못된 부분이 있습니다. 해당 부분을 찾아 바르게 고치세요.

```python
import requests
from bs4 import BeautifulSoup
code = requests.get(http://www.cgv.co.kr/movies/?lt=1&ft=0)
soup = BeautifulSoup(code, "html.parser")
title = soup.select("strong,title")
for i in title:
    print(title.text)
```

6.3

HTML 요소와 CSS 선택자

맛보기로 크롤링 프로그램을 실습했습니다. 다음 장부터는 다양한 사이트에서 본격적으로 크롤링 실습을 할 텐데, 그 전에 HTML 요소와 CSS 선택자에 대해 자세히 알아봅시다. 이 두 개념을 정확히 이해해야 크롤링을 자유자재로 할 수 있습니다.

6.3.1 HTML 요소

HTML 요소란 HTML 문서를 구성하는 문장 하나하나를 말하며, **HTML 태그**(tag)라고도 합니다. HTML 요소는 시작 태그와 종료 태그, 속성, 내용으로 구성됩니다.

그림 6-22 HTML 요소의 구성

- **시작 태그와 종료 태그**: HTML 요소는 시작 태그로 열고 종료 태그로 닫습니다.

- **속성**: 태그의 세부 옵션을 지정합니다. 등호(=) 왼쪽에 속성명을 작성하고, 오른쪽에 큰따옴표로 감싼 속성값을 작성합니다.

- **내용**: 실제 웹 페이지에 노출되는 부분으로, 콘텐츠(contents)라고도 합니다. 시작 태그와 종료 태그 사이에 내용을 작성합니다.

이 중에서 '내용'이 웹 페이지에 어떻게 노출되는지 확인해봅시다. CGV 무비차트 페이지의 **무
비차트** 문자열에서 마우스 오른쪽 버튼을 눌러 [검사] 메뉴를 선택합니다. 개발자 도구에서 〈h3〉
요소의 내용으로 **무비차트** 문자열을 확인할 수 있습니다.

그림 6-23 요소의 내용이 웹 페이지에 노출된 모습

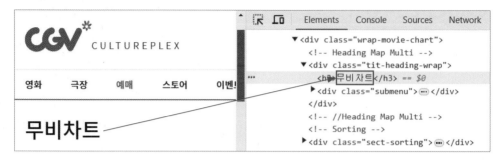

무비차트 문자열을 다른 문자열로 바꾸면 웹 페이지에도 반영됩니다. **무비차트** 문자열을 더블클
릭하고 **안녕하세요. 저는 파이썬을 공부 중입니다.**로 수정하면 수정된 문자열이 웹 페이지에 나타납
니다. 이처럼 HTML 요소의 내용이 웹 페이지에 그대로 노출됩니다.

그림 6-24 요소의 내용을 수정한 모습

HTML 요소는 다음 그림의 (a)처럼 한 요소에 여러 개의 속성이 있을 수도 있고, (b)처럼 시작
태그만 있고 요소의 내용과 종료 태그가 없을 수도 있습니다. 또한 (c)처럼 요소의 내용으로 또
다른 요소가 들어 있을 수도 있는데, 이를 **부모-자식 관계**(parent-child relations)라고 합니다.

그림 6-25 다양한 형태의 HTML 요소

(a) 한 요소에 여러 개의 속성이 있는 경우

```
<a href="https://section.blog.naver.com/" class="nav" data-clk="svc.blog">블로그</a>
```

(b) 요소의 내용과 종료 태그가 없는 경우

```
<input type="text" id="id" name="id" placeholder="아이디" title= "아이디"
class="input_text" maxlength="41" value>
```

(c) 요소의 내용으로 또 다른 요소가 있는 경우

```
<button type="submit" class="btn_login" id="log.login">
    <span class="btn_text">로그인</span>
</button>
```

개발자 도구에서 봤던 좀 더 복잡한 코드를 통해 부모-자식 관계를 자세히 알아보겠습니다.

그림 6-26 부모-자식 관계의 예

```
❶ ▼<li>
  ❷ ▶<div class="box-image">⋯</div>
  ❸ ▼<div class="box-contents">
    ❹ ▼<a href="/movies/detail-view/?midx=87947">
      ❺ <strong class="title">듄-파트2</strong>
      </a>
    ❻ ▶<div class="score">⋯</div>
    ❼ ▶<span class="txt-info">⋯</span>
    ❽ ▶<span class="like">⋯</span>
    </div>
  </li>
```

- **부모-자식 관계**: ❹번이 ❺번을 품고 있으므로 이 둘은 부모-자식 관계입니다. 마찬가지로 ❸번과 ❹, ❻, ❼, ❽번, ❶번과 ❷, ❸번도 부모-자식 관계입니다.

- **n번째 자식**: ❸번은 4개의 자식(❹, ❻, ❼, ❽)을 갖고 있는데, 그중에서 ❹번은 첫 번째에 위치하므로 첫 번째 자식입니다. 또한 ❸번은 ❶번의 두 번째 자식입니다.

- **조부모-후손 관계**: ❺번은 ❸번 자식의 자식이므로 이 둘은 조부모-후손 관계입니다. 마찬가지로 ❶번과 ❹번, ❶번과 ❺번도 조부모-후손 관계입니다.

그렇다면 ❷번과 ❺번은 어떤 관계일까요? ❷번은 ❸~❽번 중에서 어느 것도 품고 있지 않으므로 이 둘은 아무 관계도 아닙니다.

요소 간의 관계에서 누가 누구의 자식인지, 후손인지, 부모인지, 조부모인지 파악하기가 아직은 어려울 것입니다. 하지만 HTML 코드에 익숙해지면 코드를 보는 시야가 넓어져서 나중에는 한눈에 파악할 수 있습니다.

6.3.2 CSS 선택자

CSS 선택자는 자신이 찾는 요소가 무엇인지 특정 기호를 이용해 컴퓨터에 알려주는 문법입니다. 말 그대로 HTML 문서 내에서 찾는 요소를 선택하는 역할을 합니다. 앞서 무비 차트 수집 프로그램을 만들 때 모든 영화 제목을 가져오기 위해 작성한 코드에서는 "strong.title"이 CSS 선택자입니다.

그림 6-27 무비 차트 수집 프로그램의 CSS 선택자

```
# 여러 요소 한번에 가져오기
title = soup.select("strong.title")
num = 1
for i in title:
    print(f"{num}위 : {i.text}")
    num += 1
```

CSS 선택자 지정 방법은 속성명에 따라 달라집니다.

속성명이 class인 경우

속성명이 class이면 class를 마침표(.)으로 바꿔 다음과 같이 CSS 선택자를 표현합니다.

형식 | "태그명.속성값"

다음 코드의 〈strong〉 요소는 태그명이 strong, 속성명이 class, 속성값이 title입니다. 따라서 이를 CSS 선택자로 표현하면 class를 마침표로 바꾼 "strong.title"이 됩니다. 무비 차트 수집 프로그램을 만들 때도 이 방법으로 CSS 선택자를 지정했습니다.

```
# HTML 요소
<strong class="title">...</strong>
# CSS 선택자
"strong.title"
```

속성명이 id인 경우

속성명이 id일 때는 해시(#) 기호를 사용합니다.

> 형식 | "태그명#속성값"

다음 코드의 요소는 태그명이 div, 속성명이 id, 속성값이 content입니다. 이를 CSS 선택자로
표현하면 id를 #로 바꾼 "div#content"가 됩니다.

```
# HTML 요소
<div id="content">...</div>
# CSS 선택자
"div#content"
```

속성명이 class나 id가 아닌 경우

속성명이 class나 id가 아니라 다른 속성일 때는 해당 속성명과 속성값을 그대로 두고 대괄호
([ ])를 이용합니다. [ ] 안에 큰따옴표가 있으므로 문자열 표현 방식에 따라 작은따옴표로 CSS
선택자를 감쌉니다.

> 형식 | '태그명[속성명="속성값"]'

다음 코드의 <a> 요소를 CSS 선택자로 표현하면 'a[href="/movies/detail-view/?midx
=86119"]'가 됩니다.

```
# HTML 요소
<a href="/movies/detail-view/?midx=86119">...</a>
# CSS 선택자
'a[href="/movies/detail-view/?midx=86119"]'
```

크롤링 코드를 작성할 때는 class나 id가 아닌 속성을 사용하는 것을 추천하지 않습니다. 자신이 원하는 요소를 컴퓨터가 정확히 가져오지 못할 수 있기 때문입니다. 이럴 때는 속성 없이 〈a〉 요소라고만 하되, 다음과 같이 부모나 조부모를 이용해 선택자를 지정합니다.

● **부모를 이용해 선택자 지정하기**

부모를 이용해 CSS 선택자를 지정할 때 자식은 〉 기호로 나타냅니다. 자식 중 n번째 자식은 ":nth-child( )"와 같이 표현할 수 있습니다.

> 형식 | "부모선택자 〉 자식선택자"
> "부모선택자 〉 자식선택자:nth-child(n)"

다음 〈a〉 요소의 부모를 이용해 CSS 선택자를 지정할 때는 컴퓨터에 "〈div class="box-contents"〉 요소의 자식인 〈a〉 요소를 가져와" 또는 "〈div class="box-contents"〉 요소의 자식 중 첫 번째 자식인 〈a〉 요소를 가져와"라고 명령할 수 있습니다. 두 경우의 CSS 선택자는 다음과 같습니다.

```
# HTML 요소
<div class="box-contents">
    <a href="/movies/detail-view/?midx=87947">...</a>
# CSS 선택자
"div.box-contents > a"
"div.box-contents > a:nth-child(1)" # 부모의 1번째 자식인 <a> 요소
```

● **조부모를 이용해 선택자 지정하기**

조부모를 이용해 CSS 선택자를 지정할 때 후손은 공백(" ")으로 나타냅니다.

다음 〈li〉 요소의 후손인 〈a〉 요소의 CSS 선택자는 "li a"입니다.

```
# HTML 요소
<li>
    <div class="box-image">
    <div class="box-contents">
        <a href="/movies/detail-view/?midx=87947">...</a>
# CSS 선택자
"li a"
```

이렇게 부모와 조부모를 활용하면 다양한 방법으로 〈a〉 요소를 CSS 선택자로 지정할 수 있습니다.

```
# HTML 요소
<div class="sect-movie-chart">
    <h4 class="hidden"> 무비차트 - 예매율순 </h4>
    <ol>
        <li>
            <div class="box-image">...</div>
            <div class="box-contents">
                <a href="/movies/detail-view/?midx=87947">...</a>
# CSS 선택자
"li > div.box-contents > a"
"ol div.box-contents > a"
"div.sect-movie-chart > ol > li > div.box-contents > a"
"div.sect-movie-chart li > div.box-contents > a"
```

CSS 선택자를 지정하는 방법을 알아봤는데, 이 중에서 어떤 방법으로 표현하든 상관없습니다. 필요한 요소를 제대로 가져올 수 있도록 컴퓨터에 정확히 알려주기만 하면 됩니다.

class 속성값이 여러 개인 경우

HTML 요소를 보면 class 속성값이 띄어쓰기로 구분돼 여러 개인 경우가 있습니다. 예를 들어 다음 〈h1〉 요소를 CSS 선택자로 지정하려면 어떻게 해야 할까요?

```
<h1 class="col-md lh3 mb-2">developers</h1>
```

"h1.col-md lh3 mb-2"라고 생각한 독자가 많을 텐데, 그렇게 지정하면 안 됩니다. 띄어쓰기는 조부모-후손 관계를 나타내는 선택자 지정 방법이기 때문에 컴퓨터는 "h1.col-md lh3 mb-2"를 〈h1 class="col-md"〉 요소의 후손인 〈lh3〉 요소의 후손인 〈mb-2〉를 가져오라는 것으로 이해합니다.

이 경우에는 "태그명이 h1이고, class 속성값이 col-md, class 속성값이 lh3, class 속성값이 mb-2인 요소를 찾아와"라고 컴퓨터에 class 속성값을 일일이 알려줘야 합니다. 따라서 CSS 선택자는 "h1.col-md.lh3.mb-2"가 됩니다. class 속성값이 띄어쓰기로 구분돼 있으면 띄어쓰기가 나올 때마다 마침표로 바꾼다고 생각하면 쉽게 기억할 수 있습니다.

```
# HTML 요소
<h1 class="col-md lh3 mb-2">developers</h1>
# CSS 선택자
"h1.col-md.lh3.mb-2"
```

HTML 코드를 보고 자신이 원하는 요소가 무엇인지, 그 요소를 컴퓨터에 알려주기 위해 어떤 CSS 선택자를 작성하는지가 바로 크롤링 실력입니다. 이후의 실습에서 CSS 선택자를 잘 작성하는 필자만의 노하우를 더 소개하겠습니다.

TIP CSS 선택자를 작성할 때 일일이 타이핑을 하면 오타가 발생할 수 있기 때문에 CSS 선택자를 복사해 사용하는 것이 좋습니다. 자세한 방법은 352쪽 NOTE '오타 없이 CSS 선택자 작성하는 법'을 참고하세요.

2 다음 HTML 코드에서 음영으로 표시된 요소를 CSS 선택자로 지정하는 방법으로 적절하지 <u>않은</u> 것을 고르세요.

```
▼<div id="wrap" class="end_page">
  ▶<div id="u_skip">…</div>
  ▶<div id="header_wrap">…</div>
   <!-- 상단 영역(메인에만 나감.) -->
   <!-- //상단 영역 -->
  ▼<div id="container" class>
    ▼<div id="content" class="webtoon">
      ▶<ul class="category_tab">…</ul>
       <!-- body -->
      ▶<div class="webtoon_spot2">…</div>
       <!-- 프리미엄 배너 -->
      ▶<div class="ad_banner_premium" data-ad-banner="premium_banner">…</div>
      ▼<div class="view_type">
          <h3 class="sub_tit">요일별 전체 웹툰</h3> == $0
        ▶<ul class="sortby">…</ul>
        </div>
```

① div.view_type > h3.sub_tit

② div#content > div:nth-child(4) > h3.sub_tit

③ div#container h3.sub_tit

④ div#content div.ad_banner_premium > h3.subtit

⑤ div#wrap div.webtoon h3.sub_tit

마무리

1. 크롤링하는 순서

❶ **서버로부터 HTML 코드 받아오기**: `requests.get()` 명령으로 해당 웹 페이지의 HTML 코드를 받아옵니다.

❷ **HTML 코드 정리하기**: 받아온 HTML 코드를 `BeautifulSoup()` 명령으로 정리합니다. 우리 눈에는 보이지 않지만, 컴퓨터가 좀 더 쉽게 데이터를 찾을 수 있도록 HTML 코드를 정리합니다.

❸ **원하는 요소 가져오기**: HTML 코드에서 요소 하나만 가져올 때는 `select_one()` 명령을 사용하고, 모든 요소를 가져올 때는 `select()` 명령을 사용합니다. 이 중에서 `select()` 명령을 사용할 때는 가져온 모든 요소가 리스트 자료형에 저장돼 있으므로 for 문을 사용해 하나씩 출력해야 합니다.

2. CSS 선택자 지정 방법

CSS 선택자를 지정하는 방법은 다섯 가지입니다. 사실 이것 말고도 더 있지만, 크롤링할 때는 이 정도만 알고 있어도 충분합니다. 다양한 방법 중에서 어떤 것을 사용하든 상관없습니다. 컴퓨터가 해당 요소를 잘 가져오도록 정확히 표현하면 됩니다.

구분	선택자 기호	작성 형식
속성명이 class인 경우	.	"태그명.속성값"
속성명이 id인 경우	#	"태그명#속성값"
~의 자식	>	"부모선택자 > 자식선택자"
~의 n번째 자식	:nth - child(n)	"부모선택자 > 자식선택자: nth - child(n)"
~의 후손	" "(공백)	"조부모선택자 후손선택자"

MEMO

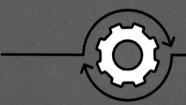

# 7장

크롤링에
익숙해지기

이 장에서는 다양한 예제를 실습하면서 크롤링 스킬을 익혀봅니다. 크롤링 코드를 잘 작성하는 필자 만의 노하우를 공개할 테니 놓치지 말고 잘 따라오세요.

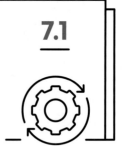

환율 정보
수집하기

7.1

매일 변하는 환율 정보를 수집하는 프로그램을 만들어봅시다. 먼저 [pythonStudy] 폴더에 **ch07-네이버환율수집.py** 파일을 만듭니다.

7.1.1 크롤링 코드 작성하기

네이버 환율 페이지(**https://finance.naver.com/marketindex**)에 접속하면 미국, 일본, 유럽연합, 중국의 환율 정보를 볼 수 있습니다.

그림 7-1 주요 화폐의 환율 정보

이 네 가지 환율 정보를 수집해보겠습니다. 해당 요소를 가리키는 CSS 선택자는 코드를 실행한 후 살펴보고, 우선 다음 코드를 작성하고 실행하세요. 실시간으로 수집된 환율 정보가 출력될 것입니다.

ch07-네이버환율수집.py

```python
import requests
from bs4 import BeautifulSoup
code = requests.get("https://finance.naver.com/marketindex")
soup = BeautifulSoup(code.text, "html.parser")
price = soup.select("ul#exchangeList span.value")
for i in price:
    print(i.text)
```

실행결과
1,331.40
885.03
1,440.57
184.78

코드의 전체적인 흐름은 **6.2절 무비 차트 수집하기**에서 만든 프로그램과 같습니다. requests. get() 안에 크롤링할 페이지(네이버 환율 페이지)의 URL을 넣고, soup.select() 안에는 자신이 원하는 요소의 CSS 선택자를 넣습니다. 크롤링 코드를 작성할 때는 이 선택자를 어떻게 지정하느냐가 항상 관건입니다. 앞의 코드에서는 CSS 선택자가 "ul#exchangeList span.value" 인데, 어떤 과정을 거쳐 이 선택자를 사용했는지 알아봅시다.

7.1.2 CSS 선택자 작성 방법

미국 환율이 있는 숫자에서 마우스 오른쪽 버튼을 눌러 [검사] 메뉴를 선택합니다.

그림 7-2 미국 환율 요소

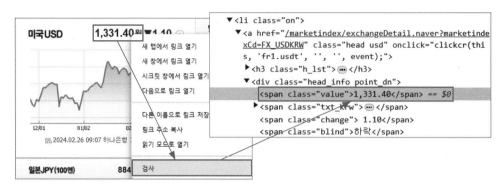

선택된 요소는 태그명이 span, class 속성값이 value이므로 CSS 선택자는 "span.value"라고 할 수 있습니다. 이 CSS 선택자가 맞는지 CSS 검색창에서 확인해보겠습니다. 개발자 도구의 HTML 코드에서 아무 데나 클릭하고 ⌃Ctrl + ⌃F (맥OS는 ⌃command + ⌃F) 키를 누르면 CSS 검색 창이 나타납니다.

그림 7-3 CSS 검색창

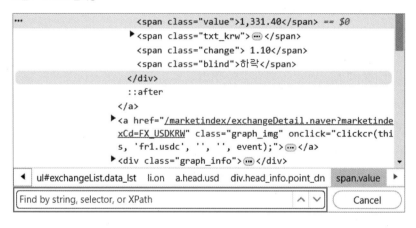

CSS 검색창에 span.value를 입력하면 총 12개의 요소가 검색됩니다. 위아래 버튼을 클릭하면 해당 요소의 위치로 이동합니다.

그림 7-4 해당 요소를 찾은 경우

만약 CSS 선택자가 잘못됐다면 해당 요소가 검색되지 않습니다.

그림 7-5 해당 요소를 못 찾은 경우

자신이 생각한 CSS 선택자가 어떤 요소를 지정하는지 확인하고 싶을 때 이 방법을 사용하면 CSS 선택자의 검증이 한결 수월합니다. 그런데 이 방법을 적용하더라도 자신이 원하는 요소만 지정하는 CSS 선택자를 정확히 작성하기가 어려울 수 있습니다. 이럴 때는 부모나 조부모를 활용하면 편리합니다. CSS 검색창에 span.value를 입력한 상태에서 바로 윗줄을 보세요. 현재 선택된 요소의 부모와 조부모의 CSS 선택자가 오른쪽에서 왼쪽으로 나열됩니다(부모→조부모 순). 이를 활용하면 원하는 요소만 정확히 걸러내는 CSS 선택자를 작성할 수 있습니다. 자세한 내용은 이어서 설명하겠습니다.

그림 7-6 현재 선택된 요소의 부모, 조부모 CSS 선택자

7.1.3 원하는 요소만 걸러내기

이렇게 CSS 선택자로 span.value를 검색하면 몇 개의 요소가 검색되나요? 우리가 원하는 요소는 4개인데 12개나 검색됩니다. 그렇다면 원하는 요소의 생김새를 컴퓨터에 좀 더 정확하게 알려줘야 합니다. 이를 위해 부모 또는 조부모를 활용해 span.value의 생김새를 더욱 자세히 묘사해봅시다.

다음 그림의 첫 번째는 div의 자식인 span.value를 검색한 것이고, 두 번째는 div.data의 후손 a의 자식인 div의 자식 span.value를 검색한 것입니다.

그림 7-7 CSS 선택자의 다양한 검토

두 경우 모두 검색 결과가 12개입니다. 4개가 나와야 하는데 12개인 것을 보니 불필요한 요소가 여전히 걸러지지 않았습니다. 그렇다면 부모나 조부모를 이용해 CSS 선택자를 지정할 때는 어떻게 해야 할까요? 좀 더 정확하면서 찾기 편한 방법을 알려드리겠습니다.

먼저 자신이 원하는 요소의 위치와 원치 않는 요소의 위치를 파악합니다. CSS 검색창에 span. value를 입력하고 검색 결과를 하나씩 넘겨보면 웹 페이지에서 해당 요소의 위치가 파란색 상자로 표시됩니다.

그림 7-8 span.value 요소 탐색

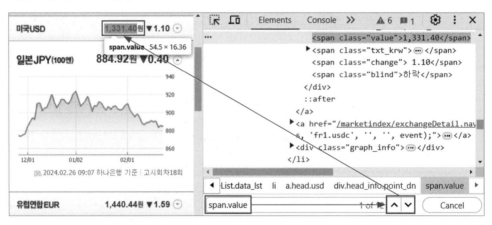

이렇게 span.value의 위치를 확인해보면 필요한 요소가 웹 페이지의 왼쪽에 몰려 있고 불필요한 요소는 오른쪽에 몰려 있다는 것을 알 수 있습니다. 그렇다면 원하는 요소만 품고 있는 부모나 조부모가 분명히 있을 것입니다. 그러한 부모나 조부모를 이용하면 불필요한 요소를 확실하게 걸러낼 수 있습니다. 다음 그림에 표시된 부분을 품고 있는 부모나 조부모를 찾아봅시다.

그림 7-9 원하는 요소의 위치 확인

개발자 도구의 HTML 요소 중 아무 것이나 선택해 마우스 커서를 갖다 대면 웹 페이지에서 해당 요소의 위치가 파란색 상자로 표시됩니다.

그림 7-10 마우스 커서를 갖다 대서 위치 확인

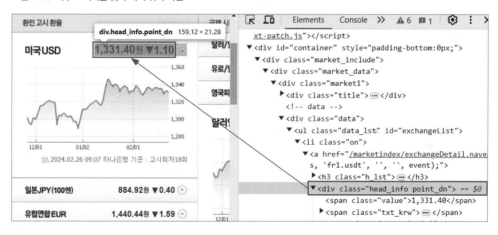

이 상태에서 마우스 커서를 조금씩 이동해 파란색 상자의 변화를 확인하면서 원하는 요소를 품고 있는 부모나 조부모를 찾습니다. 다음과 같은 파란색 상자가 보인다면 제대로 찾은 것입니다. 해당 요소는 바로 〈ul class="data_lst" id="exchangeList"〉입니다.

그림 7-11 가져와야 될 부분을 품고 있는 조부모 확인

이 요소에는 class 속성뿐만 아니라 id 속성도 있기 때문에 선택자를 ul.data_lst로 할지 ul#exchangeList로 할지 고민입니다. 이렇게 **class와 id 속성이 둘 다 있을 때는 id 속성을 사용**하는 것이 좋습니다. class 속성은 중복된 속성값을 허용하지만 id 속성은 허용하지 않기 때문입니다. 즉 class의 "data_lst" 속성값은 다른 어딘가에 존재할 수 있지만, id의 "exchangeList" 속성값은 중복을 허용하지 않기 때문에 이 요소에만 존재합니다. 따라서 id 속성을 사용하면 불필요한 요소를 더 쉽고 확실하게 걸러낼 수 있습니다.

TIP 물론 class 속성값과 id 속성값을 둘 다 활용해 ul.data_lst#exchangeList 또는 ul#exchangeList.data_lst 라고 작성해도 됩니다. CSS 선택자에는 정답이 없습니다. 간단하게 작성하든 복잡하게 작성하든 원하는 요소를 정확하게 선택하면 됩니다.

최종적으로 CSS 검색창에서 ul#exchangeList의 후손인 span.value라는 의미로 ul#exchangeList span.value를 검색하면 원하는 요소 4개만 정확히 찾아낼 수 있습니다.

그림 7-12 원하는 요소만 검색된 모습

| ul#exchangeList span.value | 1 of 4 | ∧ | ∨ |

네이버 환율 수집 프로그램에 CSS 선택자로 "ul#exchangeList span.value"를 작성한 이유를 이제 이해했죠?

크롤링 코드를 작성할 때 CSS 선택자를 지정하는 노하우를 정리하면 다음과 같습니다.

❶ CSS 검색창에서 자신이 생각한 CSS 선택자를 검색합니다.

❷ 불필요한 요소까지 검색될 때는 원하는 요소가 있는 위치를 확인하고, 그것들을 걸러낼 수 있는 부모나 조부모를 찾아 활용합니다.

1분 퀴즈

정답 p. 487

1 다음과 같이 네이버 환율 페이지에 표시된 부분만 수집하기 위한 CSS 선택자로 적절한 것을 고르세요 (개발자 도구에서 직접 확인하세요).

① span.value

② div.data span.value

③ ul#worldExchangeList > div span.value

④ ul#worldExchangeList span.value

연관 검색어
수집하기

7.2

특정 키워드를 입력하면 연관 검색어를 수집하는 프로그램을 만들어봅시다. 이는 네이버 검색 창에 키워드를 입력했을 때 뜨는 연관 검색어를 가져오는 프로그램입니다.

그림 7-13 연관 검색어

7.2.1 검색 결과 페이지의 URL 작성 방법

네이버에서 검색하면 사용자가 입력한 키워드에 따라 검색 결과 페이지의 URL이 변합니다. 따라서 크롤링할 때 requests.get()에 어떤 URL을 넣느냐가 고민입니다. 그렇다면 네이버에서 여러 가지 키워드를 검색해보면서 검색 결과 페이지의 URL이 어떻게 바뀌는지 살펴봅시다. 주의할 점은, 검색할 때마다 네이버 메인 화면(https://naver.com)에 들어가 키워드를 새로 검색해야 한다는 것입니다. 이렇게 하지 않으면 일률적인 URL을 얻지 못합니다.

'파이썬', '길벗', '독학'이라는 키워드를 검색하고 URL을 확인해봅니다.

그림 7-14 '파이썬', '길벗', '독학'을 검색했을 때의 URL

```
https://search.naver.com/search.naver?where=nexearch&sm=top_hty&fbm=0&ie=utf8&query=파이썬
https://search.naver.com/search.naver?where=nexearch&sm=top_hty&fbm=0&ie=utf8&query=길벗
https://search.naver.com/search.naver?where=nexearch&sm=top_hty&fbm=0&ie=utf8&query=독학
```

TIP 연관 검색어에는 지원하는 단어와 지원하지 않는 단어가 있고 수시로 변합니다. 따라서 실습하는 시점에 본문에서 사용한 키워드의 연관 검색어를 지원하지 않는다면 임의의 단어(예: 대학교, 사전, 맞춤법, 자기계발 등)로 바꿔 검색해도 됩니다.

어떤 규칙이 보이나요? 앞의 문자열이 모두 똑같고 끝에서 query=로 시작되는 부분만 다른데, 여기에 검색 키워드가 들어 있습니다. 그렇다면 크롤링 프로그램을 작성할 때 사용자가 입력한 키워드를 keyword 변수에 저장해놓고 문자열 포매팅을 이용해 크롤링할 대상 웹 페이지의 URL을 다음과 같이 만들 수 있습니다.

```
f"https://search.naver.com/search.naver?where=nexearch&sm=top_hty&fbm=0&ie=utf8&query={keyword}"
```

검색 결과 페이지의 URL을 알았으니 이를 이용해 크롤링 코드를 작성해봅시다.

7.2.2 크롤링 코드 작성하기

[pythonStudy] 폴더에 **ch07-네이버연관검색어수집.py** 파일을 만듭니다. 크롤링에 필요한 모듈을 불러오고, input( ) 함수를 이용해 키워드를 입력받아 keyword 변수에 저장합니다.

ch07-네이버연관검색어수집.py

```
import requests
from bs4 import BeautifulSoup
keyword = input("키워드 입력 >> ")
```

나머지 크롤링 코드를 작성합니다.

❶ 크롤링할 웹 페이지를 요청해 받은 응답을 code 변수에 저장합니다.

❷ 응답받은 HTML 코드를 BeautifulSoup()로 정리합니다.

❸ soup.select()로 연관 검색어가 포함된 요소를 모두 가져와 title 변수에 저장합니다. 이 때 CSS 선택자는 연관 검색어를 모두 포함하는 조부모 선택자를 활용해 지정합니다("div.related_srch div.tit").

그림 7-15 연관 검색어 CSS 선택자

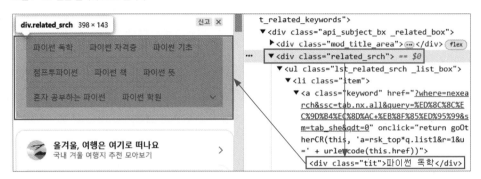

❹ for 문으로 title에 저장된 연관 검색어를 하나씩 가져와 출력합니다.

ch07-네이버연관검색어수집.py

```
keyword = input("키워드 입력 >> ")  ┌ ❶ 웹 페이지 요청 및 응답받기
code = requests.get(f"https://search.naver.com/search.naver?
                    where=nexearch&sm=top_hty&fbm=0&ie=utf8&query={keyword}")
soup = BeautifulSoup(code.text, "html.parser") ---- ❷ HTML 코드 정리
title = soup.select("div.related_srch div.tit") --- ❸ 원하는 요소 가져오기
for i in title: --------- ❹ 출력
    print(i.text)
```

TIP 코드에서 CSS 선택자를 "div.related_srch div.tit"로 작성했지만 이는 바꿔도 됩니다. 한 요소의 생김새를 묘사하는 방법이 하나만 있는 것은 아니니 앞에서 배웠던 CSS 선택자 찾기 노하우를 이용해 다른 CSS 선택자를 지정해도 무방합니다.

코드를 실행한 후 '파이썬'이라는 키워드를 입력하면 네이버 검색 페이지에서 연관 검색어를 가져와 출력합니다. 앞의 크롤링 코드와 달라지는 것은 URL에 원하는 키워드를 넣었다는 것뿐입니다. 다른 사이트에서도 어떤 키워드를 검색했을 때 URL에 검색 키워드가 포함돼 있으면 이 같은 방법으로 크롤링할 수 있습니다.

실행결과

키워드 입력 >> **파이썬**
파이썬 독학
(중략)
파이썬 강의

(◯)) 1분 퀴즈 정답 p. 487

2 본문에서 실습한 내용에 대한 설명 중 옳지 않은 것을 고르세요.

① 사용자로부터 입력받은 키워드를 활용해 웹 페이지의 URL을 생성한다.

② 네이버 검색 결과 페이지의 URL 중 query= 다음에 검색 키워드가 들어 있다.

③ "div.related_srch div.tit"는 네이버 검색 페이지에서 연관 검색어를 크롤링할 수 있는 유일한 선택자이다.

④ 코드를 실행하고 '파이썬'이라는 키워드를 검색하면 네이버에서 '파이썬'을 검색했을 때 웹 페이지의 HTML 코드를 받아온다.

여러 페이지 한 번에 수집하기

이번에는 네이버 지식인의 질문을 수집해봅시다. 연관 검색어를 수집할 때와 마찬가지로 사용자가 키워드를 검색했을 때 결과로 나오는 질문 제목과 날짜를 수집합니다.

그림 7-16 지식인의 질문 제목과 날짜

7.3.1 한 페이지만 수집하기

[pythonStudy] 폴더에 **ch07-네이버지식인수집.py** 파일을 만듭니다. 네이버 지식인 사이트 (**https://kin.naver.com**)에서 '파이썬', '독학'이라는 키워드를 각각 검색해 결과 페이지의 URL 을 확인해보면 둘 다 query= 다음에 검색 키워드가 있습니다.

그림 7-17 검색 결과 페이지의 URL

```
https://kin.naver.com/search/list.naver?query=파이썬
https://kin.naver.com/search/list.naver?query=독학
```

이 경우 requests.get()에 넣을 URL은 앞에서 배운 대로 문자열 포매팅을 사용해 다음과 같 이 만들면 됩니다.

```
f"https://kin.naver.com/search/list.naver?query={keyword}"
```

URL을 확인했으니 이제 크롤링 코드를 작성하겠습니다. 크롤링에 필요한 모듈을 불러오고, input() 함수를 이용해 키워드를 입력받아 keyword 변수에 저장합니다.

ch07-네이버지식인수집.py

```
import requests
from bs4 import BeautifulSoup
keyword = input("키워드 입력 >> ")
```

나머지 크롤링 코드를 작성합니다.

❶ 크롤링할 웹 페이지를 요청해 받은 응답을 code 변수에 저장합니다.

❷ 응답받은 HTML 코드를 BeautifulSoup()로 정리합니다.

❸ soup.select()로 질문 제목 요소를 가져와 title 변수에 저장합니다. CSS 선택자는 <ul> 요소의 후손인 <a> 요소로 지정합니다. 이때 <a> 요소의 class 속성값이 "_nclicks:kin. txt _searchListTitleAnchor"이므로 속성값의 콜론(:)과 마침표(.) 앞에 \(이스케이프 코 드)를 넣고 공백을 마침표로 작성해 해당 문자열이 CSS 선택자로 인식되게 합니다.

그림 7-18 제목 요소의 CSS 선택자

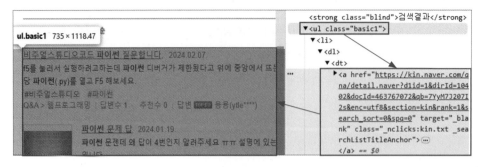

❹ 같은 방식으로 날짜 요소를 가져와 date 변수에 저장합니다. 날짜 요소의 CSS 선택자는 조 부모까지 활용하지 않아도 되므로 해당 요소만 찾아서 가져옵니다.

그림 7-19 날짜 요소의 CSS 선택자

❺ for 문으로 title과 date에 저장된 요소를 읽어와 출력합니다. for 문을 한 번 반복할 때마다 출력 결과를 구분하기 위해 구분선을 넣어줍니다.

```python
keyword = input("키워드 입력 >> ")                    ┌ ❶ 웹 페이지 요청 및 응답받기
code = requests.get(f"https://kin.naver.com/search/list.naver?query={keyword}")
soup = BeautifulSoup(code.text, "html.parser") --- ❷ HTML 코드 정리
title = soup.select("ul.basic1 a._nclicks\:kin\.txt._searchListTitleAnchor")
date = soup.select("dd.txt_inline")_____├── ❸~❹ 질문 제목, 날짜 가져오기
for i, j in zip(title, date): ------------- ❺ 질문 제목, 날짜 출력
    print(f"질문 : {i.text}")
    print(f"날짜 : {j.text}")
    print("-----------------------------------------")
```

코드를 실행한 후 '파이썬'이라는 키워드를 입력하면 질문 제목과 날짜를 수집해 출력합니다. 그런데 검색 결과의 1페이지만 있습니다. 2페이지 이상 수집하는 방법을 이어서 알아보겠습니다.

키워드 입력 >> **파이썬**

질문 : 비주얼스튜디오코드 파이썬 질문합니다.

날짜 : 2024.02.07.

\-

(중략)

\-

7.3.2 여러 페이지 수집하기

지식인 검색 결과 페이지에서 2페이지, 3페이지, 4페이지를 클릭해 URL을 확인합니다.

그림 7-20 검색 결과 2, 3, 4페이지의 URL

```
https://kin.naver.com/search/list.naver?query=파이썬&page=2
https://kin.naver.com/search/list.naver?query=파이썬&page=3
https://kin.naver.com/search/list.naver?query=파이썬&page=4
```

마찬가지로 URL에 규칙이 있습니다. 마지막의 숫자만 다르고 나머지 부분은 모두 동일한데, 마지막의 숫자는 페이지 번호입니다. 따라서 페이지 번호에 대한 정보를 page_num 변수에 저장하고, 문자열 포매팅을 사용해 URL 주소를 다음과 같이 만듭니다.

```
f"https://kin.naver.com/search/list.naver?query={keyword}&page={page_num}"
```

이를 코드에 적용해보겠습니다.

❶ 1페이지를 크롤링한 후 인터프리터를 다시 requests.get() 문으로 보내 2페이지를 크롤링해야 하므로 requests.get() 문부터 마지막 문장까지 for 문으로 묶습니다. 한 번 반복할 때마다 page_num 변수에 숫자 1부터 10까지 저장되도록 for page_num in range(1, 11):이라고 작성합니다.

TIP range(1, n) 함수는 숫자 1부터 n-1까지 들어 있는 리스트를 생성합니다.

❷ requests.get()의 URL이 page_num 변수에 따라 바뀌도록 수정합니다.

```
keyword = input("키워드 입력 >> ")
for page_num in range(1, 11): --- ❶ for 문 추가하고 내부 문장 들여쓰기
    code = requests.get(f"https://kin.naver.com/search/list.naver?
                        query={keyword}&page={page_num}") --- ❷ URL 수정
    soup = BeautifulSoup(code.text, "html.parser")
    title = soup.select("ul.basic1 a._nclicks\:kin\.txt._searchListTitleAnchor")
    date = soup.select("dd.txt_inline")
    for i, j in zip(title, date):
        print(f"질문 : {i.text}")
        print(f"날짜 : {j.text}")
        print("-------------------------------------------")
```

코드를 실행하면 1페이지부터 10페이지까지 차례대로 크롤링한 결과가 출력됩니다. 대부분의 검색 페이지에는 지금처럼 URL에 페이지 번호가 들어 있는 경우가 많습니다. 따라서 URL에 있는 페이지 번호를 활용해 for 문을 작성하면 여러 페이지를 수집할 수 있습니다.

실행결과

키워드 입력 >> **파이썬**
질문 : 비주얼스튜디오코드 파이썬 질문합니다.
날짜 : 2024.02.07.

(중략)

(🔔) 1분 퀴즈

정답 p. 487

3 다음 요소를 지정하는 CSS 선택자로 적절한 것을 고르세요.

```
<span class="ab:cd ef.gh">
```

① "span.ab:cd ef.gh" ② "span.ab\:cd.ef\.gh"

③ "span.ab\:cd\ ef\.gh" ④ "span.ab\:cd.ef.gh"

뉴스 기사
수집하기

IT 뉴스 사이트에서 기사의 제목과 본문을 수집해봅시다. 기사의 제목을 클릭하면 본문을 확인할 수 있습니다.

그림 7-21 IT 뉴스 기사의 제목과 본문

7.4.1 기사 제목 수집하기

[pythonStudy] 폴더에 **ch07-뉴스기사수집.py** 파일을 만듭니다. IT 뉴스 사이트(**http://underkg.co.kr/news**)에 접속해 첫 번째 기사 제목에서 마우스 오른쪽 버튼을 눌러 [검사] 메뉴를 선택합니다. 개발자 도구가 뜨면 기사 제목 요소의 CSS 선택자를 확인합니다. 여기서는 〈h1〉 요소의 자식인 〈a〉 요소를 선택자로 지정했습니다(h.title 〉 a).

그림 7-22 기사 제목 요소의 CSS 선택자

CSS 선택자를 확인했으니 크롤링 코드를 작성합니다. 실행하면 기사 제목이 출력됩니다.

ch07-뉴스기사수집.py

```python
import requests
from bs4 import BeautifulSoup
code = requests.get(f"http://underkg.co.kr/news")
soup = BeautifulSoup(code.text, "html.parser")
title = soup.select("h1.title > a")
for i in title:
    print(f"제목 : {i.text}")
```

실행결과

```
제목 : 삼성전자, 피트니스 밴드 '갤럭시 핏3' 공개
(중략)
제목 : 모바일 수집형 육성 RPG '하이큐!! FLY HIGH' 사전예약 시작
```

7.4.2 기사 본문 수집하기

기사의 제목을 클릭했을 때 나타나는 본문도 함께 수집해보겠습니다. 본문 페이지의 URL이 필요하니 첫 번째 기사, 두 번째 기사, 세 번째 기사의 제목을 각각 클릭해 URL을 확인합니다.

그림 7-23 첫 번째, 두 번째, 세 번째 기사의 URL

```
https://underkg.co.kr/news/2933508
```

```
https://underkg.co.kr/news/2933505
```

```
https://underkg.co.kr/news/2933503
```

마지막 숫자가 다르긴 한데 규칙성이 보이지는 않습니다. 이럴 때는 URL을 문자열 포매팅으로 작성할 수 없지만, 대신 HTML 요소에서 힌트를 얻을 수 있습니다. 개발자 도구에서 첫 번째 기사 제목 요소를 다시 한번 살펴보겠습니다.

그림 7-24 기사 제목 요소

```
▼<div class="col-width pull-left" style="width:100%">
  ▼<div class="col-inner">
    ▶<div class="thumb-wrap"> </div>
    ▼<h1 class="title">
        <a href="http://underkg.co.kr/news/2933508">갤럭시 S23에서도 '갤럭시 AI'
        기능 쓴다</a> == $0
      </h1>
    ▶<div class="new_info"> </div>
    </div>
    ::after
  </div>
```

해당 요소의 href 속성값을 보니 URL이 들어 있습니다. 실제로 이 URL을 클릭하면 기사 본문 페이지로 이동합니다. 그렇다면 기사 제목 요소의 href 속성값을 가져와 수집할 웹 페이지의 URL로 사용하면 됩니다. 앞에서 요소의 내용을 추출할 때 .text를 사용했던 것과 비슷하게, 요소의 모든 속성을 추출할 때는 .attrs를 사용합니다. for 문 안에 제목 요소의 속성을 가져와 출력해보겠습니다.

ch07-뉴스기사수집.py

```python
import requests
(중략)
for i in title:
    print(f"제목 : {i.text}")
    print(i.attrs)
```

제목 : 갤럭시 S23에서도 '갤럭시 AI' 기능 쓴다
{'href': 'http://underkg.co.kr/news/2933508'}
(중략)
제목 : Nothing Phone (2a) 추가 유출
{'href': 'http://underkg.co.kr/news/2933435'}

출력된 'href': 'http://underkg.co.kr/news/2933508'은 { }로 둘러싸여 있습니다. 이렇게 { }로 둘러싸여 있으면 딕셔너리 자료형이며, 딕셔너리 자료형은 키를 이용해 값을 꺼낼 수 있습니다(형식: 딕셔너리명[키]). 실행 결과에서 키는 'href'이고 값은 'http://underkg.co.kr/news/2933508'입니다. 따라서 기사의 URL만 출력하려면 코드를 다음과 같이 수정하면 됩니다. 실행 결과의 값을 딕셔너리의 키로 사용하고 작은따옴표로 감쌌는데, 큰따옴표로 감싸도 무방합니다.

ch07-뉴스기사수집.py

```
for i in title:
    print(f"제목 : {i.text}")
    print(i.attrs['href'])
```

제목 : 갤럭시 S23에서도 '갤럭시 AI' 기능 쓴다
http://underkg.co.kr/news/2933508
(중략)
제목 : Nothing Phone (2a) 추가 유출
http://underkg.co.kr/news/2933435

코드를 실행하면 기사 본문 페이지의 URL만 출력되며, 이 URL만 있으면 크롤링 코드를 작성할 수 있습니다. 기사 제목과 함께 본문을 수집할 수 있도록 프로그램을 완성합니다.

❶ i.attrs['href']를 news_url 변수에 저장합니다. i.attrs['href']라고만 하면 이 값이 무엇을 의미하는지 알아채기 어렵습니다. 하지만 news_url 변수에 저장하면 해당 값이 무엇을 의미하는지 단번에 알 수 있고, 해당 URL을 여러 번 쓸 일이 있을 때 news_url 변수를 사용할 수 있어 편리합니다.

❷ 기사 본문 링크를 출력해 사용자가 필요할 때 접속할 수 있게 합니다.

❸~❹ requests.get()과 BeautifulSoup() 명령을 사용해 크롤링 코드를 작성합니다. 여기서는 앞서 사용한 code, soup 변수를 재사용하지 않고 code_news, soup_news라는 새 변수를 만들어 저장합니다.

❺ 기사 본문 전체는 <div class="read_body"> 요소에 들어 있습니다. "div.read_body" 선택자로 기사 본문을 가져와 content 변수에 저장합니다.

그림 7-25 기사 본문 CSS 선택자

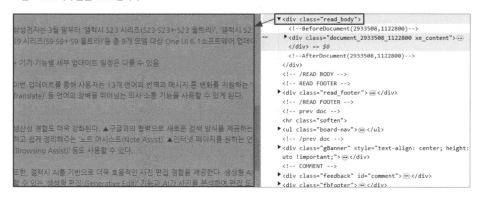

❻ content 변수에 .text를 붙여 <div class="read_body">의 모든 후손 요소의 내용을 문자열로 출력합니다.

❼ 실행 결과를 보기 좋게 출력하기 위해 구분선을 넣습니다. 출력하는 정보의 양이 많을 때 이렇게 하면 보기 편하게 내용이 구분됩니다.

ch07-뉴스기사수집.py

```
for i in title:
    print(f"제목 : {i.text}")
    news_url = i.attrs['href'] ─────────── ❶ 기사 본문 URL 저장
    print(f"링크 : {news_url}") ────────── ❷ 기사 본문 링크 출력
    code_news = requests.get(news_url) ┐
                                        ├── ❸~❹ 크롤링 코드 작성
    soup_news = BeautifulSoup(code_news.text, "html.parser")
    content = soup_news.select_one("div.read_body") ─── ❺ 본문 요소 가져오기
    print(content.text) ───────────────── ❻ 본문 요소의 내용 출력
    print("─────────────────────────────────") ─── ❼ 구분선 출력
```

TIP for 문 안에 code, soup 변수를 그대로 사용해 변수의 값을 덮어써도 문제가 되지는 않습니다. 다만 같은 변수를 그대로 사용하면 코드를 분석할 때 혼란스러울 수 있기 때문에 새 변수를 만들어 사용했습니다. 이처럼 코드의 가독성을 신경 쓰면 코드를 읽고 분석하기가 쉬워집니다.

코드를 실행하면 기사 제목, 본문 링크, 기사 본문이 제대로 출력됩니다. 하지만 기사 본문에 불필요한 공백이 많습니다.

실행결과

```
제목 : 갤럭시 S23에서도 '갤럭시 AI' 기능 쓴다
링크 : http://underkg.co.kr/news/2933508

삼성전자가 '갤럭시 S24 시리즈'에서 첫 선을 보인 '갤럭시 AI' 기능을 갤럭시 S23 등 지난해 출시
한 주요 모델에 지원한다.
삼성전자는 3월 말부터 '갤럭시 S23 시리즈(S23 · S23+ · S23 울트라)', '갤럭시 S23 FE', 갤럭시
(중략)
--------------------------------------
```

이를 해결하기 위해 replace( )와 strip( ) 함수를 사용해 코드를 수정합니다.

- **replace("기존 단어", "새 단어"):** 문자열 내 기존 단어를 새 단어로 바꿉니다. 여기서는 행갈이 ("\n")된 부분을 빈 문자열(" ")로 바꿔줍니다.

- **strip( ):** 문자열 양 끝에 있는 공백을 지우고 문자열만 출력합니다.

실행해보면 기사 본문 내용이 잘 다듬어져서 깔끔하게 출력됩니다.

---
ch07-뉴스기사수집.py

```
for i in title:
    (중략)
    print(content.text.replace("\n", "").strip())
    print("--------------------------------------")
```

실행결과

```
제목 : 갤럭시 S23에서도 '갤럭시 AI' 기능 쓴다
링크 : http://underkg.co.kr/news/2933508
삼성전자가 '갤럭시 S24 시리즈'에서 첫 선을 보인 '갤럭시 AI' 기능을 갤럭시 S23 등 지난해 출시
한 주요 모델에 지원한다. 삼성전자는 3월 말부터 '갤럭시 S23 시리즈(S23 · S23+ · S23 울트라)',
(중략)
--------------------------------------
```

4 〈input name="user"〉 요소가 foo 변수에 저장돼 있습니다. foo 변수를 이용해 〈input〉 요소의 name
속성값을 가져오는 명령을 고르세요.

① foo["name"]   ② foo.attrs["name"]

③ foo.text["name"]   ④ foo.attrs("name")

이미지
수집하기

지금까지 웹 페이지에 있는 텍스트만 수집했는데, 좀 더 나아가 이미지도 수집해봅시다. CGV 무비차트 페이지에서 영화 제목을 수집했었죠? 이번에는 영화 제목과 함께 포스터 이미지를 수집하겠습니다.

그림 7-26 영화 제목과 포스터 이미지

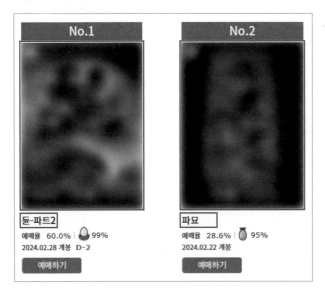

지금부터는 CSS 선택자 지정 과정에 대한 설명을 생략하겠습니다. 앞에서 충분히 연습했으니 CSS 선택자를 스스로 찾을 수 있을 것입니다. 만약 스스로 하기 어렵다면 책에서 사용한 CSS 선택자를 그대로 따라 써보고, 왜 그러한 선택자를 사용했는지 이해하기 바랍니다.

7.5.1 이미지 URL 가져오기

[pythonStudy] 폴더에 **ch07-CGV포스터이미지수집.py** 파일을 만듭니다. 그리고 CGV 무비차트 페이지(**http://www.cgv.co.kr/movies/?lt=1&ft=0**)에 접속해 개발자 도구를 엽니다.

이미지를 수집하려면 앞에서 배운 크롤링 방법과 마찬가지로 이미지 요소를 확인한 뒤 해당 요소를 가져오면 됩니다. 영화 제목과 포스터 이미지 요소의 선택자를 무엇으로 하면 좋을지 개발자 도구에서 확인합니다.

- **영화 제목 선택자**: `"strong.title"`

- **포스터 이미지 선택자**: `"span.thumb-image > img"`

선택자를 확인했다면 크롤링 코드를 작성합니다.

❶ 기본 크롤링 코드를 작성합니다.

❷ 모든 영화 제목 요소를 찾아 `title_elements` 변수에 저장합니다.

❸ 모든 포스터 이미지 요소를 찾아 `image_elements` 변수에 저장합니다.

❹ for 문으로 `title_elements`, `image_elements` 리스트에 저장된 요소를 꺼내 각각 `title`, `image` 변수에 저장합니다.

❺ 영화 제목과 포스터 이미지 요소를 출력합니다.

❻ for 문을 한 번 반복할 때마다 구분선을 넣습니다.

ch07-CGV포스터이미지수집.py

```
import requests ------------ ❶ 기본 크롤링 코드 작성
from bs4 import BeautifulSoup
code = requests.get("http://www.cgv.co.kr/movies/?lt=1&ft=0")
soup = BeautifulSoup(code.text, "html.parser")
title_elements = soup.select("strong.title") --------------- ❷ 영화 제목 가져오기
image_elements = soup.select("span.thumb-image > img") ----- ❸ 포스터 이미지 가져오기
for title, image in zip(title_elements, image_elements): --- ❹ 반복문 작성
    print(f"제목 : {title.text}") ------------ ❺ 영화 제목과 포스터 이미지 요소 출력
    print(image)
    print("--------------------------") --- ❻ 구분선 출력
```

코드를 실행하면 영화 제목과 포스터 이미지 요소가 출력됩니다.

```
제목 : 듄-파트2
<img alt="듄-파트2 포스터" onerror="errorImage(this)" src="https://img.cgv.co.kr/
Movie/Thumbnail/Poster/000087/87947/87947_320.jpg"/>
---------------------------
(중략)
---------------------------
```

실행 결과에서 ⟨img⟩ 요소의 src 속성값을 보면 URL이 들어 있습니다. 이 URL을 클릭하면 영화 포스터가 있는 웹 페이지로 이동합니다. 이는 영화 포스터 이미지를 갖고 있는 서버의 주소가 src 속성값에 포함된 URL이라는 뜻입니다. 그렇다면 .attrs를 이용해 해당 URL을 가져올 수 있습니다. 코드를 수정하고 실행해보면 영화 포스터 이미지의 URL이 출력됩니다.

———————————————————————————— ch07-CGV포스터이미지수집.py

```
for title, image in zip(title_elements, image_elements):
    print(f"제목 : {title.text}")
    print(image.attrs["src"])
    print("---------------------------")
```

```
제목 : 듄-파트2
https://img.cgv.co.kr/Movie/Thumbnail/Poster/000087/87947/87947_320.jpg
---------------------------
(중략)
---------------------------
```

7.5.2 이미지 내려받기

영화 포스터 이미지가 저장된 URL을 알았으니 이 이미지를 자신의 컴퓨터에 내려받겠습니다. 이미지를 내려받아 로컬 파일로 저장하려면 urllib.request 모듈이 필요하고, 이미지를 저장할 폴더를 만들려면 os 모듈이 필요합니다. urllib.request 모듈에는 req라는 별명을 붙이고,

os 모듈은 그대로 불러옵니다.

```
import requests
from bs4 import BeautifulSoup
import urllib.request as req
import os
```

> **NOTE** 서브모듈
>
> urllib.request처럼 '모듈명.모듈명'으로 작성하는 모듈을 서브모듈이라고 합니다. 서브모듈은 모든 기능을 하나의 모듈에 넣어 구현하기 복잡할 때 원래 모듈(urllib) 내에 서브모듈(request)을 만들어 세부 기능을 분리해놓은 것입니다. 실제로 urllib 모듈 안에는 request라는 서브모듈뿐만 아니라 parse, cookie 등의 서브모듈이 있습니다.

for 문을 반복하기 전에 이미지를 내려받아 저장할 폴더를 생성합니다.

❶ 새 폴더의 경로를 큰따옴표로 감싸 문자열로 만들고 folder_name 변수에 저장합니다. 경로를 작성할 때 마침표를 찍으면 현재 프로젝트 폴더를 의미합니다. 따라서 ./CGV 무비차트 포스터는 현재 프로젝트 폴더 내에 'CGV 무비차트 포스터'라는 폴더를 만들라는 의미입니다.

❷ os 모듈의 mkdir() 명령을 사용하면 폴더를 만들 수 있습니다. 그런데 해당 폴더가 이미 존재하면 오류가 발생합니다. 따라서 if 문을 사용해 폴더 존재 여부를 확인하고, 폴더가 존재하지 않을 때 mkdir() 명령을 실행해야 합니다. 어떤 폴더가 존재하는지 확인하는 명령은 os.path 모듈의 exists()입니다.

형식 | os.path.exists(폴더경로) # 폴더가 존재하면 True, 존재하지 않으면 False

여기서는 폴더가 존재하지 않으니 os.path.exists()가 False를 반환하며, 그 앞에 not 연산자를 붙이면 True가 됩니다. 이러면 if 문을 충족해 내부 코드를 실행합니다. 폴더가 존재하는지 확인하고 폴더를 생성하는 if 문은 폴더를 만들 때 자주 사용하므로 꼭 기억해두세요.

```
image_elements = soup.select("span.thumb-image > img")
# 이미지 내려받을 폴더 생성
folder_name = "./CGV 무비차트 포스터"  ----- ❶ 폴더 경로를 변수에 저장
if not os.path.exists(folder_name):  ----- ❷ 폴더 생성
    os.mkdir(folder_name)
for title, image in zip(title_elements, image_elements):
    print(f"제목 : {title.text}")
```

새로 만든 폴더에 포스터 이미지를 내려받습니다.

❶ 이미지 파일명을 영화 순위대로 짓기 위해 num 변수를 만들고 1로 초기화합니다.

❷ for 문에서 이미지 URL을 출력하는 대신 img_url 변수에 저장하는 코드로 수정합니다.

❸ req 모듈의 urlretrieve( ) 명령은 주어진 URL에서 데이터(이 경우에는 이미지)를 내려받아 로컬 파일로 저장합니다. 괄호 안의 첫 번째 자리에는 이미지 URL을 넣고, 두 번째 자리에는 이미지를 저장할 폴더 경로와 파일명을 넣습니다.

❹ 다음 이미지를 저장하기 위해 num 변수를 1 증가시킵니다.

```
if not os.path.exists(folder_name):
    os.mkdir(folder_name)
num = 1 --- ❶ num 변수 생성
for title, image in zip(title_elements, image_elements):
    print(f"제목 : {title.text}")
    img_url = image.attrs["src"] --- ❷ 이미지 URL 저장
    req.urlretrieve(img_url, f"{folder_name}/{num}.jpg") --- ❸ 이미지 저장
    num += 1 --- ❹ 이미지 파일명 1 증가
    print("---------------------------")
```

코드를 실행하고 프로젝트 폴더를 확인합니다.

- **윈도우:** C:\Users\사용자계정명\PycharmProjects\pythonStudy

- **맥OS:** /Users/사용자계정명/PycharmProjects/pythonStudy

[CGV 무비차트 포스터] 폴더가 생성됐고, 여기에 영화 포스터 이미지가 저장돼 있습니다.

그림 7-27 영화 포스터 이미지 수집 결과

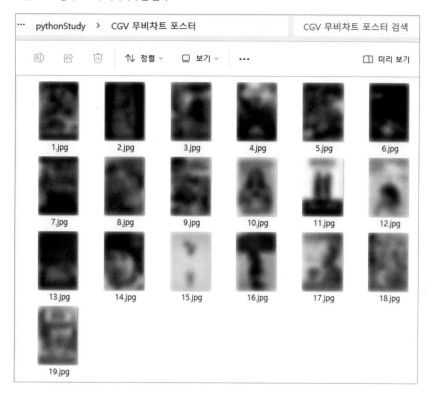

필자의 지인 중 한 아이돌 삼촌팬은 덕질을 하기 위해 이 코드를 활용하고, 한 디자이너는 레퍼런스 자료를 수집하기 위해 이 코드를 활용합니다. 여러분도 이제 urlretrieve() 명령을 사용해 다양한 사이트에서 이미지를 수집할 수 있겠죠?

정답 p. 487

5 다음은 서울 지하철 노선도 사이트(https://www.sisul.or.kr/open_content/skydome/ introduce/pop_subway.jsp)에서 서울 지하철 노선 이미지를 내려받는 프로그램이지만, 실행하면 오류가 발생합니다. 오류가 발생하지 않도록 코드를 고치세요.

```python
import requests
from bs4 import BeautifulSoup
import urllib.request as req
code = requests.get("https://www.sisul.or.kr/open_content/skydome/introduce/pop_
                    subway.jsp")
soup = BeautifulSoup(code.text, "html.parser")
image_element = soup.select_one("div.center > img")
img_url = image_element.attrs["src"]
req.urlretrieve(img_url, "지하철 노선도.png")
```

HINT img 요소의 "src" 속성값을 확인해보면 "/open_content/skydome/images/img_subway.png"인데, 이는 https로 시작하는 완전한 URL이 아닙니다. 이렇게 속성값에 완전한 URL이 들어 있지 않은 경우가 종종 있는데, 이럴 때는 해당 홈페이지의 주소("https://www.sisul.or.kr")를 URL 앞에 붙여야 합니다. 그러면 URL이 "https://www.sisul.or.kr/open_content/skydome/images/img_subway.png"가 되고, 이를 req.urlretrieve() 안에 넣으면 제대로 동작합니다.

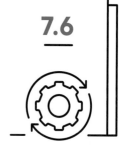

수집한 정보
엑셀에 저장하기

7.6

지금까지는 크롤링한 결과를 실행창에 출력했는데, 이번에는 엑셀 파일에 저장해봅시다. 이를 위해 6장에서 openpyxl과 pillow 모듈을 설치했습니다. 만약 모듈이 설치돼 있지 않다면 **6.1.1 절 크롤링 관련 모듈 설치하기**를 참고해 설치하세요.

7.6.1 추가 정보 수집하기

앞에서 실습했던 **ch07-CGV포스터이미지수집.py** 코드를 업그레이드해 영화 제목, 포스터 이미지뿐만 아니라 예매율, 개봉일 정보도 수집하겠습니다.

그림 7-28 예매율과 개봉일

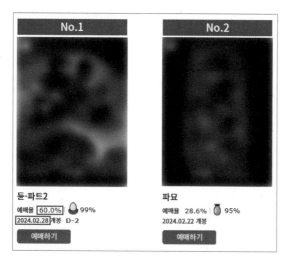

프로젝트 탐색기의 **ch07-CGV포스터이미지수집.py**에서 마우스 오른쪽 버튼을 눌러 [Copy]를 선택하고, 이 상태에서 다시 마우스 오른쪽 버튼을 눌러 [Paste]를 선택합니다. [Copy] 창이 나타나면 파일명을 **ch07-크롤링결과엑셀기록.py**로 수정하고 [OK] 버튼을 클릭합니다.

그림 7-29 파일 복사 후 파일명 수정

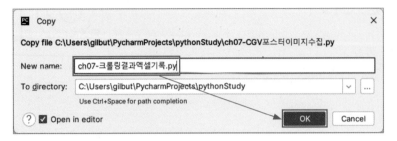

복사한 코드에서 다음 코드를 추가합니다.

❶ 예매율 요소와 개봉일 요소의 CSS 선택자를 확인하고 각각 `percent_elements`, `date_elements` 변수에 저장합니다.

- **예매율 선택자**: `"strong.percent > span"`

- **개봉일 선택자**: `"span.txt-info > strong"`

❷ for 문에 예매율, 개봉일 정보를 가져옵니다.

❸ 예매율과 개봉일을 출력합니다. 이때 주의할 점이 있습니다. 개봉일 요소의 내용을 그대로 `date.text`로 추출하면 개봉일 앞뒤에 있는 공백과 불필요한 글자(개봉)도 같이 출력됩니다. 따라서 이를 다듬기 위해 `strip()` 함수로 먼저 문자열 양 끝의 공백을 제거하고, 문자열 슬라이싱을 이용해 날짜 부분만 잘라냅니다.

그림 7-30 개봉일 앞뒤의 공백과 불필요한 글자가 있는 상태

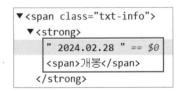

```
import requests
(중략)
image_elements = soup.select("span.thumb-image > img")
percent_elements = soup.select("strong.percent > span") --- ❶ 요소 가져오기
date_elements = soup.select("span.txt-info > strong")
(중략)
for title, image, percent, date in zip(title_elements, image_elements,
                          percent_elements, date_elements): --- ❷ 예매율, 개봉일 추가
    print(f"제목 : {title.text}")
    print(f"예매율 : {percent.text}") --- ❸ 예매율, 개봉일 출력
    print(f"개봉일 : {date.text.strip()[:10]}")
```

코드를 실행하면 예매율과 개봉일까지 잘 출력됩니다.

실행결과

```
제목 : 듄-파트2
예매율 : 55.7%
개봉일 : 2024.02.28
-------------------------
(중략)
-------------------------
```

> **NOTE** 문자열 슬라이싱
>
> **3.3.2절 리스트 출력 방법**에서 설명했듯이 슬라이싱은 리스트에서 여러 개의 원소를 구간별로 꺼낼 때 사용
> 하는 문법입니다. 3.3.2절에서는 슬라이싱을 리스트에서 한다고 했는데 문자열에서도 가능합니다. 문자열의
> 첫 글자에 인덱스 0번이 매겨지므로 이 인덱스를 이용하면 한 글자만 가져오는 인덱싱(예: [0])과 여러 글자
> 를 가져오는 슬라이싱(예: [:10])을 할 수 있습니다.

7.6.2 엑셀에 기록하기

텍스트 기록하기

크롤링 결과 중 텍스트에 해당하는 제목, 예매율, 개봉일을 엑셀 파일에 기록하겠습니다. 엑셀 파일에 기록하는 것은 복잡한 일이 아니라, 수집한 정보를 기록하는 다음 문장만 알고 있으면 됩니다.

> 형식 | sheet.cell(row=행 번호, column=열 번호).value = "넣고 싶은 값"

물론 이 문장 앞에 엑셀 파일을 생성하고 시트를 불러오는 코드 등을 추가로 작성해야 합니다. 하지만 그러한 것은 나중에 살펴보고 우선 이 문장을 이해해봅시다.

여기서 sheet는 엑셀 시트를 통째로 저장하는 변수입니다. 이 변수에 cell() 명령을 쓰면 엑셀의 셀 하나를 클릭한 것과 같은 상태가 됩니다. 예를 들어 sheet.cell(row=1, column=2)의 경우 1번 행과 2번 열에 해당하는 셀을 클릭한 상태가 됩니다. 이 상태에서 sheet.cell(row=1, column=2).value와 같이 뒤에 .value를 붙이면 해당 셀을 더블클릭해 그 셀에 키보드 커서를 놓은 것과 같은 상태, 즉 키보드로 뭔가를 입력할 수 있는 상태가 됩니다. 따라서 뒤에 "넣고 싶은 값"을 =(할당 연산자)로 넣으면 해당 셀에 값이 들어갑니다.

그림 7-31 sheet.cell(row=1, column=2).value 실행 시의 상태

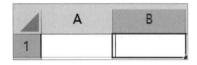

이를 코드로 작성해보겠습니다. 실행창에 출력했던 값(title.text, percent.text, date.text.strip()[:10])을 sheet.cell().value = 문장의 오른쪽에 작성합니다. 이때 해당 값을 엑셀 시트의 몇 번째 행, 몇 번째 열에 기록할지를 cell()의 괄호 안에 행 번호와 열 번호로 써야 하는데, 행 번호의 경우 num 변수가 1부터 시작해 for 문을 돌면서 1씩 증가하므로 이를 활용합니다. 또한 영화 제목은 2번 열에, 예매율은 3번 열에, 개봉일은 4번 열에 기록하기로 하고 열 번호를 직접 입력합니다. 이렇게 하면 수집한 영화 제목, 예매율, 개봉일을 엑셀 시트에 넣을 수 있습니다.

```
for title, image, percent, date in zip(title_elements, image_elements,
                                        percent_elements, date_elements):
    (중략)
    req.urlretrieve(img_url, f"{folder_name}/{num}.jpg")
    # 엑셀 시트에 영화 제목, 예매율, 개봉일 기록
    sheet.cell(row=num, column=2).value = title.text
    sheet.cell(row=num, column=3).value = percent.text
    sheet.cell(row=num, column=4).value = date.text.strip()[:10]
    num += 1
```

수집한 정보를 엑셀 파일에 기록하는 주요 코드를 작성했으니 엑셀 파일을 만들고 저장하는 나머지 코드를 작성합니다.

❶ 엑셀 파일 생성에 필요한 openpyxl 모듈을 불러옵니다.

❷ openpyxl 모듈의 Workbook() 명령으로 엑셀 파일을 만들어 book 변수에 저장합니다.

❸ book 변수의 엑셀 파일에서 현재 활성화된 시트를 book.active로 불러옵니다. active는 현재 활성화된 엑셀 시트를 반환하는 명령입니다.

❹ 모든 작업을 마치고 for 문을 빠져나와 book.save()로 엑셀 파일을 저장합니다. save()는 book 변수의 엑셀 파일을 저장하는 명령으로, 괄호 안에 파일의 저장 경로를 넣습니다. 여기서는 현재 프로젝트 폴더(.)에 **CGV_무비차트.xlsx**라는 파일명으로 저장했습니다.

```
import os
import openpyxl ------------------- ❶ 모듈 불러오기
# 엑셀 파일 생성
book = openpyxl.Workbook() -------- ❷ 엑셀 파일 생성
sheet = book.active -------------- ❸ 현재 시트 불러오기
(중략)
for title, image, percent, date in zip(title_elements, image_elements,
                                        percent_elements, date_elements):
    (중략)
    print("--------------------------")
book.save("./CGV_무비차트.xlsx") --- ❹ 파일 저장
```

코드를 실행하면 크롤링 결과가 **CGV-무비차트.xlsx** 파일에 저장됩니다.

그림 7-32 엑셀에 저장된 영화 제목, 예매율, 개봉일

▲	A	B	C	D
1		듄-파트2	52.3%	2024.02.28
2		파묘	35.4%	2024.02.22
3		아이엠 티(	3.2%	2024.03.01
4		웡카	2.9%	2024.01.31
5		비트	1.0%	2024.03.06
6		귀멸의 칼(	0.9%	2024.02.14
7		건국전쟁	0.8%	2024.02.01
8		패스트 라(	0.6%	2024.03.06
9		가여운 것(	0.5%	2024.03.06
10		사운드 오(	0.4%	2024.02.21
11		월레스와 (	0.4%	2024.02.21
12		바튼 아카(	0.2%	2024.02.21
13		막걸리가 (	0.2%	2024.02.28
14		여기는 아(	0.1%	2024.02.28
15		추락의 해(	0.1%	2024.01.31
16		메이 디셈(	0.1%	2024.03.13
17		기적의 시(	0.1%	2024.02.22
18		로봇 드림	0.1%	2024.03.13
19		갓랜드	0.1%	2024.02.28

영화 포스터 이미지 기록하기

끝으로 크롤링한 영화 포스터 이미지를 엑셀에 저장해보겠습니다. 크게 세 단계로 나눠 진행합니다. 첫 번째, 앞에서 내려받은 영화 포스터 이미지의 크기가 크기 때문에 작게 줄입니다. 두 번째, 크기를 조절한 이미지를 엑셀 시트에 첨부합니다. 세 번째, 이미지가 셀에 저장됐을 때 다 보일 수 있도록 셀의 행 높이와 열 너비를 조절합니다.

세 단계를 코딩하기 전에 필요한 모듈을 불러옵니다.

❶ openpyxl.drawing.image 모듈은 이미지를 삽입하고 조작하는 데 사용하는데, 그중 Image 만 불러옵니다.

❷ PIL 모듈(pillow 모듈)은 이미지를 처리하기 위해 사용합니다. 모듈 내 Image를 불러와야 하는데, 앞서 불러온 것과 이름이 같으니 PILImage로 별명을 붙여 불러옵니다.

ch07-크롤링결과엑셀기록.py

```python
import openpyxl
from openpyxl.drawing.image import Image
from PIL import Image as PILImage
```

첫 번째 단계로 이미지 크기를 조정합니다.

❶ for 문 안에서 PILImage.open() 명령으로 영화 포스터 이미지 파일을 엽니다. 괄호 안에는 이미지 파일의 경로를 넣습니다. 그리고 열린 이미지 파일을 img 변수에 저장합니다.

❷ img 변수에 저장된 영화 포스터 이미지의 너비와 높이를 img.resize() 명령으로 조절합니다. 첫 번째 인자로 너비를, 두 번째 인자로 높이를 기입하면 되는데, 여기서는 1/3 크기로 줄이고 img_resized 변수에 저장합니다.

❸ img_resized 변수에 저장된 파일을 img_resized.save() 명령으로 새로 저장합니다. 괄호 안에는 새로 저장할 파일의 경로를 넣습니다.

❹ ❶번에서 열었던 이미지 파일을 img.close() 명령으로 닫습니다.

ch07-크롤링결과엑셀기록.py

```
for title, image, percent, date in zip(title_elements, image_elements,
                                       percent_elements, date_elements):
    (중략)
    req.urlretrieve(img_url, f"{folder_name}/{num}.jpg")
    # 이미지 크기 조절
    img = PILImage.open(f"{folder_name}/{num}.jpg")      ❶~❷ 이미지 가져와 조절
    img_resized = img.resize((int(img.width * 0.3), int(img.height * 0.3)))
    img_resized.save(f"{folder_name}/{num}_resized.jpg") --- ❸ 새로 저장
    img.close() --------- ❹ 이미지 닫기
    # 엑셀 시트에 영화 제목, 예매율, 개봉일 기록
```

두 번째 단계에서는 크기를 조절해 새로 저장한 이미지를 엑셀 파일에 첨부합니다. 이때 sheet.add_image() 명령을 사용합니다.

형식 | sheet.add_image('Image(파일경로)', 셀이름)

sheet.add_image() 명령의 괄호 안 첫 번째 자리에는 Image(파일경로) 명령으로 가져올 이미지를 넣고, 두 번째 자리에는 이미지가 첨부될 셀 이름을 넣습니다. 여기서는 A 열에 이미지를 첨부하므로 이미지가 A1, A2, A3, … 셀 순으로 들어갑니다. 마침 num 변수가 행 번호를 갖고

있으니 문자열 포매팅을 활용해 f"A{num}"으로 작성합니다.

그림 7-33 셀 이름 확인 방법

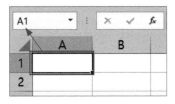

ch07-크롤링결과엑셀기록.py

```
# 이미지 크기 조절
(중략)
img.close()
# 엑셀에 이미지 첨부
sheet.add_image(Image(f"{folder_name}/{num}_resized.jpg"), f"A{num}")
```

마지막으로 for 문을 반복하면서 각 행의 높이를 조절하고, for 문을 모두 반복했을 때는 열 너비를 조절합니다. 행 높이를 조절하는 데에는 sheet.row_dimensions[행번호].height 명령을 사용하고, 열 너비를 조절하는 데에는 sheet.column_dimensions[열이름].width 명령을 사용합니다.

ch07-크롤링결과엑셀기록.py

```
for title, image, percent, date in zip(title_elements, image_elements,
                                percent_elements, date_elements):
    (중략)
    sheet.cell(row=num, column=4).value = date.text.strip()[:10]
    # 행 높이 조절
    sheet.row_dimensions[num].height = 197
    num += 1
    print("---------------------------")
# 열 너비 조절
sheet.column_dimensions["A"].width = 23
sheet.column_dimensions["B"].width = 35
sheet.column_dimensions["C"].width = 15
sheet.column_dimensions["D"].width = 21
book.save("./CGV_무비차트.xlsx") # 파일 저장
```

적절한 높이와 너비는 임의의 숫자를 넣고 실행한 후 엑셀에 첨부된 이미지를 직접 확인하면서 찾아야 합니다. 엑셀에서 마우스로 열 너비를 조절하면 다음 그림과 같이 열 너비에 대한 정보가 뜨는데, 189 픽셀 말고 23.00이라는 숫자를 파이썬 코드에 기입하면 됩니다. 행 높이도 같은 방법으로 조절합니다.

그림 7-34 엑셀에서 열 너비 확인

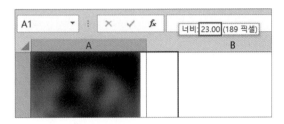

열 너비와 행 높이를 조절한 후 최종적으로 실행하면 엑셀 파일에 적절한 크기의 영화 포스터 이미지가 들어갑니다(엑셀 파일이 열려 있다면 파일을 닫고 실행합니다).

그림 7-35 결과가 기록된 엑셀 파일

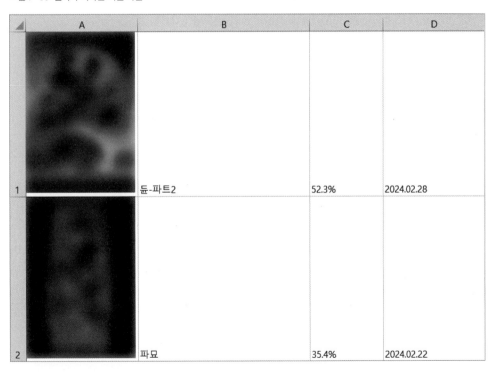

여기서 더 업그레이드하려면 셀에 기록된 글자의 폰트를 키우고, 셀 색깔을 바꾸고, 가운데 정렬을 하는 등 다양한 서식을 변경할 수 있습니다. 엑셀 서식을 변경하는 방법은 **12장 엑셀 자동화 기본기 익히기**에서 자세히 설명하겠습니다.

> **TIP** 세 단계의 코드가 복잡해 보이지만 부담 갖지 않아도 됩니다. 처음 코딩을 배우는 입문자는 '이 많은 코드를 언제 다 외워서 활용하지?'라고 걱정하는데, 절대 외울 필요 없으니 안심하세요. 아무리 실력이 좋은 개발자라도 모든 명령의 사용법을 외우지는 않습니다. 지금은 코드가 어떤 기능을 하는지 정도만 이해하면 됩니다. 나중에 이러한 기능이 필요한 순간이 찾아오면 해당 코드를 복사·붙여넣기해 활용하면 됩니다. 코드 복사·붙여넣기가 왠지 프로답지 못하고 실력이 부족해 보이는 것 같지만, 실제 개발자들이 가장 많이 사용하는 키는 복사·붙여넣기 단축키입니다.

(Ω) 1분 퀴즈

정답 p. 487

6 다음 설명 중 옳은 것을 고르세요.

① `sheet.cell(row=1, column=2).value = "Hello"`는 엑셀의 1행 C 열에 값을 입력하는 코드이다.

② `sheet.column_dimensions["A"].width = 23`은 A 열의 너비를 23으로 설정하는 코드이다.

③ `sheet.row_dimensions[10].height = 197`은 10열의 너비를 197로 설정하는 코드이다.

④ `sheet.add_image("image.jpg", "A1")`은 image.jpg의 크기를 A1 셀에 맞게 조절하는 코드이다.

7.7

크롤링 공부하는 방법

지금까지 기본적인 크롤링 스킬을 배웠습니다. 하지만 실전에 들어가면 수많은 예외 상황이 있기 때문에 이러한 스킬만으로 크롤링을 하기는 무리입니다. CSS 선택자를 어떻게 작성해야 할지 갈피를 잡지 못할 수도 있고, 서버로부터 HTML 코드를 받아오는 문장에서부터 오류가 발생할 수도 있습니다. 코드를 완벽하게 작성했지만 이상한 정보가 출력되는 경우도 있습니다.

크롤링을 마스터하려면 자신만의 노하우를 쌓아야 합니다. 실전에서 마주하는 수많은 예외 상황을 경험하고 해결책을 찾아나가는 것이 바로 크롤링을 마스터하는 과정입니다. 아무리 좋은 책과 강의를 보면서 공부하더라도 직접 부딪히며 시행착오를 겪지 않으면 크롤링 실력을 키울수 없습니다.

아주 쉬운 것부터 시작하세요. 처음에는 네이버 메인 페이지의 메뉴와 같은 간단한 것을 수집해보세요.

그림 7-36 네이버 메인 페이지의 메뉴

메뉴 텍스트를 수집하는 것은 의미 없는 작업이지만 일단 시도해보는 것이 중요합니다. 다양한시도를 하면서 HTML 코드를 보는 시야를 넓히고 CSS 선택자를 작성하는 노하우를 쌓아야 합니다. 이렇게 코드를 작성하다 보면 많은 것을 깨닫게 됩니다.

쉬운 것부터 시작해 단계적으로 어려운 목표로 나아가세요. 예컨대 로또 번호 수집을 목표로 설정했다면 다음과 같은 단계로 접근할 수 있습니다.

❶ 어디서 로또 번호를 수집할지 찾기

❷ 최신 회차 당첨 번호 수집하기

❸ 1회 차부터 최신 회차까지 당첨 번호 수집하기

단계별로 하나씩 해내다 보면 작은 성공 경험에서 성취감을 얻게 되고, 이는 곧 코딩에 대한 흥미로 이어집니다. 코딩에 흥미를 느끼면 계속해서 코딩하려는 동기가 생겨나고, 이것이 선순환하면서 자신도 모르는 사이에 놀라운 결과가 나타납니다.

다양한 시행착오를 경험하기로 마음먹으세요. 위협적으로 보이는 빨간색 오류 메시지를 만나면 화도 나고 답답하기도 하겠죠. 하지만 이러한 오류는 여러분의 코딩 실력을 키워주는 스승인 셈이니 반갑게 맞이하세요. 오류를 해결하는 과정에서 쌓이는 구글링 실력, 챗GPT에 질문하는 실력 또한 엄청난 재산입니다.

다음 장부터는 좀 더 다양한 사이트에서의 크롤링 스킬을 배울 예정입니다. 크롤링 스킬을 충분히 익힌 후 자신이 만들고 싶었던 크롤링 프로그램을 단계적으로 시도해보세요. 처음에는 전진하는 속도가 더디겠지만 그 자체로 남들보다 크게 앞서는 것입니다.

마무리

1. CSS 선택자 작성 노하우

- 자신이 생각한 CSS 선택자를 CSS 검색창에서 검색합니다.

- 불필요한 요소가 같이 검색되면 자신이 원하는 요소의 위치를 확인하고, 그것을 포함하는 부모나 조부모를 찾아 활용합니다.

2. 검색 결과 페이지의 URL 작성 방법

- 사용자가 입력한 키워드와 연관된 정보를 수집할 때는 URL에 검색 키워드가 들어 있는지 확인합니다. 키워드가 있으면 문자열 포매팅으로 해당 부분에 키워드를 넣어 URL로 활용합니다.

- 여러 페이지를 수집할 때는 URL에 페이지 번호가 들어 있는지 확인합니다. 페이지 번호가 있으면 문자열 포매팅으로 해당 부분에 페이지 번호를 넣어 URL로 활용합니다. 이렇게 URL에 있는 페이지 번호를 활용해 for 문을 작성하면 여러 페이지를 수집할 수 있습니다.

- URL에서 규칙성을 찾을 수 없을 때는 관련된 HTML 요소에 href 속성값이 있는지 확인합니다. 속성값이 있으면 이 값을 .attrs 명령으로 추출해 URL로 활용합니다.

3. 이미지 수집 방법

웹 페이지의 이미지를 수집할 때는 해당 이미지의 URL을 가져온 후 특정 폴더에 이미지를 내려받아 저장합니다.

4. 수집한 정보를 엑셀에 저장하는 방법

- 수집한 텍스트를 엑셀에 저장할 때는 데이터를 기록할 엑셀 파일을 생성한 후 `sheet.cell`(row=행 번호, column=열 번호).value = "넣고 싶은 값"을 이용해 엑셀에 텍스트를 기록합니다.

- 수집한 이미지를 엑셀에 저장할 때는 내려받은 이미지의 너비와 높이 조절하기, 조절한 이미지를 엑셀 시트에 첨부하기, 이미지가 저장된 셀의 행 높이와 열 너비 조절하기 순으로 작업합니다.

# 8장

까다로운 사이트에서 크롤링하기

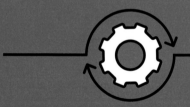

로그인을 하거나 스크롤을 내려야만 필요한 정보를 볼 수 있는 사이트가 있습니다. 이러한 경우 지금까지 사용한 bs4 모듈로 크롤링하기가 어렵기 때문에 bs4 모듈 대신 selenium(셀레니엄) 모듈을 사용해야 합니다. 이 장에서는 selenium 모듈을 활용해 다양한 사이트에서 크롤링 실습을 해봅니다.

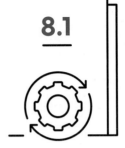

로그인이 필요한
사이트에서 크롤링하기

8.1

다음(Daum) 사이트의 메일함에 담긴 이메일의 제목을 크롤링하려고 합니다. 이 경우에는 로그인을 해야 메일함에 접속할 수 있기 때문에 bs4 모듈로 크롤링하기가 어렵습니다. 이럴 때 selenium 모듈을 사용하면 로그인이 필요한 사이트에서 쉽게 크롤링할 수 있습니다. selenium 모듈은 파이썬으로 크롬 브라우저를 제어할 수 있게 해줍니다. 예를 들어 파이썬으로 "이 버튼을 클릭해", "여기에 이 글자를 타이핑해"라고 명령하면 크롬 브라우저에서 명령을 그대로 수행합니다.

selenium 모듈을 사용하려면 크롬 브라우저가 필요합니다. 크롬 브라우저가 설치돼 있지 않다면 **6.2.1절 크롬 브라우저 설치하기**를 참고해 설치하세요.

8.1.1 자동 로그인하기

[pythonStudy] 폴더에 **ch08-다음이메일수집.py** 파일을 만듭니다. 이 실습을 하려면 다음(카카오) 계정이 필요하니 계정이 없다면 새로 만드세요. 계정이 있는데 잊어버렸다면 아이디와 비밀번호를 찾아야 합니다.

빈 편집창에 다음 코드를 작성합니다.

❶ selenium 모듈의 webdriver를 불러옵니다.

❷ webdriver.Chrome()은 크롬 브라우저를 자동으로 여는 명령입니다. 크롬 창이 열리면 창 자체를 browser 변수에 저장합니다.

```
from selenium import webdriver --- ❶ 모듈 불러오기
browser = webdriver.Chrome() ----- ❷ 크롬 창 열기
```

그런데 selenium 모듈이 설치돼 있지 않아서 빨간색 밑줄이 나타납니다. 실행창의 Python Packages로 가서 selenium 모듈(4.14.0 버전)을 설치합니다.

그림 8-1 selenium 모듈(4.14.0 버전) 설치

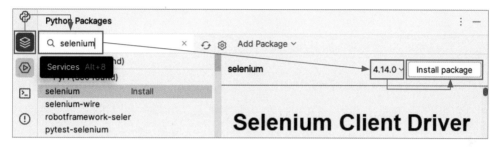

조금 기다리면 selenium 모듈이 설치됐다는 메시지가 뜹니다.

그림 8-2 selenium 모듈 설치 완료

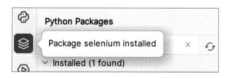

코드를 실행하면 크롬 창이 열리자마자 바로 꺼져버립니다. 프로그램이 끝나면 크롬 창이 닫히도록 자동으로 설정돼 있어서 그렇습니다. 크롬 창이 닫히지 않도록 다음과 같이 코드를 수정합니다.

```
from selenium import webdriver
opt = webdriver.ChromeOptions()
opt.add_experimental_option("detach", True)
browser = webdriver.Chrome(options=opt)
```

이 코드는 필요할 때 복사해서 사용하면 되니 따로 외울 필요가 없습니다. 이제 코드를 실행하면 크롬 창이 닫히지 않습니다.

그림 8-3 크롬 창 확인

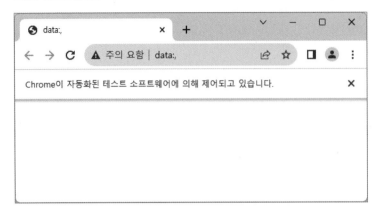

다음(Daum) 메일함에서 메일 제목을 가져오려면 일단 로그인을 해야 합니다. 그래서 로그인 페이지로 이동하는 명령을 작성하려고 하는데, 이를 위해 로그인 페이지의 URL을 알아야 합니다. 다음 사이트(https://www.daum.net)에 접속해 [메일] 버튼을 클릭한 후 로그인 화면이 나타나면 URL을 복사합니다.

그림 8-4 로그인 페이지의 URL 복사

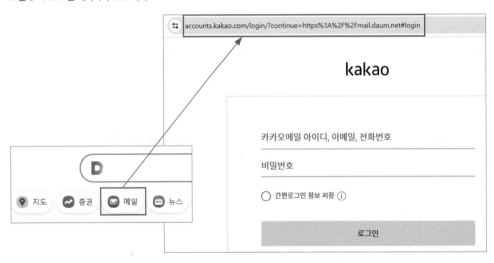

browser.get("URL")은 컴퓨터에 해당 URL로 이동하라는 명령으로, 복사한 URL을 괄호 안에 붙여넣고 큰따옴표로 감쌉니다.

```
browser = webdriver.Chrome(options=opt)
browser.get("https://accounts.kakao.com/login/?continue=https%3A%2F%2Fmail.daum.net
             #login")
```

코드를 실행하면 크롬 창이 열리고 로그인 페이지로 이동합니다.

그림 8-5 로그인 페이지로 이동

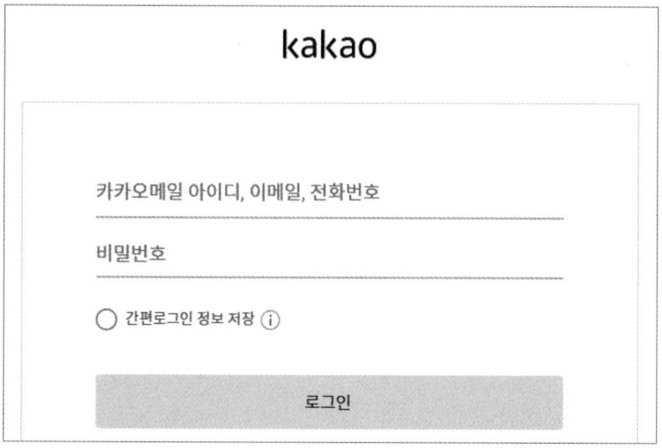

로그인 페이지에서 자동으로 아이디와 비밀번호를 입력한 후 [로그인] 버튼을 클릭하도록 만들어보겠습니다. 그동안은 웹 페이지에서 원하는 요소를 가져올 때 bs4 모듈을 이용해 다음과 같은 3단계로 작업했습니다.

❶ **서버로부터 HTML 코드 받아오기:** requests.get()

❷ **HTML 코드 정리하기:** Beautifulsoup()

❸ **원하는 요소 가져오기**

  • **요소 하나만 가져오기:** select_one("CSS 선택자")

  • **여러 요소 한 번에 가져오기:** select("CSS 선택자")

그러나 selenium 모듈을 사용하면 위의 3단계를 1단계로 줄일 수 있습니다. 즉 1, 2단계를 생략하고 곧바로 원하는 요소를 가져올 수 있습니다.

❶ **원하는 요소 가져오기**

  • **요소 하나만 가져오기:** find_element(By.CSS_SELECTOR, "CSS 선택자")

- **여러 요소 한 번에 가져오기:** find_elements(By.CSS_SELECTOR, "CSS 선택자")

이때 괄호 안의 "CSS 선택자" 앞에 By.CSS_SELECTOR라는 키워드를 넣습니다. 이는 지금 찾는 요소를 CSS 선택자로 알려주겠다는 의미입니다.

selenium 모듈로 원하는 요소를 가져오는 방법을 알았으니 아이디 입력 칸, 비밀번호 입력 칸, [로그인] 버튼을 가져와 자동으로 로그인하게 만듭니다.

❶ browser.find_element() 명령으로 아이디 입력 칸의 위치를 찾아 id 변수에 저장합니다. 첫 번째 인자에는 아이디 입력 칸을 CSS 선택자로 알려준다는 의미의 By.CSS_SELECTOR를 넣고, 두 번째 인자에는 실제 아이디 입력 칸의 CSS 선택자("input#loginId--1")를 찾아 넣습니다.

❷ id.send_keys()는 괄호 안의 내용을 아이디 입력 칸(id)에 입력시키는 명령입니다. 괄호 안에는 자신의 다음 아이디를 큰따옴표로 감싸 입력합니다.

❸ 비밀번호 입력 칸을 찾아 비밀번호를 입력하는 방법은 ❶~❷번과 같습니다. 비밀번호 입력 칸의 위치를 찾아 pw 변수에 저장하고, pw.send_keys()의 괄호 안에 자신의 다음 비밀번호를 큰따옴표로 감싸 입력합니다.

❹ [로그인] 버튼의 위치를 찾아 button 변수에 저장합니다.

❺ button.click()은 [로그인] 버튼을 클릭하는 명령입니다. 아이디와 비밀번호를 입력한 후 이 명령으로 [로그인] 버튼을 클릭합니다.

ch08-다음이메일수집.py

```
browser.get("https://accounts.kakao.com/login/?continue=https%3A%2F%2Fmail.daum.net
            #login")

# 로그인하기
id = browser.find_element(By.CSS_SELECTOR, "input#loginId--1")
id.send_keys("여기에 아이디 입력") ___├--- ❶~❷ 아이디 입력 칸 찾아 입력
pw = browser.find_element(By.CSS_SELECTOR, "input#password--2")
pw.send_keys("여기에 비밀번호 입력") ___├--- ❸ 비밀번호 입력 칸 찾아 입력
button = browser.find_element(By.CSS_SELECTOR,
                            "button.btn_g.highlight.submit") --- ❹ [로그인] 버튼 찾기
button.click() -------------------------------- ❺ [로그인] 버튼 클릭
```

코드를 작성하면 By 부분에 빨간색 밑줄이 생깁니다. 이를 해결하려면 관련 모듈을 불러와야 하는데 여기서는 단축키를 사용하겠습니다. By 부분을 클릭하고 [Alt]+[Enter](맥OS는 [Option]+[Enter]) 키를 눌러 메뉴에서 [Import 'selenium.webdriver.common.by.By']를 선택합니다. 이는 selenium.webdriver.common.by 모듈의 By 명령을 추가하겠다는 뜻입니다.

그림 8-6 모듈 추가하기

코드 상단에 from selenium.webdriver.common.by import By 문이 추가됩니다.

ch08-다음이메일수집.py

```
from selenium import webdriver
from selenium.webdriver.common.by import By  --- 모듈 자동 추가
```

코드를 실행하면 자동으로 로그인이 돼 메일함으로 이동합니다.

그림 8-7 메일함으로 이동

8.1.2 메일 제목 출력하기

메일함으로 이동했으니 메일 제목을 수집해보겠습니다. 메일 제목의 CSS 선택자를 확인하기 위해 메일 제목에서 마우스 오른쪽 버튼을 누릅니다. 그런데 다음과 같이 다른 메뉴가 나타납니다.

그림 8-8 마우스 오른쪽 버튼을 눌렀을 때 나타나는 메뉴

이렇게 사이트에 따라 마우스 오른쪽 버튼을 눌렀을 때 다른 메뉴가 나타나기도 합니다. 심지어 마우스 오른쪽 버튼을 누르지 못하도록 막아놓은 경우도 있습니다.

그림 8-9 마우스 오른쪽 버튼 사용을 막아놓은 사이트(코레일)

이럴 때는 다음 단축키를 이용하면 됩니다.

- **윈도우:** `Ctrl` + `Shift` + `C`

- **맥OS:** `command` + `Shift` + `C`

메일함 페이지에서 단축키를 누르면 개발자 도구 창이 뜹니다. 마우스 커서를 메일 제목에 갖다 대면 파란색 상자가 표시되면서 개발자 도구에 해당 요소의 위치가 나타납니다.

그림 8-10 메일 제목에 마우스 커서를 갖다 댔을 때

이 상태에서 메일 제목을 클릭하면 개발자 도구의 해당 요소가 선택됩니다.

그림 8-11 개발자 도구에서 제목 요소가 선택된 상태

```
▼<div class="info_subject"> (flex)
  ▼<a href="/top/INBOX/P000000000LDSMt" class="link_subject" tabindex="-
    1">
      <strong class="tit_subject">Apple에서 구입한 항목입니다.
      </strong> == $0
    </a>
  ▶<a href="#" class="link_window" target="_blank" data-tiara-action-name=
    "새창읽기" tabindex="-1">⋯</a>
```

필자는 마우스 오른쪽 버튼을 눌러 [검사] 메뉴를 선택하는 것보다 단축키를 사용하는 방법을 더 선호합니다. 단축키가 손에 익으면 훨씬 편합니다.

메일 제목 요소를 확인했다면 크롤링 코드를 작성합니다.

❶ find_elements() 명령으로 메일 제목 요소 여러 개를 한 번에 수집해 title 변수에 저장합니다.

❷ 수집한 요소는 리스트 자료형으로 저장되므로 for 문을 이용해 해당 요소의 내용을 출력합니다. 요소의 내용을 꺼낼 때는 .text를 붙이는 것을 잊지 마세요.

❸ 크롤링 결과를 모두 출력하고 나면 더 이상 크롬 창이 필요 없으니 browser.close() 명령으로 크롬 창을 닫습니다.

ch08-다음이메일수집.py

```
button.click()
# 이메일 제목 수집          ┌ ❶ 메일 제목 요소를 한 번에 수집
title = browser.find_elements(By.CSS_SELECTOR, "strong.tit_subject")
for i in title: ----------- ❷ 요소를 하나씩 출력
    print(i.text)
browser.close() ----------- ❸ 크롬 창 닫기
```

TIP browser.find_elements()를 입력할 때 마지막에 s를 꼭 붙이세요. s가 없는 browser.find_element() 명령은 해당 요소를 하나만 가져오고(요소가 여러 개일 때는 맨 위에서부터 탐색해 가장 먼저 찾은 요소 반환), s가 붙은 browser.find_elements() 명령은 해당 요소 여러 개를 한 번에 가져옵니다. s가 있냐 없냐에 따라 의미가 다르니 꼭 구분해 사용하세요.

그런데 코드를 실행하면 결과가 출력되지 않은 채 창이 닫혀버립니다. 크롬 브라우저와 파이썬의 실행 속도에 차이가 있기 때문입니다. [로그인] 버튼을 자동으로 클릭한 후 로그인이 완료되기까지 크롬 브라우저는 로딩 시간이 필요합니다. 로그인이 순식간에 완료되면 좋겠지만 최소 1초 이상의 시간이 걸리며, 파이썬의 실행 속도는 그보다 빠릅니다. 그래서 크롬 브라우저에서

는 아직 로그인이 완료되지 않아 빈 화면 상태인데, 파이썬 프로그램에서는 성급하게 browser. find_elements(By.CSS_SELECTOR, "strong.tit_subject") 문을 실행합니다. 현재 웹 페이지에서는 로그인이 완료되지 않아 아무것도 없는데 "strong.tit_subject" 요소를 찾으려고 하니 못 찾는 것이 당연합니다. 이럴 때는 [로그인] 버튼을 클릭한 후 time.sleep(2) 명령으로 "로그인이 완료되고 웹 페이지가 다 뜰 때까지 2초 기다려"라고 명령해야 합니다.

이를 코드에 반영해보겠습니다. [로그인] 버튼을 클릭하는 문장 다음에 time.sleep(2) 문을 추가합니다.

ch08-다음이메일수집.py

```
button.click()
time.sleep(2) # 로그인이 완료될 때까지 2초 대기
# 이메일 제목 수집
```

그러면 time 모듈이 없는 상태라 time에 빨간색 밑줄이 생깁니다. 해당 코드에 마우스 커서를 갖다 대고 [Alt]+[Enter] 키를 눌러 [Import this name]을 클릭한 후 다음 메뉴에서 [time]을 선택해 모듈을 추가합니다.

그림 8-12 time 모듈 추가

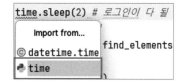

그러면 코드 맨 위에 import time 문이 추가됩니다.

ch08-다음이메일수집.py

```
import time --- 모듈 자동 추가
from selenium import webdriver
```

이제 코드를 실행하면 메일 제목이 수집됩니다.

실행결과
[롯데ON] 주문해 주셔서 감사합니다 롯데쇼핑e커머스사업에서 결제한 내역이 도착했어요. (중략)

다음 사이트의 로그인 화면에서 아이디와 비밀번호를 자동으로 입력했을 때 '로봇이 아닙니다.' 메시지가 뜨는 경우가 있습니다. 다음 사이트의 보안 시스템에서 자동화된 프로그램 또는 로봇의 접근을 차단하기 위해 이러한 설정을 해놓았기 때문입니다. 이럴 때는 특별한 해결 방법이 없습니다. 며칠 지나고 나서 코드를 다시 실행하면 해당 메시지가 뜨지 않습니다.

그림 8-13 '로봇이 아닙니다.' 메시지

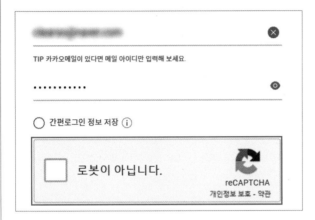

만약 이 메시지를 당장 해결하고 싶다면 사람이 직접 메시지를 확인하고 해결하도록 우회하는 방법이 있습니다(필자가 검토한 바로는 이 방법이 최선입니다). 이를 위한 코드는 다음과 같습니다.

```
# 로그인하기
id = browser.find_element(By.CSS_SELECTOR, "input#loginId--1")
id.send_keys("여기에 아이디 입력")
pw = browser.find_element(By.CSS_SELECTOR, "input#password--2")
pw.send_keys("여기에 비밀번호 입력")
button = browser.find_element(By.CSS_SELECTOR, "button.btn_g.highlight.submit")
button.click()
input("로봇이 아닙니다.를 직접 해결한 후 엔터를 쳐주세요 >> ")
button.click()
time.sleep(2) # 로그인이 완료될 때까지 2초 대기
```

이렇게 하면 input() 함수로 인해 [로그인] 버튼을 클릭한 후 코드가 잠시 멈춥니다. 사용자는 안내 메시지에 따라 '로봇이 아닙니다.' 메시지를 직접 해결한 후 파이참의 실행창에 Enter 키를 치게 되고, 그러면 멈췄던 코드가 다시 동작합니다.

 **1분 퀴즈** ▓▓▓ 정답 p. 488

1 **selenium 모듈에 대한 설명 중 옳지 <u>않은</u> 것을 고르세요.**

① selenium은 키보드 입력, 버튼 클릭 등의 동작을 자동화할 수 있다.

② selenium은 HTML 요소를 크롤링할 수 있다.

③ selenium은 HTML 요소를 크롤링하기 위해 서버로부터 HTML 코드를 가져오는 문장이 필요하다.

④ webdriver.Chrome( )은 크롬 브라우저를 여는 명령이다.

selenium 모듈
사용 팁

앞에서 selenium 모듈을 사용했는데, 굳이 bs4 모듈을 사용하지 않아도 될 것 같다는 생각이 들 정도로 편리합니다. 하지만 selenium 모듈은 장점이 많은 만큼 단점도 있습니다. selenium 모듈의 장단점을 자세히 알아봅시다.

8.2.1 selenium 모듈의 장점

selenium 모듈의 장점은 크게 두 가지입니다.

첫째, 코딩하기에 직관적입니다. 뭔가를 입력하고 클릭하는 동작을 순서대로 명령하기만 하면 되고, 실행했을 때 자동으로 로그인하거나 크롤링하려는 사이트로 접속하는 모습을 바로바로 확인할 수 있습니다. 코드 작성이 단순해 코딩이 재미있습니다.

둘째, 웬만한 사이트에서도 크롤링이 가능합니다. 아무리 복잡하고 까다로워 보이는 사이트라도 selenium 모듈을 사용해 크롤링할 수 있습니다.

8.2.2 selenium 모듈의 단점

selenium 모듈의 단점도 두 가지로 정리할 수 있습니다.

첫째, 크롤링 속도가 bs4 모듈보다 10배 이상 느립니다. 예를 들어 bs4 모듈로 1시간이 걸리는 일을 selenium 모듈을 사용하면 10시간 이상 걸립니다. 그래서 크롤링 속도가 중요하다면 어떻게 해서든 bs4 모듈을 사용하는 것이 좋습니다.

TIP 실제로 전문가들은 크롤링 속도를 높이기 위해 거의 모든 사이트에서 bs4 모듈을 활용합니다. 그러나 모든 사이트를 selenium이 아닌 bs4 모듈로 크롤링하려면 네트워크와 웹 개발 관련 전문 지식을 갖추고 있어야 합니다. 구글에서 '파이썬 requests 동적 크롤링'을 검색하면 관련 정보를 확인할 수 있습니다.

selenium 모듈의 두 번째 단점은 time.sleep() 문제입니다. 다음 사이트에서 메일 제목을 수집할 때 time.sleep() 문이 없으면 제대로 동작하지 않는 것을 확인했습니다. 따라서 time.sleep() 문을 어디에 넣고 몇 초를 기다리게 해야 할지 판단해야 하며, time.sleep() 문 때문에 코드의 실행 속도가 늦어지는 것도 감수해야 합니다. 예를 들어 로그인 버튼을 클릭한 지 0.5초 만에 로그인이 된다면 바로 다음 문장을 실행할 수 있는데, 코드에서 강제로 2초를 기다리게 하면 쓸데없이 1.5초를 더 기다려야 합니다. 1.5초를 낭비하는 것이 별일 아닌 것 같아도 많은 양의 데이터를 크롤링할 때 그것이 누적되면 엄청난 시간 낭비입니다.

참고로 time.sleep() 문의 삽입 위치와 시간 설정에 관한 팁을 알려드리겠습니다.

- **삽입 위치**: time.sleep() 문을 넣을 위치는 '웹 페이지의 전환이 일어나는 순간'이라고 생각하면 됩니다. 어떤 버튼을 클릭하라는 명령을 하고 나서 웹 페이지 전환이 일어난다면 해당 버튼 클릭 명령 다음에 time.sleep() 문을 넣으면 됩니다. 어떤 URL로 이동하라고 명령한 뒤에도 웹 페이지 전환이 일어나기 때문에 그 순간에 time.sleep() 문을 넣습니다.

- **시간 설정**: 몇 초를 기다리게 할지는 코드를 실행하면서 결정해야 합니다. 일단 time.sleep (5)로 설정해 5초간 기다리게 해보세요. 실행했을 때 5초 이후에도 웹 페이지 로딩이 끝나지 않는다면 1초씩 늘려가면서 실행하고, 5초 전에 끝난다면 1초씩 줄이면서 실행하세요. 이렇게 하면 정확한 시간을 찾을 수 있습니다.

이 팁대로 하면 time.sleep() 문과 관련된 고민이 어느 정도 해소됩니다. 하지만 문제가 사라진 것은 아니라 개발자들은 time.sleep() 문을 사용하지 않고 코딩하는 방법을 고안했습니다. 이에 대해서는 **8.6절 크롤링 속도 높이는 방법**에서 자세히 설명하겠습니다.

8.2.3 selenium 모듈 사용 판단 방법

새로운 사이트에서 크롤링할 때 bs4 모듈과 selenium 모듈 중에서 무엇을 사용할지 어떻게 판단할까요? 선택 방법은 간단합니다. 먼저 bs4 모듈로 크롤링해보고 코드가 제대로 동작하지 않으면 selenium 모듈을 사용하면 됩니다.

롯데홈쇼핑(https://www.lotteimall.com)에서 어떤 상품을 검색했을 때 뜨는 상품명을 수집하는 프로그램을 만들면서 이를 확인해봅시다. [pythonStudy] 폴더에 **ch08-롯데홈쇼핑수집.py** 파일을 만듭니다. 편집창에 다음 코드를 작성하고 실행한 후 상품 입력 칸에 '시계'를 입력해 검색합니다.

— **ch08-롯데홈쇼핑수집.py**

```python
import requests
from bs4 import BeautifulSoup
keyword = input("상품 입력 >> ")
code = requests.get(f"https://www.lotteimall.com/search/searchMain.lotte?slog=00101_1
                    &headerQuery={keyword}")
soup = BeautifulSoup(code.text, "html.parser")
name = soup.select("p.title > a")
for i in name:
    print(i.text)
```

실행결과

```
상품 입력 >> 시계
Process finished with exit code 0
```

코드를 완벽하게 작성했는데 결과가 출력되지 않습니다. 이럴 때는 코드를 잘못 작성했다고 실망하지 말고, bs4 모듈로 크롤링하기 어려운 사이트라고 판단하고 selenium 모듈로 코드를 다시 작성하면 됩니다. 반대로 bs4 모듈로 작성한 코드가 제대로 동작한다면 그대로 사용합니다. 크롤링 속도가 훨씬 빠르니까요.

지금은 원하는 결과를 얻지 못했으니 selenium 모듈을 사용해 코드를 다시 작성해보겠습니다. 어차피 URL과 CSS 선택자는 그대로 사용할 것이므로 코드를 다음과 같이 수정합니다.

❶ 불러온 기존 모듈을 지웁니다.

❷ 크롬 창을 엽니다. webdriver에 빨간색 밑줄이 생기면 Alt + Enter 키를 눌러 [Import this name]을 클릭하고 [selenium.webdriver]를 선택합니다.

❸ requests.get() 문을 browser.get() 문으로 수정하고, code 변수에 저장하는 부분을 삭제합니다.

❹ 검색 페이지가 로딩될 때까지 3초간 기다립니다. time에 빨간색 밑줄이 생기면 Alt + Enter 키를 눌러 [Import this name]을 클릭하고 [time]을 선택합니다.

❺ soup = BeautifulSoup(code.text, "html.parser") 문을 삭제합니다.

❻ soup.select() 문을 browser.find_elements() 문으로 수정합니다. By에 빨간색 밑줄이 생기면 Alt + Enter 키를 눌러 [Import 'selenium.webdriver.common.by.By']를 선택합니다.

❼ 크롬 창을 닫습니다.

ch08-롯데홈쇼핑수집.py

```
import time --------------------- ❹ 모듈 자동 추가
from selenium import webdriver ---- ❷ 모듈 자동 추가
from selenium.webdriver.common.by import By --- ❻ 모듈 자동 추가
import requests -------------------- ❶ 기존 모듈 삭제
from bs4 import BeautifulSoup
keyword = input("상품 입력 >> ")
opt = webdriver.ChromeOptions() --- ❷ 크롬 창 열기
opt.add_experimental_option("detach", True)
browser = webdriver.Chrome(options=opt)
browser.get(f"https://www.lotteimall.com/search/searchMain.lotte?slog=00101_
            1&headerQuery={keyword}") --- ❸ 검색 페이지 접속
time.sleep(3) --------------------- ❹ 3초 대기
soup = BeautifulSoup(code.text, "html.parser") --- ❺ 삭제
name = browser.find_elements(By.CSS_SELECTOR, "p.title > a") --- ❻ 수정
for i in name:
    print(i.text)
browser.close() -------------------- ❼ 크롬 창 닫기
```

코드를 실행하고 '시계'를 검색해보면 원하는 결과가 출력됩니다. bs4 모듈로 코드를 작성했다가 안 되면 selenium 모듈로 재시도하는 것이 번거로워 보이지만 이것이 가장 간단하고 확실한 방법입니다.

상품 입력 >> **시계**

[갤러리어클락]페라가모 남성시계 SFMO00622

(중략)

[갤러리어클락]페라가모 여성시계 SFIK018-21

1분 퀴즈

정답 p. 488

2 selenium 모듈에 대한 설명 중 옳은 것을 고르세요.

① bs4 모듈보다 크롤링 속도가 빠르다.

② selenium 모듈은 버튼을 자동으로 클릭하지 못한다.

③ bs4 모듈의 select()와 selenium 모듈의 find_element()는 같은 기능을 한다.

④ bs4 모듈로 크롤링을 시도했을 때 결과가 나오지 않으면 selenium 모듈을 이용한다.

8.3

네이버
자동 로그인하기

다음(Daum) 사이트에 이어 네이버에서도 자동 로그인을 해봅시다. 그런데 이 경우에는 약간의 문제가 있습니다. 어떤 문제인지 먼저 확인해보겠습니다.

8.3.1 문제 확인하기

[pythonStudy] 폴더에 **ch08-네이버자동로그인.py** 파일을 만들고 다음 코드를 입력합니다. 네이버 로그인 페이지에서 자동으로 아이디, 비밀번호를 입력한 후 [로그인] 버튼을 클릭하는 코드입니다.

ch08-네이버자동로그인.py

```
import time
from selenium import webdriver
from selenium.webdriver.common.by import By
opt = webdriver.ChromeOptions()
opt.add_experimental_option("detach", True)
browser = webdriver.Chrome(options=opt)
browser.get("https://nid.naver.com/nidlogin.login?mode=form&url=https://www.naver.
          com/")
time.sleep(1)
# 로그인하기
id = browser.find_element(By.CSS_SELECTOR, "input#id")
id.send_keys("여기에 아이디 입력") --- 자신의 네이버 아이디 입력
pw = browser.find_element(By.CSS_SELECTOR, "input#pw")
```

```
pw.send_keys("여기에 비밀번호 입력") --- 자신의 네이버 비밀번호 입력
browser.find_element(By.CSS_SELECTOR, "button.btn_login").click()
time.sleep(2)
```

코드를 실행하면 잘 돌아갈 것이라는 예상과 달리 다음과 같은 화면이 나타납니다.

그림 8-14 네이버 자동 입력 방지 문자

네이버가 selenium 모듈로 자동 로그인하는 것을 감지해 자동 입력 방지 문자를 띄운 것입니다. 로그인할 때 사람답지 않았던 것이 티가 났습니다. 빠르게 아이디와 비밀번호를 입력하고 곧바로 [로그인] 버튼을 클릭하는 것이 컴퓨터의 동작임이 들통났습니다. 이를 우회하기 위해 사람이 로그인하는 것처럼 만들어봅시다.

8.3.2 문제 해결하기

일반적으로 로그인할 때는 직접 아이디와 비밀번호를 입력하기도 하지만 복사해 붙여넣기(Ctrl+C, Ctrl+V)도 합니다. 후자의 경우 사람이 로그인하는 것인지, 컴퓨터가 로그인하는 것인지 구분하기 어려운데, 이를 구현하는 함수를 만들겠습니다.

❶ 아이디와 비밀번호를 복사해 붙여넣기 위해 copy_and_paste() 함수를 만듭니다. 함수의 매개변수로 크롬 브라우저 창이 저장된 browser, 아이디(또는 비밀번호) 입력 칸에 해당하는 CSS 선택자, 사용자가 입력한 아이디(또는 비밀번호) 문자열을 받습니다.

❷ pyperclip 모듈은 복사·붙여넣기를 하는 데 필요한 모듈입니다. 매개변수로 받은 아이디(또는 비밀번호)를 pyperclip.copy() 명령으로 복사합니다(윈도우의 경우 Ctrl + C, 맥OS의 경우 command + C 키를 누른 것과 같습니다). 그런데 pyperclip 모듈이 설치돼 있지 않아 빨간색 밑줄이 생깁니다. 실행창의 Python Packages로 가서 pyperclip 모듈(1.8.2 버전)을 설치한 후 pyperclip에서 Alt + Enter 키를 눌러 [Import 'pyperclip']을 선택합니다.

❸ browser.find_element().click() 명령으로 아이디(또는 비밀번호) 입력 칸을 클릭합니다.

❹ 이제 붙여넣기를 해야 하는데, 운영체제에 따라 붙여넣기 단축키가 다르니(윈도우는 Ctrl + V, 맥OS는 command + V) platform.system() 명령으로 운영체제를 확인합니다. 이때 platform에 빨간색 밑줄이 생기면 Alt + Enter 키를 눌러 [Import this name]을 클릭하고 [platform]을 선택합니다.

❺ os_type이 Windows이면 CONTROL 키를, 아니면 COMMAND 키를 paste_key 변수에 저장합니다. 이때 Keys에 빨간색 밑줄이 생기면 Alt + Enter 키를 눌러 [Import 'selenium.webdriver.Keys']를 선택합니다.

❻ 붙여넣기 단축키를 입력할 때는 selenium 모듈의 ActionChains() 명령을 사용합니다. ActionChains()는 말 그대로 여러 동작을 체인 형태로 걸고 순서대로 실행하는 기능입니다. ActionChains() 뒤에 마침표를 찍고 동작을 걸면 됩니다. 여기서는 Ctrl 또는 command 키를 누르고(key_down(paste_key)), V 키를 누르는(key_down("V")) 동작을 순서대로 건 다음 마지막에 perform() 명령을 실행하면 이 체인들이 순서대로 실행됩니다. 즉 붙여넣기 단축키를 누르게 만드는 것입니다. ActionChains에 빨간색 밑줄이 생기면 Alt + Enter 키를 눌러 [Import 'selenium.webdriver.ActionChains']를 선택합니다.

ch08-네이버자동로그인.py

```
import platform ---- ❹ 모듈 자동 추가
import time
import pyperclip --- ❷ 모듈 자동 추가
```

```python
from selenium import webdriver
from selenium.webdriver import Keys, ActionChains --- ❺~❻ 모듈 자동 추가
from selenium.webdriver.common.by import By
# 복사 붙여넣기 함수
def copy_and_paste(browser, css, user_input): ------- ❶ 함수 정의
    pyperclip.copy(user_input) ---- ❷ user_input을 클립보드로 복사
    browser.find_element(By.CSS_SELECTOR, css).click() --- ❸ 입력 칸 클릭
    os_type = platform.system() --- ❹ 운영체제 확인
    if os_type == "Windows": ------ ❺ 운영체제에 따라 단축키 선택
        paste_key = Keys.CONTROL
    else:
        paste_key = Keys.COMMAND
    ActionChains(browser).key_down(paste_key).key_down("V").perform() -- ❻ 붙여넣기
opt = webdriver.ChromeOptions()
```

복사·붙여넣기 함수를 구현했으니 아이디와 비밀번호를 인자로 넘기며 함수를 호출합니다.

❶ 아이디와 비밀번호를 입력하는 기존 코드를 삭제합니다.

❷ copy_and_paste() 함수를 호출하며 네이버 아이디를 함수의 인자로 넘기고 1초간 기다립니다.

❸ 다시 한번 copy_and_paste() 함수를 호출하며 네이버 비밀번호를 인자로 넘기고 1초간 기다립니다.

---

ch08-네이버자동로그인.py

```python
# 로그인하기
id = browser.find_element(By.CSS_SELECTOR, "input#id") --- ❶ 기존 코드 삭제
id.send_keys("여기에 아이디 입력")
pw = browser.find_element(By.CSS_SELECTOR, "input#pw")
pw.send_keys("여기에 비밀번호 입력")
copy_and_paste(browser, "input#id", "여기에 아이디 입력")
time.sleep(1)          --- ❷ 아이디 복붙 함수 호출하고 1초간 대기
copy_and_paste(browser, "input#pw", "여기에 비밀번호 입력")
time.sleep(1)          --- ❸ 비밀번호 복붙 함수 호출하고 1초간 대기
button = browser.find_element(By.CSS_SELECTOR, "button.btn_login").click()
time.sleep(2)
```

코드를 실행하면 정상적으로 로그인되는 것을 확인할 수 있습니다. 앞으로 자동 로그인을 하다가 자동 입력 방지 문자가 나타나는 사이트를 만나면 당황하지 말고 이 방법을 활용하세요.

그림 8-15 네이버 자동 로그인 완료

> **NOTE** 네이버에서 자동 로그인이 안 될 경우 해결 방법
>
> 앞의 코드를 실행했을 때 정상적으로 로그인되지 않으면 다음과 같이 해결하세요.
>
> - **자동 입력 방지 문자가 계속 뜨는 경우:** 자동 입력 방지 문자를 한 번만 직접 입력해 수동으로 로그인하면
>   이후 실행부터는 제대로 동작합니다.
> - **2단계 인증을 요구하는 경우:** 계정 설정에서 2단계 인증을 해제해야 합니다. 구글에서 '네이버 로그인 2단
>   계 인증 해제'를 검색하면 2단계 인증을 해제하는 방법을 찾을 수 있습니다.

1분 퀴즈

정답 p. 488

3 selenium 모듈의 ActionChains() 명령을 이용해 [Ctrl]+[V]를 입력하게 만드는 코드를 고르세요.

① ActionChains(browser).key_down(Keys.CONTROL).key_down("V")

② ActionChains(browser).key_down(Keys.CONTROL).key_down("V").perform()

③ ActionChains(browser).key_down("CONTROL").key_down("V").perform()

④ ActionChains(browser).key_down("CONTROL").key_down(Keys.V).perform()

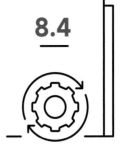

유튜브 댓글
수집하기

이번에는 유튜브 영상(https://www.youtube.com/watch?v=_-ugbwhhApI)의 댓글을 수집해 봅시다. 이 영상은 업무 자동화 프로그램을 활용해 반년치 업무를 한 번에 해결한 어느 공익 근무 요원의 이야기입니다. 57초쯤부터 보면 selenium 모듈을 사용해 업무 자동화 프로그램을 만들었다는 내용이 나옵니다(이 책과 관련된 내용의 영상이라 실습 예제로 선택했습니다).

이 실습에서 주목할 문제는 영상의 댓글이 많아 스크롤을 내려야 한다는 것입니다. 보통은 스크롤을 내리면 약 20개의 댓글이 화면에 나타납니다. 이 장에서는 selenium 모듈로 화면의 스크롤을 끝까지 내린 후 댓글을 수집하는 방법을 알아보겠습니다.

TIP 다른 유튜브 영상을 사용하고 싶다면 코드는 그대로 활용하되 URL만 바꿔 실습하면 됩니다. 단, 스크롤을 내려야 할 만큼 댓글이 많은 영상을 사용하세요.

8.4.1 스크롤 내리기

[pythonStudy] 폴더에 **ch08-유튜브댓글수집.py** 파일을 만들고, 유튜브 영상 페이지에 접속하는 다음 코드를 작성합니다.

ch08-유튜브댓글수집.py

```
from selenium import webdriver
import time
opt = webdriver.ChromeOptions()
opt.add_experimental_option("detach", True)
browser = webdriver.Chrome(options=opt)
```

```
browser.get("https://www.youtube.com/watch?v=_-ugbwhhApI")
time.sleep(3)
```

코드를 실행하면 크롬 브라우저가 실행되고 유튜브 영상이 뜹니다. 이 상태에서 영상의 모든 댓글을 화면에 불러오려면 스크롤을 내려야 합니다. 스크롤을 한 번에 끝까지 내리면 화면에 약 20개의 댓글이 나타납니다. 언제까지 스크롤을 내려야 할지 모르니 일단 무한 반복문을 사용해 스크롤을 내립니다.

❶ 무한 반복문인 while True: 문을 작성합니다.

❷ 키보드의 [Page Down] 키를 누르면 웹 페이지의 스크롤이 내려갑니다. while 문 내에서 ActionChains() 명령으로 [Page Down] 키를 눌러 보이지 않는 댓글 화면을 불러옵니다. ActionChains에 빨간색 밑줄이 생기면 [Alt]+[Enter] 키를 눌러 [Import 'selenium. webdriver.ActionChains']를 선택합니다. 마찬가지로 Keys에 빨간색 밑줄이 생기면 [Alt]+[Enter] 키를 눌러 [Import 'selenium.webdriver.Keys']를 선택합니다.

ch08-유튜브댓글수집.py

```
from selenium.webdriver import ActionChains, Keys --- ❷ 모듈 자동 추가
(중략)
time.sleep(3)
while True: --- ❶ 무한 반복문 작성
    ActionChains(browser).key_down(Keys.PAGE_DOWN).perform() --- ❷ 스크롤 내리기
```

댓글이 있는 화면을 다 불러왔다면 무한 반복문을 빠져나가야 합니다. 이를 위해 한 번 스크롤을 내릴 때마다 execute_script() 명령으로 현재 스크롤 위치를 가져와 cur_height 변수에 저장합니다. execute_script()는 자바스크립트 언어로 작성된 코드를 실행하는 명령으로, 괄호 안에 "return document.documentElement.scrollTop", 즉 현재 스크롤 위치를 반환하라는 자바스크립트 명령을 넣습니다. 가져온 스크롤 위치는 print 문으로 출력합니다.

ch08-유튜브댓글수집.py

```
while True:
    ActionChains(browser).key_down(Keys.PAGE_DOWN).perform()
    cur_height = browser.execute_script("return document.documentElement.scrollTop")
    print(cur_height)
```

코드를 실행하면 스크롤 위치가 숫자로 출력됩니다. 프로그램이 종료되지 않고 계속 출력되기 때문에 실행창의 Stop 아이콘을 클릭해 실행을 중지합니다.

그림 8-16 프로그램 실행 중지

중지된 실행창에서 스크롤을 맨 위로 올리면 중복되는 값이 출력된 것을 볼 수 있습니다. Page Down 키로 웹 페이지의 스크롤을 내렸을 때 아직 댓글이 로딩 중인데 계속해서 반복문을 돌며 파이썬 코드를 실행하니 스크롤 위치가 같은 값으로 출력된 것입니다. 이는 파이썬 코드의 실행 속도와 웹 페이지에서의 댓글 로딩 속도가 일치하지 않아서 생기는 현상입니다.

실행결과
4 --- 중복값 출력
4 --- 중복값 출력
40
40
40
(중략)

TIP 스크롤 위치 값은 실행 시점에 따라 다르기 때문에 결과가 같지 않더라도 상관없습니다. 중복되는 값이 출력되는지만 확인하세요.

이 경우에는 time.sleep() 문을 사용해 해결할 수 있습니다. 스크롤을 내리고 댓글을 다 불러올 때까지 3초간 기다리게 합니다.

ch08-유튜브댓글수집.py

```
while True:
    ActionChains(browser).key_down(Keys.PAGE_DOWN).perform()
    time.sleep(3)
    cur_height = browser.execute_script("return document.documentElement.scrollTop")
```

코드를 실행하면 스크롤 위치 값이 중복되지 않고 출력됩니다. 마지막 댓글을 불러올 때까지 지켜봅시다. 마지막에는 스크롤을 내려도 더 이상 내려가지 않으니 같은 위치 값이 계속 출력됩니다. Stop 아이콘을 클릭해 실행을 중지합니다.

실행결과
29522
30048
30819 --- 여기까지는 각기 다른 위치 값
30928 --- 마지막으로 스크롤한 순간의 위치 값
30928
(중략)

이 원리를 이용해 마지막으로 스크롤한 위치 값에서 반복문을 빠져나오게 만듭니다.

❶ 반복문 밖에서 prev_height 변수를 만들고 0으로 초기화합니다.

❷ 반복문 안에서 현재 스크롤 위치 값을 prev_height 변수에 저장합니다(prev_height = cur_height). 이렇게 하면 다음 반복문을 돌 때 prev_height 변수에 저장된 값이 이전 스크롤 위치 값이 됩니다.

❸ 반복문을 돌다가 현재 스크롤 위치 값(cur_height)과 이전 스크롤 위치 값(prev_height)이 같으면(if prev_height == cur_height) 마지막까지 스크롤을 내렸다는 것이므로 반복문을 빠져나옵니다(break). 이렇게 하면 모든 댓글을 불러올 때까지만 스크롤을 내릴 수 있습니다.

ch08-유튜브댓글수집.py

```
time.sleep(3)
prev_height = 0 --------------------- ❶ 변수 초기화
while True:
    ActionChains(browser).key_down(Keys.PAGE_DOWN).perform()
    time.sleep(3)
    cur_height = browser.execute_script("return document.documentElement.scrollTop")
    print(cur_height)
    if prev_height == cur_height: --- ❸ 이전과 현재 위치 값 비교 후 탈출
        break
    prev_height = cur_height -------- ❷ 이전 위치 값 확보
```

코드를 실행하면 마지막 스크롤 위치에서 프로그램이 종료됩니다. 하지만 이 코드는 time. sleep() 문 때문에 속도가 너무 느려서 적절치 않습니다. 좀 더 괜찮은 방법을 알아봅시다.

8.4.2 속도 개선하기

파이썬 코드의 실행 속도와 댓글 페이지의 로딩 속도가 일치하지 않아서 스크롤 위치가 중복 출력됐던 것을 떠올려봅시다. 그때는 스크롤 위치 값이 아무리 중복 출력되더라도 200개를 넘지 않았습니다. 이는 같은 위치를 200번이나 출력할 만큼 댓글 페이지의 로딩 속도가 느리지는 않다는 뜻입니다. 다시 말해 현재 스크롤 위치 값을 200번이나 같은 값으로 출력한다면 마지막까지 스크롤했다는 것인데, 이를 이용해 코드의 속도를 개선해보겠습니다. 즉 현재 스크롤 위치 값(cur_height)이 중복되는 순간을 세서 200개가 되면 마지막 댓글까지 불러왔다고 판단해 반복문을 탈출하게 만드는 것입니다. 그러면 time.sleep() 문을 이용하지 않고도 실행 속도를 개선하고, 모든 댓글을 불러온 후 정상적으로 무한 반복문을 벗어날 수 있습니다.

❶ 반복문 밖에서 same_num_cnt 변수를 만들고 0으로 초기화합니다.

❷ 반복문 내 time.sleep(3) 문을 삭제합니다.

❸ 이전 스크롤 위치 값과 현재 스크롤 위치 값이 같더라도(if prev_height == cur_height) 곧바로 무한 반복문을 탈출하지 않고 중복 카운트를 1 증가시켜 same_num_cnt 변수에 저장합니다. 단, 두 값이 같지 않으면(else) 스크롤이 정상적으로 내려갔다는 뜻이니 이 순간에는 중복 카운트 값(same_num_cnt)을 0으로 초기화합니다.

❹ same_num_cnt 값이 200까지 올라간 순간은 댓글을 끝까지 불러와 더 이상 스크롤이 내려가지 않는 경우뿐입니다. 따라서 same_num_cnt 값이 200이 되면 무한 반복문을 탈출합니다(break).

```
prev_height = 0
same_num_cnt = 0 --- ❶ 변수 초기화
while True:
    ActionChains(browser).key_down(Keys.PAGE_DOWN).perform()
    time.sleep(3) --- ❷ 삭제
    cur_height = browser.execute_script("return document.documentElement.scrollTop")
    print(cur_height)
    if prev_height == cur_height:
        same_num_cnt += 1 --- ❸ 중복되면 카운트, 그렇지 않으면 0으로 초기화
    else:
        same_num_cnt = 0
    if same_num_cnt == 200: --- ❹ 중복값이 200이면 반복문 탈출
        break
    prev_height = cur_height
```

코드를 실행하면 이전보다 훨씬 빨리 댓글을 불러오고, 마지막 댓글까지 불러온 후 알아서 프로그램을 종료합니다. 이 코드는 스크롤을 내리며 크롤링해야 하는 사이트에서 정말 유용합니다.

이제 코딩을 마무리하겠습니다.

❶ 무한 반복문에서 스크롤 위치 값을 출력하는 문장을 삭제합니다.

❷ 무한 반복문을 탈출한 후 웹 페이지에 있는 유튜브 댓글을 수집합니다. 댓글 요소의 선택자는 "yt-attributed-string#content-text"이며, 모든 댓글을 한 번에 가져와야 하므로 browser.find_elements() 명령을 사용합니다. 이때 태그명을 생략한 "#content-text"를 선택자로 써도 됩니다(자세한 설명은 다음 페이지의 NOTE를 참고하세요). By에 빨간색 밑줄이 생기면 [Alt]+[Enter] 키를 눌러 [Import 'selenium.webdriver.common.by.By']를 선택합니다.

❸ 댓글 요소의 수만큼 반복하며 댓글을 출력하고 크롬 창을 닫습니다.

```
from selenium.webdriver.common.by import By --- ❷ 모듈 자동 추가
(중략)
while True:
    (중략)
```

```
    print(cur_height) --- ❶ 삭제
    (중략)
    prev_height = cur_height
comments = browser.find_elements(By.CSS_SELECTOR, "#content-text") --- ❷ 댓글 출력
for i in comments: ------ ❸ 댓글 출력하고 크롬 창 닫기
    print(i.text.replace("\n", "").strip())
browser.close()
```

실행결과

어려운 코딩이 아니기에 코딩의 신이라는 타이틀은 과한 감이 있지만, 젊은이의 태도에 큰 박수를 보내고 싶습니다.

(중략)

> **NOTE** **CSS 선택자를 작성하는 다양한 방법**
>
> CSS 선택자를 작성할 때 태그명을 생략해도 무방합니다. 예를 들어 〈div class="abc"〉 요소의 경우 "div.abc"라고 해도 되고 ".abc"라고 해도 되며, 심지어 class 속성을 생략하고 "div"라고만 해도 됩니다. 마찬가지로 〈div class="abc" id="def"〉 요소의 선택자는 다음과 같이 작성할 수 있습니다.
>
> - "div"
> - "div.abc"
> - "div#def"
> - "div.abc#def"
> - "div#def.abc"
> - ".abc"
> - "#def"
> - ".abc#def"
> - "#def.abc"

4 selenium 모듈의 ActionChains() 명령을 이용해 스크롤을 내리는 코드를 고르세요.

① ActionChains(browser).key_up(Keys.PAGE_DOWN).perform()

② ActionChains(browser).key_down("page_down").perform()

③ ActionChains(browser).key_down(Keys.PAGE_DOWN).perform()

④ ActionChains(browser).key_down(Keys.PAGE_DOWN)

네이버 블로그 글 수집하기

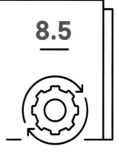

네이버 블로그에서 특정 키워드를 검색했을 때 결과로 나온 글의 제목과 본문을 수집해봅시다. 네이버 블로그 사이트(**https://section.blog.naver.com**)에 접속해 '파이썬'을 검색하고, 검색 결과 중에서 첫 번째 글의 제목을 클릭합니다. 해당 글의 본문이 잘 뜨면 같은 식으로 두 번째 글과 세 번째 글의 본문도 확인합니다.

그림 8-17 네이버 블로그 검색 결과 확인

제목과 본문을 확인한 후 CSS 선택자를 어떻게 지정할지 살펴봅니다. 그런데 문제가 있습니다.

제목은 문제가 없지만 본문의 CSS 선택자를 하나로 지정하기가 어렵습니다. 블로그마다 본문 구성이 달라서 본문의 CSS 선택자가 다 다르기 때문입니다.

그림 8-18 본문 구성이 제각각인 블로그

이 경우 일일이 CSS 선택자를 확인하고 본문에 맞게 각기 다른 CSS 선택자를 지정해야 할까 요? 이럴 때 쉽게 해결하는 방법을 알아봅시다.

8.5.1 본문 URL 가져오기

[pythonStudy] 폴더에 **ch08-네이버블로그수집.py** 파일을 만듭니다. 네이버 블로그의 경우 bs4 모듈로 크롤링하면 원하는 결과가 나오지 않으므로 selenium 모듈을 사용합니다. 특정 키워드를 입력받아 검색하고, 검색 결과 중에서 1~5페이지에 있는 블로그 글 본문의 URL을 수집하겠습니다.

❶ 검색 키워드를 입력받아 keyword 변수에 저장합니다.

❷ 크롬 브라우저를 엽니다. webdriver에 빨간색 밑줄이 생기면 ʌlt + Enter 키를 눌러 [Import this name]을 클릭하고 [selenium.webdriver]를 선택합니다.

❸ blog_url_list 변수를 선언하고 빈 리스트로 초기화합니다.

❹ 검색 결과 중에서 1~5페이지를 수집해야 하므로 다섯 번 반복하는 for 문을 작성합니다.

❺ 검색 결과 페이지의 URL 규칙을 확인하고 browser.get()으로 가져온 후 페이지가 다 로딩될 때까지 2초간 기다립니다. time에 빨간색 밑줄이 생기면 ʌlt + Enter 키를 눌러 [Import this name]을 클릭하고 [time]을 선택합니다.

❻ 검색된 글의 제목 요소를 가리키는 CSS 선택자는 "a.desc_inner"입니다. browser.find_elements(By.CSS_SELECTOR, "a.desc_inner") 명령으로 검색 페이지에 있는 제목 요소를 모두 가져와 items 변수에 저장합니다. By에 빨간색 밑줄이 생기면 ʌlt + Enter 키를 눌러 [Import 'selenium.webdriver.common.by.By']를 선택합니다.

❼ 제목 요소의 "href" 속성값에는 블로그 글 본문의 URL이 들어 있습니다. bs4 모듈에서는 이 속성값을 가져오기 위해 .attrs["href"] 문을 사용했지만, selenium 모듈에서는 .get_attribute("href") 문을 사용합니다. 제목 요소의 수만큼 반복하며 제목 요소에서 본문 URL을 가져와 blog_url_list 리스트에 추가합니다.

❽ 반복문을 빠져나와 수집한 블로그 글 본문의 URL을 출력합니다.

ch08-네이버블로그수집.py

```
import time --- ❺ 모듈 자동 추가
from selenium import webdriver ---------------- ❷ 모듈 자동 추가
from selenium.webdriver.common.by import By --- ❻ 모듈 자동 추가
keyword = input("키워드 입력 >> ") --- ❶ 키워드 입력받기
opt = webdriver.ChromeOptions() ---- ❷ 크롬 창 열기
```

```
opt.add_experimental_option("detach", True)
browser = webdriver.Chrome(options=opt)
# 검색 결과 1~5페이지 본문 URL 수집
blog_url_list = [] ------------- ❸ 빈 리스트 생성
for page_num in range(1, 6): --- ❹ 5회 반복문 작성
    browser.get(f"https://section.blog.naver.com/Search/Post.naver?
                pageNo={page_num}&rangeType=ALL&orderBy=sim&keyword={keyword}")
    time.sleep(2) __┘-- ❺ 검색 페이지 접속        ┌ ❻ 제목 가져오기
    items = browser.find_elements(By.CSS_SELECTOR, "a.desc_inner")
    for i in items: ---- ❼ 본문 URL 가져와 리스트에 추가
        blog_url_list.append(i.get_attribute("href"))
print(blog_url_list) --- ❽ 본문 URL 출력
```

코드를 실행하고 '파이썬'을 검색하면 검색 결과 중에서 1~5페이지의 블로그 글 본문 URL이 출력됩니다.

실행결과

키워드 입력 >> **파이썬**
```
['https://blog.naver.com/ppong_2/223348347109',
(중략)
'https://blog.naver.com/jinnyandbory/223338859422']
```

이제 for 문을 돌면서 해당 URL에 접속해 블로그 글의 본문을 수집하면 됩니다. 하지만 블로그마다 화면 구성이 다르기 때문에 CSS 선택자를 어떻게 지정하느냐가 문제입니다. 이를 해결하기 위해 모바일 링크를 사용하겠습니다.

8.5.2 모바일 링크로 본문 수집하기

네이버 블로그의 경우 URL 앞에 m을 붙이면 모바일 전용 페이지에 접속합니다. 예를 들어 **https://blog.naver.com/ppong_2/223348347109**에 접속하면 일반적인 웹 페이지에 연결되지만, 맨 앞에 m을 붙여 **https://m.blog.naver.com/ppong_2/223348347109**에 접속하면 모바일 전용 페이지에 연결됩니다.

그림 8-19 일반 웹 페이지와 모바일 전용 페이지

모바일 전용 페이지는 다행히 블로그마다 화면 구성이 동일합니다. 다시 말해 블로그 제목 및 본문 내용의 CSS 선택자가 모두 같습니다. 따라서 앞에서 수집한 블로그 본문 URL을 모바일 전용 URL로 변경한 후 크롤링하면 원하는 것을 수집할 수 있습니다.

❶ 본문 URL을 출력할 필요가 없으므로 print(blog_url_list) 문을 주석 처리합니다.

❷ blog_url_list의 원소 수만큼 for 문을 반복합니다.

❸ 앞에서 수집한 블로그 본문 URL의 문자열 중 "https://blog.naver"를 replace() 함수를 사용해 "https://m.blog.naver"로 변경합니다.

❹ 모바일 전용 링크로 접속하고 화면이 다 로딩될 때까지 2초간 기다립니다.

❺ 제목 요소와 본문 요소의 CSS 선택자를 확인하고 각각 title, content 변수에 저장합니다.

- **제목의 CSS 선택자:** "div.se-component-content span"

- **본문의 CSS 선택자:** "div.se-main-container"

❻ 제목과 본문 내용을 출력하고, 다음 반복을 하기 전에 구분자를 넣습니다.

❼ 크롬 창을 닫습니다.

ch08-네이버블로그수집.py

```
    for i in items:
        blog_url_list.append(i.get_attribute("href"))
# print(blog_url_list) --- ❶ 주석 처리
# 크롤링 시작
```

```
for blog_url in blog_url_list: --- ❷ 반복문 추가
    blog_url_for_mobile = blog_url.replace("https://blog.naver",
                                "https://m.blog.naver") --- ❸ 모바일 전용 링크로 수정
    browser.get(blog_url_for_mobile) --- ❹ 모바일 페이지 접속 후 2초간 대기
    time.sleep(2)                    ┌ ❺ 제목, 본문 가져오기
    title = browser.find_element(By.CSS_SELECTOR, "div.se-component-content span")
    content = browser.find_element(By.CSS_SELECTOR, "div.se-main-container")
    print(f"제목 : {title.text}") ------ ❻ 제목, 본문, 구분자 출력
    print(content.text.replace("\n", " ").strip())
    print("-------------------------------")
browser.close() --- ❼ 크롬 창 닫기
```

코드를 실행하고 '파이썬'을 검색하면 검색 결과 중에서 1~5페이지의 블로그 글을 방문하며 해당 제목과 본문을 출력합니다. 이와 같이 각 페이지마다 CSS 선택자가 달라 코드를 작성하기 난감할 때는 접속 URL을 모바일 전용 URL로 변경하면 크롤링을 쉽게 할 수 있습니다.

실행결과

키워드 입력 >> **파이썬**
제목 : 파이썬자격증 종류 취득과정 및 수업방법
취업이 가장 1차적인 목적이기는 했지만 그것만큼 중요한 것은 전문성이었습니다. 지속 가능한 일을 하고 싶고 계속해서 성장하는 일을 하고 싶었죠.
(중략)

(○) 1분 퀴즈
정답 p. 488

5 https://blog.naver.com/incastle92/2232380082993이라는 URL이 blog_url 변수에 저장돼 있습니다. 이를 모바일 전용 링크로 바꾸는 코드를 고르세요.

① blog_url.replace("/", " /m.")

② blog_url.replace("https:", "https://m.blog")

③ blog_url.replace("m.blog", "blog")

④ blog_url.replace("https://blog.naver", "https://m.blog.naver")

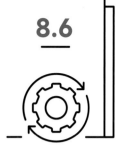

크롤링 속도 높이는 방법

selenium 모듈로 코드를 작성하다 보면 느린 속도 탓에 답답함을 느끼곤 합니다. 이 절에서는 selenium 모듈로 작성한 코드의 실행 속도를 높이는 세 가지 방법을 알아보고, 이를 **8.5절**에서 실습한 코드에 적용해보겠습니다.

8.6.1 방법 1: 이미지 띄우지 않기

selenium 모듈로 수집할 내용이 텍스트뿐이라면 웹 페이지에 접속할 때 굳이 이미지를 띄우지 않아도 됩니다. 웹 페이지에 이미지를 띄우는 것 자체가 웹 페이지 접속 시간을 지연시키기 때문에 이미지를 띄우지 않는 것만으로도 속도를 향상할 수 있습니다.

프로젝트 탐색기의 **ch08-네이버블로그수집.py**에서 마우스 오른쪽 버튼을 눌러 [Copy]를 선택하고, 이 상태에서 다시 마우스 오른쪽 버튼을 눌러 [Paste]를 선택합니다. [Copy] 창이 나타나면 파일명을 **ch08-selenium실행속도높이기.py**로 수정하고 [OK] 버튼을 클릭합니다.

그림 8-20 실습 파일 복사

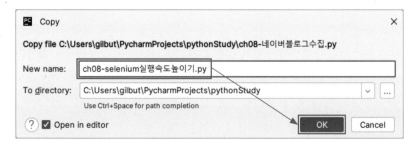

이미지를 띄우지 않는 다음 코드를 복사한 파일에 추가합니다. 이렇게 웹 페이지에 이미지가 뜨는 것을 방지하면 페이지 로딩 속도가 빨라져 코드 중간중간에 넣은 time.sleep() 문의 지연 시간을 줄일 수 있습니다. 2초로 설정된 지연 시간을 1초로 줄여보겠습니다.

ch08-selenium실행속도높이기.py

```python
opt.add_experimental_option("detach", True)
# 웹 페이지에 이미지 띄우기 방지
opt.add_argument('--blink-settings=imagesEnabled=false')
opt.add_experimental_option(
    "prefs", {"profile.managed_default_content_settings.images": 2}
)
browser = webdriver.Chrome(options=opt)
(중략)
for page_num in range(1, 6):
    (중략)
    time.sleep(1)
    (중략)
for blog_url in blog_url_list:
    (중략)
    time.sleep(1)
```

코드를 실행하고 '파이썬'을 검색하면 앞에서 실습했을 때보다 속도가 좀 더 빨라진 것을 체감할 수 있습니다.

8.6.2 방법 2: 암묵적 대기 활용하기

이번에는 항상 문제가 됐던 time.sleep() 문을 사용하지 않고 코드가 잘 돌아가게 하는 암묵적 대기에 대해 알아보겠습니다. 암묵적 대기는 간단합니다. 크롬 브라우저를 처음 열 때 browser.implicitly_wait(10) 문만 추가하면 됩니다. 이는 "웹 페이지가 다 뜰 때까지 알아서 10초 정도 기다리고, 기다리는 도중 로딩이 끝나면 알아서 다음 문장으로 넘어가"라고 명령하는 것입니다. 암묵적 대기는 전역적으로 적용되며, 한 번 설정하면 모든 요소에 적용됩니다.

코드에 browser.implicitly_wait(10) 문을 추가하고 기존의 time.sleep(1) 문을 주석 처리

합니다.

```
browser = webdriver.Chrome(options=opt)
browser.implicitly_wait(10)
(중략)
for page_num in range(1, 6):
    (중략)
    # time.sleep(1)
    (중략)
for blog_url in blog_url_list:
    (중략)
    # time.sleep(1)
```

코드를 실행하고 '파이썬'을 검색하면 실행 속도가 예전과는 비교도 안 될 정도로 빠릅니다. 또한 time.sleep() 문을 사용하지 않았는데도 오류가 발생하지 않습니다.

그렇다면 애초에 time.sleep() 문을 사용하지 말고 암묵적 대기를 이용하는 것이 좋겠다는 생각이 들 것입니다. 하지만 암묵적 대기는 주의해서 사용해야 합니다. 암묵적 대기가 time.sleep() 문제를 완벽하게 해결해줄 것이라 믿고 time.sleep() 문을 사용하지 않는다면 특수한 경우에 헤맬 수도 있습니다. 예를 들어 웹 페이지 로딩이 끝나지도 않았는데 로딩이 끝났다고 판단해 그다음 문장을 실행하는 경우가 있습니다. 이는 암묵적 대기가 제대로 동작하지 않은 것으로 오류가 발생합니다. 따라서 이때는 time.sleep() 문을 강제로 넣는 수밖에 없습니다.

결론적으로, selenium 모듈을 이용할 때는 안전하게 time.sleep() 문을 넣어 코딩하고, 이후 크롤링 속도를 높이기 위해 코드를 개선할 때 암묵적 대기 코드를 추가한 다음 time.sleep() 문을 하나씩 없애면서 잘 동작하는지 검증하는 식으로 작업해야 합니다.

8.6.3 방법3: 헤드리스 모드 활용하기

selenium 모듈로 개발한 프로그램을 실행할 때 크롬 창을 아예 띄우지 않는 방법도 있습니다. 크롬 브라우저의 **헤드리스 모드**(headless mode)를 이용하는 것입니다. 헤드리스 모드는 다음과 같이 코드 한 줄만 추가하면 됩니다.

```
opt.add_experimental_option(
    "prefs", {"profile.managed_default_content_settings.images": 2}
)
opt.add_argument("headless")
browser = webdriver.Chrome(options=opt)
```

코드를 실행하고 '파이썬'을 검색하면 크롬 창이 화면에 보이지 않습니다. 즉 창이 뜨지 않기 때문에 창을 띄우는 데 걸리는 시간이 줄어늚으로써 실행 속도를 높이는 효과가 있습니다.

(◐)) 1분 퀴즈 정답 p. 488

6 selenium 모듈을 활용해 코드의 실행 속도를 향상하는 방법으로 옳지 <u>않은</u> 것을 고르세요.

① 웹 페이지에 이미지를 불러오지 않도록 설정한다.

② 코드 사이사이에 time.sleep( ) 문을 넣어 웹 페이지 로딩 시간을 충분히 기다린다.

③ 웹 페이지 로딩 시간에 따라 유연하게 실행할 수 있도록 암묵적 대기를 사용한다.

④ 웹 페이지가 화면에 뜨지 않도록 헤드리스 모드를 사용한다.

마무리

1. selenium 모듈

- 크롬 브라우저를 파이썬 코드로 제어해 키보드 입력, 버튼 클릭 등의 동작을 자동으로 수행할 수 있게 해줍니다.

- selenium 모듈로 키보드 입력을 할 때는 send_keys() 명령을 사용하고, 버튼 클릭을 할 때는 click() 명령을 사용합니다.

- selenium 모듈로 요소 하나만 가져올 때는 find_element() 명령을 사용하고, 여러 요소를 가져올 때는 find_elements() 명령을 사용합니다.

2. time.sleep() 문

selenium 모듈을 사용하면 웹 페이지 로딩 속도와 파이썬 실행 속도의 차이로 인해 프로그램이 비정상적으로 종료될 수 있습니다. 이럴 때는 time.sleep() 문을 추가해 웹 페이지 로딩 시간을 충분히 기다리게 합니다.

3. 로그인 시 자동 입력 방지 문자 해결법

selenium 모듈로 로그인할 때 자동 입력 방지 문자가 나타나 더 이상 진행할 수 없다면 아이디와 비밀번호를 복사해 붙여넣는 방법을 이용합니다.

4. ActionChains()

여러 동작을 체인 형태로 걸고 순서대로 실행하는 기능입니다. 붙여넣기 단축키를 누르거나 스크롤을 내리는 키를 누르는 동작을 할 때 사용합니다.

5. 화면 구성이 다른 페이지의 크롤링

네이버 블로그처럼 웹 페이지마다 화면 구성이 달라 CSS 선택자를 하나로 사용하지 못할 때는 모바일 전용 링크를 활용합니다.

6. 크롤링 속도 높이는 방법

웹 페이지의 이미지를 띄우지 않거나, 암묵적 대기를 사용하거나, 헤드리스 모드 설정을 사용하면 selenium 모듈의 실행 속도를 높일 수 있습니다.

# 9장

API를 이용해
데이터 수집하기

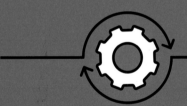

API를 이용하면 크롤링 코드를 작성하지 않고도 데이터를 수집할 수 있습니다. 또한 시각화, 음성 변환과 같은 전문적인 프로그램도 쉽게 만들 수 있습니다. 이 장에서는 여러 사이트에서 제공하는 API를 이용해 데이터를 수집하는 방법을 알아봅니다.

API의 개요

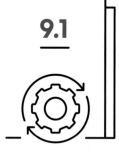

API는 Application Programming Interface의 약자로, Application은 프로그램, Programming은 코딩(프로그램 작성), Interface는 연결 고리를 의미합니다. 쉽게 말해 API 는 개발자와 프로그램 사이에서 개발자가 프로그램을 편리하게 작성할 수 있도록 도와주는 역할을 합니다.

예를 들어 서울 맛집 지도 서비스를 개발한다고 합시다. 개발자가 이 지도를 만들려면 서울 곳곳을 돌아다니며 지도 이미지를 그리고, 식당 주소를 알아내 일일이 프로그램에 입력해야 합니다. 하지만 API를 이용하면 이러한 수고를 덜 수 있습니다. API에서 서울 지도와 식당 주소 정보를 받아와 활용할 수 있기 때문입니다.

그림 9-1 API로 만든 맛집 지도 서비스

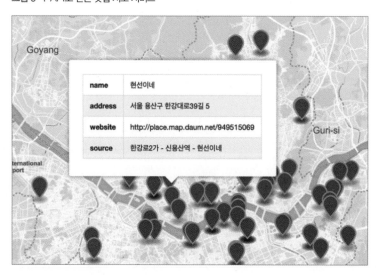

이처럼 API는 내부 동작 방식에 관한 세세한 부분을 숨기고 개발자가 사용 또는 관리할 수 있는 정보를 제공합니다. 누군가가 미리 작성해놓은 API를 통해 정보를 요청하면 그에 맞는 응답을 보내주기 때문에 개발자는 API로 정보를 제공받아 프로그램을 쉽게 만들 수 있습니다.

날씨 데이터
수집하기

9.2

날씨 정보를 제공하는 날씨 API를 사용해 서울의 날씨를 출력해봅시다.

9.2.1 날씨 API 키 발급받기

날씨 API를 제공하는 Open Weather Map 사이트(**https://openweathermap.org**)에 접속합니다. 이 사이트의 회원이 아니라면 회원 가입을 해야 합니다. 화면 오른쪽 상단의 [Sign In]을 클릭하면 로그인 화면이 나타나는데, 여기서 [Create an Account]를 클릭합니다.

그림 9-2 회원 가입 1

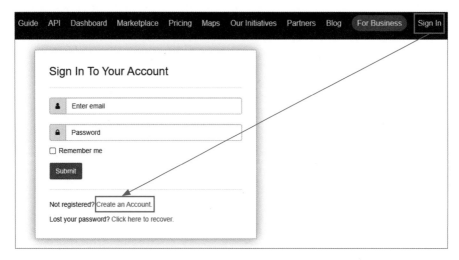

회원 가입 칸에 정보를 입력하고 [Create Account] 버튼을 클릭합니다. API 사용 목적을 묻는 창이 나타나면 Company는 'none'을, Purpose는 'Education/Science'를 선택하고 [Save] 버튼을 클릭합니다.

그림 9–3 회원 가입 2

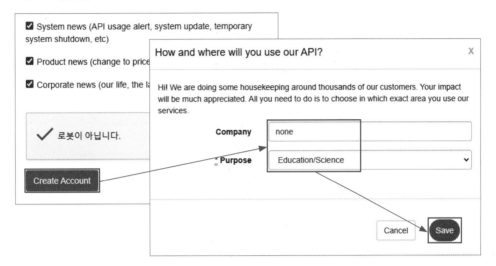

이메일 인증을 요청하는 메시지가 뜨면 해당 이메일로 가서 이메일 인증을 진행합니다([Verify your email] 버튼을 클릭합니다). 메일이 늦게 오는 경우도 있으니 5~10분 정도 기다리세요.

그림 9–4 이메일 인증 요청 메시지

이메일 인증을 완료한 후 로그인을 하고 메인 화면에서 사이트를 둘러봅니다. 화면 상단의 [Pricing] 메뉴를 클릭하고 스크롤을 조금 내리면 API 요금 정보가 있습니다. API는 무료로 사용할 수도 있고, 구독 형태로 결제해 유료로 사용할 수도 있습니다. 이 절에서 다루는 실시간 날씨 정보는 무료 API만 사용해도 충분히 수집할 수 있습니다. 사이트에 카드 정보를 등록하지 않는 이상 결제되지 않으니 안심하세요.

그림 9-5 API 요금 정보

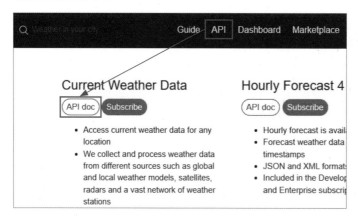

Current weather and forecasts collection				
Free	**Startup**	**Developer**	**Professional**	**Enterprise**
	30 GBP/ month	**140 GBP**/ month	**370 GBP**/ month	**1500 GBP**/ month
(Get API key)	(Subscribe)	(Subscribe)	(Subscribe)	(Subscribe)
60 calls/minute **1,000,000 calls**/month	**600 calls**/minute **10,000,000 calls**/month	**3,000 calls**/minute **100,000,000 calls**/month	**30,000 calls**/minute **1,000,000,000 calls**/month	**200,000 calls**/minute **5,000,000,000 calls**/month
Current Weather	Current Weather	Current Weather	Current Weather	Current Weather
3-hour Forecast 5 days	3-hour Forecast 5 days	3-hour Forecast 5 days	3-hour Forecast 5 days	3-hour Forecast 5 days
Hourly Forecast 4 days	Hourly Forecast 4 days	**Hourly Forecast 4 days**	Hourly Forecast 4 days	Hourly Forecast 4 days
Daily Forecast 16 days	**Daily Forecast 16 days**	Daily Forecast 16 days	Daily Forecast 16 days	Daily Forecast 16 days
Climatic Forecast 30 days	Climatic Forecast 30 days	**Climatic Forecast 30 days**	Climatic Forecast 30 days	Climatic Forecast 30 days
Bulk Download	Bulk Download	Bulk Download	**Bulk Download (global cities)**	Bulk Download (global cities + ZIPs of US, EU, UK)

다음으로 API 설명서를 살펴보겠습니다. 상단의 [API] 메뉴를 클릭하고 스크롤을 내려 Current Weather Data의 [API doc] 버튼을 클릭합니다.

그림 9-6 API 설명서 보기

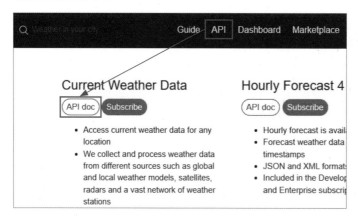

가장 먼저 **AP 호출**(API call) URL이 보입니다. API 호출이란 어떤 서비스 또는 정보를 제공받기 위해 API 서버로 요청을 보내는 것을 말합니다. API 요청과 응답은 **6.2.2절 웹 페이지의 동작 원리**에서 설명했듯이 요청 메시지와 응답 메시지를 주고받는 것입니다. 여기서는 URL의 {lat} 부분에 위도 좌푯값, {lon} 부분에 경도 좌푯값, {API key} 부분에 발급받은 API 키를 넣어 요청을 보내면 날씨 정보를 응답으로 받을 수 있습니다.

그림 9-7 날씨 API 호출 URL

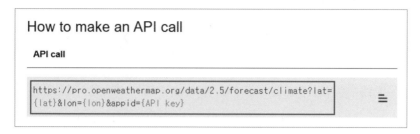

스크롤을 더 내리면 Built-in API request by city name이 있습니다. URL의 {city name}에 도시명을 넣으면 날씨 정보를 받을 수 있습니다. 이 URL을 이용해 서울의 날씨 정보를 요청하고 응답을 받아보겠습니다.

그림 9-8 도시명을 넣을 수 있는 URL

그 전에 발급받은 API 키를 확인해봅니다. 화면 오른쪽 상단에 있는 본인 이름의 펼침 버튼을 클릭해 [My API keys]를 선택하고 다음 화면에서 API 키를 드래그해 복사합니다(Ctrl+C).

그림 9-9 API 키 확인

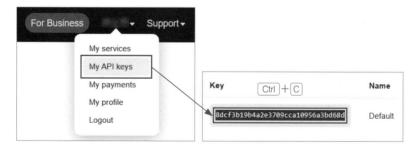

9.2.2 날씨 API로 서울 날씨 출력하기

[pythonStudy] 폴더에 **ch09-날씨데이터수집.py** 파일을 만들고 다음 코드를 작성합니다.

❶ 복사한 API 키를 api_key 변수에 문자열로 저장합니다.

❷ 날씨 정보를 받아올 도시명은 city_name 변수에 저장합니다.

❸ **그림 9-8**에서 확인했던 URL을 문자열 포매팅으로 작성해 url 변수에 저장합니다. { } 안에는 앞에서 선언한 변수를 넣습니다.

❹ requests.get(url)로 서울의 날씨 정보를 요청하고, 응답 메시지를 받아 data 변수에 저장합니다. requests에 빨간색 밑줄이 생기면 Alt + Enter 키를 눌러 requests 모듈을 추가합니다.

❺ 응답 메시지에는 각종 정보와 함께 응답 본문이 실려 있습니다. 응답 본문을 문자열로 추출하는 명령은 .text이므로 print(data.text)로 응답 본문을 출력합니다.

— ch09-날씨데이터수집.py

```python
import requests ------------ ❹ 모듈 자동 추가
api_key = "여기에 복사한 API 키 붙여넣기" --- ❶ API 키 저장
city_name = "Seoul" -------- ❷ 도시명 저장
url = f"https://api.openweathermap.org/data/2.5/weather?q={city_name}
       &appid={api_key}"----- ❸ API 호출 URL 저장
data = requests.get(url) --- ❹ API 요청 및 응답받기
print(data.text) ----------- ❺ 날씨 정보 출력
```

코드를 실행하면 { }로 둘러싸인 결과가 출력됩니다. 이는 키와 값의 쌍으로 이뤄진 원소가 여러 개 모여 있는 딕셔너리 자료형입니다.

실행결과

```
{"coord":{"lon":126.9778,"lat":37.5683},"weather":[{"id":800,"main":"Clear","desc
ription":"clear sky","icon":"01d"}],"base":"stations","main":{"temp":278.89,"fee
ls_like":274.54,"temp_min":278.81,"temp_max":278.91,"pressure":1019,"humidity":28
},"visibility":10000,"wind":{"speed":7.2,"deg":320},"clouds":{"all":0},"dt":17098
64876,"sys":{"type":1,"id":8105,"country":"KR","sunrise":1709848427,"sunset":1709
890334},"timezone":32400,"id":1835848,"name":"Seoul","cod":200}
```

TIP 코드를 실행했을 때 유효하지 않은 API 키라는 메시지가 뜨면서 결과가 제대로 출력되지 않을 수도 있습니다. 이 경우에는 회원 가입을 하고 30분~1시간 정도 지나면 정상적으로 실행됩니다.

실행 결과에서 키가 "name"인 원소의 값을 출력해보겠습니다. 코드의 마지막 줄을 print(data.text["name"])으로 수정하고 실행합니다.

```
data = requests.get(url)
print(data.text["name"])
```

그런데 기대했던 Seoul이 출력되지 않고 자료형 오류(TypeError)가 발생합니다. 응답받은 데이터가 { }로 둘러싸여 있어 딕셔너리 자료형인 줄 알았는데 대체 무슨 일일까요?

실행결과
(중략)
TypeError: string indices must be integers

API 응답 데이터의 표현 형식

API는 요청을 받아 응답 데이터를 보낼 때 문자열 자료형으로 보냅니다. 즉 딕셔너리 자료형인 줄 알았던 데이터가 실은 문자열 자료형이었습니다. API는 이 문자열을 그냥 보내지 않고 특정 형식에 맞게 포장해서 보내는데, 이를 **데이터 포맷**(data format)이라고 합니다. API가 사용하는 대표적인 데이터 포맷은 CSV, XML, JSON이며, 각각의 표현 방식은 다음과 같습니다.

- **CSV**(Comma-Separated Values): 데이터를 쉼표(,)로 구분해 표현합니다.

```
짜장면,짬뽕,탕수육
6000,7000,15000
```

- **XML**(eXtensible Markup Language): 데이터를 사용자가 정의한 태그로 감싸 표현합니다.

```
〈짜장면〉6000〈/짜장면〉
〈짬뽕〉7000〈/짬뽕〉
〈탕수육〉15000〈/탕수육〉
```

- **JSON**(JavaScript Object Notation): {} 안에 키와 값의 쌍을 쉼표로 구분해 표현합니다.

```
{"짜장면":6000, "짬뽕":7000, "탕수육":15000}
```

대부분의 API는 이 세 가지 데이터 포맷 중 하나를 사용합니다. 데이터를 주고받을 때 데이터 포맷을 통일하면 데이터를 다루기가 편해집니다.

9.2.3 자료형 변환하기

다시 실습으로 돌아와, Open Weather Map 사이트에서 API 요청을 보내 응답으로 받은 데이터 포맷은 JSON입니다. {}로 둘러싸여 있어 딕셔너리 자료형 같아 보였지만 정확히 JSON 데이터입니다. 이를 파이썬으로 다루기 위해 딕셔너리 자료형으로 변환합니다.

❶ print(data.text["name"]) 문을 주석 처리합니다.

❷ json.loads()는 JSON 형식의 데이터를 딕셔너리 자료형으로 변환하는 명령입니다. 이 명령으로 자료형을 변환해 data_dict 변수에 저장합니다. json에 빨간색 밑줄이 생기면 Alt + Enter 키를 눌러 json 모듈을 추가합니다.

❸ data_dict를 출력합니다.

ch09-날씨데이터수집.py

```
import json ----------------------- ❷ 모듈 자동 추가
(중략)
data = requests.get(url)
# print(data.text["name"]) ---------- ❶ 주석 처리
data_dict = json.loads(data.text) --- ❷ 자료형 변환
print(data_dict) -------------------- ❸ 출력
```

코드를 실행하면 이전과 똑같은 결과가 출력됩니다. 다만 앞의 데이터는 JSON 데이터이고 지금의 데이터는 딕셔너리 자료형입니다.

실행결과

{'coord': {'lon': 126.9778, 'lat': 37.5683}, 'weather': [{'id': 800, 'main':
'Clear', 'description': 'clear sky', 'icon': '01d'}], 'base': 'stations', 'main':
{'temp': 279.89, 'feels_like': 276, 'temp_min': 278.84, 'temp_max': 279.91,
'pressure': 1018, 'humidity': 33}, 'visibility': 10000, 'wind': {'speed': 6.69,
'deg': 250}, 'clouds': {'all': 0}, 'dt': 1709873392, 'sys': {'type': 1, 'id':
8105, 'country': 'KR', 'sunrise': 1709848427, 'sunset': 1709890334}, 'timezone':
32400, 'id': 1835848, 'name': 'Seoul', 'cod': 200}

9.2.4 필요한 정보만 출력하기

날씨 API로 응답받은 데이터에 들어 있는 원소는 다음과 같습니다.

표 9-1 날씨 API 응답으로 받은 데이터

키	값	설명
'coord'	{'lon': 126.9778, 'lat': 37.5683}	위도 좌푯값, 경도 좌푯값
'weather'	[{'id': 800, 'main': 'Clear', 'description': 'clear sky', 'icon': '01d'}]	현재 날씨
'base'	'stations'	관측소(날씨 정보 출처)
'main'	{'temp': 279.89, 'feels_like': 276, 'temp_min': 278.84, 'temp_max': 279.91, 'pressure': 1018, 'humidity': 33}	현재 기온, 체감 기온, 최저 기온, 최고 기온(단위: 켈빈), 기압, 습도
'visibility'	10000	가시 거리(단위: 미터)
'wind'	{'speed': 6.69, 'deg': 250}	풍속, 풍향
'clouds'	{'all': 0}	구름의 양
'dt'	1709873392	타임스탬프
'sys'	{'type': 1, 'id': 8105, 'country': 'KR', 'sunrise': 1709848427, 'sunset': 1709890334}	일출 시간, 일몰 시간
'timezone'	32400	UTC로부터의 시차(단위: 초)
'id'	1835848	도시명을 나타내는 고유 식별자
'name'	'Seoul'	도시명
'cod'	200	API 응답 코드(200은 정상 처리됐음을 의미)

표에서 음영으로 표시된 정보를 출력해보겠습니다.

❶ print(data_dict) 문은 필요 없으니 주석 처리합니다.

❷ 'name' 키를 이용해 도시명을 가져옵니다.

❸ 'weather' 키를 이용해 현재 날씨를 가져옵니다. 'weather' 키 값([{'id': 800, 'main': 'Clear', 'description': 'clear sky', 'icon': '01d'}])은 [ ]로 둘러싸여 있으므로 리스트입니다. 따라서 data_dict['weather']는 리스트 자체를 가리키고, 바로 뒤에 인덱스 번호를 붙여 data_dict['weather'][0]이라고 하면 리스트 0번 원소를 가져오라는 뜻이 됩니다. 그런데 리스트의 0번 원소는 { }로 둘러싸여 있으므로 딕셔너리 자료형입니다. 따라서 그 뒤에 키를 또 넣으면 원하는 값을 꺼낼 수 있습니다. 현재 날씨가 들어 있는 원소의 키가 'main'이니 data_dict['weather'][0]['main']이라고 작성하면 현재 날씨가 출력됩니다.

❹~❺ 'main' 키를 이용해 현재 기온('temp')과 체감 기온('feels_like')을 가져옵니다. 그런데 기온의 단위가 켈빈이므로 이를 섭씨로 변환하려면 273.15를 빼야 합니다. 계산 결과에는 round( ) 함수를 적용해 소수점 이하를 반올림합니다.

❻ 'main' 키를 이용해 습도('humidity')를 가져옵니다.

❼ 'wind' 키를 이용해 풍속('speed')을 가져옵니다.

---

ch09-날씨데이터수집.py

```
data_dict = json.loads(data.text)
# print(data_dict) --- ❶ 주석 처리
print(f"도시명 : {data_dict['name']}") --- ❷ 도시명 출력
print(f"현재 날씨 : {data_dict['weather'][0]['main']}") --- ❸~❼ 날씨 데이터 출력
print(f"현재 기온 : {round(data_dict['main']['temp'] - 273.15)}도")
print(f"체감 기온 : {round(data_dict['main']['feels_like'] - 273.15)}도")
print(f"습도 : {data_dict['main']['humidity']} %")
print(f"풍속 : {data_dict['wind']['speed']} m/s")
```

코드를 실행하면 현재 서울의 날씨 정보를 받아와 출력합니다.

만약 API를 사용하지 않았다면 기상청 사이트에 들어가 CSS 선택자를 확인하고, bs4 모듈과 selenium 모듈 중에서 무엇을 사용할지 고민하고, 긴 크롤링 코드를 작성해야 했을 것입니다. 하지만 API를 사용하니 간단한 코드로 해결됐습니다.

앞으로 데이터를 수집할 때는 관련 API가 있는지 검색해보세요. 미세먼지 API, 트위터 게시물 API, 도로명 주소 API, 지하철 노선도 API, 포켓몬스터 API, 축구 경기 API 등 별의별 API가 있으니 잘 활용하기 바랍니다.

((◔)) 1분 퀴즈
정답 p. 488

1 다음 foo 변수에서 숫자 100을 꺼내는 방법을 고르세요.

```
foo = {"사과":5, "바나나":[{"a":10, "b":23, "c":34}, {"a":54, "b":48, "c":100}]}
```

① foo["바나나"][2][2]　　　　② foo["바나나"]["c"]

③ foo["바나나"][1]["c"]　　　　④ foo["바나나"]["c"][2]

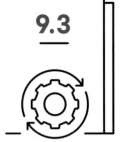

서울시 따릉이
실시간 정보
시각화하기

9.3

서울시 따릉이 사이트(**https://www.bikeseoul.com**)의 [대여소 안내] 메뉴에 들어가면 실시간 대여 정보를 확인할 수 있습니다. 이 정보를 수집하려면 지도를 마우스로 제어해야 하고 클릭해야 할 것도 많아 크롤링 코드를 작성하기가 쉽지 않습니다.

그림 9-10 서울시 따릉이 사이트

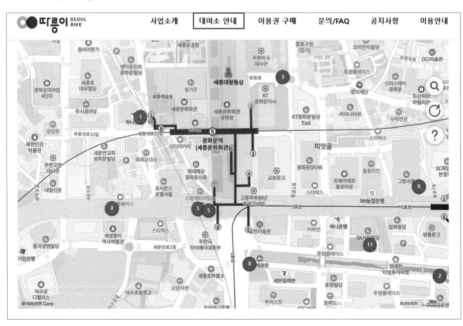

이럴 때는 API가 있는지 검색해봅니다. 구글에서 '서울시 따릉이 API'를 검색하면 서울 열린데 이터광장 사이트의 서울시 공공자전거 실시간 대여정보 링크가 나오는데, 이 링크를 클릭합니다.

그림 9-11 '서울시 따릉이 API' 검색 결과

9.3.1 따릉이 API 키 발급받기

서울시 공공자전거 실시간 대여정보 페이지에서 스크롤을 내려 [인증키 신청] 버튼을 클릭합니다.

그림 9-12 따릉이 API 인증키 신청

로그인 화면이 나타나면 [회원가입]을 클릭해 회원 가입을 진행합니다.

그림 9-13 [회원가입] 클릭

회원 가입 후 로그인을 하고 인증키 신청 화면에 접속합니다. 다음과 같이 약관에 동의하고 내용을 작성한 후 [인증키 신청] 버튼을 클릭합니다.

그림 9-14 인증키 신청 내용 작성

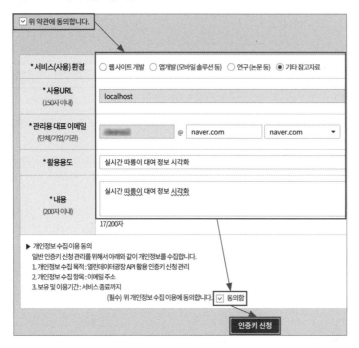

인증키 발급 요청 확인 창에서 [확인] 버튼을 클릭하면 다음 화면이 나타납니다. 여기서 [인증키 복사] 버튼을 클릭한 후 해당 인증키를 복사하고(Ctrl + C) [확인] 버튼을 클릭합니다.

그림 9-15 발급받은 인증키 복사

[pythonStudy] 폴더에 **ch09-따릉이정보시각화.py** 파일을 만들고 다음 코드를 작성한 후, 앞에서 복사한 인증키를 붙여넣습니다.

ch09-따릉이정보시각화.py

```
api_key = "여기에 복사한 인증키 붙여넣기"
```

다시 서울시 공공자전거 실시간 대여정보 사이트(**https://data.seoul.go.kr/dataList/OA-15493/A/1/datasetView.do**)에 접속합니다(서울 열린데이터광장 사이트에서 '서울시 공공자전거 실시간 대여정보'를 검색해 접속할 수도 있습니다). 스크롤을 내리면 샘플 URL이 있는데, 이것은 따릉이 API 호출 URL입니다. URL에는 인증키와 가져올 데이터의 시작 번호, 끝 번호를 기입해야 한다고 나와 있습니다. 서울시의 따릉이 대여소가 6,000개 이상이기 때문에 가져올 대여소 번호를 기입하는 것입니다.

그림 9-16 따릉이 API 호출 URL

샘플 URL

샘플 URL	서울특별시 공공자전거 실시간 대여정보 http://openapi.seoul.go.kr:8088/(인증키)/json/bikeList/1/5/

스크롤을 더 내려보면 따릉이 API에서 제공하는 정보가 있습니다. 각 대여소에 있는 거치대 개수, 대여소 이름, 자전거 주차 총건수, 거치율, 위도, 경도, 대여소 ID 등입니다. 거치율의 단위는 %이며, 예를 들어 한 대여소의 거치대가 10개인데 자전거 8대가 주차돼 있으면 거치율이 80%이고 20대가 주차돼 있으면 거치율이 200%입니다.

그림 9-17 따릉이 API에서 제공하는 정보

출력값

No	출력명	출력설명
공통	list_total_count	총 데이터 건수 (정상조회 시 출력됨)
공통	RESULT.CODE	요청결과 코드 (하단 메세지설명 참고)
공통	RESULT.MESSAGE	요청결과 메시지 (하단 메세지설명 참고)
1	rackTotCnt	거치대개수
2	stationName	대여소이름
3	parkingBikeTotCnt	자전거주차총건수
4	shared	거치율
5	stationLatitude	위도
6	stationLongitude	경도
7	stationId	대여소ID

9.3.2 1~5번 대여소 정보 출력하기

따릉이 API로 1~5번 대여소 정보를 받아와 출력해보겠습니다.

❶ 시작 번호 1과 끝 번호 5를 각각 start_num, end_num 변수에 저장합니다.

❷ 따릉이 사이트에서 샘플 URL을 복사해 url 변수에 저장하고, URL 안의 인증키, 시작 번호, 끝 번호를 수정합니다.

❸ requests.get(url)로 따릉이 데이터를 받아와 data 변수에 저장합니다. requests에 빨간색 밑줄이 생기면 Alt + Enter 키를 눌러 requests 모듈을 추가합니다.

❹ data는 JSON 형태의 데이터이므로 이를 딕셔너리 자료형으로 변환해 data_dict 변수에 저장합니다. json에 빨간색 밑줄이 생기면 Alt + Enter 키를 눌러 json 모듈을 추가합니다.

❺ data_dict 변수를 출력합니다.

ch09-따릉이정보시각화.py

```
import json ------- ❹ 모듈 자동 추가
import requests --- ❸ 모듈 자동 추가
api_key = "여기에 복사한 인증키 붙여넣기"
start_num = 1 ----- ❶ 시작 번호와 끝 번호 저장
end_num = 5
url = f"http://openapi.seoul.go.kr:8088/{api_key}/json/bikeList/
      {start_num}/{end_num}/" ------- ❷ API 호출 URL 저장
data = requests.get(url) ------------ ❸ API 요청 및 응답받기
data_dict = json.loads(data.text) --- ❹ 응답 데이터의 자료형 변환
print(data_dict) -------------------- ❺ 응답 데이터 출력
```

코드를 실행하면 데이터가 한 줄로 길게 나오므로 실행창의 Soft-Wrap 아이콘을 클릭해 자동 행갈이를 합니다. 실행 결과를 보면 딕셔너리 자료형이 너무 복잡한 구조로 돼 있어 알아보기 힘듭니다. 따라서 이러한 형태의 값을 구조적으로 보여주는 사이트를 활용하겠습니다. 실행 결과를 드래그해 복사합니다(Ctrl + C).

그림 9-18 실행 결과

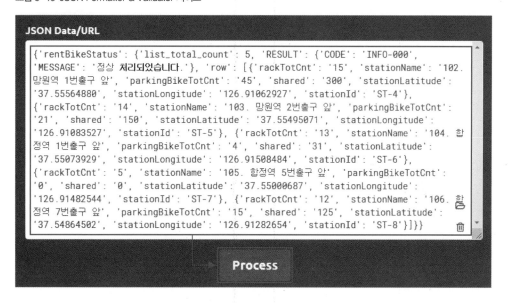

```
C:\Users\gilbut\PycharmProjects\pythonStudy\.venv\Scripts\python.exe         Ctrl + C
C:\Users\gilbut\PycharmProjects\pythonStudy\ch09-따릉이정보시각화.py
{'rentBikeStatus': {'list_total_count': 5, 'RESULT': {'CODE': 'INFO-000', 'MESSAGE': '정상 처리되었습니다
.'}, 'row': [{'rackTotCnt': '15', 'stationName': '102. 망원역 1번출구 앞', 'parkingBikeTotCnt': '45',
'shared': '300', 'stationLatitude': '37.55564880', 'stationLongitude': '126.91062927', 'stationId':
'ST-4'}, {'rackTotCnt': '14', 'stationName': '103. 망원역 2번출구 앞', 'parkingBikeTotCnt': '21',
'shared': '150', 'stationLatitude': '37.55495071', 'stationLongitude': '126.91083527', 'stationId':
'ST-5'}, {'rackTotCnt': '13', 'stationName': '104. 합정역 1번출구 앞', 'parkingBikeTotCnt': '4',
'shared': '31', 'stationLatitude': '37.55073929', 'stationLongitude': '126.91508484', 'stationId':
'ST-6'}, {'rackTotCnt': '5', 'stationName': '105. 합정역 5번출구 앞', 'parkingBikeTotCnt': '0', 'shared':
'0', 'stationLatitude': '37.55000687', 'stationLongitude': '126.91482544', 'stationId': 'ST-7'},
{'rackTotCnt': '12', 'stationName': '106. 합정역 7번출구 앞', 'parkingBikeTotCnt': '15', 'shared': '125',
'stationLatitude': '37.54864502', 'stationLongitude': '126.91282654', 'stationId': 'ST-8'}]}}
```

JSON Formatter & Validator 사이트(**https://jsonformatter.curiousconcept.com**)에 접속
해 편집창에 복사한 코드를 붙여넣고 [Process] 버튼을 클릭합니다.

그림 9-19 JSON Formatter & Validator 사이트

JSON Data/URL

```
{'rentBikeStatus': {'list_total_count': 5, 'RESULT': {'CODE': 'INFO-000',
'MESSAGE': '정상 처리되었습니다.'}, 'row': [{'rackTotCnt': '15', 'stationName': '102.
망원역 1번출구 앞', 'parkingBikeTotCnt': '45', 'shared': '300', 'stationLatitude':
'37.55564880', 'stationLongitude': '126.91062927', 'stationId': 'ST-4'},
{'rackTotCnt': '14', 'stationName': '103. 망원역 2번출구 앞', 'parkingBikeTotCnt':
'21', 'shared': '150', 'stationLatitude': '37.55495071', 'stationLongitude':
'126.91083527', 'stationId': 'ST-5'}, {'rackTotCnt': '13', 'stationName': '104. 합
정역 1번출구 앞', 'parkingBikeTotCnt': '4', 'shared': '31', 'stationLatitude':
'37.55073929', 'stationLongitude': '126.91508484', 'stationId': 'ST-6'},
{'rackTotCnt': '5', 'stationName': '105. 합정역 5번출구 앞', 'parkingBikeTotCnt':
'0', 'shared': '0', 'stationLatitude': '37.55000687', 'stationLongitude':
'126.91482544', 'stationId': 'ST-7'}, {'rackTotCnt': '12', 'stationName': '106. 합
정역 7번출구 앞', 'parkingBikeTotCnt': '15', 'shared': '125', 'stationLatitude':
'37.54864502', 'stationLongitude': '126.91282654', 'stationId': 'ST-8'}]}}
```

Process

화면이 밑으로 이동하며 데이터가 보기 좋게 정렬됩니다. 창 아래의 + 아이콘을 클릭하면 창을
키울 수 있습니다.

그림 9-20 보기 좋게 정리한 JSON 데이터

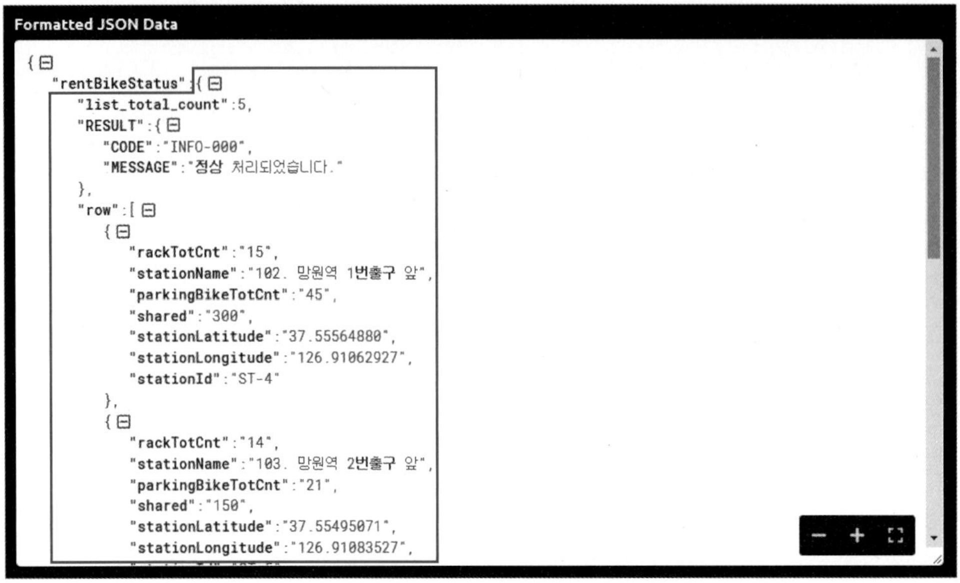

데이터를 정렬하고 보니 딕셔너리 자료형 안에 여러 딕셔너리 자료형이 중첩돼 있습니다. 즉 "rentBikeStatus" 키 값으로 또 다른 딕셔너리가 저장돼 있습니다. 여기서 data_dict["rentBikeStatus"]["row"]는 "row" 키에 저장된 리스트를 가리킵니다. 이 리스트에는 5개 대여소의 정보("ractTotCnt", "stationName", "parkingBikeTotCnt", "shared", "stationLatitude", "stationLongitude", "stationId")가 딕셔너리 자료형으로 들어 있는데, for 문을 사용해 대여서 정보를 출력합니다.

❶ print(data_dict) 문을 주석 처리합니다.

❷ for 문으로 data_dict["rentBikeStatus"]["row"] 리스트의 원소 수만큼 반복합니다.

❸ 'stationName' 키로 대여소 이름을 가져옵니다.

❹ 'parkingBikeTotCnt' 키로 현재 주차 대수를 가져옵니다.

❺ 'shared' 키로 거치율을 가져옵니다.

❻ 'stationLatitude' 키와 'stationLongitude' 키로 대여소의 위도와 경도 좌푯값을 가져옵니다.

❼ 대여소 하나를 출력할 때마다 구분선을 넣습니다.

```
data_dict = json.loads(data.text)
# print(data_dict) --- ❶ 주석 처리
for row in data_dict["rentBikeStatus"]["row"]: ---- ❷ 대여소 수만큼 반복
    print(f"대여소 이름 : {row['stationName']}") ---- ❸ 대여소 이름 출력
    print(f"현재 주차 대수 : {row['parkingBikeTotCnt']}") --- ❹ 주차 대수 출력
    print(f"거치율 : {row['shared']} %") ----------- ❺ 거치율 출력
    print(f"위도/경도 좌푯값 : {row['stationLatitude']}/
        {row['stationLongitude']}") ------------ ❻ 위도, 경도 출력
    print("--------------------------------") --- ❼ 구분선 출력
```

코드를 실행하면 5개 대여소의 정보가 출력됩니다.

실행결과

```
대여소 이름 : 102. 망원역 1번출구 앞
현재 주차 대수 : 44
거치율 : 293 %
위도/경도 좌푯값 : 37.55564880/126.91062927
--------------------------------
(중략)
```

9.3.3 모든 대여소 정보 출력하기

서울시의 따릉이 API에서 한 번에 받아올 수 있는 데이터의 수는 최대 1,000개입니다. 즉
start_num이 1이면 end_num은 1000을 넘을 수 없습니다. 정말 그런지 확인해봅시다.

❶ end_num의 숫자를 1001로 수정합니다.

❷ print(data_dict) 문을 주석 처리한 것을 해제합니다.

❸ for 문 이하 문장을 모두 삭제합니다.

```
end_num = 1001 ---- ❶ 수정
(중략)
print(data_dict) --- ❷ 주석 해제
```

```
for row in data_dict["rentBikeStatus"]["row"]: --- ❸ for 문 삭제
    print(f"대여소 이름 : {row['stationName']}")
    print(f"현재 주차 대수 : {row['parkingBikeTotCnt']}")
    print(f"거치율 : {row['shared']} %")
    print(f"위도/경도 좌푯값 : {row['stationLatitude']}/
        {row['stationLongitude']}")
    print("---------------------------------")
```

코드를 실행하면 1,000긴이 넘는 데이터 요청을 처리할 수 없다는 메시지가 출력됩니다.

실행결과
```
{'RESULT': {'CODE': 'ERROR-336', 'MESSAGE': '데이터요청은 한번에 최대 1,000건을 넘을
수 없습니다.\n요청종료위치에서 요청시작위치를 뺀 값이 1000을 넘지 않도록 수정하세요.'}}
```

또한 start_num에 마지막 대여소 번호를 넘어선 숫자를 기입하면 다음과 같은 오류 메시지가
출력됩니다. 예를 들어 마지막 대여소 번호가 6998인데 start_num을 6999 혹은 그 이상으로
설정해 데이터를 요청하면 오류 메시지가 출력됩니다.

————————————————— ch09-따릉이정보시각화.py
```
api_key = "여기에 복사한 인증키 붙여넣기"
start_num = 6999
end_num = 7000
```

실행결과
```
{'CODE': 'INFO-200', 'MESSAGE': '해당하는 데이터가 없습니다.'}
```

서울시의 모든 따릉이 데이터를 가져오기 위해 무한 반복문을 사용해 더 이상 받아올 데이터가
없을 때까지 데이터를 출력합니다.

❶ num 변수를 만들고 0으로 초기화합니다.

❷ while True:로 무한 반복문을 작성합니다.

❸ 1~1000번 데이터를 받아오고, 그다음으로 1001~2000번, 그다음으로 2001~3000번,
   … 데이터를 받아오기 위해 수식 start_num = 1 + 1000 * num과 end_num = 1000 + 1000
   * num을 작성합니다(num이 0일 때는 1~1000, 1일 때는 1001~2000이 됩니다).

❹ data_dict의 키 값 중 "MESSAGE"가 있는지 확인하고, 키 값이 "해당하는 데이터가 없습니다."이면 더 이상 받아올 데이터가 없다는 뜻이므로 무한 반복문을 탈출합니다(break). "해당하는 데이터가 없습니다."를 작성할 때는 오타가 없도록 주의하고 띄어쓰기와 마침표도 정확히 입력합니다.

❺ 삭제했던 for 문의 출력문을 다시 작성합니다.

❻ for 문을 빠져나오면 무한 반복문의 다음 반복을 위해 num 변수를 1 증가시킵니다.

❼ 무한 반복문 바깥의 print(data_dict) 문은 필요 없으니 삭제합니다.

ch09-따릉이정보시각화.py

```python
api_key = "여기에 복사한 인증키 붙여넣기"
num = 0 ------- ❶ num 변수 초기화
while True: --- ❷ 무한 반복문 작성
    start_num = 1 + 1000 * num --- ❸ 시작 번호와 끝 번호 지정
    end_num = 1000 + 1000 * num
    url = f"http://openapi.seoul.go.kr:8088/{api_key}/json/bikeList/
        {start_num}/{end_num}/"
    data = requests.get(url)
    data_dict = json.loads(data.text)
    if "MESSAGE" in data_dict.keys(): --- ❹ 무한 반복문 종료 조건 작성
        if data_dict["MESSAGE"] == "해당하는 데이터가 없습니다.":
            break
    for row in data_dict["rentBikeStatus"]["row"]: --- ❺ 출력문 작성
        print(f"대여소 이름 : {row['stationName']}")
        print(f"현재 주차 대수 : {row['parkingBikeTotCnt']}")
        print(f"거치율 : {row['shared']} %")
        print(f"위도/경도 좌푯값 : {row['stationLatitude']}/
            {row['stationLongitude']}")
        print("--------------------------------")
    num += 1 ------- ❻ num 변수 1 증가
print(data_dict) --- ❼ 삭제
```

코드를 실행하면 전체 따릉이 대여소 정보가 출력됩니다.

9.3.4 따릉이 데이터 시각화하기

이렇게 수집한 따릉이 대여소 정보를 지도에 시각화해봅시다. 파이썬의 대표적인 지도 시각화 모듈은 folium(폴리움)과 pydeck(파이덱)입니다.

그림 9-21 시각화 모듈

(a) folium 모듈

(b) pydeck 모듈

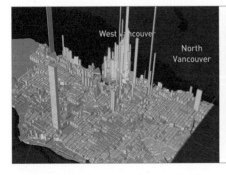

둘 중 어느 것을 사용해도 상관없지만 여기서는 pydeck 모듈을 사용하겠습니다. pydeck 공식 사이트(**https://deckgl.readthedocs.io/en/latest**)에 접속하면 pydeck 모듈을 이용해 만들 수 있는 지도 타입과 예제 코드를 확인할 수 있습니다. 이 실습에서는 여러 지도 타입 중 Scatter plot(스캐터 플롯)을 사용합니다. 대여소의 위치를 원으로 표시하고 거치율에 따라 원의 색깔을 다르게 해 따릉이 대여소의 실시간 정보를 보여줍니다.

그림 9-22 Scatter plot 지도 타입

데이터프레임에 대여소 정보 저장하기

pydeck 모듈을 사용하려면 모든 데이터를 **데이터프레임**(dataframe)이라는 자료형으로 저장해야 합니다. 데이터프레임은 데이터를 표 형태로 저장한 것으로, 첫 행에는 제목인 **헤더**(header)가 있고, 첫 열에는 **인덱스**(index)라 부르는 번호가 0부터 매겨져 있습니다. 데이터프레임은 대량의 데이터를 다룰 때 사용하며, **12장 엑셀 자동화 기본기 익히기**에서 자세히 다루겠습니다.

그림 9-23 데이터프레임의 예

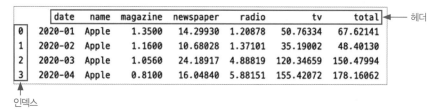

모든 데이터를 데이터프레임에 저장하는 코드를 작성합니다.

❶ 지도 시각화에 필요한 pandas(판다스) 모듈과 pydeck 모듈을 불러옵니다. 그런데 둘 다 설치돼 있지 않아 빨간색 밑줄이 생깁니다. 실행창의 Python Packages로 가서 pandas 모듈

(2.1.1 버전)과 pydeck 모듈(0.8.0 버전)을 설치합니다.

❷ 딕셔너리 자료형의 변수 bike_dict를 만들고 빈 리스트를 가진 6개의 키, 즉 "rackTotCnt"
(거치대 개수), "stationName"(대여소 이름), "parkingBikeTotCnt"(자전거 주차 총건수),
"shared"(거치율), "latitude"(위도), "longitude"(경도)를 정의합니다.

❸ for 문으로 대여소 정보를 가져오면서 그 아래에 bike_dict 딕셔너리의 각 키가 가리키는
리스트에 대여소 정보를 추가합니다.

❹ 무한 반복문을 빠져나와 pd.DataFrame( ) 명령으로 bike_dict의 자료형을 딕셔너리에서 데
이터프레임으로 변환해 df 변수에 저장합니다.

❺ df.to_string( ) 명령으로 df에 저장된 내용을 문자열로 변환해 출력합니다.

─── **ch09-따릉이정보시각화.py**

```
import requests
import pandas as pd --- ❶ 모듈 불러오기
import pydeck as pdk
api_key = "여기에 복사한 인증키 붙여넣기"
num = 0
bike_dict = {"rackTotCnt":[], "stationName":[], --- ❷ 딕셔너리 정의
             "parkingBikeTotCnt":[], "shared":[],
             "latitude":[], "longitude":[]}
while True:
    (중략)
    for row in data_dict["rentBikeStatus"]["row"]:
        (중략)
        print("--------------------------------")  ┌ ❸ 딕셔너리에 정보 저장
        bike_dict["rackTotCnt"].append(int(row["rackTotCnt"]))
        bike_dict["stationName"].append(row["stationName"])
        bike_dict["parkingBikeTotCnt"].append(int(row["parkingBikeTotCnt"]))
        bike_dict["shared"].append(int(row["shared"]))
        bike_dict["latitude"].append(float(row["stationLatitude"]))
        bike_dict["longitude"].append(float(row["stationLongitude"]))
    num += 1
df = pd.DataFrame(bike_dict) --- ❹ 딕셔너리에서 데이터프레임으로 자료형 변환
print(df.to_string()) ---------- ❺ 문자열 데이터 출력
```

코드를 실행하면 모든 대여소 정보가 표 형태로 출력됩니다.

그림 9-24 표 형태로 출력된 대여소 정보

```
대여소 이름 : 6172. 가양5단지아파트
현재 주차 대수 : 13
거치율 : 130 %
위도/경도 좌표값 : 37.56447983 / 126.85464478
---------------------------------
     rackTotCnt            stationName  parkingBikeTotCnt  shared  latitude  longitude
0            15      102. 망원역 1번출구 앞                  48     320  37.555649  126.910629
1            14      103. 망원역 2번출구 앞                  18     129  37.554951  126.910835
2            13      104. 합정역 1번출구 앞                   7      54  37.550739  126.915085
3             5      105. 합정역 5번출구 앞                   1      20  37.550007  126.914825
4            12      106. 합정역 7번출구 앞                   3      25  37.548645  126.912827
5             5      107. 신한은행 서교동지점                 13     260  37.557510  126.918503
```

대여소 정보 시각화하기

데이터프레임으로 변환한 대여소 정보를 pydeck 모듈로 시각화합니다.

❶ pdk.Layer()는 Scatter plot 타입의 지도를 그리는 명령으로, 결과를 layer 변수에 저장합니다. 첫 번째 인자에는 지도 타입을, 두 번째 인자에는 지도로 그릴 데이터가 들어 있는 데이터프레임을, 세 번째 인자에는 원을 표시할 위도와 경도를, 네 번째 인자에는 원의 색상을, 다섯 번째 인자에는 원의 크기를 설정하고, 여섯 번째 인자는 원에 마우스 커서를 갖다 댔을 때의 감지 여부를 True로 설정합니다.

❷ mean()은 데이터프레임의 행/열 값 평균을 구하는 명령입니다. df["latitude"].mean()으로 위도 좌푯값의 평균을 구하고, df["longitude"].mean()으로 경도 좌푯값의 평균을 구해 각각 lat_center, lon_center 변수에 저장합니다.

❸ 전 세계가 아닌 서울을 중심으로 지도를 출력하기 위해 pdk.ViewState() 명령을 사용해 위도, 경도 좌푯값을 초기 뷰(initial_view) 값으로 설정합니다.

❹ pdk.Deck()은 앞에서 만든 레이어, 뷰 정보와 원에 마우스 커서를 갖다 댔을 때 보여줄 툴팁을 추가해 지도로 출력하는 명령입니다. pdk.Deck()으로 지도를 만들어 map에 저장합니다.

❺ map.to_html("./seoul_bike.html") 명령으로 이 지도를 현재 프로그램이 있는 폴더 내에 **seoul_bike.html** 파일로 저장합니다.

❻ 새로 만든 HTML 파일을 자동으로 여는 코드를 추가합니다(이 코드는 자주 사용되니 필요할 때마다 복사해 사용하세요). os, platform, webbrowser에 빨간색 밑줄이 생기면 Alt + Enter 키를 눌러 os, platform, webbrowser 모듈을 추가합니다.

ch09-따릉이정보시각화.py

```python
import json
import os --- ❻ 모듈 자동 추가
import platform
import webbrowser
(중략)
print(df.to_string())
# Scatter plot 그리기
layer = pdk.Layer( --- ❶ 지도 타입 설정
    "ScatterplotLayer",
    df,
    get_position = ["longitude", "latitude"],
    get_fill_color = ["255", "255", "255"],
    get_radius = "60",
    pickable = True,
)
# 서울의 중심점 좌표 구해 지도 만들기
lat_center = df["latitude"].mean() --- ❷ 위도, 경도 좌푯값 평균 구하기
lon_center = df["longitude"].mean()
initial_view = pdk.ViewState(latitude=lat_center, longitude=lon_center,
                zoom=10) --- ❸ 지도 초기 뷰 설정          ┌ ❹ 지도 만들기
map = pdk.Deck(layers=[layer], initial_view_state=initial_view, tooltip=
    {"text":"대여소 : {stationName}\n현재 주차 대수 : {parkingBikeTotCnt}"})
map.to_html("./seoul_bike.html") --- ❺ 지도를 HTML 파일로 저장
# 자동으로 HTML 파일 열기
ap = os.path.abspath("./seoul_bike.html") --- ❻ HTML 파일 열기
if platform.system() == "Windows":
    webbrowser.open('file:///' + ap.replace('\\', '/')) # 윈도우
else:
    webbrowser.open("file://" + ap) # 맥OS
```

코드를 실행하면 웹 브라우저가 자동으로 열리고 다음과 같은 지도가 나타납니다(지도의 컬러 이미지는 예제 소스의 [source]−[9장따릉이이미지] 폴더 혹은 그림 제목 옆 링크에서 확인할 수 있습니다).

마우스로 드래그해 지도를 움직일 수 있고, 휠을 위아래로 굴리면 줌인·줌아웃도 가능합니다. 마우스 오른쪽 버튼을 누른 상태로 드래그하면 지도가 회전하고, 대여소 위치를 나타내는 원에 마우스 커서를 갖다 대면 해당 대여소의 정보가 뜹니다.

그림 9-26 대여소 정보 확인(github.com/gilbutITbook/080363 접속-[source]-[9장따릉이이미지] 클릭)

지도 업그레이드하기

한 걸음 더 나아가 거치율에 따라 원의 색상을 다르게 만들겠습니다. 색상값은 pdk.Layer()의 get_fill_color 인자에서 설정하는데, 현재 이 값은 ["255", "255", "255"]입니다. 이는 색상을 R(Red), G(Green), B(Blue)로 나타낸 것으로, 각각에 0~255가 들어갑니다.

R, G, B 색상값을 조합하면 수많은 색상을 만들 수 있습니다. 예를 들어 ["255", "0", "0"]은 빨간색이고, ["255", "0", "255"]는 빨간색과 파란색이 섞인 보라색입니다. 현재 값인 ["255", "255", "255"]는 흰색인데, ["255", "255-shared", "255"]와 같이 수식을 넣으면 shared(거치율)에 따라 색상이 변합니다. 거치율이 255에 가까울수록 보라색이 되고, 0에 가까울수록 흰색이 됩니다. 코드에서 ["255", "255", "255"]를 ["255-shared", "255-shared", "255"]로 바꿉니다.

ch09-따릉이정보시각화.py

```
layer = pdk.Layer(
    (중략)
    get_fill_color = ["255-shared", "255-shared", "255"],
```

코드를 실행하면 자전거가 많이 주차된 곳은 R과 G의 값이 줄어들어 진한 파란색이 됩니다. 또한 자전거가 많이 주차되지 않은 곳은 R과 G의 값에 큰 변화가 없기 때문에 흰색으로 표시됩니다.

그림 9-27 거치율에 따라 달라진 원의 색상(github.com/gilbutITbook/080363 접속-[source]-[9장따릉이이미지] 클릭)

이어서 shared(거치율)에 따라 원의 크기를 조절해보겠습니다. 원의 크기는 pdk.Layer()의 get_radius 인자에서 설정합니다. 현재 원의 크기가 "60"으로 설정돼 있는데, 이 값을 "60 * shared / 100"으로 바꿉니다.

ch09-따릉이정보시각화.py

```
layer = pdk.Layer(
    (중략)
    get_radius = "60 * shared / 100",
```

코드를 실행하면 거치율에 따라 원의 크기가 달라집니다.

그림 9-28 거치율에 따라 달라진 원의 크기(github.com/gilbutITbook/080363 접속-[source]-[9장따릉이이미지] 클릭)

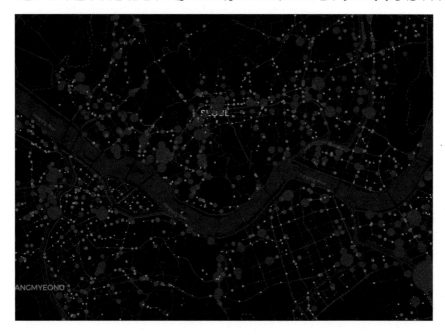

이렇게 지도의 스타일을 바꾸면 흥미로운 결과를 얻을 수 있습니다. 출근 시간에는 강남, 종로, 여의도 쪽에 파란색 원이 몰려 있고, 퇴근 시간에는 서울 외곽에 파란색 원이 몰려 있습니다. 또한 날이 좋은 봄, 가을 주말에는 한강변을 따라 파란색 원이 몰려 있고, 축제가 열리는 동네에는 큰 원이 생깁니다. 이러한 결과물을 직접 만들었다는 것이 새삼 신기하지 않나요? 이 절에서 배운 API 사용법과 지도 시각화를 이용하면 서울시 인구 통계 시각화, 로또 명당 시각화, 상권 분석, 전염병 확진자 이동 경로 분석 등 다양한 정보를 시각화할 수 있습니다.

정답 p. 488

2 서울시 따릉이 API에서 제공하는 정보가 <u>아닌</u> 것을 고르세요.

① 대여소의 이름

② 대여소의 위도, 경도 좌푯값

③ 대여소에 주차된 자전거의 수

④ 이동 중인 따릉이의 실시간 위치 좌푯값

뉴스 기사 요약해 음성으로 변환하기

각 기업이 가진 정보를 제공하는 API가 있습니다. 예를 들어 카카오 API 사이트에서는 카카오톡, 카카오내비, 카카오스토리, KoGPT(한국어 버전 GPT)와 관련된 정보를 API로 제공받을 수 있습니다. 주요 기업의 API 사이트는 다음과 같습니다.

- **카카오 API:** https://developers.kakao.com/product

- **네이버 API:** https://www.ncloud.com/product

- **한국전자통신연구원(ETRI) API:** https://aiopen.etri.re.kr/serviceList

- **구글 API:** https://cloud.google.com/apis?hl=ko

- **유튜브 API:** https://developers.google.com/youtube/v3?hl=ko

- **X(트위터) API:** https://developer.twitter.com/en/docs/twitter-api

- **메타(페이스북) API:** https://developers.facebook.com/docs?locale=ko_KR

이 중에서는 네이버 API를 이용해 뉴스 기사를 요약하고 음성으로 변환하는 프로그램을 만들어 봅시다.

9.4.1 뉴스 기사 수집하기

중앙일보 사이트의 경제 코너(**https://www.joongang.co.kr/money**)에서 '경제 많이 본 기사'를 수집하겠습니다.

그림 9-29 중앙일보의 '경제 많이 본 기사'

이 실습에서는 newspaper 모듈을 사용합니다. newspaper 모듈은 뉴스 기사를 수집·분석하고 기사 본문의 텍스트와 이미지를 추출합니다. 또한 기사 본문의 기자 이름, 이메일 주소 등과 같은 불필요한 정보와 불규칙한 문단 구분, 여백 등을 보기 좋게 가공합니다.

newspaper 모듈은 newspaper3k 모듈을 설치해야 사용할 수 있습니다. 실행창의 Python Packages로 가서 newspaper3k 모듈(0.2.8 버전)을 설치합니다.

그림 9-30 newspaper3k 모듈 설치하기

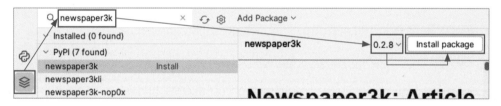

실습에는 HTML 문서를 분석하고 정제하는 lxml-html-clean 모듈도 필요하므로 같은 방법으로 lxml-html-clean 모듈(0.1.1 버전)도 설치합니다.

[pythonStudy] 폴더에 **ch09-뉴스기사요약.py** 파일을 만들고 다음 코드를 입력합니다.

❶ bs4 모듈로 기본 크롤링 코드를 작성합니다. requests와 BeautifulSoup에 빨간색 밑줄이 생기면 `Alt` + `Enter` 키를 눌러 requests와 bs4 모듈의 BeautifulSoup 명령을 추가합니다.

❷ '경제 많이 본 기사'의 제목에 해당하는 CSS 선택자를 확인합니다("ul.card_right_list. rank_list h2.headline > a"). 이 선택자를 이용해 웹 페이지에서 제목 요소를 모두 가져와 title_list 변수에 저장합니다. 이 선택자의 href 속성에는 기사 본문 링크가 들어 있으니 기사 본문 URL도 확보한 셈입니다.

그림 9-31 기사 제목의 CSS 선택자

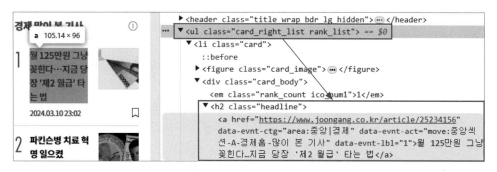

❸ 기사 제목을 띄우기 위해 for 문을 돌며 title_list에서 인덱스와 원소를 가져와 출력합니다.

❹ 본문 내용을 수집할 기사 번호를 입력받아 user_choice 변수에 저장합니다.

❺ 선택한 기사의 제목 요소를 가져와 user_item 변수에 저장합니다.

❻ 제목 요소에서 내용을 가져와 news_title 변수에 저장하고, 제목 요소에서 href 속성값을 가져와 news_link 변수에 저장합니다.

❼ newspaper 모듈의 Article()은 기사 본문을 수집하는 명령입니다. 첫 번째 인자에는 수집할 기사 본문의 URL을 넣고, 두 번째 인자로 기사 본문의 언어를 지정합니다. 여기서는 news_link에서 한국어(ko)로 된 기사 본문을 수집해 article 변수에 저장합니다. Article에 빨간색 밑줄이 생기면 [Alt]+[Enter] 키를 눌러 newspaper 모듈의 Article 명령을 추가합니다.

❽ article.download()로 기사 본문을 내려받고, article.parse()로 기사 본문을 구문 분석해 기사 제목, 내용, 작성자, 발행 날짜 등의 정보를 추출합니다.

❾ article.text로 기사 본문 텍스트를 문자열로 반환해 출력합니다.

ch09-뉴스기사요약.py

```python
import requests ----------------- ❶ 모듈 자동 추가
from bs4 import BeautifulSoup --- ❶ 모듈 자동 추가
from newspaper import Article --- ❼ 모듈 자동 추가
code = requests.get("https://www.joongang.co.kr/money") ------ ❶ 크롤링 코드 작성
soup = BeautifulSoup(code.text, "html.parser")                ┌ ❷ 기사 제목 가져오기
title_list = soup.select("ul.card_right_list.rank_list h2.headline > a")
# 기사 제목 띄우기
print("            [ 중앙일보 경제 뉴스 ]              ") --- ❸ 기사 제목 출력
```

```
for index, title in enumerate(title_list):
    print(f"{index+1} - {title.text.strip()}")
print("-----------------------------------------------")
# 수집할 기사 선택
user_choice = int(input("확인할 뉴스를 선택하세요 >> ")) --- ❹ 기사 선택
# 선택한 기사의 본문 링크 가져오기
user_item = title_list[user_choice-1] --------- ❺ 선택한 기사 제목 요소 가져오기
news_title= user_item.text -------------------- ❻ 기사 제목, 본문 링크 저장
news_link = user_item.attrs["href"]
# newspaper 모듈로 기사 본문 가공 및 출력
article = Article(news_link, language='ko') --- ❼ 기사 본문 수집
article.download() ------------- ❽ 기사 본문 다운로드 및 추출
article.parse()
news_content = article.text --- ❾ 문자열로 본문 출력
print(news_content)
```

코드를 실행하면 기사 제목에 이어, 본문 내용을 확인하고 싶은 기사 번호를 선택하라는 입력 상자가 나타납니다. 1~5번 중 원하는 숫자를 입력하면 본문을 수집해 가공한 결과가 출력됩니다.

실행결과

```
[ 중앙일보 경제 뉴스 ]
1 - 월 125만원 그냥 꽂힌다…지금 당장 '제2 월급' 타는 법
(중략)
-----------------------------------------------
확인할 뉴스를 선택하세요 >> 1
국내 상품도 있다, 월배당 ETF의 세계
(중략)
```

9.4.2 문서 요약 API 키 발급받기

수집한 기사 본문을 요약하기 위해 네이버 문서 요약 API 사이트(**https://www.ncloud.com/product/aiService/clovaSummary**)에 접속합니다. 스크롤을 내리면 요금 정보가 있습니다. 요금은 API를 호출하는 횟수에 따라 월 1,000회 이하는 무료이고 월 1,000회를 넘어서면 호출당 2원이 부과됩니다.

그림 9-32 네이버 문서 요약 API 요금 정보

구분	과금 구간	과금 기준	요금
이용 횟수(호출)당 요금	1,000회 이하	호출당	무료
이용 횟수(호출)당 요금	1,000회 초과	호출당	2 원

(VAT 별도)

문서 요약 API 키를 발급받기 위해 회원 가입을 합니다. 오른쪽 상단의 [회원 가입]을 클릭한 후
다음 화면에서 [네이버로 간편 가입하기] 버튼을 클릭해 가입을 진행합니다.

그림 9-33 회원 가입

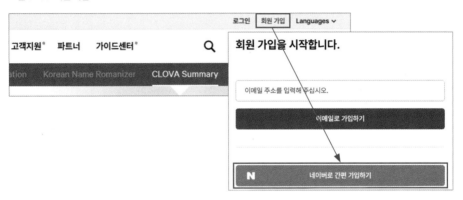

회원 가입이 완료되면 오른쪽 상단의 [결제수단등록]을 클릭한 후 다음 화면에서 [결제 수단 등
록] 버튼을 클릭합니다.

그림 9-34 결제 수단 등록

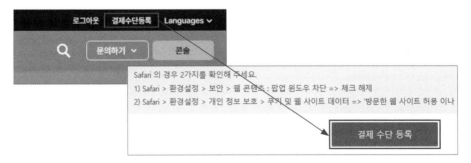

안내에 따라 결제 수단을 등록합니다. 결제 수단을 등록한다고 해서 비용이 청구되는 것은 아닙
니다. 과도한 비용 청구를 방지하기 위해 사용량 한도를 설정할 것이니 걱정하지 마세요.

API 키를 신청하기 위해 네이버 API 콘솔 페이지(**https://console.ncloud.com/naver-service/application**)에 접속합니다(**ncloud.com** 페이지 오른쪽 상단의 [콘솔] 버튼을 클릭해 [AI·NAVER API]–[Application] 메뉴를 선택해도 됩니다). 페이지 하단의 [+ Application 등록] 버튼을 클릭하고 AI·Naver API 이용 약관에 동의한 후 [확인] 버튼을 클릭합니다.

그림 9-35 Application 등록 1

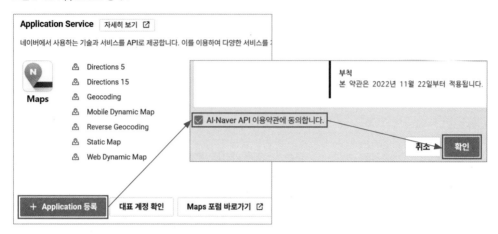

Application 이름에 **SummaryAPI**를 입력하고 [CLOVA Summary]에 체크한 후 [등록] 버튼을 클릭합니다.

그림 9-36 Application 등록 2

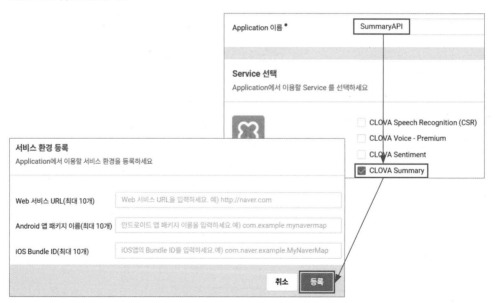

과도한 비용이 발생하지 않도록 사용량 한도를 설정하기 위해 [한도 및 알림 설정]을 클릭합니다.

그림 9-37 한도 및 알림 설정 1

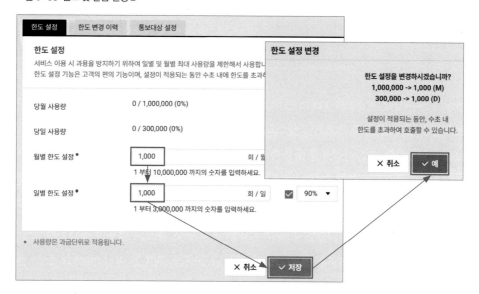

한 달에 1,000건을 무료로 사용할 수 있으니 정확히 1,000회로 사용량을 제한합니다. 이렇게 하면 과금을 걱정하지 않아도 됩니다. 한도를 입력할 때는 일별 한도 설정에 **1000**을 먼저 입력하고 월별 한도 설정에 **1000**을 입력한 후 [저장] 버튼을 클릭합니다. 한도 설정 변경 창이 뜨면 [예] 버튼을 클릭합니다.

그림 9-38 한도 및 알림 설정 2

TIP 만약 1,000회가 부족하다면 언제든지 한도를 늘릴 수 있습니다. 다만 1,001회부터 건당 2원이 부과됩니다.

사용량 한도를 설정했으면 [인증 정보]를 클릭합니다.

그림 9-39 인증 정보 설정

Client ID와 Client Secret을 복사해 임시로 메모장에 붙여넣고 [확인] 버튼을 클릭합니다.

그림 9-40 인증 정보 복사

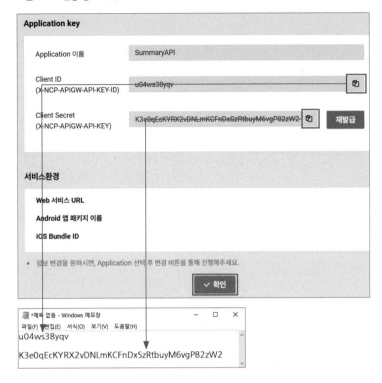

ch09-뉴스기사요약.py 파일로 돌아와, 발급받은 Client ID를 client_id 변수에, Client Secret을 client_secret 변수에 저장하는 코드를 맨 아래에 작성합니다.

ch09-뉴스기사요약.py

```
print(news_content)
client_id = "여기에 client id 넣기"
client_secret = "여기에 client secret 넣기"
```

9.4.3 뉴스 기사 요약하기

문서 요약 API 키를 발급받았으니 이 API를 사용해 뉴스 기사를 요약해봅시다. 그 전에 이해를 돕기 위해 **6.2.2절 웹 페이지의 동작 원리**에서 배웠던 내용을 떠올려보세요. 클라이언트와 서버는 요청 메시지와 응답 메시지를 주고받으며 통신한다고 설명했는데, API 호출도 이와 마찬가지입니다. 클라이언트가 API 요청 메시지를 보내면 서버가 이를 받아 처리한 후 응답 메시지를 반환합니다. 요청 메시지와 응답 메시지는 각각 헤더와 본문으로 구성되며, 헤더에는 요청과 관련된 각종 정보가 담기고 본문에는 실제 전송되는 데이터가 담깁니다.

그림 9-41 API 호출 시 주고받는 메시지

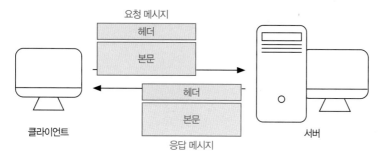

다시 실습으로 돌아와, 문서 요약 API의 설명서를 살펴보기 위해 네이버 문서 요약 API 설명서 (https://api.ncloud-docs.com/docs/ai-naver-clovasummary-api)에 접속합니다. 여기서 눈여겨봐야 할 것은 요청, 요청 헤더, 요청 바디/DocumentObject/OptionObject입니다(여기서는 '요청 바디'를 '요청 본문'으로 지칭하겠습니다).

- **요청:** API 호출 URL입니다.

- **요청 헤더:** API 호출 시 요청 헤더에 들어가는 내용입니다.

- **요청 본문/DocumentObject/OptionObject:** API 호출 시 요청 본문에 들어가는 내용입니다.

그림 9-42 문서 요약 API 설명서

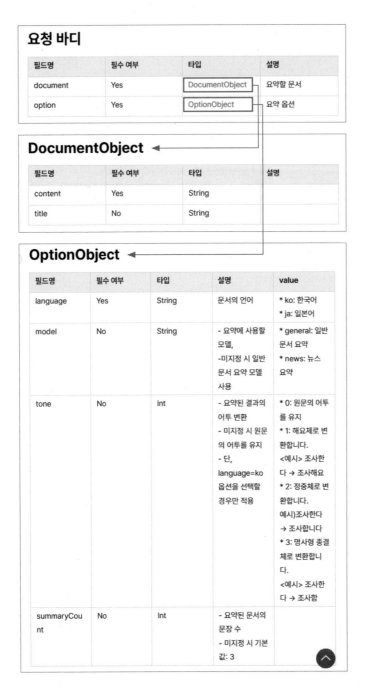

요청 바디

필드명	필수 여부	타입	설명
document	Yes	DocumentObject	요약할 문서
option	Yes	OptionObject	요약 옵션

DocumentObject

필드명	필수 여부	타입	설명
content	Yes	String	
title	No	String	

OptionObject

필드명	필수 여부	타입	설명	value
language	Yes	String	문서의 언어	* ko: 한국어 * ja: 일본어
model	No	String	- 요약에 사용할 모델, -미지정 시 일반 문서 요약 모델 사용	* general: 일반 문서 요약 * news: 뉴스 요약
tone	No	Int	- 요약된 결과의 어투 변환 - 미지정 시 원문의 어투를 유지 - 단, language=ko 옵션을 선택할 경우만 적용	* 0: 원문의 어투를 유지 * 1: 해요체로 변환합니다. <예시> 조사한다 → 조사해요 * 2: 정중체로 변환합니다. 예시)조사한다 → 조사합니다 * 3: 명사형 종결체로 변환합니다. <예시> 조사한다 → 조사함
summaryCount	No	Int	- 요약된 문서의 문장 수 - 미지정 시 기본값: 3	

이러한 항목은 다음 형식에 따라 문서 요약 API를 호출할 때 사용됩니다. 즉 요청 헤더는 ❶번을 작성할 때, 요청 본문/DocumentObject/OptionObject는 ❷번을 작성할 때, 요청은 ❸번을 작성할 때 사용합니다. 이렇게 작성한 ❶, ❷, ❸번은 ❹번의 문서 요약 API를 호출하면서

인자로 보내고 그 결과를 응답받습니다.

```
형식 | headers = { --- ❶ API 호출 시 요청 헤더 정의
            "X-NCP-APIGW-API-KEY-ID": 앱 등록 시 발급받은 Client ID,
            "X-NCP-APIGW-API-KEY": 앱 등록 시 발급 받은 Client Secret,
            "Content-Type": "application/json"
        }
        data = { ------ ❷ API 호출 시 요청 본문(DocumentObject, OptionObject) 정의
            "document": {          # 기사 제목과 본문 저장
                "title": 뉴스 기사 제목,
                "content": 뉴스 기사 본문
            },
            "option": {            # 문서 요약 옵션 설정
                "language": "ko",  # 문서의 언어(ko는 한국어)
                "model": "news",   # 요약에 사용할 모델(news는 뉴스 요약)
                "tone": 2,         # 요약된 결과의 어투(2는 정중체)
                "summaryCount": 3  # 요약된 문서의 문장 수
            }
        }                              ┌ ❸ API 호출 URL 저장
        url = https://naveropenapi.apigw.ntruss.com/text-summary/v1/summarize
                                       ┌ ❹ 문서 요약 호출 및 응답받기
        response = requests.post(url, data=json.dumps(data), headers=headers)
```

문서 요약 API 호출 형식을 확인했으니 코드에 이 형식을 적용하겠습니다. 그런데 그 전에 처리해야 할 일이 있습니다. 기사 본문을 요약해달라고 요청할 때 보내는 문자열의 글자 수가 2,000자로 제한되기 때문에, 만약 기사 제목과 본문의 글자 수가 2,000자를 넘으면 오류가 발생합니다. 보통 기사 제목은 100자를 넘지 않으니 기사 본문을 1,900자 정도에서 자르고, 제목과 본문을 합쳐 2,000자가 넘지 않게 하겠습니다. news_content의 길이가 1900을 넘으면 문자열 슬라이싱으로 1900 미만까지 자르는 코드를 추가합니다.

ch09-뉴스기사요약.py

```python
print(news_content)
# news_content의 글자 수를 1900자로 자르기
if len(news_content) >= 1900:
    news_content = news_content[:1900]
client_id = "여기에 client id 넣기"
```

이제 문서 요약 API를 호출하고 응답받은 결과를 출력합니다.

❶ 문서 요약 API 형식에 따라 각 항목을 작성합니다. json에 빨간색 밑줄이 생기면 Alt +
   Enter 키를 눌러 json 모듈을 추가합니다.

❷ response.text로 응답에서 기사 본문의 문자열을 추출해 response_dict 변수에 저장합니
   다. 그런데 기사 본문은 JSON 형태의 데이터이므로 json.loads() 명령을 사용해 딕셔너리
   자료형으로 변환한 후 저장합니다.

❸ 구분선과 안내 문구를 출력한 다음 기사 본문의 summary 키에 있는 값을 출력합니다. 문서
   요약 API 설명서에 따르면 요약된 문서는 응답 본문의 summary 키에 있으니 해당 키의 값을
   출력합니다.

그림 9-43 문서 요약 API 설명서의 응답 본문

응답 바디

필드 이름	데이터 타입	설명
summary	String	요약된 문서

ch09-뉴스기사요약.py

```python
import json --- ❶ 모듈 자동 추가
import requests
(중략)
client_secret = "여기에 client secret 넣기"
headers = { --- ❶ 문서 요약 API 호출 및 응답받기
    "X-NCP-APIGW-API-KEY-ID": client_id,
    "X-NCP-APIGW-API-KEY": client_secret,
    "Content-Type": "application/json"
}
data = {
    "document": {
        "title": news_title,
        "content": news_content
    },
    "option": {
        "language": "ko",
        "model": "news",
```

```
        "tone": 2,
        "summaryCount": 3
    }
}
url = "https://naveropenapi.apigw.ntruss.com/text-summary/v1/summarize"
response = requests.post(url, data=json.dumps(data), headers=headers)
response_dict = json.loads(response.text) --------------- ❷ 기사 본문 문자열 추출
print("----------------------------------------") --- ❸ 기사 본문 출력
print("[문서 요약 결과]")
print(response_dict["summary"])
```

그림 9-44 문서 요약 결과

```
[문서 요약 결과]
경제+ 부업을 뛰지 않아도, 건물이 없어도 월세를 받는 것처럼 현금을 매달 손에 쥘 수 있는 방법이 있습니다.
김승현 한국투자신탁운용 ETF마케팅 부장은 "이 상품은 10개의 ETF를 담은 'ETF에 투자하는 ETF'"라며 "나스닥100
ACE글로벌인컴 TOP10에 1억원을 투자할 경우 분배율은 7.35%로 당장 월 60만9000원을 손에 쥐게 됩니다.
```

문서 요약 결과의 톤을 3(명사형 종결체)으로, 요약 문장 수를 6으로 수정하고 출력합니다.

ch09-뉴스기사요약.py

```
data = {
    (중략)
    "option": {
        (중략)
        "tone": 3,
        "summaryCount": 6
    }
}
```

그림 9-45 문서 요약 옵션을 변경한 결과

```
[문서 요약 결과]
경제+ 부업을 뛰지 않아도, 건물이 없어도 월세를 받는 것처럼 현금을 매달 손에 쥘 수 있는 방법이 있음.
월배당 ETF 투자도 핵심은 '분산.
한국투자신탁운용은 투자자의 성향에 따라 두 가지 포트폴리오를 추천함.
안정적이고 꾸준하게 많은 배당금을 받고 싶은 투자자라면 ACE글로벌인컴 TOP10에 100% 투자할 것을 권함.
김승현 한국투자신탁운용 ETF마케팅 부장은 "이 상품은 10개의 ETF를 담은 'ETF에 투자하는 ETF'"라며 "나
ACE글로벌인컴 TOP10에 1억원을 투자할 경우 분배율은 7.35%로 당장 월 60만9000원을 손에 쥐게 됨.
```

9.4.4 요약 결과를 음성으로 변환하기

끝으로 요약한 문서를 음성으로 변환해봅시다. 이 작업을 하려면 gtts와 playsound 모듈이 필요하므로 코드 상단에 두 모듈을 불러오는 문장을 추가합니다.

❶ gtts(Google Text-to-Speech)는 구글의 텍스트 음성 변환 모듈로, 별도의 API 키를 발급받지 않고 무료로 사용할 수 있습니다. from 다음의 gtts에 빨간색 밑줄이 생기므로 실행창의 Python Packages로 가서 gtts 모듈(2.5.1 버전)을 설치합니다.

❷ playsound는 오디오 파일을 재생하는 모듈입니다. from 다음의 playsound에 빨간색 밑줄이 생기므로 실행창의 Python Packages로 가서 playsound 모듈(1.2.2 버전)을 설치합니다.

ch09-뉴스기사요약.py

```
from newspaper import Article
from gtts import gTTS            ------------ ❶ gtts 모듈 설치
from playsound import playsound  --- ❷ playsound 모듈 설치
```

TIP gtts 모듈로 텍스트 음성 변환을 너무 자주 요청하거나 너무 긴 텍스트를 음성으로 변환하려고 하면 거절당할 수도 있습니다. 이때는 불가피하게 유료 버전을 사용해야 하는데, '구글 클라우드 tts api', '네이버 tts api', '카카오 tts api'를 검색하면 유료 tts API를 찾을 수 있습니다.

코드의 맨 아래에 다음 문장을 추가합니다.

❶ gTTS( )는 text에 음성으로 변환할 텍스트를 받고 lang에 변환할 언어(ko, 한국어)를 지정해 텍스트를 음성으로 변환하는 명령입니다. 변환한 음성은 comment_to_voice에 저장합니다.

❷ 변환한 음성을 comment_to_voice.save( ) 명령을 사용해 "news.mp3" 파일로 저장합니다.

❸ playsound( ) 명령으로 "news.mp3" 파일을 재생합니다.

ch09-뉴스기사요약.py

```
print(response_dict["summary"])         ┌ ❶ 요약 문서를 음성으로 변환
comment_to_voice = gTTS(text=response_dict["summary"], lang="ko")
comment_to_voice.save("news.mp3")  --- ❷ mp3 파일로 저장
playsound("news.mp3")  ---------------- ❸ mp3 파일 재생
```

코드를 실행하면 요약된 기사가 음성으로 재생됩니다. 이렇게 텍스트를 음성으로 변환하는 TTS API를 활용하면 매일 『뉴욕타임스』의 기사를 수집하고 음성으로 변환해 이를 영어 듣기 학습에 이용할 수 있습니다. 또한 매일 아침 컴퓨터를 켰을 때 그날 수신된 이메일을 읽는 프로그램을 만들 수도 있습니다. 반대로 음성을 텍스트로 변환하는 음성 인식 API를 활용하면 회의 중 녹음한 음성 파일을 텍스트로 변환하고 요약해 회의록을 작성하는 프로그램을 만들 수 있습니다. 이처럼 텍스트-음성 변환 또는 음성-텍스트 변환 API는 일상과 업무에 유용하게 사용할 수 있는 도구입니다.

(◑) 1분 퀴즈

정답 p. 488

3 앞에서 실습한 코드에 대한 설명 중 옳지 <u>않은</u> 것을 고르세요.

① newspaper는 뉴스 기사를 크롤링하고 기사 본문 내용을 가공하는 모듈이다.

② 네이버 문서 요약 API를 사용할 때 서버에 전달하는 기사 제목과 본문의 글자 수는 2,000자를 넘으면 안 된다.

③ 네이버 문서 요약 API를 사용할 때 요약 문서의 문장 수를 지정하는 옵션은 "summaryCount"이다.

④ 구글의 gtts 모듈은 별도의 API 키를 발급받아야 사용할 수 있다.

마무리

1. API의 개념

- API는 내부 동작 방식에 관한 세세한 부분을 숨기고 개발자가 사용 또는 관리할 수 있는 정보를 제공합니다. 누군가가 미리 작성해놓은 API를 사용하면 원하는 정보를 요청해 응답받을 수 있습니다.

- 대부분의 API는 API 키를 발급받은 사용자만 사용할 수 있습니다.

- API를 호출해 특정 정보를 요청할 때는 API 설명서에 있는 URL로 요청을 보냅니다. API 설명서에서 API 호출 URL뿐만 아니라 요청 헤더, 요청 본문, 부가 옵션, 응답 본문의 형식을 확인할 수 있습니다.

- API 요청과 응답을 주고받을 때 사용하는 데이터 포맷은 CSV(데이터를 쉼표로 구분), XML(데이터를 태그로 작성), JSON(데이터를 키와 값의 쌍으로 작성)입니다. 이 세 가지 형식은 파이썬 코드에서 그대로 활용할 수 없기 때문에 CSV는 리스트로, XML과 JSON은 딕셔너리 자료형으로 변환해야 합니다. 이를 위해 CSV는 csv 모듈을, XML은 xmltodict 모듈을, JSON은 json 모듈을 사용해 변환합니다.

2. 이 장에서 실습한 API

- **날씨 API:** Open Weather Map 사이트(**https://openweathermap.org**)에서 제공합니다.

- **서울시 따릉이 API:** 서울 열린데이터광장 사이트(**https://data.seoul.go.kr/dataList/OA-15493/A/1/datasetView.do**)에서 제공합니다.

- **문서 요약 API:** 네이버 문서 요약 API 사이트(**https://www.ncloud.com/product/aiService/clovaSummary**)에서 제공합니다.

3. 지도 시각화 모듈

pydeck 공식 사이트(**https://deckgl.readthedocs.io/en/latest**)에서는 pydeck 모듈을 이용해 만들 수 있는 지도 타입과 예제 코드를 확인할 수 있습니다.

PART
3

파이썬
업무 자동화

3 — 파이썬 업무 자동화

# 10장

자동화 프로그램 만들기

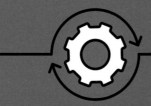

일상생활 혹은 사회생활 속에는 수많은 단순 및 반복 작업이 있습니다. 직장인이라면 아침에 출근해 회사 시스템에 로그인한 후 이메일을 확인하고, 회의실을 예약하고, 각종 결재 서류를 상신하고, 근무 시간에 틈을 내 주식을 사고팔기도 합니다. 또한 일상생활에서는 쇼핑을 하고, SNS를 하고, 로또를 삽니다. 이 장에서는 이러한 단순 및 반복 작업을 대신함으로써 시간을 절약해주는 자동화 프로그램을 만들어봅니다.

인스타그램 [좋아요]
자동 누르기

마케팅 팀의 신입사원 A 씨는 회사의 SNS 계정을 관리하는 일을 맡고 있습니다. 그는 매일 아침 출근하면 인스타그램에 접속해 회사 제품을 검색하고, 사람들이 올리는 게시물의 [좋아요]를 누르고, 댓글을 달고, 사람들에게 팔로우 신청을 하고, 그러다 보면 어느새 오전 시간이 훌쩍 지나갑니다. 이처럼 A 씨가 매일 하는 단순 및 반복 작업을 자동으로 수행하는 프로그램을 만들어 봅시다.

10.1.1 인스타그램에 자동 로그인하기

8장에서 배운 selenium 모듈을 활용해 인스타그램에서 해시태그를 검색하고 자동으로 [좋아요]를 누르는 프로그램을 만들어보겠습니다. 실습을 하려면 인스타그램 계정이 필요합니다. 인스타그램 로그인 페이지(**https://www.instagram.com/accounts/login**)에서 자신의 계정을 확인하고, 계정이 없다면 회원 가입을 합니다. 이때 페이스북을 통해 로그인하는 방식을 사용하면 안 되며, 인스타그램 아이디와 비밀번호를 입력해 로그인해야 합니다.

그림 10-1 인스타그램 계정 확인

인스타그램에 자동으로 로그인하는 코드를 작성하기 위해 우선 [pythonStudy] 폴더에 **ch10-인스타그램좋아요.py** 파일을 만듭니다. 본격적으로 코드를 작성하기에 앞서 로그인 페이지에서 아이디 입력 칸과 비밀번호 입력 칸의 HTML 요소를 확인합니다.

그림 10-2 HTML 요소 확인

(a) 아이디 입력 칸

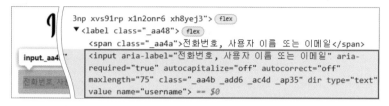

(b) 비밀번호 입력 칸

아이디 입력 칸과 비밀번호 입력 칸의 HTML 요소에는 class 속성값이 있습니다. 따라서 자동 로그인 코드를 작성할 때 class 속성값으로 해당 요소를 가져오게 하면 됩니다. 그런데 HTML 요소에 name 속성이 있다면 class 속성보다 name 속성을 활용하는 것이 좋습니다. class 속성 값은 중복이 허용되지만 name 속성값은 중복이 허용되지 않아 원하는 요소를 정확히 찾아오기 때문입니다.

name 속성값을 이용해 요소를 찾을 때의 형식은 다음과 같습니다. class 속성값을 이용할 때는 find_element()의 첫 번째 인자에 By.CSS_SELECTOR를 넣지만, name 속성값을 이용할 때는 By.NAME을 넣습니다.

```
형식 │ find_element(By.NAME, "name 속성값")
```

인스타그램에 자동으로 로그인하는 코드를 name 속성값을 활용해 작성해봅시다. 이 코드는 8장에서 selenium 모듈로 실습했을 때와 비슷합니다. 크롬 브라우저를 열어 find_element() 명령으로 아이디(또는 비밀번호) 입력 칸의 위치를 찾아 id 변수(또는 pw 변수)에 저장하고, send_keys() 명령으로 아이디(또는 비밀번호)를 입력한 다음, click() 명령으로 [로그인] 버튼을 클릭합니다.

```python
from selenium import webdriver
import time
from selenium.webdriver.common.by import By
# 크롬 브라우저 열어 인스타그램 로그인 페이지 접속
options = webdriver.ChromeOptions()
options.add_experimental_option("detach", True)
browser = webdriver.Chrome(options=options)
browser.get("https://www.instagram.com/accounts/login/")
time.sleep(3)
# 로그인
id = browser.find_element(By.NAME, "username")
id.send_keys("여기에 인스타그램 아이디 입력")
pw = browser.find_element(By.NAME, "password")
pw.send_keys("여기에 인스타그램 비밀번호 입력")
button = browser.find_element(By.CSS_SELECTOR, "form#loginForm > div > div:nth-
        child(3)")
button.click()
```

코드를 실행하면 인스타그램에 자동으로 로그인한 후 다음과 같은 화면이 나타납니다.

그림 10-3 로그인 완료 화면

10.1.2 [좋아요] 자동 누르기

로그인 완료 화면에서 해시태그를 검색하는 동작을 명령하는 코드를 작성하겠습니다. 해시태그를 검색하는 과정은 ❶ 돋보기 아이콘 클릭, ❷ 원하는 키워드 입력, ❸ 검색 결과에 뜬 해시태그 클릭 순으로 진행됩니다. 이는 파이썬 코드로 클릭, 키보드 입력과 같은 명령을 작성해 구현할 수 있지만 여기서는 좀 더 쉬운 방법을 소개하겠습니다.

로그인 완료 화면에서 왼쪽에 있는 돋보기 아이콘을 클릭하고 검색창에 '파이썬'을 입력한 후 목록에서 [#파이썬]을 선택합니다.

그림 10-4 '파이썬' 검색

검색 결과 페이지로 이동하면 다음과 같이 URL에 해시태그 키워드가 들어 있습니다. 이는 https://www.instagram.com/explore/tags 뒤에 원하는 키워드만 넣으면 해당 키워드를 검색한 페이지로 바로 이동할 수 있다는 뜻입니다. 예를 들어 '서울맛집'이라는 키워드를 넣은 https://www.instagram.com/explore/tags/서울맛집의 경우 '서울맛집'을 검색한 페이지로 이동합니다.

그림 10-5 해시태그 검색 결과 페이지의 URL

해시태그 검색 결과 페이지의 URL을 알았으니 다음과 같이 해시태그를 입력받아 해당 키워드의 검색 페이지에 접속하는 코드를 추가합니다. 로그인한 후 일정 시간 대기할 수 있도록 time.sleep() 문도 잊지 않고 작성합니다.

ch10-인스타그램좋아요.py

```
# 크롬 브라우저 열어 인스타그램 로그인 페이지 접속
keyword = input("해시태그 입력 >> ")
(중략)
# 로그인
(중략)
button.click()
time.sleep(7)
# 해시태그 검색 페이지 접속
browser.get(f"https://www.instagram.com/explore/tags/{keyword}")
time.sleep(6)
```

코드를 실행하면 해시태그를 입력하라는 입력 상자가 나타납니다. 인스타그램에서는 해시태그에 띄어쓰기가 포함되면 검색이 되지 않으니 띄어쓰기를 하지 않도록 주의하며 **파이썬**을 입력합니다.

실행결과

해시태그 입력 >> **파이썬**

크롬 창이 뜨면서 인스타그램의 '파이썬' 검색 페이지로 넘어갑니다. 여기서 첫 번째 게시물을 클릭하고 [좋아요]를 누른 후 >(화살표)를 클릭해 다음 게시물로 넘어가는 과정을 모든 검색 게시물에 대해 수행해보겠습니다.

그림 10-6 [좋아요] 자동 누르기 순서

이 작업에는 무한 반복문을 사용해야 합니다. 또한 첫 번째 게시물 클릭하기와 [좋아요] 누르고 다음 게시물로 넘어가기로 나눠 구현하겠습니다.

그런데 코드를 작성하기에 앞서 주의할 점이 있습니다. 인스타그램의 CSS 선택자는 주기적으로 변합니다. 필자가 확인해본 바로는 5~6개월에 한 번씩 변하기 때문에 실습 시점의 CSS 선택자가 이 책의 CSS 선택자와 다를 수 있습니다. 따라서 실습할 때는 이 책의 CSS 선택자를 그대로 사용하지 말고 해당 요소의 CSS 선택자를 꼭 확인한 후 작성하세요. 인스타그램은 HTML 코드가 복잡해 CSS 선택자를 작성하기가 어려운데, 이러한 과정을 통해 크롤링 실력을 키울 수 있습니다.

첫 번째 게시물 클릭하기

검색 결과 페이지에서 Ctrl + Shift + C 키를 눌러 개발자 도구를 열고 첫 번째 게시물의 HTML 요소를 확인합니다. CSS 선택자를 "div._aagu"로 지정하면 될 것 같은데, 실제로 Ctrl + F 키를 눌러 'div._aagu'를 검색해보면 28개의 게시물 요소가 검색되므로 제대로 찾았다는 것을 알 수 있습니다.

그림 10-7 첫 번째 게시물의 CSS 선택자

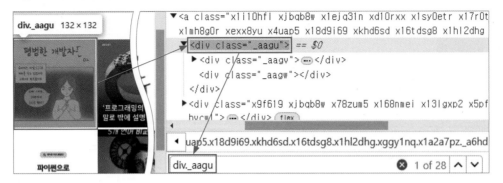

find_element() 명령으로 첫 번째 게시물을 가져와 클릭합니다.

―――――――――――――――――― ch10-인스타그램좋아요.py

```
# 해시태그 검색 페이지 접속
browser.get(f"https://www.instagram.com/explore/tags/{keyword}")
time.sleep(6)
# 첫 번째 게시물 클릭
first_photo = browser.find_element(By.CSS_SELECTOR, "div._aagu")
first_photo.click()
time.sleep(5)
```

[좋아요] 누르고 다음 게시물로 넘어가기

첫 번째 게시물의 [좋아요]에 해당하는 HTML 요소를 확인해봅시다. [좋아요]는 게시물에도 있고 댓글에도 있기 때문에, 게시물의 [좋아요]를 정확히 지정하기 위해 조부모인 〈section〉 요소를 활용합니다. 다시 말해 〈section〉 요소의 후손인 〈svg〉 요소로 게시물의 [좋아요] 선택자를 작성합니다. 그런데 주의할 점이 있습니다. [좋아요]가 눌리지 않은 상태의 선택자와 [좋아요]가 눌린 상태의 선택자 마지막 부분이 다릅니다.

- **[좋아요]가 눌리지 않은 상태의 선택자:** "section.x78zum5.x1q0g3np.xwib8y2.x1yrsyyn. x1xp8e9x.x13fuv20.x178xt8z.xdj266r.x11i5rnm.xat24cr.x1mh8g0r.xo1ph6p. x1pi30zi.x1swvt13 svg.x1lliihq.x1n2onr6.**xyb1xck**"

- **[좋아요]가 눌린 상태의 선택자:** "section.x78zum5.x1q0g3np.xwib8y2.x1yrsyyn.x1xp8e9x. x13fuv20.x178xt8z.xdj266r.x11i5rnm.xat24cr.x1mh8g0r.xo1ph6p.x1pi30zi.x1swvt13 svg.x1lliihq.x1n2onr6.**xxk16z8**"

이럴 때는 두 선택자에서 다른 부분을 제외하고 공통 부분만 선택자로 사용합니다.

- **최종 [좋아요] 선택자**: "section.x78zum5.x1q0g3np.xwib8y2.x1yrsyyn.x1xp8e9x.x13fuv20.x178xt8z.xdj266r.x11i5rnm.xat24cr.x1mh8g0r.xo1ph6p.x1pi30zi.x1swvt13 svg.x1lliihq.x1n2onr6"

그림 10-8 [좋아요] CSS 선택자

(a) [좋아요]가 눌리지 않은 상태

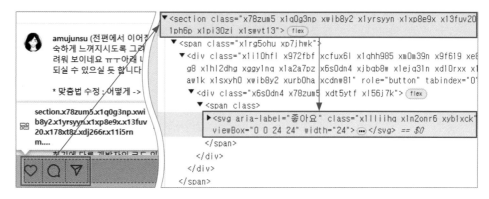

(b) [좋아요]가 눌린 상태

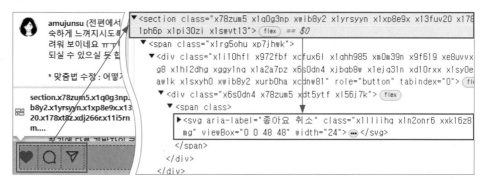

TIP 앞서 언급했듯이 인스타그램은 HTML 요소의 class 속성값이 주기적으로 바뀌기 때문에 **그림 10-8**의 요소와 여러분이 실제로 확인한 요소가 다를 수 있습니다. 이 점을 염두에 두고, CSS 선택자를 작성할 때는 항상 해당 요소를 직접 찾아 CSS 선택자로 사용하세요.

다음 게시물로 넘어가는 〉(화살표)의 HTML 요소도 확인해봅시다. 마찬가지로 조부모인 〈div〉 요소를 활용해 〈div〉 요소의 자손인 〈button〉 요소의 후손인 〈svg〉 요소로 작성합니다.

- **〉 선택자:** "div._aaqg._aaqh 〉 button._abl- svg"

그림 10-10 〉 CSS 선택자

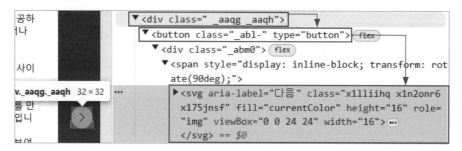

[좋아요]와 〉의 선택자를 확인했으니 무한 반복문을 돌며 두 요소를 찾아 변수에 저장합니다.

─────────────────────────────── **ch10-인스타그램좋아요.py**

```python
# 첫 번째 게시물 클릭
(중략)
time.sleep(5)
# 좋아요 자동 누르기 시작
while True:
    like = browser.find_element(By.CSS_SELECTOR, "section.x78zum5.x1q0g3np.
            xwib8y2.x1yrsyyn.x1xp8e9x.x13fuv20.x178xt8z.xdj266r.x11i5rnm.xat24cr.
            x1mh8g0r.xo1ph6p.x1pi30zi.x1swvt13 svg.x1lliihq.x1n2onr6")
    next = browser.find_element(By.CSS_SELECTOR, "div._aaqg._aaqh >
            button._abl- svg")
```

이제 [좋아요]를 누른 후 >(화살표)를 누르면 되는데 문제가 있습니다. 이미 [좋아요]를 누른 게시물의 [좋아요]를 다시 누르면 [좋아요]가 취소되는 문제가 발생합니다. 이 문제를 해결해보겠습니다.

10.1.3 [좋아요] 취소 건너뛰기

[좋아요]가 취소되는 것을 막으려면 두 가지로 나눠 생각해야 합니다. 게시물의 [좋아요]가 눌려있지 않으면 [좋아요]를 누른 후 다음 게시물로 넘어가고, [좋아요]가 눌려 있으면 바로 다음 게시물로 넘어가야 합니다. 이 두 가지 경우를 주석으로 구분하고 코드를 작성합니다.

ch10-인스타그램좋아요.py

```python
# 좋아요 자동 누르기 시작
while True:
    like = browser.find_element(By.CSS_SELECTOR, "section.x78zum5.x1q0g3np.
            xwib8y2.x1yrsyyn.x1xp8e9x.x13fuv20.x178xt8z.xdj266r.x11i5rnm.xat24cr.
            x1mh8g0r.xo1ph6p.x1pi30zi.x1swvt13 svg.x1lliihq.x1n2onr6")
    next = browser.find_element(By.CSS_SELECTOR, "div._aaqg._aaqh >
            button._abl- svg")
    # 좋아요가 눌려 있지 않다면
        browser.execute_script("document.querySelector('svg[aria-label=\"좋아요\"]').
                    dispatchEvent(new MouseEvent('click', {bubbles: true}));")
        time.sleep(2)
        next.click()
        time.sleep(2)
    # 좋아요가 눌려 있다면
        next.click()
        time.sleep(2)
```

앞의 코드에서는 [좋아요]를 누르기 위해 like.click()이 아닌 browser.execute_script() 명령을 사용했습니다. 현재 인스타그램 사이트에서 click()을 사용하지 못하게 막았기 때문입니다(아마도 매크로 봇을 차단하기 위한 조치로 보입니다). 이처럼 selenium 모듈의 명령(여기서는 click())이 어떠한 이유로 동작하지 않을 때는 execute_script() 명령을 사용하면 대부분 해결할 수 있습니다. 이는 자바스크립트로 작성한 코드를 실행하는 명령으로, execute_ script( )의 괄호 안 코드가 바로 [좋아요]를 누르는 명령입니다.

이제 문제는 '[좋아요]가 눌려 있지 않다면'을 어떻게 코드로 표현하느냐입니다. 힌트를 찾기 위해 [좋아요] 요소를 다시 한번 살펴봅시다. [좋아요]가 눌려 있지 않을 때와 눌려 있을 때의 요소는 다음과 같습니다.

그림 10-11 [좋아요] 요소의 HTML 코드

(a) [좋아요]가 눌려 있지 않을 때

```
▶ <svg aria-label="좋아요" class="x1lliihq x1n2onr6 xyb1xck"
  fill="currentColor" height="24" role="img" viewBox="0 0 24
  24" width="24">…</svg>
```

(b) [좋아요]가 눌려 있을 때

```
▶ <svg aria-label="좋아요 취소" class="x1lliihq x1n2onr6 xxk1
  6z8" fill="currentColor" height="24" role="img" viewBox="0
  0 48 48" width="24">…</svg>
```

차이점을 발견했나요? [좋아요]가 눌려 있느냐 아니냐에 따라 aria-label 속성값이 다릅니다. aria-label 속성값이 "좋아요"이면 눌려 있지 않은 것이고, "좋아요 취소"이면 눌려 있는 것입니다. 따라서 코드의 주석을 다음과 같이 바꿀 수 있습니다.

ch10-인스타그램좋아요.py

```
# like 요소의 aria-label 속성값이 "좋아요"이면
    browser.execute_script("document.querySelector('svg[aria-label=\"좋아요\"]').
                  dispatchEvent(new MouseEvent('click', bubbles: true}));")
    time.sleep(2)
    next.click()
    time.sleep(2)
# like 요소의 aria-label 속성값이 "좋아요 취소"이면
    next.click()
    time.sleep(2)
```

다음은 이를 if 문으로 작성한 코드입니다.

ch10-인스타그램좋아요.py

```
# like 요소의 aria-label 속성값이 "좋아요"이면
if like.get_attribute("aria-label") == "좋아요":
    browser.execute_script("document.querySelector('svg[aria-label=\"좋아요\"]').
                    dispatchEvent(new MouseEvent('click', {bubbles: true}));")
    time.sleep(2)
    next.click()
    time.sleep(2)
# like 요소의 aria-label 속성값이 "좋아요 취소"이면
else:
    next.click()
    time.sleep(2)
```

코드를 실행하면 자동으로 [좋아요]를 누르되, 이미 [좋아요]가 눌려 있는 게시물은 건너뛰고 다음 게시물로 넘어갑니다. 크롬 창을 닫아 무한 반복되는 프로그램을 중지합니다. 이어서 무한 반복문 실행과 관련해 인스타그램의 매크로 정책에 대해 알아보겠습니다.

10.1.4 인스타그램의 매크로 정책

매크로(macro)란 여러 개의 명령을 묶어 하나의 동작을 만든 것으로, 복잡하거나 반복되는 작업을 자동으로 수행할 때 사용합니다. 인스타그램은 계속해서 매크로 정책을 강화하고 있습니다. 그도 그럴 것이, 모든 사람이 매크로를 쓰면 SNS의 [좋아요]나 [팔로우] 기능 자체가 무의미해지고 회원이 떨어져나갈 수밖에 없기 때문에 악의적인 매크로 사용을 강력히 제재하고 있습니다.

인스타그램은 악의적인 매크로 사용을 막기 위해 하루에 [좋아요]와 [팔로우]를 누를 수 있는 횟수 등을 제한합니다. 자세한 내용은 공식적으로 발표되지 않았지만 일반적으로 알려진 사실은 다음과 같습니다.

- **[좋아요]**: 하루에 [좋아요]를 누를 수 있는 횟수는 최대 1,000번으로 제한돼 있습니다. 안정적인 횟수는 하루 최대 700번입니다.

- **댓글**: 하루에 달 수 있는 댓글은 최대 200개로 제한돼 있습니다. 안정적인 개수는 하루 최대

150개입니다.

- **[팔로우]:** 하루에 [팔로우]를 누를 수 있는 횟수는 최대 200번으로 제한돼 있습니다. 안정적인 횟수는 시간당 최대 10번입니다.

- **다이렉트 메시지(DM):** 하루에 보낼 수 있는 다이렉트 메시지는 최대 80개로 제한돼 있습니다. 안정적인 개수는 하루 최대 50개입니다.

이 밖에도 복잡한 정책이 많은데, 자세한 내용은 인스타그램 매크로 정책 페이지(**https://taplink.at/en/blog/instagram-follow-unfollow-and-likes-limits.html**)를 참고하세요. 만약 이 정책을 무시하고 [좋아요]나 [팔로우]를 마구 누르면 계정 정지 조치를 당할 수 있습니다. 인스타그램의 정책을 따르기 위해 앞의 실습 코드를 수정하면 다음과 같습니다.

ch10-인스타그램좋아요.py

```python
if like.get_attribute("aria-label") == "좋아요":
    browser.execute_script("document.querySelector('svg[aria-label=\"좋아요\"]').
                    dispatchEvent(new MouseEvent('click', {bubbles: true}));")
    time.sleep(65)
    next.click()
    time.sleep(65)
# like 요소의 aria-label 속성값이 "좋아요 취소"이면
else:
    next.click()
    time.sleep(65)
```

[좋아요]를 누르는 시간 간격을 2초에서 65초로 늘리면 [좋아요]를 한 번 누르는 데 약 2분이 걸립니다. 하지만 이것이 최선의 방법입니다. 이렇게 하면 24시간 동안 [좋아요]를 누르게 하더라도 하루 최대 670개 정도밖에 누르지 못하니 계정 정지를 피할 수 있습니다.

그러나 인스타그램의 매크로 정책이 매년 강화되고 있기 때문에 언제 제한 횟수가 변경될지 모릅니다. 따라서 이 프로그램을 실제로 사용하고자 한다면 테스트용 임시 계정을 하나 만들어 테스트해보길 권합니다.

[좋아요]를 2분마다 누르더라도 이 프로그램을 24시간 내내 몇 달 동안 켜놓는다면 사람이 직접 누르는 것보다 많이 누를 수 있습니다. 게시물의 [좋아요]를 누르다 보면 상대방이 맞팔을 해올 텐데, 이 프로그램에 자동 팔로우, 자동 댓글 기능까지 추가한다면 맞팔을 요청하는 사람의 수가 늘

어날 것입니다. 그러면 팔로워 수가 점차 늘어나 1,000명은 충분히 달성하고, 잘하면 1만 명 이상으로도 늘릴 수 있습니다. 내가 자고 있을 때 컴퓨터가 알아서 팔로워 수를 늘려주는 것입니다.

다른 자동화 프로그램을 만드는 것도 이와 비슷하며, 사람이 하는 일을 차례대로 컴퓨터에 명령하는 것일 뿐입니다. 다만 처음부터 완벽한 코드를 작성하려고 욕심부리지 마세요. 1~2줄 코딩한 뒤 실행 결과를 확인하고, 그다음에 어떤 명령을 해야 할지 살펴보고, 또 1~2줄 코딩한 뒤 실행 결과를 확인하고, 그다음에 어떤 명령을 해야 할지 살펴보는 식으로 코드를 작성하다 보면 어느새 스스로 자동화 코드를 만들 수 있게 됩니다.

(🔔) 1분 퀴즈 <span></span> 정답 p. 488

1 **앞에서 실습한 코드에 대한 설명 중 옳지 않은 것을 고르세요.**

① HTML 요소의 name 속성값은 중복이 허용되지 않기 때문에 class 속성값을 사용할 때보다 원하는 요소를 정확히 찾아올 수 있다.

② 해시태그 검색 페이지의 URL을 작성할 때는 URL의 마지막에 검색 키워드만 바뀐다는 점을 이용해 문자열 포매팅으로 작성한다.

③ [좋아요] 요소는 [좋아요]가 눌려 있을 때 aria-label 속성값이 "좋아요"이다.

④ [좋아요]를 누르는 간격을 2분 이상으로 설정하면 매크로 정책을 피할 수 있다.

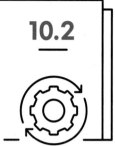

다음 카페 자동 글쓰기

대학 신입생 B 군은 이번 학기에 수강할 인공지능 과목을 예습하기 위해 인공지능 스터디 카페에 가입했습니다. 그런데 딥러닝 강의 게시판에 들어가려고 하니 자동 등업 조건이 충족되지 않아 강의를 볼 수 없습니다.

그림 10-12 카페 자동 등업 조건

```
딥러닝 강의 게시판 권한 안내

회원님은 현재 준회원이세요. 이 게시판은 회원공개로 설정된 글의 경우 정회원 이상 읽기 가능해요.
정회원으로 자동등업까지 게시글10회/ 댓글10회/ 방문10회 남았어요.
카페 활동을 열심히 하셔서 회원 등급을 올려보세요.

이 카페 회원 등급 보기 ▸
                              [ 게시글 쓰러가기 ]  [ 되돌아가기 ]
```

자동 등업을 하려면 방문 횟수, 게시글 등록 횟수, 댓글 등록 횟수를 채워야 합니다. 앞으로 10일 동안 매일 카페에 접속해 게시글과 댓글을 써야 하는데, 학교생활로 바쁜 B 군을 대신해 카페에 자동으로 게시글과 댓글을 쓰는 프로그램을 만들어봅시다.

10.2.1 다음 카페에 자동으로 글쓰기

이 실습을 위해 만들어놓은 가짜 다음(Daum) 카페가 있습니다. **https://cafe.daum.net/ talingpython**에 접속해 가입하세요.

그림 10-13 카페 가입

카페에 자동으로 글을 쓰도록 코딩하기 위해 [pythonStudy] 폴더에 **ch10-다음카페글쓰기.py**
파일을 만듭니다. 이 실습에서는 전체 코드를 먼저 작성하고, 실행하면서 조금씩 개선해나가겠
습니다. 가짜 다음 카페에 자동으로 로그인하고, 가입 인사 게시판의 첫 게시글에 댓글을 남긴
후, [카페 글쓰기] 버튼을 클릭해 직접 게시글을 쓰는 것까지 자동화합니다.

그림 10-14 가입 인사 게시판에 댓글 남기고 카페 글쓰기

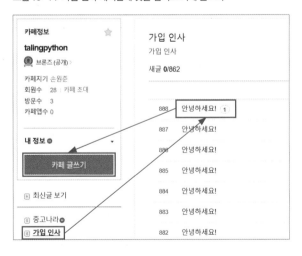

지금까지 selenium 모듈로 작성한 것과 같은 방식으로 코드를 작성하면 됩니다. 즉 클릭하려는
요소를 가져와 click() 명령으로 클릭하고, 글을 남길 입력 칸을 가져와 send_keys() 명령으로
내용을 입력하게 합니다. 이때 find_element()로 찾은 요소를 따로 변수에 저장하지 않고 바로
뒤에 .click() 또는 .send_keys() 명령을 붙였는데, 이렇게 하면 코드의 가독성이 좋아집니다.

```python
from selenium import webdriver
import time
from selenium.webdriver.common.by import By
options = webdriver.ChromeOptions()
options.add_experimental_option('detach', True)
browser = webdriver.Chrome(options=options)
browser.get("https://accounts.kakao.com/login/?continue=https%3A%2F%2Flogins.daum.
            net%2Faccounts%2Fksso.do%3Frescue%3Dtrue%26url%3Dhttps%253A%252F%252F
            www.daum.net#login")
# 로그인
id = browser.find_element(By.CSS_SELECTOR, "input#loginId--1")
id.send_keys("여기에 다음 아이디 입력")
pw = browser.find_element(By.CSS_SELECTOR, "input#password--2")
pw.send_keys("여기에 다음 비밀번호 입력")
button = browser.find_element(By.CSS_SELECTOR, "button.btn_g.highlight.submit")
button.click()
time.sleep(3)
# 카페 들어가기
browser.get("http://cafe.daum.net/talingpython")
time.sleep(2)
# 가입 인사 게시판 클릭
browser.find_element(By.CSS_SELECTOR, "#fldlink_1F1R_309").click()
time.sleep(2)
# 첫 게시물 클릭
browser.find_element(By.CSS_SELECTOR, "a.txt_item").click()
time.sleep(1)
# 댓글 달기
browser.find_element(By.CSS_SELECTOR, "div.box_textarea > textarea").
                    send_keys("반갑습니다 :) ")
time.sleep(1)
# 등록 버튼 클릭
browser.find_element(By.CSS_SELECTOR, "button.btn_g.full_type1.
                    confirm_button").click()
# 다시 뒤로 가기
browser.back()
time.sleep(1)
# 카페 글쓰기 버튼 클릭
browser.find_element(By.CSS_SELECTOR, "#article-write-btn").click()
time.sleep(2)
```

```
# 제목 작성
browser.find_element(By.CSS_SELECTOR, "input.title__input").
                    send_keys("가입 인사 드립니다!")
# 본문 작성
browser.find_element(By.CSS_SELECTOR, "#tinymce").
                    send_keys("파이썬 공부하러 왔어요. 잘 부탁드립니다~!")
# 등록 버튼 클릭
browser.find_element(By.CSS_SELECTOR, "button.btn_g.full_type1").click()
time.sleep(2)
browser.close()
```

코드가 길지만 찬찬히 뜯어보면 앞에서 배운 내용이라 그 흐름을 이해할 수 있을 것입니다. 만약 이해되지 않는다고 해도 일단 입력하고 실행하면서 파악해도 괜찮습니다. 그런데 코드를 실행하면 다음과 같은 오류가 발생하면서 프로그램이 멈춥니다.

그림 10-15 오류 내용

```
Traceback (most recent call last):
  File "C:\Users\gilbut\PycharmProjects\pythonStudy\ch10-다음카페글쓰기.py", line 20,
    browser.find_element(By.CSS_SELECTOR, "#fldlink_LF1R_309").click()
  File "C:\Users\gilbut\PycharmProjects\pythonStudy\.venv\lib\site-packages\selenium
    return self.execute(Command.FIND_ELEMENT, {"using": by, "value": value})["value"
  File "C:\Users\gilbut\PycharmProjects\pythonStudy\.venv\lib\site-packages\selenium
    self.error_handler.check_response(response)
  File "C:\Users\gilbut\PycharmProjects\pythonStudy\.venv\lib\site-packages\selenium
    raise exception_class(message, screen, stacktrace)
selenium.common.exceptions.NoSuchElementException: Message: no such element: Unable
```

> **NOTE** **'로봇이 아닙니다.' 메시지가 뜨는 경우**
>
> 다음 사이트에 로그인하는 과정에서 '로봇이 아닙니다.' 메시지가 뜨는 경우 259쪽 NOTE에서 설명한 것처럼 input() 문을 추가하세요.
>
> ---
>
> ```
> # 로그인
> button = browser.find_element(By.CSS_SELECTOR, "button.btn_g.highlight.submit")
> button.click()
> input("로봇이 아닙니다.를 직접 해결한 후 엔터를 쳐주세요 >> ")
> button.click()
> time.sleep(3)
> ```

browser.find_element(By.CSS_SELECTOR, "#fldlink_1F1R_309").click() 문을 실행하다가 no such element, 즉 "#fldlink_1F1R_309"에 해당되는 요소가 없어서 오류가 발생한 것입니다. 이는 가입 인사 게시판을 클릭하는 부분으로, 개발자 도구에서 확인한 CSS 선택자가 "#fldlink_1F1R_309"인 것은 분명한데, 이 요소를 못 찾아서 오류가 발생했습니다.

그림 10-16 가입 인사 CSS 선택자

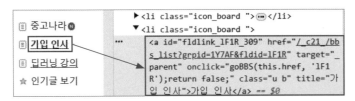

가입 인사 요소가 또 다른 웹 페이지에 있었던 것이 no such element 오류의 원인입니다. 다음 카페 화면이 하나의 웹 페이지처럼 보여도 실은 또 다른 웹 페이지가 숨어 있습니다. 개발자 도구를 열어 코드를 확인해보면 맨 위에 〈html〉 요소가 있는데, 이것은 하나의 웹 페이지가 시작된다는 뜻입니다.

그림 10-17 〈html〉 요소로 시작되는 웹 페이지

그 상태로 다시 가입 인사 요소로 돌아와 마우스 커서를 위로 움직여 문서 중간쯤에 이르면 또 〈html〉 요소를 볼 수 있습니다. 〈html〉 요소가 맨 위에 있지 않고 중간에 있다는 것은 가장 바깥에 원래의 웹 페이지가 있고, 그 안에 또 다른 웹 페이지가 있음을 의미합니다. 가입 인사 요소가 이렇게 다른 웹 페이지에 있기 때문에 컴퓨터가 해당 요소를 찾지 못해 오류가 발생한 것입니다. 따라서 가입 인사 요소가 있는 웹 페이지로 전환한 후 가입 인사 요소를 찾아야 문제를 해결할 수 있습니다.

그림 10-18 HTML 코드 중간에 출현한 〈html〉 요소

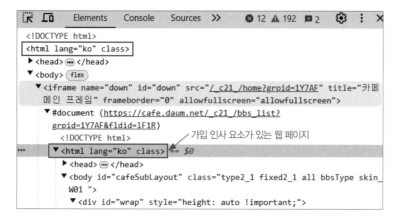

10.2.2 no such element 오류 해결하기

웹 페이지 안에 있는 또 다른 웹 페이지를 **프레임**(frame)이라고 합니다. 오류를 해결하기 위해 프레임을 전환해보겠습니다.

프레임은 한 웹 페이지 안에 여러 개가 있을 수 있으며, 별개의 웹 페이지처럼 행동합니다. 앞에서 살펴본 HTML 코드 중간에 있던 〈html〉 요소의 바로 윗줄에는 〈iframe〉 요소가 있는데, 이것이 바로 프레임을 정의하는 태그입니다. 웹 페이지를 전환할 때는 이 〈iframe〉 요소로 전환해야 프레임 안의 원하는 요소를 찾을 수 있습니다.

그림 10-19 〈iframe〉 요소

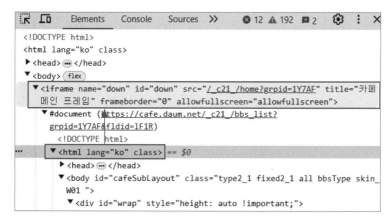

〈iframe〉 요소는 한 웹 페이지 안에 여러 개가 존재할 수 있습니다. 따라서 〈iframe〉 요소의 id 속성값을 이용해 다음과 같은 형식으로 전환해야 합니다.

형식 | browser.switch_to.frame("id 속성값")

그림 10-19에서 〈iframe〉의 id 속성값은 "down"입니다. 따라서 카페에 접속하자마자 "down" 프레임으로 전환돼야 가입 인사 요소를 찾을 수 있습니다.

———————————————————————————— ch10-다음카페글쓰기.py

```python
# 카페 들어가기
browser.get("http://cafe.daum.net/talingpython")
time.sleep(2)
browser.switch_to.frame("down") # 프레임 전환
# 가입 인사 게시판 클릭
```

이쯤에서 이런 의문을 갖는 독자도 있을 것입니다. selenium 모듈로 코딩할 때마다 원하는 HTML 요소가 프레임 안에 들어 있는지 확인해야 할까? 꼭 그럴 필요는 없지만, 대신 다음 규칙을 따르세요. selenium 모듈로 코딩할 때 종종 접하게 되는 no such element 오류는 대부분 다음 세 단계를 거치면 해결할 수 있습니다.

❶ **CSS 선택자를 올바로 작성했는지 확인하기**: CSS 선택자를 잘못 작성했다면 당연히 해당 요소를 못 찾겠다는 오류가 발생합니다. 따라서 가장 먼저 CSS 선택자가 제대로 작성됐는지 확인해야 합니다. 만약 CSS 선택자를 올바로 작성했음에도 no such element 오류가 발생한다면 ❷ 단계로 넘어갑니다.

❷ **time.sleep() 문을 더 길게 조정하기**: 웹 페이지가 다 뜨지도 않았는데 요소를 찾으려고 하면 해당 요소를 못 찾겠다는 오류가 발생합니다. 이럴 때는 find_element() 문 윗줄에 있는 time.sleep() 문의 지연 시간을 충분히 길게 조정합니다. 만약 이렇게 했는데도 no such element 오류가 발생한다면 ❸ 단계로 넘어갑니다.

❸ **해당 요소가 프레임 안에 있는지 확인하기**: ❶, ❷ 단계를 거쳤음에도 no such element 오류가 발생한다면 해당 요소가 프레임 안에 있을 가능성이 큽니다. 해당 요소가 어떤 프레임 안에 있는지 확인하고 프레임 전환 코드를 작성합니다.

이제 코드를 실행하면 가입 인사 게시판의 첫 번째 게시물에 제대로 댓글을 답니다. 하지만 또 no such element 오류가 발생합니다. browser.find_element(By.CSS_SELECTOR, "#article-write-btn").click() 문에서 오류가 발생한 것으로 보아 [카페 글쓰기] 버튼 요소를 찾을 수 없는 모양입니다.

그림 10-20 댓글 작성 성공 후의 오류

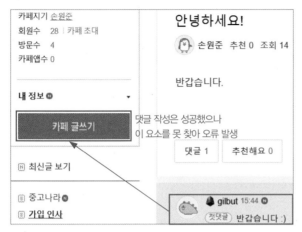

```
Traceback (most recent call last):
  File "C:\Users\gilbut\PycharmProjects\pythonStudy\ch10-다음카페글쓰기.py", line 35, in <module>
    browser.find_element(By.CSS_SELECTOR, "#article-write-btn").click()
  File "C:\Users\gilbut\PycharmProjects\pythonStudy\.venv\lib\site-packages\selenium\webdriver\
    return self.execute(Command.FIND_ELEMENT, {"using": by, "value": value})["value"]
  File "C:\Users\gilbut\PycharmProjects\pythonStudy\.venv\lib\site-packages\selenium\webdriver\
    self.error_handler.check_response(response)
  File "C:\Users\gilbut\PycharmProjects\pythonStudy\.venv\lib\site-packages\selenium\webdriver\
    raise exception_class(message, screen, stacktrace)
selenium.common.exceptions.NoSuchElementException: Message: no such element: Unable to locate el
```

개발자 도구로 들어가 [카페 글쓰기] 버튼 요소에서 마우스 커서를 위로 올리면 〈iframe〉 요소를 찾을 수 있습니다. 해당 〈iframe〉의 id 속성값을 확인하고 프레임 전환 코드를 넣습니다.

그림 10-21 [카페 글쓰기] 버튼 요소가 포함된 〈iframe〉 확인

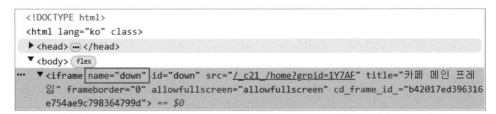

```
browser.switch_to.frame("down") # 프레임 전환
# 카페 글쓰기 버튼 클릭
browser.find_element(By.CSS_SELECTOR, "#article-write-btn").click()
```

개발자 도구를 본 김에 [카페 글쓰기] 버튼을 클릭해 글쓰기 화면으로 들어가 제목 입력 칸, 본문 입력 칸, [등록] 버튼이 다른 프레임에 있지는 않은지 확인해봅니다. 확인 결과 제목 입력 칸은 "down" 프레임에, 본문 입력 칸은 "keditorContainer_ifr" 프레임에, [등록] 버튼은 "down" 프레임에 있습니다. 각 프레임의 위치를 사각형으로 그려보면 **그림 10-23**과 같습니다.

> **NOTE** [등록] 버튼의 프레임을 찾을 때 주의점
>
> [등록] 버튼 요소에서 마우스 커서를 위로 올리다가 첫 번째로 만나는 〈iframe〉 요소는 등록 버튼이 포함된 프레임이 아닙니다. 자세히 보면 [등록] 버튼 요소가 이 〈iframe〉의 후손이 아님을 알 수 있습니다. 이때는 더 위에서 [등록] 버튼 요소를 포함하고 있는 〈iframe〉을 찾아야 합니다.
>
> 그림 10-22 [등록] 버튼의 프레임을 찾을 때 주의점

그림 10-23 웹 페이지에 있는 프레임 위치

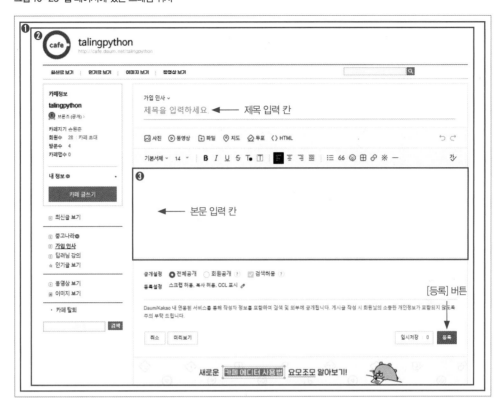

각 요소의 프레임을 확인했으므로 본문을 작성하기 전과 [등록] 버튼을 클릭하기 전에 프레임을 전환합니다.

```python
# 제목 작성
browser.find_element(By.CSS_SELECTOR, "input.title__input").
                    send_keys("가입 인사 드립니다!")
browser.switch_to.frame("keditorContainer_ifr") # 프레임 전환
# 본문 작성
browser.find_element(By.CSS_SELECTOR, "#tinymce").
                    send_keys("파이썬 공부하러 왔어요. 잘 부탁드립니다~!")
browser.switch_to.frame("down") # 프레임 전환
# 등록 버튼 클릭
browser.find_element(By.CSS_SELECTOR, "button.btn_g.full_type1").click()
```

코드를 실행해봅시다. 본문까지 잘 작성했는데 [등록] 버튼을 클릭하기 전에 browser.switch_

to.frame("down") 문에서 오류가 발생합니다. "down" 프레임을 잘 찾아서 전환했는데 왜 프레임이 없다는 오류가 발생할까요?

그림 10-24 오류 내용

```
Traceback (most recent call last):
  File "C:\Users\gilbut\PycharmProjects\pythonStudy\ch10-다음카페글쓰기.py",
    browser.switch_to.frame("down") # 프레임 전환
  File "C:\Users\gilbut\PycharmProjects\pythonStudy\.venv\lib\site-package
    raise NoSuchFrameException(frame_reference) from exc
selenium.common.exceptions.NoSuchFrameException: Message: down
```

10.2.3 프레임 전환 조건

다시 카페 글쓰기 웹 페이지의 프레임 위치를 살펴봅시다.

그림 10-25 프레임 위치 확인

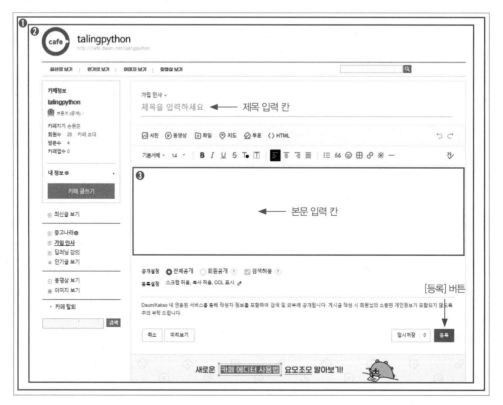

가장 바깥에 원래의 웹 페이지(❶)가 있고, 그 안에 "down" 프레임(❷)이 있으며, 가장 안쪽에 "keditorContainer_ifr" 프레임(❸)이 있습니다. 오류는 [등록] 버튼을 클릭하기 위해 ❸번에서 ❷번 프레임으로 전환할 때 발생했습니다. ❸번에서 ❷번 프레임으로의 전환이 불가능하다는 것인데, 프레임 전환은 무조건 바깥쪽에서 안쪽으로만 가능합니다. 즉 "어떤 요소(또는 프레임)를 찾아"라고 명령하면 컴퓨터는 자기가 있는 프레임의 안쪽에서만 찾습니다. 따라서 컴퓨터가 ❸번 프레임에 있을 때 "❷번 프레임을 찾아 전환해"라고 명령하면 ❸번 프레임 안쪽을 아무리 뒤져도 ❷번 프레임을 찾을 수 없기 때문에 오류가 발생하는 것입니다. **프레임 전환은 바깥쪽에서 안쪽으로만 가능**하다는 것을 꼭 기억하세요.

이 문제를 해결하는 방법은 간단합니다. ❸번 프레임에 있을 때 최상위 프레임(❶)으로 빠져나오게 한 다음 ❷번 프레임으로 들어가면 됩니다. switch_to.default_content()는 현재 프레임을 최상위 프레임으로 변경하는 명령으로, 최상위 프레임으로 이동하고 나면 하위 요소에 대한 조작을 얼마든지 할 수 있습니다. 따라서 다음 문장을 추가합니다.

---

ch10-다음카페글쓰기.py

```
# 본문 작성
browser.find_element(By.CSS_SELECTOR, "#tinymce").
                    send_keys("파이썬 공부하러 왔어요. 잘 부탁드립니다~!")
browser.switch_to.default_content() # 최상위 프레임으로 변경
browser.switch_to.frame("down") # 프레임 전환
# 등록 버튼 클릭
```

코드를 실행하면 이제 정상적으로 동작합니다. 모든 작업이 끝나면 크롬 창이 종료되도록 설정했으므로 다시 다음 카페에 들어가서 작성된 게시글을 확인해봅니다.

11장에서 배울 윈도우의 작업 스케줄러(맥OS는 크론탭)를 이용하면 이 프로그램이 매일 정해진 시간에 자동으로 실행되도록 설정할 수 있습니다. 자세한 내용은 11장에서 살펴보겠습니다.

그림 10-26 결과 확인

1분 퀴즈

2 프레임 전환에 대한 설명 중 옳지 않은 것을 고르세요.

① no such element 오류가 발생하면 CSS 선택자를 올바로 작성했는지 가장 먼저 확인한다.

② `browser.switch_to.frame()` 명령의 괄호 안에는 전환하고자 하는 프레임의 `id` 속성값을 넣는다.

③ 안쪽에서 바깥쪽으로 프레임 전환을 할 수 있다.

④ 현재 프레임에서 최상위 프레임으로 빠져나갈 때는 `switch_to.default_content()` 명령을 사용한다.

중고나라 관심 물건 스마트폰으로 알림 받기

10.3

주부 C 씨는 중고 청소기를 구매하려고 중고나라를 훑어봤는데 마음에 드는 것을 발견하지 못했습니다. 괜찮은 중고 청소기가 올라오면 다른 사람보다 먼저 선점하고 싶지만, 중고나라만 들여다보고 있을 시간이 없습니다. C 씨를 위해 중고나라를 지켜보다가 관심 물건이 올라오면 바로 스마트폰으로 알려주는 프로그램을 만들어봅시다.

10.3.1 관심 물건 실시간 확인하기

[pythonStudy] 폴더에 **ch10-중고나라관심물건알림.py** 파일을 만들고, 중고나라에 올라온 새 글 중에 관심 물건이 있는지 확인하는 코드를 먼저 작성합니다. 앞으로 작성할 코드는 복잡한 편에 속하지만, 인터프리터의 번역 순서를 생각하면서 코딩하면 충분히 이해할 수 있으니 걱정 말고 따라오세요.

이번 실습을 위해 **10.2절**에서 가입한 다음 카페의 중고나라 게시판을 이용하겠습니다. 다음 카페의 중고나라 게시판(**https://cafe.daum.net/talingpython/rRa6**)에 접속합니다.

그림 10-27 중고나라 게시판

중고나라 게시판의 게시글 제목을 크롤링합니다. 순식간에 20개 이상의 글이 올라오는 일은 거의 없으니 첫 페이지만 수집하겠습니다.

ch10-중고나라관심물건알림.py

```python
from selenium import webdriver
from selenium.webdriver.common.by import By
import time
options = webdriver.ChromeOptions()
options.add_experimental_option('detach', True)
browser = webdriver.Chrome(options=options)
browser.get("https://cafe.daum.net/talingpython/rRa6")
time.sleep(1)
browser.switch_to.frame("down")
# 중고나라 게시글 제목 크롤링
title = browser.find_elements(By.CSS_SELECTOR, "a.txt_item")
for i in title:
    print(i.text)
```

코드를 실행하면 1페이지의 모든 게시글 제목이 출력됩니다.

노트북 사실 분
무선 청소기 내놓습니다
(중략)

이어서 '새로 고침→10초 대기→게시글 제목 수집→새 글이 올라왔는지 검사', 다시 한번 '새로 고침→10초 대기→게시글 제목 수집→새 글이 올라왔는지 검사' 과정을 반복합니다. 전체흐름을 만들기 위해 무한 반복문을 사용해 중고나라 게시판 페이지를 10초마다 새로 고침하는코드를 추가합니다. 이렇게 하면 10초마다 게시판 페이지를 새로 고침해 게시글 제목을 수집합니다.

ch10-중고나라관심물건알림.py

```python
time.sleep(1)
while True:
    browser.switch_to.frame("down")
    # 중고나라 게시글 제목 크롤링
    title = browser.find_elements(By.CSS_SELECTOR, "a.txt_item")
    for i in title:
        print(i.text)
    browser.refresh() # 새로 고침
    time.sleep(10)
```

다음으로 새 글이 올라왔는지 검사해야 하는데, 이를 위해 새로운 txt 파일을 만들어 활용하겠습니다. txt 파일에는 과거에 크롤링한 제목이 있습니다. 10초 후 다시 제목을 수집할 때 앞서저장한 txt 파일의 내용과 방금 크롤링한 제목(i.text)을 비교하면 방금 크롤링한 제목이 새 글인지 아닌지 판단할 수 있습니다. 이때 새 글의 제목도 txt 파일에 저장해야 다음번 비교 시 새글인지 아닌지 구분할 수 있습니다.

새 글이 올라왔는지 검사하는 코드를 다음과 같이 작성합니다.

❶ 무한 반복문(while True:)에 들어가기 전 현재 프로젝트 폴더에 **중고나라.txt** 파일이 존재하지 않는지 확인하는 if 문을 추가합니다. os에 빨간색 밑줄이 생기면 Alt + Enter 키를 눌러 os 모듈을 추가합니다.

❷ open() 문으로 **중고나라.txt** 파일을 생성합니다. open()은 파일을 생성하거나 읽어들이는 명령으로, 첫 번째 인자에 파일 생성 경로를 지정하고 두 번째 인자에 파일 열기 모드를 지정

합니다. 파일 열기 모드에는 세 가지 종류가 있습니다.

- **"w"**: 쓰기(write) 모드

- **"a"**: 더해서 쓰기(append) 모드

- **"r"**: 읽기(read) 모드

"w"와 "a"는 둘 다 쓰기 모드이므로 파일에 뭔가를 기록하고 싶을 때 사용합니다. 이 중 "w" 모드는 기존 파일이 있든 없든 무조건 새로운 파일을 생성하기 때문에 기존 파일에 기록돼 있던 내용이 다 사라집니다. 반면에 "a" 모드는 기존 파일이 있으면 그것을 그대로 사용하기 때문에 기존 파일 내용의 뒷부분에 이어서 기록합니다. 여기서는 파일을 새로 생성해야 하므로 "w" 모드를 사용합니다.

ch10-중고나라관심물건알림.py

```
import os --- ❷ 모듈 자동 추가
(중략)
time.sleep(1)
# 파일이 존재하지 않으면 자동으로 파일 생성
if not os.path.exists("./중고나라.txt"): --- ❶ 파일 생성 조건 확인
    open("./중고나라.txt", "w") ------------ ❷ 파일 생성
while True:
```

무한 반복문에 들어가 가장 먼저 할 일은 **중고나라.txt** 파일을 열고 과거에 크롤링한 제목을 읽어오는 것입니다. 그리고 새 제목을 크롤링해 기존 제목과 비교하고 새 제목이면 파일에 기록합니다.

❶ with open("./중고나라.txt", "r", encoding="utf-8") as f: 문은 **중고나라.txt** 파일을 읽기(r) 모드로 열고 파일을 처리하는 동안 f라는 변수로 파일에 접근하겠다는 의미입니다. open() 명령의 세 번째 인자인 encoding="utf-8"로 파일의 인코딩을 utf-8로 지정했는데, 이 인자를 사용하면 파일의 내용을 읽어들일 때 한글이 깨지지 않습니다.

❷ f.read().split("\n") 문으로 파일의 텍스트를 읽어옵니다. split("\n")은 읽어온 텍스트를 행갈이를 기준으로 분리해 리스트로 저장하라는 의미입니다. 읽어온 텍스트를 crawled_title 리스트에 저장합니다.

❸ for 문으로 들어가 방금 크롤링한 제목(i.text)과 과거에 크롤링한 제목(crawled_title)을 not in 연산자로 비교합니다. "특정 글자" not in 문자열은 문자열 내에 특정 글자가 들어 있지 않으면 True, 들어 있으면 False를 반환합니다. 따라서 과거에 크롤링한 제목이 저장된 crawled_title 내에 i.text(방금 크롤링한 제목)가 들어 있지 않으면 True가 되고, 이는 i.text가 새로 올라온 게시글 제목이라는 뜻이므로 새 제목을 출력합니다. 그리고 **중고나라.txt** 파일을 열어 해당 제목을 파일에 기록하고 행갈이("\n")를 합니다.

———————————————————————————————— ch10-중고나라관심물건알림.py

```
while True:
    # 과거에 크롤링한 제목 불러오기
    with open("./중고나라.txt", "r", encoding="utf-8") as f: --- ❶ 파일 열기
        crawled_title = f.read().split("\n") --- ❷ 기존 제목 읽어오기
    browser.switch_to.frame("down")
    # 중고나라 게시글 제목 크롤링
    title = browser.find_elements(By.CSS_SELECTOR, "a.txt_item")
    for i in title:                        ┌ ❸ 기존 제목과 새 제목 비교 후 저장
        if i.text not in crawled_title: # 새 게시글 제목이면
            print(f"[알림] 새로운 글이 올라왔어요! - {i.text}")
            with open("./중고나라.txt", "a", encoding="utf-8") as f:
                f.write(i.text + "\n") # 새 게시글 제목을 txt 파일에 기록
    browser.refresh() # 새로 고침
    time.sleep(10)
```

코드를 처음 실행하면 [알림] 새로운 글이 올라왔어요!라는 메시지가 여러 개 출력됩니다. 애초에 **중고나라.txt** 파일이 존재하지 않기 때문에 모든 글을 새로운 글로 인식하는 것입니다.

실행결과
[알림] 새로운 글이 올라왔어요! - 노트북 사실 분
[알림] 새로운 글이 올라왔어요! - 무선 청소기 내놓습니다
(중략)

[pythonStudy] 폴더를 확인해보면 **중고나라.txt** 파일이 생성돼 있습니다.

그림 10-28 중고나라.txt 파일 생성

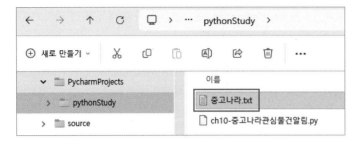

카페에 접속해 중고나라 게시판에 아무 글이나 올리고 프로그램을 다시 실행해봅시다. 이때 게시글의 제목을 기존 게시글의 제목과 다르게 해야 프로그램에서 새 글로 인식합니다.

그림 10-29 중고나라 게시판에 새 글 등록

새로운 알림이 뜨고 **중고나라.txt** 파일에 새 게시글 제목이 저장됩니다.

그림 10-30 파이참 실행창과 중고나라.txt 파일

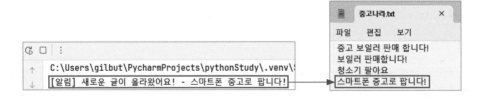

새로 올라온 게시글 제목에 관심 물건의 명칭인 '청소기'가 포함된 경우 해당 게시글의 수를 세어보겠습니다.

❶ 관심 물건을 카운트할 new_one 변수를 for 문을 돌기 전에 선언하고 0으로 초기화합니다.

❷ if "청소기" in i.text: 문을 사용해 새 게시글 제목에 "청소기" 문자열이 포함돼 있으면 new_one 변수의 값을 1 증가시킵니다.

❸ for 문을 모두 돌고 나면 new_one 변수에는 "청소기" 관련 새 게시글의 수가 저장됩니다. new_one이 1 이상일 때만 "[알림] 청소기 관련 글이 {new_one}개 올라왔습니다." 메시지를 출력합니다.

```python
while True:
    (중략)
    new_one = 0 --- ❶ 변수 초기화
    for i in title:
        if i.text not in crawled_title: # 새 게시글 제목이면
            print(f"[알림] 새로운 글이 올라왔어요! - {i.text}")
            with open("./중고나라.txt", "a", encoding="utf-8") as f:
                f.write(i.text + "\n") # 새 게시글 제목을 txt 파일에 기록
                # 새 게시글 제목에 관심 물건 명칭이 포함된 경우
                if "청소기" in i.text: --- ❷ 관심 물건 게시글 카운트
                    new_one += 1
    # 관심 물건이 1개 이상일 때 메시지 출력
    if new_one >= 1: --- ❸ 메시지 출력
        print(f"[알림] 청소기 관련 글이 {new_one}개 올라왔습니다.")
    browser.refresh() # 새로 고침
    time.sleep(10)
```

카페에 접속해 청소기 판매 글을 2개 올려봅시다. 이때도 마찬가지로 게시글의 제목을 기존 게시글의 제목과 다르게 해야 합니다.

그림 10-31 청소기 판매 글을 2개 올린 경우

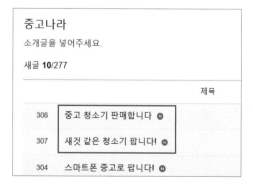

코드를 실행하면 관심 물건이 몇 개 등록됐는지 알려주는 메시지가 출력됩니다.

[알림] 새로운 글이 올라왔어요! - 중고 청소기 판매합니다
[알림] 새로운 글이 올라왔어요! - 새것 같은 청소기 팝니다!
[알림] 청소기 관련 글이 2개 올라왔습니다.

끝으로 중고나라에 관심 물건이 올라왔을 때 스마트폰으로 알려주는 알림 서비스를 구현하겠습니다.

10.3.2 라인 API 사용하기

중고나라에 관심 물건이 올라왔을 때 스마트폰으로 알려주는 방법에는 문자 메시지를 이용하는 방법과 앱의 알림 서비스를 이용하는 방법이 있습니다. 문자 메시지의 경우 구글에서 '문자 메시지 API'를 검색하면 관련 API를 쉽게 찾을 수 있습니다. 그러나 건당 10원 이하의 비용이 들고 긴 문자의 경우 30원이므로 여기서는 앱의 알림 서비스를 이용하겠습니다.

앱을 통한 알림 서비스로는 카카오톡이 가장 유명합니다. 카카오에서 제공하는 '나에게 보내기'와 '카카오 채널' 기능을 이용하면 알림 서비스를 구현할 수 있습니다. 그러나 둘 다 한계가 있습니다. '나에게 보내기'의 경우 메시지는 잘 보내지만 스마트폰의 알림이 울리지 않고, '카카오 채널'의 경우 스마트폰의 알림은 울리지만 해당 API를 비즈니스 목적으로만 사용할 수 있기 때문에 API 신청 시 사업자 등록 번호가 필요합니다.

그림 10-32 라인 앱 설치

이래저래 카카오톡은 제한이 있으니 이 실습에서는 라인(LINE) 앱을 사용하겠습니다. 카카오톡과 비슷한 메신저 앱인 라인은 일본에서는 국민 앱으로 알려져 있고 우리나라에도 사용자가 꽤 있습니다. 라인에서 제공하는 API는 사용법이 간단한 데다 무제한 무료로 사용할 수 있습니다.

먼저 자신의 스마트폰에 라인 앱을 설치합니다. 안드로이드의 경우 구글 플레이스토어(Play Store), 아이폰의 경우 애플 앱스토어(App Store)에서 '라인'을 검색해 설치할 수 있습니다.

라인 API를 사용하려면 앱에서 간단한 계정 설정을 해야 합니다. 라인 앱을 실행해 로그인을 한 후, 홈 화면에서 톱니바퀴 아이콘을 터치해 [계정] 메뉴를 선택하고 이메일과 비밀번호를 등록합니다.

그림 10-33 이메일과 비밀번호 등록

이메일과 비밀번호를 등록한 후 PC 화면으로 돌아와 라인 notify API 사이트(**https://notify-bot.line.me/doc/en/**)에 접속해 오른쪽 상단의 [Log in]을 클릭합니다. 로그인 페이지가 나타나면 방금 스마트폰에서 등록한 이메일과 비밀번호를 입력해 로그인합니다.

그림 10-34 notify API 사이트 로그인

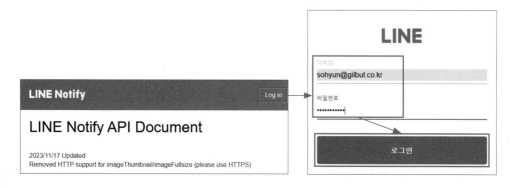

아이디와 비밀번호를 입력했는데 로그인이 되지 않을 때는 1시간 정도 기다렸다가 다시 로그인하면 됩니다. 또한 QR 코드를 이용해 로그인하는 방법도 있습니다. 로그인 화면 하단에 있는 [QR 코드 로그인] 버튼을 클릭하면 스캔할 수 있는 QR 코드가 뜹니다. 스마트폰의 라인 앱을 실행하고 검색창 오른쪽의 QR 코드 아이콘을 터치하면 QR 코드를 스캔할 수 있는 카메라가 나타나는데, 이를 PC의 QR 코드에 갖다 대 스캔하고 로그인 화면에서 [로그인] 버튼을 터치해 로그인합니다.

그림 10-35 QR 코드를 이용한 로그인

로그인이 완료되면 오른쪽 상단에 있는 자신의 이름을 클릭해 [My page]를 선택하고, 다음 화면에서 [Generate token] 버튼을 클릭합니다.

그림 10-36 Generate token 생성 1

토큰 생성 화면에서 알림 봇의 이름으로 **중고나라 알림 봇**을 입력하고 '1-on-1 chat with LINE Notify'를 선택한 후 [Generate token] 버튼을 클릭합니다.

그림 10-37 Generate token 생성 2

> **TIP** Generate token 목록에 라인 앱의 그룹 대화방 목록이 뜨는 경우도 있습니다. 이럴 때 목록에서 원하는 그룹 대화방을 선택하면 해당 대화방에 있는 친구들도 다 같이 알림을 받을 수 있습니다.

토큰 발급 화면이 나타나는데, 이 화면을 벗어나면 토큰을 확인할 수 없습니다. 따라서 [Copy] 버튼을 클릭해 토큰을 복사하고 메모장에 붙여넣은([Ctrl]+[V]) 다음 [Close] 버튼을 클릭합니다.

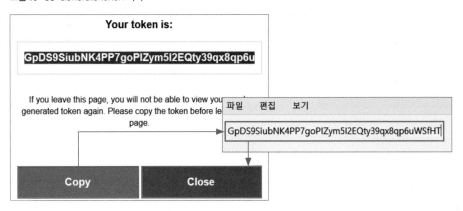
그림 10-38 Generate token 복사

복사한 토큰을 새 파이썬 파일에 붙여넣겠습니다. [pythonStudy] 폴더에 **ch10-라인알림봇.py** 파일을 만들고, 스마트폰 알림 API를 호출하는 코드를 작성합니다.

❶ 복사한 토큰을 token 변수에 문자열로 저장합니다.

❷ 보내고 싶은 메시지 내용을 data의 "message" 부분에 작성합니다.

❸ requests.post() 명령으로 해당 토큰을 전달하고 알림 API를 호출합니다. 이 명령은 라인 API 설명서(**https://notify-bot.line.me/doc/en/**)에서 제공한 내용을 참조해 작성한 것이며, 첫 번째 인자로 API 호출 URL("https://notify-api.line.me/api/notify")을, 두 번째 인자로 요청 헤더(headers={"Authorization": f"Bearer {token}"})를, 세 번째 인자로 요청 본문(data=data)을 전달합니다. requests 모듈에 빨간색 밑줄이 생기면 Alt + Enter 키를 눌러 requests 모듈을 추가합니다.

ch10-라인알림봇.py

```
import requests ------------------- ❸ 모듈 자동 추가
token = "여기에 복사한 토큰 넣기" --- ❶ 토큰 붙여넣기
data = { ------------------------- ❷ 메시지 저장
    "message": "안녕! 반가워 :)"
}                                ┌ ❸ 알림 API 호출
requests.post("https://notify-api.line.me/api/notify",
              headers={"Authorization": f"Bearer {token}"}, data=data)
```

코드를 실행하면 스마트폰으로 알림 메시지가 옵니다.

그림 10-39 알림 메시지

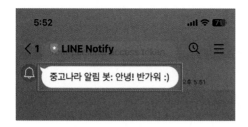

data 변수에 다음 내용을 추가하면 메시지와 함께 이미지를 보낼 수 있습니다.

_____ **ch10-라인알림봇.py**

```
data = {
    "message": "이미지 보내기 테스트 중",
    "imageThumbnail": "https://platum.kr/wp-content/uploads/2020/08/
                       58809805_2597174657088183_7071241453283835904_o.jpg",
    "imageFullsize": "https://platum.kr/wp-content/uploads/2020/08/
                      58809805_2597174657088183_7071241453283835904_o.jpg"
}
requests.post("https://notify-api.line.me/api/notify",
              headers={"Authorization": f"Bearer {token}"}, data=data)
```

여기서 "imageThumbnail"(이미지 썸네일)과
"imageFullsize"(이미지 전체 사이즈) 값에는
이미지가 저장된 웹 사이트의 URL을 넣습니
다. 가령 어떤 웹 페이지에 있는 이미지를 넣고
싶은 경우, 해당 이미지에서 마우스 오른쪽 버
튼을 눌러 [이미지 주소 복사]를 선택하면 이미
지가 저장돼 있는 URL이 복사되는데, 이 URL
을 넣으면 됩니다. 앞의 코드에서는 platum.kr
사이트에 있는 이미지의 URL을 넣었습니다.

코드를 실행하면 스마트폰으로 알림 메시지와
함께 이미지를 받을 수 있습니다.

그림 10-40 이미지 주소 복사

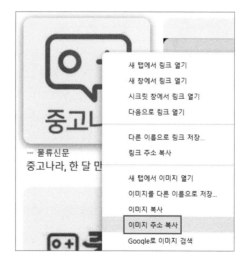

그림 10-41 알림 메시지와 이미지

이 코드를 앞에서 만든 **ch10-중고나라관심물건알림.py** 파일에 적용해보겠습니다. 이미지를 같이 보낼 필요는 없으니 이미지 보내는 부분을 없애고 알림 메시지와 중고나라 게시판의 URL(https://cafe.daum.net/talingpython/rRa6)을 같이 보냅니다.

그림 10-42 중고나라 게시판의 URL

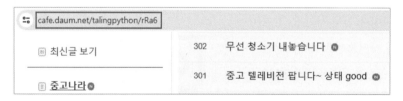

ch10-중고나라관심물건알림 파일에서 다음 코드를 추가합니다. requests 모듈에 빨간색 밑줄이 생기면 Alt + Enter 키를 눌러 requests 모듈을 추가합니다.

───────────────────────────────── **ch10-중고나라관심물건알림.py**

```
import os
import requests --- 모듈 자동 추가
(중략)
while True:
    (중략)
    if new_one >= 1:
        print(f"[알림] 청소기 관련 글이 {new_one}개 올라왔습니다.")
```

```
        token = "여기에 복사한 토큰 넣기"
        data = {
            "message": f"[알림] 청소기 관련 글이 {new_one}개 올라왔습니다.
                        https://cafe.daum.net/talingpython/rRa6",
        }
        requests.post("https://notify-api.line.me/api/notify",
                    headers={"Authorization": f"Bearer {token}"}, data=data)
    browser.refresh() # 새로 고침
    time.sleep(10)
```

중고나라 게시판에 청소기 관련 글을 올리고 코드를 실행하면 스마트폰으로 다음과 같은 메시지를 받게 되고, 메시지의 URL을 누르면 바로 중고나라 게시판으로 이동합니다.

그림 10-43 중고나라 관심 물건 알림 메시지

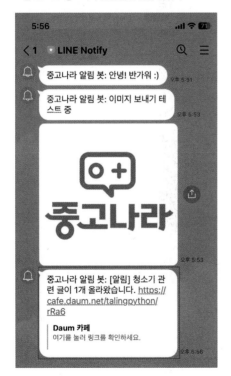

이 코드를 응용하면 실제 중고나라 사이트에 올라온 물건의 사진도 메시지로 받을 수 있습니다. 또한 다른 사이트에 올라오는 관심 있는 뉴스, 사업 공고, 각종 공연, 비행기 특가 등의 정보를 스마트폰 알림으로 받을 수 있습니다.

3 앞에서 실습한 코드에 대한 설명 중 옳지 <u>않은</u> 것을 고르세요.

① 10초마다 새 글이 올라왔는지 자동으로 확인한다.

② txt 파일에 문자열을 기록할 때 기존 내용을 유지하고 싶다면 "a" 모드로 파일을 연다.

③ 라인 API를 활용하면 알림 메시지와 함께 이미지를 보낼 수 있다.

④ 관심 물건과 관련된 글이 새로 올라오면 10초마다 스마트폰의 알림이 울린다.

자동화 프로그램
만드는 노하우

10.4.1 무엇을 자동화할까

필자는 2018년부터 파이썬 업무 자동화를 가르쳐왔습니다. 그런데 강의를 들은 수강생들이 "파이썬으로 무엇을 할 수 있는지는 알겠는데, 어떻게 활용해야 할지 아이디어가 떠오르지 않아요"라고 토로하곤 합니다. 지금까지 파이썬 없이도 잘 살아왔으니 파이썬을 어디에 어떻게 써먹어야 할지 당장 생각나지 않는 것이 당연합니다.

이럴 때는 조금 게으른 사람이 되는 것도 방법입니다. 지금 하던 일에서 손을 떼면 자동화할 수 있는 일을 곳곳에서 발견할 수 있습니다. 자동화 프로그램은 거창한 것이 아니며, 평소에 클릭 열 번 하던 것을 다섯 번으로 줄이는 것만도 큰 성과입니다. 나만의 자동화 프로그램을 만들려면 일단 게을러지세요.

필자의 경우 업무나 일상생활 중에 똑같은 동작을 세 번 이상 반복하는 일을 자동화하려고 합니다. 대표적인 사례를 소개하겠습니다.

● 온라인 강의 준비 및 업로드 자동화

필자는 주말 아침마다 온라인 라이브 강의를 하기 위해 줌(Zoom) 프로그램으로 회의 룸을 만들고, 마이크와 카메라 설정을 변경하고, 회의 룸 링크를 단체 카톡방에 공유합니다. 또한 강의 시작과 동시에 강의 녹화 프로그램을 실행하고, 강의가 끝나면 녹화본을 유튜브에 업로드합니다. 유튜브에 업로드할 때는 파일명 변경, 재생 목록 선택, 비공개 설정 등을 하고, 유튜브 업로드가 끝나면 해당 링크를 단체 카톡방에 공유합니다. 필자는 매주 온라인 강의를 할 때마다 이를 반복하는 것이 번거로워 이 작업을 모두 자동화했습니다. 덕분에 강의 전후로 시간이 남아 강의 준비를 좀 더 하거나 수강생의 질문에 답할 수 있는 시간을 더 많이 확보하게 됐습니다.

● **복권 구매 자동화**

필자는 가끔 동행복권 사이트(**https://dhlottery.co.kr**)에서 연금복권을 구매합니다. 동행 복권 사이트에 접속해 로그인한 후, 연금복권 구매 페이지에 들어가 번호를 선택하고 구매 하기까지 3분밖에 걸리지 않지만 이것도 은근히 귀찮은 일입니다. 그래서 매주 수요일 오후 12시마다 컴퓨터가 알아서 연금복권을 구매하는 프로그램을 만들었습니다. 복권 번호는 컴 퓨터가 랜덤으로 선택하게 했는데, 그 결과를 확인하는 재미가 쏠쏠합니다.

● **크롬 창 닫기 자동화**

selenium 모듈을 활용해 코딩을 하다 보면 다음과 같이 작업 표시줄에 크롬 창이 쌓입니다. 필자는 이것을 일일이 클릭해 닫기 아이콘을 누르는 것이 귀찮아서 크롬 창을 자동으로 한 번에 닫는 프로그램을 만들었습니다.

그림 10-44 작업 표시줄에 쌓인 크롬 창

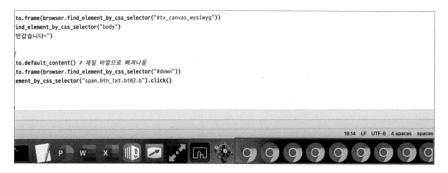

> **NOTE** **크롬 창 닫기 프로그램 다운로드**
>
> 크롬 창을 한 번에 닫는 프로그램은 **https://zrr.kr/Jkyi**에서 내려받을 수 있습니다. 프로그램 이름은 Chrome Quit(크롬 퀴트)이며, 필자가 만든 것이니 안심하고 사용해도 됩니다.
>
> 이 프로그램은 윈도우용과 맥OS용으로 구분돼 있어 각자 운영체제에 맞는 파일을 다운로드하세요. 해당 파 일의 압축을 풀고 exe 파일을 작업 표시줄로 드래그한 후, 크롬 창이 여러 개 열린 상태에서 작업 표시줄의 Chrome Quit 아이콘을 클릭하면 모든 크롬 창이 한꺼번에 닫힙니다.

● 기타 자동화 사례

그 밖에도 필자의 강의를 듣는 수강생에게 수업 안내 메시지 보내기, 협업하는 회사 직원에게 이메일 보내기, 이메일 수신함에 있는 대용량 파일 다운로드하기 등을 자동화했습니다. 또한 챗GPT에게 물어보러 가는 것조차 귀찮아서, 대충 질문하면 알아서 챗GPT 사이트에 접속해 질문하고 답변을 받아오는 과정을 자동화했습니다. 그리고 조금 엉뚱하게 들리겠지만 파이썬으로 다이어트에 성공해 15kg을 감량했습니다. 파이썬 다이어트 성공기는 필자의 블로그(https://py-son.tistory.com/6)에 정리해놓았으니 관심 있는 독자는 읽어보세요.

● 수강생의 자동화 사례

필자의 강의를 들은 수강생들이 구현한 자동화 사례를 몇 가지 소개하겠습니다.

- 인스타그램 [좋아요]와 [팔로우] 자동 누르기, 댓글 자동 달기 기능을 구현해 팔로워 수를 몇천 명까지 늘린 사례

- 골프장 예약 자동화 사례

- 회사 시스템에 결재 서류 올리기 자동화 사례

- 나라장터 사이트(https://www.g2b.go.kr)의 공공기관 입찰 정보 중 관심 있는 정보 엑셀 정리하기 자동화 사례

- 학생들의 독서 활동 상황을 시스템에 자동으로 입력하는 프로그램을 만든 중학교 선생님의 사례

10.4.2 혼자 공부하는 독자를 위한 조언

지금까지 selenium 모듈을 이용해 다양한 실습을 진행했지만 알려드리지 못한 기능이 더 많습니다. selenium 모듈은 책 한 권으로도 부족할 만큼 많은 기능을 제공합니다. 앞으로 다양한 사이트에서 크롤링을 시도하다 보면 이 책에서 다루지 않은 명령을 사용해야 할 때가 있을 것입니다. 그런데 필자의 강의를 듣는 수강생 중에는 배우지도 않았는데 스스로 해결한 경우가 많습니다. 이는 코딩 공부를 하면서 자기도 모르는 새 문제를 바라보는 시야가 넓어졌기 때문에 가능

한 일입니다. 이렇게 시야가 넓어지면 무엇이 문제인지, 그 문제를 해결하기 위해 무엇을 검색해야 하는지, 코드에 어떻게 적용해야 하는지에 대한 감을 잡게 됩니다.

파이썬 업무 자동화의 노하우란 별게 아닙니다. 지루한 일상 속에서 반복되는 사소한 일들을 자동화하는 과정 자체에서 소소한 즐거움을 느끼고 파이썬과 친해지는 것이 바로 코딩 실력을 키우는 노하우입니다.

업무 자동화 프로그램을 만드는 것은 남들이 무딘 도끼날로 나무를 베고 있을 때 도끼날을 날카롭게 가는 작업입니다. 도끼날을 가는 데에는 시간이 걸리지만, 한 번 갈고 나면 남들보다 더 빨리, 더 쉽게 나무를 벨 수 있습니다.

'자동화 프로그램을 만드는 데 이렇게 시간이 걸리다니, 배보다 배꼽이 더 크네. 그냥 수작업으로 하는 게 낫겠어'라고 생각되는 순간도 있습니다. 하루에 2분씩만 타이핑하면 되는데, 굳이 자동화하겠다고 한 달 동안 끙끙댈 필요가 있을까 의문이 들기도 하고요. 그럼에도 필자는 꼭 도전해서 자동화 프로그램을 완성해볼 것을 권합니다. 대단한 프로그램이 아니라도 그것을 완성해냈을 때의 희열과 성취감은 삶에 큰 힘이 될 뿐만 아니라 반복 작업의 수고도 덜어줍니다.

마무리

1. name 속성값으로 요소 찾는 방법

name 속성값을 활용해 요소를 찾을 때는 find_element()의 첫 번째 인자로 By.NAME을 사용합니다.

> 형식 | find_element(By.NAME, "name 속성값")

2. 매크로 제재 피하는 방법

인스타그램과 같이 매크로에 대한 제재가 심한 사이트의 경우 클릭 동작이나 웹 페이지 전환 시 time.sleep() 문으로 시간 간격을 충분히 늘립니다.

3. no such element 오류 해결 방법

selenium 모듈로 코딩하다가 no such element 오류가 발생하면 다음 3단계로 문제를 해결합니다.

❶ CSS 선택자를 올바로 작성했는지 확인하기

❷ time.sleep() 문을 더 길게 조정하기

❸ 해당 요소가 프레임 안에 있는지 확인하기

4. 프레임 전환 방법

- 프레임을 전환할 때는 다음 명령을 사용하며, 전환하고자 하는 〈iframe〉 요소의 id 속성값을 괄호 안에 넣습니다.

```
형식  │ browser.switch_to.frame("id 속성값")
```

- 프레임 전환은 항상 바깥쪽에서 안쪽으로만 가능합니다. 만약 안쪽에서 바깥쪽으로 전환해야 한다면 brwoser.switch_to.default_content() 명령으로 현재 프레임을 최상위 프레임으로 빠져나오게 한 다음 다시 안쪽으로 들어갑니다.

5. 새로운 정보 실시간 크롤링 방법

- 웹 페이지에 새로운 정보가 올라왔는지 판단하고자 할 때는 txt 파일이나 엑셀 파일을 사용해 기존 정보와 새 정보를 비교한 후 갱신합니다.
- 문자 메시지 API, 카카오톡 API, 라인 API 등을 이용하면 새로운 정보가 올라왔을 때 스마트폰으로 알림 메시지를 받을 수 있습니다.

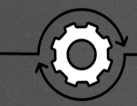

11장

이메일 자동화와
프로그램
자동 실행하기

비슷하지만 조금씩 다른 내용의 이메일을 여러 사람에게 보내려면 각각의 이메일 주소와 본문 내용을 입력해야 합니다. 게다가 각기 다른 파일을 이메일에 첨부해야 한다면 일이 더 번거로워집니다. 이 장에서는 이렇게 손이 많이 가는 이메일 발송 작업을 자동화하는 프로그램을 만들어봅니다. 그리고 앞에서 만든 파이썬 프로그램을 원하는 시간에 자동으로 실행하는 방법도 알아봅니다. 사용자가 신경 쓰고 있지 않아도 컴퓨터가 알아서 실행하니 완전한 자동화를 이룰 수 있습니다.

여러 사람에게 이메일 보내기

11.1

이메일 자동 발송 프로그램은 selenium 모듈로 작성할 수 있지만 smtplib(SMTP library, 에스엠티피 라이브러리) 모듈을 사용하면 좀 더 쉽고 간단하게 구현할 수 있습니다. 고객 주문 정보가 저장돼 있는 엑셀 파일을 읽어와 각 고객에게 이메일을 자동으로 발송하는 프로그램을 만들어봅시다.

11.1.1 네이버 메일의 SMTP 설정하기

SMTP(Simple Mail Transfer Protocol)란 이메일을 주고받는 데 사용되는 통신 규약으로, 이번 실습에서는 네이버의 SMTP 서버를 이용해 이메일을 자동으로 발송하겠습니다. 네이버의 SMTP 서버를 사용하려면 사용 설정부터 해야 합니다. 네이버에 로그인한 후 메일의 환경 설정에서 다음과 같이 설정하고 [저장] 버튼을 클릭합니다.

그림 11-1 네이버 SMTP 사용 설정

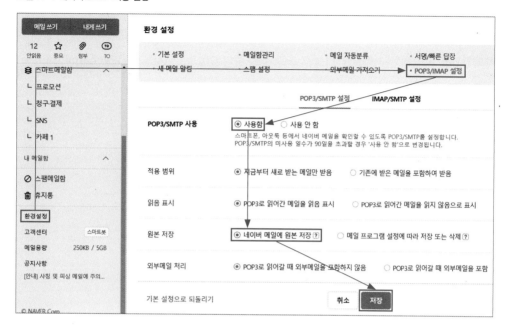

이 페이지에서 스크롤을 아래로 내리면 다음과 같은 정보가 있습니다. 이메일 발송 코드를 작성할 때 필요한 SMTP 서버명과 포트 정보를 확인합니다.

그림 11-2 SMTP 서버명과 포트 정보

메일 프로그램 환경 설정 안내
스마트폰, 아웃룩 등 외부 메일 프로그램 환경설정에 아래와 같이 등록해 주세요.

계정 정보	아이디 : clearso2	비밀번호 : 네이버 로그인 비밀번호
서버 명	POP 서버명 : pop.naver.com	SMTP 서버명 : smtp.naver.com
포트 정보	POP 포트 : 995, 보안연결(SSL) 필요	SMTP 포트 : 465, 보안 연결(SSL) 필요
도움말	POP3/SMTP 연결이 되지 않아요 >	메일 프로그램 POP3/SMTP 설정하기 >

TIP 네이버 메일 대신 지메일(Gmail)이나 다음(Daum) 메일의 SMTP 서버를 사용하려면 구글에서 '파이썬 smtplib gmail' 또는 '파이썬 smtplib daum'을 검색해 서버 설정 방법을 알아보세요.

11.1.2 주문내역과 첨부파일 준비하기

실습을 위해 준비 파일을 옮깁니다. 소스 코드 내 [source] 폴더의 **주문내역.xlsx** 파일과 **첨부파일.pdf** 파일을 복사해(Ctrl + C) 프로젝트 폴더(**C:\Users\사용자명\PycharmProjects\pythonStudy**)에 붙여넣습니다(Ctrl + V).

그림 11-3 준비 파일 붙여넣기

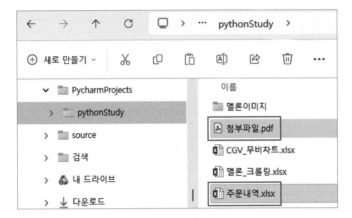

주문내역.xlsx 파일을 열어보면 구매일자, 이름, 이메일 주소, 주문 제품이 기록돼 있습니다. 이메일 주소는 고객의 이메일 주소를 말하는데, 잘 사용하지 않는 자신의 이메일 주소를 여기에 채워 넣습니다(다른 사람의 이메일 주소를 사용하면 메일이 제대로 전송됐는지 확인할 수 없기 때문에 자신의 이메일 주소를 사용하는 것입니다). 이메일 주소를 입력한 후 Ctrl + S 키를 눌러 저장합니다.

그림 11-4 자신의 이메일 주소 입력

구매일자	이름	이메일 주소	주문 제품
2024-05-05	홍성관	clearso@daum.net	모나미/흑색(타스 12자루)
2024-05-05	조인수	clearso@daum.net	모나미/청색(타스 12자루)
2024-05-05	이상도	clearso@daum.net	모나미/적색(타스 12자루)
2024-05-05	김태준	clearso@daum.net	흑색, 자바펜, 0.7mm, 노크식, 유성펜, 12자루
2024-05-06	김갑수	clearso@daum.net	청색, 자바펜, 0.7mm, 노크식, 유성펜, 12자루
2024-05-06	황성환	clearso@daum.net	적색, 자바펜, 0.7mm, 노크식, 유성펜, 12자루
2024-05-06	허미숙	clearso@daum.net	656 일반노트 9+1
2024-05-06	서정근	clearso@daum.net	654 일반노트 9+1

[pythonStudy] 폴더에 **ch11-이메일발송.py** 파일을 만듭니다. 엑셀 파일에서 고객 정보 읽어오기, 이메일 발송하기, 이메일에 파일 첨부하기 순서로 코드를 작성하겠습니다.

11.1.3 엑셀 파일에서 고객 정보 읽어오기

엑셀 파일의 고객 정보를 읽어와 출력하는 코드를 작성합니다.

❶ openpyxl.load_workbook() 명령으로 **주문내역.xlsx** 파일을 불러와 현재 활성화된 시트를 sheet 변수에 저장합니다. openpyxl에 빨간색 밑줄이 생기면 [Alt] + [Enter] 키를 눌러 openpyxl 모듈을 추가합니다.

❷ for 문을 돌면서 sheet.iter_rows() 명령으로 엑셀 시트의 모든 행에 접근합니다. 그런데 1행에는 구매일자, 이름, 이메일 주소 등의 제목이 있어 2행부터 for 문을 돌려야 하므로 sheet.iter_rows() 문의 괄호 안에 min_row = 2를 작성합니다. 이는 엑셀 행에 접근할 때 2행부터 접근하라는 의미입니다.

❸ for row in sheet.iter_rows(min_row = 2): 문을 실행하면 row 변수가 엑셀의 각 행을 갖고 for 문 안으로 들어갑니다. 이때 row[0]은 각 행의 첫 번째 셀을 가져오라는 뜻이고, 뒤에 .value를 붙인 row[0].value는 셀에 기록된 값을 가져오라는 뜻입니다. 이러한 식으로 구매일자, 이름, 이메일 주소, 주문 제품을 가져와 각각 date, name, your_mail, product 변수에 저장합니다.

❹ 문자열 포매팅으로 이메일 제목과 본문 내용을 작성하고 각각 title, content 변수에 저장합니다.

❺ 이메일 제목과 본문 내용이 올바로 작성됐는지 확인하기 위해 출력합니다.

───────────────────────────────────── ch11-이메일발송.py

```
import openpyxl ----------------------------------- ❶ 모듈 자동 추가
book = openpyxl.load_workbook("./주문내역.xlsx") --- ❶ 현재 시트 불러오기
sheet = book.active
for row in sheet.iter_rows(min_row = 2): ----------- ❷ 2행부터 접근
    date = row[0].value --- ❸ 구매일자, 이름, 이메일 주소, 주문 제품 저장
    name = row[1].value
    your_mail = row[2].value
    product = row[3].value
    title = f"{name}님, 주문 내역 보내드립니다." ----- ❹ 이메일 제목, 본문 작성
    content = f"""안녕하세요. {name}님. 주문 내역은 다음과 같습니다.
구매일자 : {date}
성함 : {name}
주문제품 : {product}
```

```
감사합니다."""
    print(title) --- ❺ 이메일 제목, 본문 출력
    print(content)
```

코드를 실행하면 모든 고객에게 보낼 이메일 제목과 본문이 출력됩니다.

> **실행결과**
>
> 홍성관님, 주문 내역 보내드립니다.
> 안녕하세요. 홍성관님. 주문 내역은 다음과 같습니다.
> 구매일자 : 2024-05-05 00:00:00
> 성함 : 홍성관
> 주문제품 : 모나미/흑색(타스 12자루)
> 감사합니다.
> (중략)

이메일을 발송하기에 앞서 마지막의 print() 문 2개는 필요 없으니 삭제합니다.

```
감사합니다."""
    print(title) --- 삭제
    print(content)
```

11.1.4 이메일 발송하기

엑셀 파일을 여는 코드 앞에 네이버 SMTP 서버에 접속하는 코드를 작성합니다.

❶ smtplib.SMTP_SSL()은 **SSL**(Secure Sockets Layer)이라는 보안 프로토콜을 통해 안전하게 이메일을 전송할 수 있도록 SMTP 서버에 연결하는 명령입니다. 괄호 안에는 **그림 11-2**에서 확인했던 SMTP 서버명과 포트를 넣고, 이 연결 정보를 naver_server 변수에 저장합니다. smtplib에 빨간색 밑줄이 생기면 Alt + Enter 키를 눌러 smtplib 모듈을 추가합니다.

❷ naver_id, naver_pw 변수에 자신의 네이버 아이디와 비밀번호를 저장합니다. **11.1.1절**에서 로그인할 때 사용했던 네이버 아이디와 비밀번호를 기입하면 됩니다.

❸ 문자열 포매팅으로 자신의 이메일 계정을 작성한 후 my_mail 변수에 저장합니다. my_mail
변수는 뒤에서 발송자의 이메일 주소를 저장할 때 사용합니다.

❹ naver_server.login() 명령으로 네이버 SMTP 서버에 로그인합니다.

------- ch11-이메일발송.py

```
import smtplib --- ❶ 모듈 자동 추가
import openpyxl                              ┌ ❶ 네이버 SMTP 서버 연결
naver_server = smtplib.SMTP_SSL("smtp.naver.com", 465)
naver_id = "여기에 네이버 아이디 입력" ------- ❷ 네이버 아이디, 비밀번호 저장
naver_pw = "여기에 네이버 비밀번호 입력"
my_mail = f"{naver_id}@naver.com" -------- ❸ 발송자의 이메일 주소 저장
naver_server.login(naver_id, naver_pw) --- ❹ 네이버 SMTP 서버에 로그인
book = openpyxl.load_workbook("./주문내역.xlsx")
```

네이버 SMTP 서버에 접속했으니 이메일 발송 코드를 작성하겠습니다. 이메일을 발송할 때는
이메일 메시지를 생성한 후 본문과 첨부파일을 실어 전송합니다. 이는 택배 상자에 편지와 물건
을 넣어 보내는 것과 흡사한데, 이때 이메일 메시지는 택배 상자에, 본문은 편지에, 첨부파일은
물건에 비유할 수 있습니다.

그림 11-5 택배 상자에 비유한 이메일 메시지

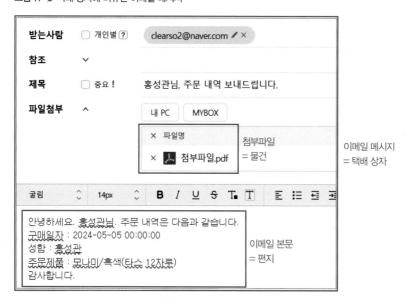

❶ MIMEMultipart()는 이메일 메시지를 생성하는 명령입니다. for 문 안에서 이메일 메시지를 생성하고 mail_box 변수에 저장합니다. MIMEMultipart에 빨간색 밑줄이 생기면 [Alt]+[Enter] 키를 눌러 email.mime.multipart 모듈의 MIMEMultipart 명령을 추가합니다.

❷ mail_box는 여러 정보를 담고 있는 이메일 메시지입니다. 각 정보는 mail_box["변수명"] 형태로 저장할 수 있는데, 이는 택배 상자 바깥에 송장을 붙이는 것과 같습니다. mail_box["From"]에 보내는 사람의 이메일 주소를, mail_box["To"]에 받는 사람의 이메일 주소를, mail_box["Subject"]에 이메일 제목을 저장합니다.

❸ MIMEText()는 이메일 본문을 생성하는 명령으로, 괄호 안에 content 변수와 _charset ="euc-kr" 옵션을 작성합니다. 이는 content 변수에 있는 내용으로 이메일 본문을 생성하라는 의미로, _charset="euc-kr"은 한글이 깨지지 않게 하기 위한 옵션입니다. 생성한 이메일 본문은 msg 변수에 저장합니다. MIMEText에 빨간색 밑줄이 생기면 [Alt]+[Enter] 키를 눌러 email.mime.text 모듈의 MIMEText 명령을 추가합니다.

❹ mail_box.attach(msg) 명령으로 이메일 본문(msg)을 이메일 메시지(mail_box)에 추가합니다.

❺ naver_server.sendmail() 명령으로 이메일 메시지를 발송합니다. 괄호 안에 보내는 사람의 이메일 주소, 받는 사람의 이메일 주소, 이메일 메시지를 문자열로 변환한 값(mail_box.as_string())을 넣습니다.

❻ 고객에게 이메일을 보냈다는 문구를 출력합니다.

ch11-이메일발송.py

```
import smtplib
from email.mime.multipart import MIMEMultipart --- ❶ 모듈 자동 추가
from email.mime.text import MIMEText ------------- ❸ 모듈 자동 추가
import openpyxl
(중략)
for row in sheet.iter_rows(min_row = 2):
    (중략)
    content = f"""안녕하세요. {name}님. 주문 내역은 다음과 같습니다.
구매일자 : {date}
성함 : {name}
주문제품 : {product}
감사합니다."""
```

```
mail_box = MIMEMultipart() -- ❶ 이메일 메시지 생성
mail_box["From"] = my_mail -- ❷ 발송자 이메일 주소, 송신자 이메일 주소, 이메일 제목 저장
mail_box["To"] = your_mail
mail_box["Subject"] = title
msg = MIMEText(content, _charset="euc-kr") ------ ❸ 이메일 본문 생성
mail_box.attach(msg) --- ❹ 이메일 본문 추가        ┌ ❺ 이메일 메시지 발송
naver_server.sendmail(my_mail, your_mail, mail_box.as_string())
print("{}님께 이메일을 보냈습니다.".format(name)) --- ❻ 발송 완료 출력
```

코드를 실행하면 for 문을 돌면서 순서대로 이메일을 발송하고, 실행창에 이메일을 보냈다는 메시지를 출력합니다. 그런데 이메일이 잘 발송되다가 30~40개쯤 발송했을 때 다음과 같은 오류가 발생합니다. 한 번에 너무 많은 이메일을 보냄으로써 발생하는 오류입니다.

그림 11-6 오류 내용

```
박정철님께 이메일을 보냈습니다.
오태홍님께 이메일을 보냈습니다.
Traceback (most recent call last):
  File "C:\Users\gilbut\PycharmProjects\pythonStudy\ch11-이메일발송.py", line 32, in <module>
    naver_server.sendmail(my_mail, your_mail, mail_box.as_string())
  File "C:\Users\gilbut\AppData\Local\Programs\Python\Python39\lib\smtplib.py", line 887, in
    raise SMTPSenderRefused(code, resp, from_addr)
smtplib.SMTPSenderRefused: (452, b'4.5.3 Too many commands GJb4cXzRT5aJv+R7gi00-Q - nsmtp',
```

이 오류를 막기 위해 20명에게 이메일을 발송할 때마다 다시 로그인을 하도록 코드를 추가합니다.

❶ for 문에 들어가기 전에 num 변수를 선언하고 0으로 초기화합니다.

❷ 고객 1명에게 이메일을 발송할 때마다 num 변수의 값을 1씩 증가시킵니다.

❸ 만약 num이 20의 배수가 되면 20명, 40명, 60명, …에게 이메일을 보냈다는 뜻이므로 그때마다 다시 로그인을 해야 합니다. 'num이 20의 배수라면'이라는 조건은 'num을 20으로 나눈 나머지가 0이라면'과 같습니다. 따라서 나머지 연산자 %를 이용해 if num % 20 == 0: 문을 작성합니다.

❹ 이메일을 20명에게 보낼 때마다 if 문이 True가 되므로 그때마다 서버 접속을 해제하고 (naver_server.quit()) 다시 서버에 연결한 후 로그인합니다.

```
sheet = book.active
num = 0 --- ❶ num 초기화
for row in sheet.iter_rows(min_row = 2):
    (중략)
    print("{}님께 이메일을 보냈습니다.".format(name))
    num += 1 ------------------ ❷ num 카운트
    if num % 20 == 0: --------- ❸ num을 20으로 나눈 나머지가 0인지 확인
        naver_server.quit() --- ❹ 네이버 SMTP 서버 연결 해제, 재연결, 로그인
        naver_server = smtplib.SMTP_SSL("smtp.naver.com", 465)
        naver_server.login(naver_id, naver_pw)
```

코드를 실행하면 오류 없이 잘 작동합니다. 이메일 발송이 완료되면 고객 메일함을 확인해봅니다.

그림 11-7 자동 발송된 이메일 확인

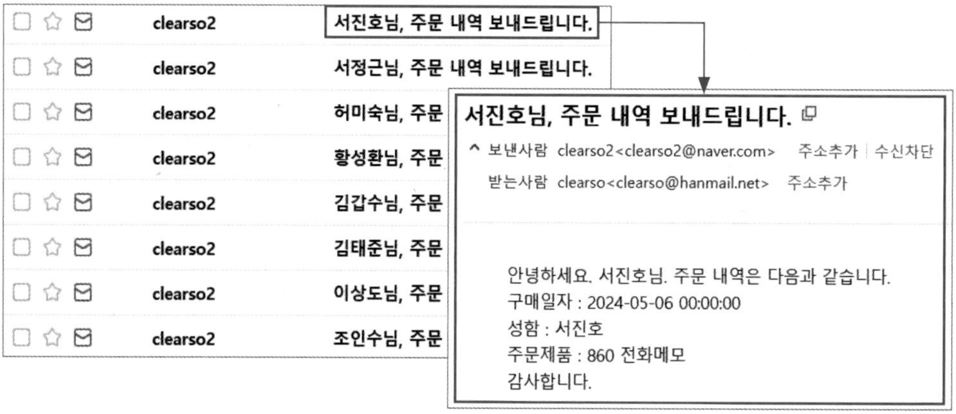

11.1.5 이메일에 파일 첨부하기

이메일에 파일을 첨부할 때는 packaging_file() 함수를 만들어 사용합니다. 이 함수는 첨부파일을 이메일로 보낼 수 있는 형태로 변환하는데, 쉽게 말해 택배 상자(이메일 메시지)에 물건(첨부파일)을 넣기 전에 포장 작업을 하는 것과 같습니다. 함수를 정의하고, 호출하고, 함수의 실행 결과를 받아 이메일 메시지에 추가하는 순으로 코드를 작성합니다.

❶ packaging_file() 함수의 정의 부분을 작성합니다. 이 코드를 완벽하게 이해할 필요는 없

습니다. 매개변수로 함수 호출 부분에서 넘겨준 첨부파일을 받아온다는 것, 첨부파일 기능이 필요할 때 이 코드를 복사해 사용하면 된다는 것만 기억하세요. mimetypes에 빨간색 밑줄이 생기면 [Alt] + [Enter] 키를 눌러 mimetypes 모듈을 추가하고, MIMEBase에 빨간색 밑줄이 생기면 [Alt] + [Enter] 키를 눌러 email.mime.base 모듈의 MIMEBase 명령을 추가합니다. 마찬가지로 encoders에 빨간색 밑줄이 생기면 [Alt] + [Enter] 키를 눌러 email 모듈의 encoders 명령을 추가하고, os에 빨간색 밑줄이 생기면 [Alt] + [Enter] 키를 눌러 os 모듈을 추가합니다.

❷ for 문 안에서 이메일을 발송하기 전에 packaging_file() 함수를 호출합니다. 이때 함수의 인자로 첨부파일명을 넣고, 함수의 반환값을 attached_file 변수에 저장합니다.

❸ mail_box.attach() 명령으로 이메일 메시지에 파일을 첨부합니다.　　　　**ch11-이메일발송.py**

```python
import mimetypes ----------------------- ❶ 모듈 자동 추가
import os ------------------------------ ❶ 모듈 자동 추가
import smtplib
from email import encoders ------------- ❶ 모듈 자동 추가
from email.mime.base import MIMEBase --- ❶ 모듈 자동 추가
from email.mime.multipart import MIMEMultipart
from email.mime.text import MIMEText
import openpyxl
# 첨부파일을 이메일에 넣을 수 있는 형태로 포장하는 함수
def packaging_file(file_name): --------- ❶ 함수 정의
    with open(file_name, "rb") as file:
        mimetypes.init()
        mimetype, _ = mimetypes.guess_type(file_name)
        if mimetype is None:
            mimetype = 'application/octet-stream'
        file_type, _, file_subtype = mimetype.partition('/')
        part = MIMEBase(file_type, file_subtype)
        part.set_payload(file.read())
        encoders.encode_base64(part)
        part.add_header('content-disposition', 'attachment',
                        filename = os.path.basename(file_name))
    return part
naver_server = smtplib.SMTP_SSL("smtp.naver.com", 465)
(중략)
```

```
for row in sheet.iter_rows(min_row = 2):
    (중략)
    mail_box.attach(msg)
    attached_file = packaging_file("./첨부파일.pdf") --- ❷ 함수 호출
    mail_box.attach(attached_file) --- ❸ 이메일 메시지에 파일 첨부
    naver_server.sendmail(my_mail, your_mail, mail_box.as_string())
```

코드를 실행한 후 고객 메일함을 확인해보면 다음과 같이 첨부파일이 전송됐을 것입니다.

그림 11-8 전송된 첨부파일

서진호님, 주문 내역 보내드립니다.

∧ 보낸사람 clearso2<clearso2@naver.com>　　주소추가 | 수신차단

　받는사람 clearso<clearso@daum.net>　　주소추가

∨ **일반 첨부파일 1개** (77.1 kB)　모두저장

　⊥ 人 첨부파일.pdf 75.3KB | 미리보기

안녕하세요. 서진호님. 주문 내역은 다음과 같습니다.
구매일자 : 2024-05-06 00:00:00
성함 : 서진호
주문제품 : 860 전화메모
감사합니다.

(◔) 1분 퀴즈
정답 p. 488

1 다음은 MIMEMultipart() 명령으로 이메일 메시지를 생성하고, 이메일 메시지에 보내는 사람의 이메일
　 주소, 받는 사람의 이메일 주소, 이메일 제목을 저장한 후, 이메일 본문을 추가하는 코드입니다. 코드에
　 서 잘못된 한 문장을 찾아 바르게 고치세요.

```
mail_box = MIMEMultipart()
mail_box["From"] = my_mail
mail_box["To"] = your_mail
mail_box["Title"] = title
msg = MIMEText(content, _charset="euc-kr")
mail_box.attach(msg)
```

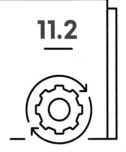

윈도우 작업 스케줄러로
자동 실행하기

11.2

지금까지는 파이참에서 자동화 프로그램을 만들고 실행 단축키(Ctrl+R)를 눌러 결과를 확인했습니다. 그런데 윈도우와 맥OS 운영체제가 제공하는 자동 실행 기능을 이용하면 원하는 시간에 컴퓨터가 알아서 자동화 프로그램을 실행하도록 설정할 수 있습니다. 이 절에서는 윈도우에서 설정하는 방법을 알아보고, 맥OS에서 설정하는 방법은 다음 절에서 다루겠습니다.

11.2.1 작업 스케줄러에 작업 등록하기

10.2절 다음 카페 자동 글쓰기에서 만든 **ch10-다음카페글쓰기.py** 프로그램을 매일 정해진 시간에 자동 실행하도록 윈도우의 작업 스케줄러를 설정해봅시다. 윈도우 화면 아래 작업 표시줄의 검색창에 **작업 스케줄러**를 입력하고(띄어쓰기도 정확히 입력) 메뉴에서 [작업 스케줄러]를 선택합니다.

그림 11-9 작업 스케줄러 실행

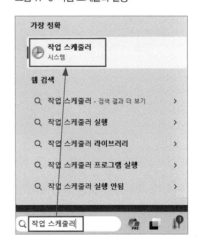

[작업 스케줄러] 창이 나타나면 오른쪽 목록에서 [기본 작업 만들기]를 선택합니다.

그림 11-10 [기본 작업 만들기] 선택

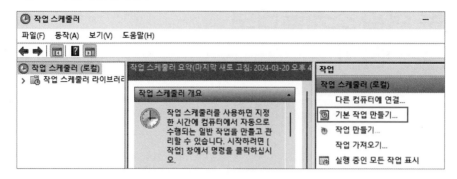

기본 작업 만들기 마법사에서 작업 이름에 **다음 카페 글쓰기**를 입력하고 [다음] 버튼을 클릭합니다.

그림 11-11 작업 이름 설정

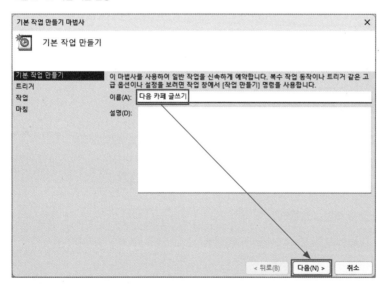

작업 트리거에서 작업을 언제 시작할지 묻습니다. 이는 작업을 등록한 후 더 세밀하게 설정할 수 있기 때문에 지금은 기본 설정을 그대로 두고 [다음] 버튼을 클릭합니다. 다음 화면에서도 기본 설정을 그대로 두고 [다음] 버튼을 클릭하고, 어떤 동작을 수행할지 묻는 화면에서도 기본 설정을 그대로 두고 [다음] 버튼을 클릭합니다.

그림 11-12 기본 설정 확인 후 넘어가기

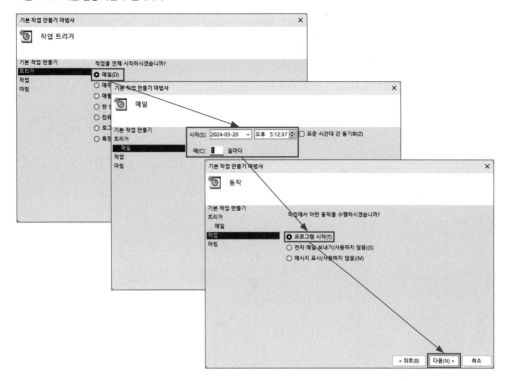

프로그램 시작 화면이 나타나고 3개의 입력 칸이 있습니다. 여기에는 관련 파일 또는 폴더의 경로를 넣어야 하는데, 세 가지 모두 파이참의 프로젝트 탐색기에서 확인할 수 있습니다.

- **프로그램/스크립트:** 파이썬 인터프리터의 경로

- **인수 추가(옵션):** 실행할 파이썬 파일의 경로

- **시작 위치(옵션):** 프로젝트 폴더의 경로

그림 11-13 프로그램 시작 화면

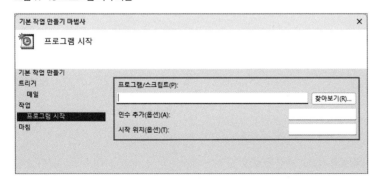

먼저 프로그램/스크립트에 넣을 파이썬 인터프리터의 경로를 복사하겠습니다. 파이참 화면으로 가서 프로젝트 탐색기의 **.venv > Scripts > python.exe**를 클릭합니다. 이 **python.exe**가 바로 파이썬 인터프리터입니다. 파일을 클릭한 상태에서 Ctrl + Shift + C 키를 눌러 전체 경로를 복사합니다.

그림 11-14 python.exe 경로 복사

프로그램 시작 화면으로 돌아와 프로그램/스크립트 입력 칸에 복사한 경로를 붙여넣습니다 (Ctrl + V).

그림 11-15 python.exe 경로 붙여넣기

인수 추가(옵션)에는 실행할 파이썬 파일의 경로를 넣어야 합니다. 파이참 화면으로 가서 프로젝트 탐색기의 **ch10-다음카페글쓰기.py** 파일을 클릭한 상태에서 Ctrl + Shift + C 키를 눌러 전체

경로를 복사합니다.

그림 11-16 ch10-다음카페글쓰기.py 경로 복사

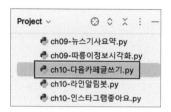

프로그램 시작 화면으로 돌아와 인수 추가(옵션) 입력 칸에 복사한 경로를 붙여넣습니다 (Ctrl+V). 이때 붙여넣은 파일 경로의 양 끝에 큰따옴표(" ")를 넣어 감쌉니다. 윈도우에서는 파일 경로에 한글이나 띄어쓰기가 포함된 경우 큰따옴표로 감싸야 제대로 인식하기 때문입니다. 파일 경로에 한글이나 띄어쓰기가 포함되지 않았더라도 혹시 모를 경우에 대비해 큰따옴표로 감싸는 것이 좋습니다.

그림 11-17 ch10-다음카페글쓰기.py 경로 붙여넣기

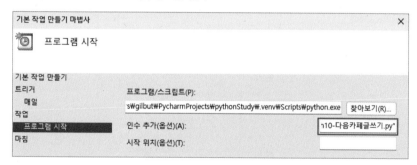

TIP 인수 추가(옵션)에서만 큰따옴표로 감싸면 됩니다. 프로그램/스크립트와 시작 위치(옵션)에서는 경로에 띄어쓰기나 한글이 포함된 경우 큰따옴표로 감싸도 경로를 제대로 인식하지 못합니다.

시작 위치(옵션) 칸에는 파이참 프로젝트 폴더의 경로를 넣어야 합니다. 파이참 화면으로 가서 프로젝트 폴더를 클릭한 상태에서 Ctrl+Shift+C 키를 눌러 전체 경로를 복사합니다.

그림 11-18 프로젝트 폴더 경로 복사

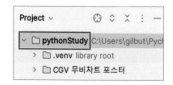

프로그램 시작 화면으로 돌아와 시작 위치(옵션) 입력 칸에 복사한 경로를 붙여넣습니다 (Ctrl + V). 3개의 입력 칸을 모두 채운 후 [다음] 버튼을 클릭하고 마지막 화면에서 [마침] 버튼을 클릭해 마무리합니다.

그림 11-19 기본 작업 만들기 마법사 종료

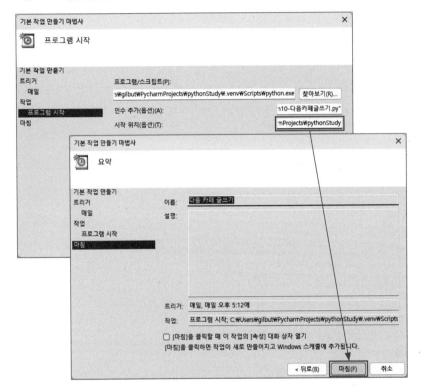

11.2.2 등록된 작업 바로 실행하기

등록된 작업이 잘 실행되는지 확인해봅니다. 작업 스케줄러 왼쪽에서 [작업 스케줄러 라이브러리]를 선택하고, 맨 마지막에 등록된 [다음 카페 글쓰기]에서 마우스 오른쪽 버튼을 눌러 [실행]을 선택합니다(만약 등록된 작업이 목록에 뜨지 않으면 작업 스케줄러 프로그램을 종료했다가 다시 실행하세요).

그림 11-20 다음 카페 글쓰기 작업 실행

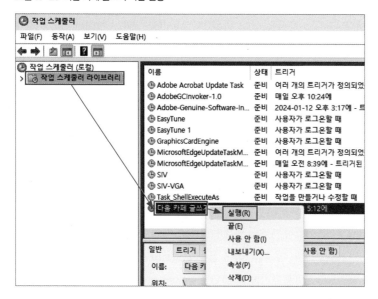

정상적으로 작업이 등록됐다면 다음 카페에 자동으로 글쓰기가 성공한 것을 확인할 수 있습니다. 이처럼 파이참 프로그램이 켜져 있지 않아도 작업 스케줄러가 알아서 실행합니다.

그림 11-21 ch10-다음카페글쓰기 실행 확인

만약 작업 스케줄러에 등록한 작업이 제대로 실행되지 않는다면 다음 두 가지 사항을 확인해봅니다.

- **파일 경로를 정확히 입력했는지 확인하기**

작업 스케줄러에 작업을 등록하는 과정을 다시 따라 해보며 프로그램/스크립트, 인수 추가
(옵션), 시작 위치(옵션) 입력 칸에 해당 파일 또는 폴더 경로를 정확히 입력했는지 확인합
니다.

- **프로그램/스크립트, 시작 위치(옵션)에 한글이나 띄어쓰기가 포함돼 있는지 확인하기**

작업을 등록할 때 프로그램/스크립트와 시작 위치(옵션)에 한글이나 띄어쓰기가 포함돼 있
으면 프로그램이 제대로 실행되지 않을 수 있습니다. 인수 추가(옵션)의 경우 큰따옴표로 감
싸면 이 문제를 해결할 수 있지만 프로그램/스크립트와 시작 위치(옵션)은 그럴 수 없습니
다. 특히 윈도우에 로그인할 때 입력하는 사용자명이 한글이라면 프로그램/스크립트와 시작
위치(옵션)에 한글이 필연적으로 포함됩니다. 예를 들어 **C:\Users\길벗\PycharmProjects\
pythonStudy**와 같은 경우에는 어쩔 수 없이 윈도우 사용자명인 '길벗'을 'gilbut'으로,
즉 영어로 변경해야 합니다. 윈도우 사용자명을 변경하는 방법은 익스트림매뉴얼 사이트
(**https://extrememanual.net/41523**)를 참고하세요(윈도우 사용자명이 한글이면 코딩할 때
이와 같은 골치 아픈 일이 벌어지기 때문에 개발자들은 항상 윈도우 사용자명을 띄어쓰기
없는 영어로 짓습니다).

어떤 이유로든 프로그램/스크립트와 시작 위치(옵션)에는 한글이나 띄어쓰기가 포함되면 안
됩니다. 만약 한글이나 띄어쓰기가 포함됐다면 해당 프로젝트 폴더는 사용하지 못합니다.
이때는 한글이나 띄어쓰기가 포함되지 않도록 프로젝트 폴더를 새 경로에 다시 만들고, 그
동안 실습했던 모듈을 새로 설치한 후 기존 파이썬 파일을 모두 새 프로젝트 폴더로 옮겨야
합니다.

11.2.3 작업 실행 시간 설정하기

작업이 잘 실행되는지 확인했으니 작업 실행 시간을 설정하겠습니다. 작업 스케줄러의 [다음 카
페 글쓰기]에서 마우스 오른쪽 버튼을 눌러 [속성]을 선택하고 [트리거] 탭의 첫 번째 항목을 더
블클릭합니다.

그림 11-22 작업 실행 시간 설정

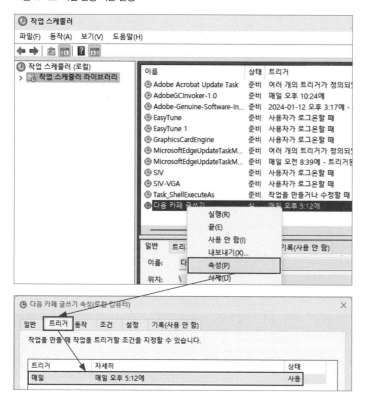

매일 몇 시에 실행할 것인지, 매주 어떤 요일마다 실행할 것인지, 매월 며칠마다 실행할 것인지 등 작업 실행 시간을 상세하게 설정할 수 있는 트리거 편집창이 나타나면 각자 원하는 대로 설정하세요. 필자는 매일 오전 9시에 실행되도록 설정했습니다.

그림 11-23 작업 실행 시간 상세 설정

그 아래에서는 작업 반복 간격을 설정할 수 있습니다. 항목에는 5분, 10분, 15분, …이 있지만 직접 수정하는 것도 가능합니다. 예를 들어 1분으로 수정하면 1분마다 실행됩니다. 이 부분도 각자 원하는 대로 설정하는데, 작업 반복을 원치 않을 때는 [작업 반복 간격]의 체크를 해제하면 됩니다. 모든 설정을 마쳤으면 [확인] 버튼을 클릭합니다. 이제 지정된 시간마다 프로그램이 실행될 것입니다.

그림 11-24 작업 반복 간격 설정

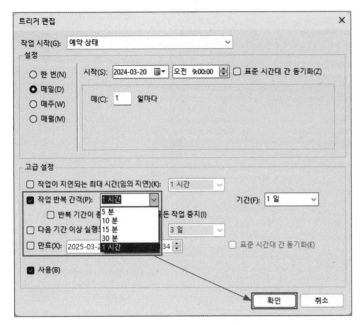

> **NOTE 컴퓨터 전원 자동으로 켜기**
>
> 작업 스케줄러에 등록한 작업은 컴퓨터의 전원이 켜진 상태에서만 동작합니다. 컴퓨터의 전원이 꺼져 있으면 작업이 실행되지 않습니다. 만약 정해진 시간에 알아서 컴퓨터의 전원이 켜지게 하려면 구글에서 'wake on lan' 또는 '컴퓨터 전원 스마트 플러그'를 검색해 정해진 시간에 컴퓨터의 전원을 켜는 방법을 찾을 수 있습니다.

11.2.4 등록한 작업 삭제/중단하기

작업 스케줄러에 등록한 작업을 삭제하려면 해당 작업에서 마우스 오른쪽 버튼을 눌러 [삭제]를 선택합니다. 또한 작업을 삭제하지 않고 잠시 중단하고 싶을 때는 [사용 안 함]을 선택하면 됩니다.

그림 11-25 등록한 작업 삭제/중단

(a) 작업 삭제

(b) 작업 중단

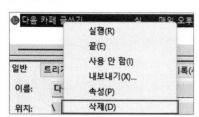

((♨)) 1분 퀴즈 정답 p. 489

2 윈도우의 작업 스케줄러에 대한 설명 중 옳지 않은 것을 고르세요.

① 작업 스케줄러는 윈도우에 내장된 프로그램이라 따로 설치할 필요가 없다.

② 작업 스케줄러에 등록한 프로그램은 바로 실행할 수 있다.

③ 작업 스케줄러를 이용하면 매주 화요일 오전 10시 30분마다 프로그램이 실행되도록 설정할 수 있다.

④ 작업 스케줄러는 컴퓨터의 전원이 꺼져 있어도 동작한다.

맥OS 크론탭으로
자동 실행하기

맥OS에서 원하는 시간에 프로그램이 자동으로 실행되게 하려면 **크론탭**(Crontab)을 사용해야 합니다. 윈도우 작업 스케줄러 실습과 마찬가지로 **ch10-다음카페글쓰기.py** 프로그램이 매일 정해진 시간에 자동으로 실행되도록 설정해봅시다.

11.3.1 크론탭에 작업 등록하기

맥OS의 파인더를 실행한 후 [응용 프로그램] 폴더의 [유틸리티] 목록을 펼쳐 터미널을 실행합니다. 터미널이 열리면 export EDITOR=nano; crontab -e 명령을 입력하고 [Enter] 키를 눌러 텍스트 편집기로 크론탭 파일을 엽니다.

그림 11-26 터미널 실행

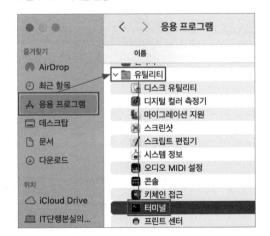

그림 11-27 텍스트 편집기로 크론탭 파일 열기

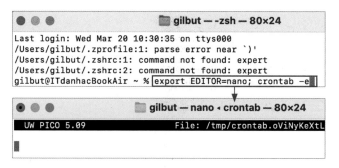

크론탭 파일에 작업을 등록하는 명령은 다음과 같습니다.

> 형식 | * * * * * "파이썬 인터프리터 경로" "실행할 파이썬 파일 경로"

맨 앞의 별표(*) 5개가 한 칸씩 띄어 있습니다. 이는 작업의 실행 시간을 설정하는 부분으로, 별표 자리에 시간을 의미하는 숫자가 들어갑니다. 이 숫자는 나중에 넣기로 하고 우선 별표 5개를 입력합니다.

그림 11-28 별표 5개 입력

이어서 파이썬 인터프리터 경로와 실행할 파이썬 파일 경로를 복사해넣습니다. 파이참의 프로젝트 탐색기에서 .venv > bin > python3을 클릭하고 command + Shift + C 키를 눌러 파이썬 인터프리터 경로를 복사합니다.

그림 11-29 파이썬 인터프리터 경로 복사

텍스트 편집기로 돌아와 복사한 경로를 붙여넣고([command]+[V]) 양 끝에 큰따옴표(" ")를 넣어 감쌉니다.

그림 11-30 파이썬 인터프리터 경로 붙여넣기

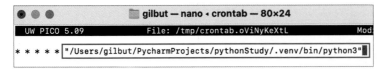

파이참의 프로젝트 탐색기에서 **ch10-다음카페글쓰기.py** 파일을 선택하고 [command]+[Shift]+[C] 키를 눌러 실행할 파이썬 파일 경로를 복사합니다.

그림 11-31 실행할 파이썬 파일 경로 복사

텍스트 편집기로 돌아와 복사한 경로를 붙여넣고([command]+[V]) 양 끝에 큰따옴표(" ")를 넣어 감쌉니다. 최종적으로 입력한 문장은 다음과 같은데, 이 문장은 반드시 한 줄이어야 합니다. 터미널 창이 작으면 자동으로 행갈이돼 여러 줄로 작성될 수 있으니 터미널 창을 충분히 넓혀 문장이 한 줄인지 확인합니다. 만약 행갈이된 부분이 있다면 한 줄이 되도록 조정해야 합니다.

그림 11-32 한 줄로 작성된 작업 등록 명령

> **NOTE** **여러 작업을 등록하는 방법**
>
> 현재는 크론탭 파일에 하나의 작업만 등록된 상태입니다. 만약 여러 작업을 등록하고 싶을 때는 바로 다음 줄에 명령을 추가하면 됩니다.
>
> 그림 11-33 작업 2개 등록
>
>

11.3.2 작업 실행 시간 설정하기

이제 프로그램의 실행 시간을 설정하겠습니다. 실행 시간을 설정하는 부분인 별표(*) 5개는 왼쪽부터 분, 시, 일, 월, 요일을 의미합니다.

그림 11-34 별표 5개의 의미

```
10    3    *    *    1
(분)  (시)  (일)  (월)  (요일)
```

분, 시, 일, 월, 요일을 설정하는 방법은 다음과 같습니다.

표 11-1 실행 시간 설정 방법

구분	설명	사용 예
분	몇 분에 실행할지를 설정한다.	• **10 * * * ***: 매일 매시 10분에 실행(1시 10분, 2시 10분, 3시 10분, …마다 실행) • *** * * * ***: 매일 매시 매분에 실행(매분마다 실행)
시	몇 시에 실행할지를 설정한다.	• **0 10 * * ***: 매일 오전 10시에 실행 • **30 14 * * ***: 매일 오후 2시 30분에 실행 • *** 14 * * ***: 매일 오후 2시 매분에 실행
일	며칠에 실행할지를 설정한다.	• **10 11 15 * ***: 매월 15일 오전 11시 10분에 실행
월	몇 월에 실행할지를 설정한다.	• **10 11 15 3 ***: 매년 3월 15일 오전 11시 10분에 실행 • **10 11 * 3 ***: 매년 3월 매일 오전 11시 10분에 실행
요일	무슨 요일에 실행할지를 0~6으로 설정한다(0은 일요일, 6은 토요일).	• **10 11 * * 1**: 매주 월요일 오전 11시 10분에 실행 • **10 11 * 5 3**: 매년 5월의 모든 수요일 오전 11시 10분에 실행

별표에 숫자와 함께 슬래시(/), 쉼표(,), 하이픈(-) 기호를 사용할 수도 있습니다. 다음 표에 이러한 기호의 의미와 사용 예를 정리했습니다.

표 11-2 기호 사용 방법

기호	설명	사용 예
/	주어진 시간 범위 내에서 정해진 간격마다 반복 실행한다. / 앞에 시간 범위를, 뒤에 정해진 간격을 작성한다.	• */5 * * * *: 매일 5분 간격으로 실행(12시 0분, 12시 5분, 12시 10분, 12시 15분, …마다 실행) • 10 */2 * * *: 매일 2시간 간격으로 10분에 실행(12시 10분, 14시 10분, 16시 10분, …마다 실행) • 30 1-23/6 * * *: 매일 1시 30분부터 23시 30분까지 6시간 간격으로 실행(1시 30분, 7시 30분, 13시 30분, …마다 실행)
,	구체적인 시간을 여러 개 나열하고 나열된 시간마다 작업을 실행한다.	• 30 6,12 * * *: 매일 6시 30분, 12시 30분에 실행 • 25,55 * * * *: 매시 25분, 55분에 실행
-	- 앞에 시작 시간을, 뒤에 종료 시간을 작성하고 그 사이의 모든 시간마다 작업을 실행한다.	• 10 9 * * 1-5: 매주 월요일부터 금요일까지 9시 10분에 실행 • 0 12-18/2 * * *: 매일 12시부터 18시 사이에 2시간 간격으로 실행(12시, 14시, 16시, 18시에 실행)

5분마다 **ch10-다음카페글쓰기.py** 프로그램이 실행되도록 작업 등록 명령 맨 앞의 *를 */5로 수정합니다.

그림 11-35 5분마다 실행되도록 설정

`Control` + `O` 키를 눌러 크론탭 파일을 저장합니다(`command` + `O`가 아니라 `Control` + `O` 키를 눌러야 합니다). 텍스트 편집기 하단에 파일명을 지정하라고 뜨는데, 그대로 `Enter` 키를 눌러 저장을 완료합니다.

그림 11-36 저장 완료

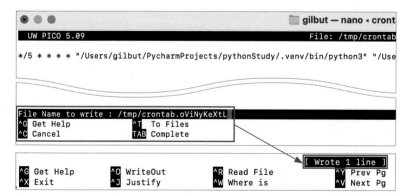

Control + X 키를 눌러 텍스트 편집기를 빠져나옵니다. 작업 등록을 완료하면 5분마다 프로그램이 실행될 것입니다. 윈도우 작업 스케줄러는 작업 등록 후 제대로 등록됐는지 바로 실행해볼수 있지만, 크론탭에는 그러한 기능이 없습니다. 어쩔 수 없이 5분 동안 기다린 후 다음 카페에게시글이 자동으로 등록되는 것을 확인해야 합니다.

그림 11-37 ch10-다음카페글쓰기 실행 확인

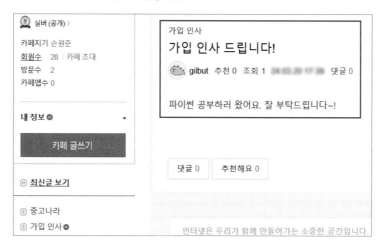

TIP 5분 후에 프로그램이 실행되지 않으면 작업 등록 과정에서 빠지거나 잘못된 부분이 없는지 확인하세요.

11.3.3 등록한 작업 조회/삭제하기

크론탭에 등록한 작업을 조회하려면 터미널에 crontab -l 명령(마지막 스펠링은 L의 소문자)을 입력합니다. 조회해보면 하나의 작업이 등록된 것을 확인할 수 있습니다.

그림 11-38 등록한 작업 조회

```
[gilbut@ITdanhacBookAir ~ % crontab -l
*/5 * * * * "/Users/gilbut/PycharmProjects/python! pythonStudy/ch10-다 음 카 페 글 쓰 기 .py"
gilbut@ITdanhacBookAir ~ % █
```

크론탭에 등록한 작업을 삭제하고 싶을 때는 터미널에 export EDITOR=nano; crontab -e 명령을 입력해 텍스트 편집기로 크론탭 파일을 엽니다. 다음 그림에서는 2개의 작업이 등록된 상태인데, 그중 두 번째 작업을 삭제하려면 파일에서 두 번째 줄을 삭제하고 저장한 후 빠져나옵니다(Control + O , Enter , Control + X).

그림 11-39 텍스트 편집기에서 작업 삭제

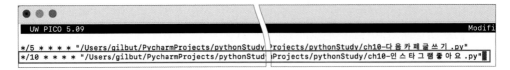

크론탭 파일을 통째로 삭제하는 방법도 있습니다. crontab -r 명령을 입력하면 등록된 모든 작업이 삭제됩니다. 모든 작업을 삭제한 후 crontab -l 명령으로 확인해보면 조회되는 작업이 없습니다.

그림 11-40 모든 작업 삭제 후 조회

```
[gilbut@ITdanhacBookAir ~ % crontab -r
[gilbut@ITdanhacBookAir ~ % crontab -l
 crontab: no crontab for gilbut
 gilbut@ITdanhacBookAir ~ %
```

맥OS의 크론탭은 윈도우의 작업 스케줄러보다 불편한 것 같아도 막상 사용해보면 편리합니다. 문장 한 줄만 입력하면 작업을 등록할 수 있기 때문입니다.

(◯) 1분 퀴즈

정답 p. 489

3 맥OS의 크론탭에 대한 설명 중 옳지 않은 것을 고르세요.

① */10 * * * *로 설정하면 10분마다 실행한다.

② 30 14 * * 0으로 설정하면 매주 월요일 오후 2시 30분마다 실행한다.

③ 크론탭은 등록한 작업을 바로 실행해볼 수 없다.

④ 크론탭에 등록한 작업을 모두 삭제하는 명령은 crontab -r이다.

마무리

1. 여러 사람에게 이메일 보내기

- 이메일 자동 발송 프로그램을 만들려면 먼저 SMTP 사용 설정을 해야 합니다. SMTP란 이메일을 주고받는 데 사용되는 통신 규약으로, 네이버 메일, 지메일, 다음 메일 등에서 제공하는 SMTP 서버를 사용할 수 있습니다.

- 이메일 자동 발송 프로그램은 selenium 모듈로 작성할 수 있지만 smtplib 모듈을 사용하면 좀 더 쉽고 간단하게 구현할 수 있습니다. 특히 smtplib.SMTP_SSL() 명령은 SSL 보안 프로토콜을 통해 안전하게 이메일을 전송할 수 있도록 SMTP 서버에 연결해줍니다.

- 이메일을 보낼 때는 이메일 메시지를 생성한 후 여기에 본문과 첨부파일을 실어 전송합니다.

- 이메일에 파일을 첨부할 때는 packaging_file() 함수를 만들어 사용합니다. 이 함수는 첨부파일을 이메일로 보낼 수 있는 형태로 변환합니다.

2. 프로그램 자동 실행하기

- 파이썬으로 작성한 프로그램을 자동으로 실행하려면 윈도우에서는 작업 스케줄러를, 맥OS에서는 크론탭을 사용해 자동 실행을 설정합니다.

- 윈도우의 작업 스케줄러에 작업을 등록할 때는 파이썬 인터프리터 경로, 실행할 파이썬 파일 경로, 프로젝트 폴더 경로를 넣고, 해당 작업의 [속성] 메뉴에서 상세 시간을 설정합니다.

- 맥OS의 크론탭에 작업을 등록할 때는 파이썬 인터프리터 경로, 실행할 파이썬 파일 경로를 넣고, 해당 작업의 명령 줄 맨 앞에 있는 별표 5개의 정해진 규칙에 따라 작업 실행 시간을 설

정합니다.

- 윈도우의 작업 스케줄러와 맥OS의 크론탭은 컴퓨터의 전원이 켜진 상태에서만 프로그램을
  자동으로 실행할 수 있습니다.

# 12장

엑셀 자동화
기본기 익히기

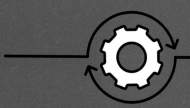

엑셀로 작업을 하다 보면 생각보다 비효율적으로 사용하는 경우가 많습니다. 파이썬을 이용하면 이러한 반복적·수동적인 작업을 자동화해 효율성을 높일 수 있습니다. 이 장에서는 파이썬 코딩으로 엑셀 파일 생성, 데이터 입력 및 수정, 셀 서식 지정, 차트 생성, 파일 저장하는 방법을 배워봅니다.

엑셀 자동화의 개요

엑셀 자동화란 파이썬과 같은 프로그래밍 언어를 사용해 엑셀 파일을 자동으로 생성 및 편집하는 작업을 말합니다. 엑셀 자동화의 주요 기능은 다음과 같습니다.

- **엑셀 파일 생성:** 새로운 엑셀 파일을 생성하거나 기존의 엑셀 파일을 불러옵니다.

- **데이터 입력 및 수정:** 엑셀 시트에 데이터를 입력하거나 기존 데이터를 수정합니다.

- **셀 서식 지정:** 특정 셀이나 범위를 지정해 서식을 지정합니다.

- **수식 및 함수 사용:** 수식과 함수를 사용하여 데이터를 계산하고 분석합니다.

- **차트 생성:** 엑셀 데이터를 기반으로 차트를 생성하여 시각적으로 표현합니다.

- **파일 저장:** 작업이 완료된 엑셀 파일을 저장합니다.

실습을 하려면 준비 파일을 옮겨야 합니다. [source] 폴더의 [엑셀데이터] 폴더를 복사해 프로젝트 폴더(pythonStudy)에 붙여넣습니다.

그림 12-1 [엑셀데이터] 폴더를 [pythonStudy] 폴더로 복사

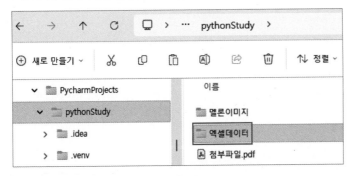

12.1.1 엑셀 데이터 정리하기

[엑셀데이터] 폴더의 **전자기기매출액.xlsx** 파일을 열어보면 정리되지 않은 전자 기기 데이터가 있습니다. 다음 그림과 같이 중복된 제목을 삭제하고 정리해봅시다.

그림 12-2 엑셀 데이터 정리

	A	B	C
1	품목	매장	매출
2	냉장고	A	320
3	품목	매장	매출
4	세탁기	B	512
5	품목	매장	매출
6	TV	C	810
7	품목	매장	매출
8	청소기	A	320
9	품목	매장	매출
10	오디오	B	512
11	품목	매장	매출
12	스마트폰	C	810

	A	B	C
1	**품목**	**매장**	**매출**
2	냉장고	A	320
3	세탁기	B	512
4	TV	C	810
5	청소기	A	320
6	오디오	B	512
7	스마트폰	C	810
8	선풍기	A	320
9	에어컨	B	512
10	헤드셋	C	810
11	키보드	A	320
12	모니터	B	512

가장 손쉬운 방법은 홀수 행만 삭제하는 것이지만, 막상 해보면 손이 많이 갑니다. 데이터가 몇천 개이고, 이러한 파일이 몇백 개 있다면 이 방법으로 정리하는 데 무리가 있습니다.

이럴 때 파이썬을 활용하면 단 3줄로 문제를 해결할 수 있습니다. [pythonStudy] 폴더에 **ch12 -엑셀홀수행삭제.py** 파일을 만들고 다음 코드를 입력한 후 실행해보세요. **전자기기매출액_홀수행삭제.xlsx** 파일이 만들어지며, 이 파일을 열어보면 **그림 12-2**의 오른쪽 그림처럼 홀수 행이 삭제됐을 것입니다.

ch12-엑셀홀수행삭제.py

```python
import pandas as pd
df = pd.read_excel("./엑셀데이터/전자기기매출액.xlsx")
df[::2].to_excel("./엑셀데이터/전자기기매출액_홀수행삭제.xlsx", index=None)
```

이 코드에서 사용한 pandas 모듈은 대량의 데이터를 쉽게 다룰 수 있게 해줍니다. 또한 **7.6절 수집한 정보 엑셀에 저장하기**에서 배웠던 openpyxl 모듈을 이용하면 엑셀 프로그램의 모든 기능을 파이썬 명령으로 제어할 수 있습니다. 다음 절부터 이 두 가지 모듈을 이용해 단순하고 반복적인 엑셀 작업을 자동화해보겠습니다.

여러 엑셀 파일 합치기

여러 엑셀 파일에 흩어져 있는 데이터를 하나로 합쳐봅시다. 파이썬을 활용하면 비효율적인 수작업을 간단하게 자동화할 수 있습니다.

12.2.1 특정 열만 가져와 합치기

[엑셀데이터] 폴더에 있는 **2024년_광고비_아마존.xlsx**, **2024년_광고비_애플.xlsx**, **2024년_광고비_테슬라.xlsx** 파일에서 각 total 열의 데이터만 가져와 하나의 엑셀 파일로 합쳐보겠습니다.

그림 12-3 각 회사의 광고비 total 데이터만 합친 결과

	A	B	C	D	E	F	G
1	date	name	magazine	newspaper	radio	tv	total
2	2024-01	Amazon	1.45	13.5993	1.30878	52.86334	69.22141
3	2024-02	Amazon	1.26	10.98028	1.47101	36.29002	50.0013

	A	B	C	D	E	F	G
1	date	name	magazine	newspaper	radio	tv	total
2	2024-01	Apple	1.35	14.2993	1.20878	50.76334	67.62141
3	2024-02	Apple	1.16	10.68028	1.37101	35.19002	48.4013

	A	B	C	D	E	F	G
1	date	name	magazine	newspaper	radio	tv	total
2	2024-01	Tesla	0.95	12.3993	0.90878	45.56334	59.82141
3	2024-02	Tesla	1.06	9.18028	1.07101	30.09002	41.4013
4	2024-03	Tesla	0.956	21.98917	4.58819	113.1466	140.6799
5	2024-04	Tesla	0.71	14.7484	5.58151	148.3207	169.3606
6	2024-05	Tesla	1.654	16.71454	5.29391	111.5183	135.1807
7	2024-06	Tesla	1.604	12.94278	2.92095	97.93962	115.4074
8	2024-07	Tesla	0.799	14.64618	1.82889	86.045	103.3191
9	2024-08	Tesla	0.994	21.81309	0.97381	68.18897	91.96988
10	2024-09	Tesla	1.457	25.79913	3.22223	137.7601	168.2385
11	2024-10	Tesla	1.38	8.97103	3.07307	168.7502	182.1743
12	2024-11	Tesla	1.8629	18.53747	1.75838	156.8406	178.9993
13	2024-12	Tesla	2.36	13.27291	1.24421	227.0468	243.924

	A	B	C	D
1	date	애플	아마존	테슬라
2	2024-01	67.62141	69.22141	59.82141
3	2024-02	48.4013	50.0013	41.4013
4	2024-03	150.4799	152.8799	140.6799
5	2024-04	178.1606	179.5606	169.3606
6	2024-05	141.9807	143.4807	135.1807
7	2024-06	121.1074	122.6074	115.4074
8	2024-07	112.1191	113.6191	103.3191
9	2024-08	98.86988	100.3699	91.96988
10	2024-09	175.1385	176.6385	168.2385
11	2024-10	189.9743	191.3743	182.1743
12	2024-11	187.6993	189.9993	178.9993
13	2024-12	253.624	255.024	243.924

[pythonStudy] 폴더에 **ch12-광고비데이터병합.py** 파일을 만든 후 여러 파일에서 전체 데이터
읽어오기, total 열만 추출해 한 파일로 합치기 순으로 코드를 작성합니다.

여러 파일에서 전체 데이터 읽어오기

세 회사의 엑셀 파일을 열어 전체 데이터를 읽어옵니다.

❶ pandas 모듈을 pd라는 별명을 붙여 불러옵니다.

❷ company_list라는 리스트를 만들고 각 회사명을 저장합니다.

❸ 각 회사의 엑셀 파일을 읽어오기 위해 for 문으로 company_list를 순회합니다.

❹ read_excel()은 괄호 안의 엑셀 파일에서 데이터를 읽어와 데이터프레임이라는 자료형으
로 변환하는 명령입니다. 데이터프레임은 행과 열로 이뤄진 표 형태의 자료형으로, 변환한
데이터프레임을 df 변수에 저장합니다.

❺ df 변수의 내용을 출력합니다.

ch12-광고비데이터병합.py

```
import pandas as pd ----------------------- ❶ 모듈 불러오기
company_list = ["애플", "아마존", "테슬라"] --- ❷ 리스트 선언
for company in company_list: --- ❸~❺ 각 엑셀 파일에서 데이터 읽어와 출력
    df = pd.read_excel(f"./엑셀데이터/2024년_광고비_{company}.xlsx")
    print(df)
```

코드를 실행하면 3개의 엑셀 파일에서 읽어온 데이터가 출력됩니다.

실행결과

	date	name	magazine	newspaper	radio	tv	total
0	2024-01	Apple	1.3500	14.29930	1.20878	50.76334	67.62141
1	2024-02	Apple	1.1600	10.68028	1.37101	35.19002	48.40130
				(중략)			
	date	name	magazine	newspaper	radio	tv	total
0	2024-01	Amazon	1.4500	13.59930	1.30878	52.86334	69.22141
1	2024-02	Amazon	1.2600	10.98028	1.47101	36.29002	50.00130
				(중략)			

```
        date    name  magazine  newspaper    radio        tv     total
0    2024-01   Tesla    0.9500   12.39930  0.90878  45.56334  59.82141
1    2024-02   Tesla    1.0600    9.18028  1.07101  30.09002  41.40130
                                 (중략)
```

출력 데이터(df)가 데이터프레임이라 실행 결과가 표 형태로 출력됐습니다. 데이터프레임에서 각 열의 제목은 헤더라고 하며, 맨 왼쪽에 숫자 0부터 차례대로 적힌 번호는 인덱스라고 합니다.

실행 결과의 인덱스를 숫자 대신 2열의 date로 바꿔보겠습니다. 데이터프레임의 인덱스를 바꿀 때는 다음과 같이 set_index( ) 명령을 사용합니다. 괄호 안의 첫 번째 인자에는 인덱스로 사용할 열의 헤더를 넣고, 두 번째 인자로 inplace=True 옵션을 설정합니다. 이는 "date" 열을 인덱스 열로 만들겠다는 뜻이며, 두 번째 인자를 inplace=True로 설정하면 set_index( ) 명령의 실행 결과가 df 변수에 저장됩니다.

ch12-광고비데이터병합.py

```python
for company in company_list:
    df = pd.read_excel(f"./엑셀데이터/2024년_광고비_{company}.xlsx")
    df.set_index("date", inplace=True)
    print(df)
```

실행결과

```
              name  magazine  newspaper    radio        tv     total
date
2024-01      Apple    1.3500   14.29930  1.20878  50.76334  67.62141
2024-02      Apple    1.1600   10.68028  1.37101  35.19002  48.40130
                                 (중략)
              name  magazine  newspaper    radio        tv     total
date
2024-01     Amazon    1.4500   13.59930  1.30878  52.86334  69.22141
2024-02     Amazon    1.2600   10.98028  1.47101  36.29002  50.00130
                                 (중략)
              name  magazine  newspaper    radio        tv     total
date
2024-01      Tesla    0.9500   12.39930  0.90878  45.56334  59.82141
2024-02      Tesla    1.0600    9.18028  1.07101  30.09002  41.40130
                                 (중략)
```

inplace=True 옵션 대신 다음과 같이 =를 사용해 df.set_index("date")의 실행 결과를 다시 한번 df 변수에 저장해도 됩니다.

```
df = df.set_index("date")
```

그렇다면 애초에 set_index() 명령을 만들 때 df.set_index()를 실행해 df의 내용을 알아서 갱신하게 하면 되는데, 왜 굳이 inplace=True 옵션이나 =를 사용하는 것일까요? 바로 원본 데이터프레임이 훼손될 우려가 있다는 것이 그 이유입니다. pandas 모듈을 사용하다 보면 원본 데이터프레임이 변형돼 코드가 꼬이는 경우가 종종 발생합니다. 이를 막으려면 데이터프레임이 수정될 때마다 명시적으로 코드에 표현하는 것이 좋습니다. 따라서 인덱스를 바꿀 때 inplace=True나 =를 사용해 원본 데이터프레임이 변형된다는 것을 명시함으로써 코딩 시 실수로 인해 원본 데이터프레임이 바뀌는 것을 예방할 수 있습니다.

total 열만 추출해 한 파일로 합치기

df 변수에서 total 열만 추출해 새로운 변수에 저장한 후 이를 엑셀 파일로 저장합니다.

❶ for 문 안의 print(df) 문은 필요 없으니 삭제합니다.

❷ pd.DataFrame() 명령으로 새 데이터프레임을 만들어 df_merge 변수에 저장합니다.

❸ df_merge는 현재 아무것도 들어 있지 않은 빈 데이터프레임입니다. for 문을 돌면서 df에서 추출한 "total" 열(df["total"])을 df_merge에 넣는데, 이때 새 열의 이름을 company로 짓습니다(df_merge[company] = df["total"]).

> **TIP** 데이터프레임에서 특정 열을 추출할 때는 변수["헤더명"]을 작성하고, 데이터프레임에 새 열을 만들어 값을 저장할 때는 변수["새 헤더명"] = "값"을 작성합니다. 여기서는 기존의 "total" 열에 있는 내용을 저장하므로 "값" 대신 df_merge[company] = df["total"]을 작성했습니다.

❹ 반복문을 빠져나와 df_merge를 출력합니다.

❺ df_merge의 내용을 엑셀 파일로 저장합니다. 데이터프레임의 내용을 엑셀 파일로 저장할 때는 to_excel() 명령을 사용합니다. to_excel()은 pandas 모듈로 만든 데이터프레임을 엑셀 파일로 저장하는 명령으로, 괄호 안의 파일 경로로 파일을 만든 후 데이터프레임을 저장합니다.

```
import pandas as pd
company_list = ["애플", "아마존", "테슬라"]
df_merge = pd.DataFrame() -------------- ❷ 새 데이터프레임 생성
for company in company_list:
    df = pd.read_excel(f"./엑셀데이터/2024년_광고비_{company}.xlsx")
    df.set_index("date", inplace=True)
    print(df) ----------------------- ❶ 삭제
    df_merge[company] = df["total"] --- ❸ total 열을 가져와 저장
print(df_merge) ----------------------- ❹ 실행창에 출력
df_merge.to_excel("./엑셀데이터/2024년_광고비_병합.xlsx") --- ❺ 엑셀 파일로 저장
```

코드를 실행하면 세 회사의 광고비 total 데이터가 출력됩니다.

실행결과

	애플	아마존	테슬라
date			
2024-01	67.62141	69.22141	59.82141
2024-02	48.40130	50.00130	41.40130
(중략)			
2024-11	187.69934	189.99934	178.99934
2024-12	253.62395	255.02395	243.92395

프로젝트 탐색기의 [엑셀데이터] 폴더를 펼쳐보면 **2024년_광고비_병합.xlsx** 파일이 생성돼 있습니다. 이 파일을 열면 실행창에서 봤던 데이터가 엑셀 파일로 저장된 것을 확인할 수 있습니다.

그림 12-4 total 데이터 병합 결과

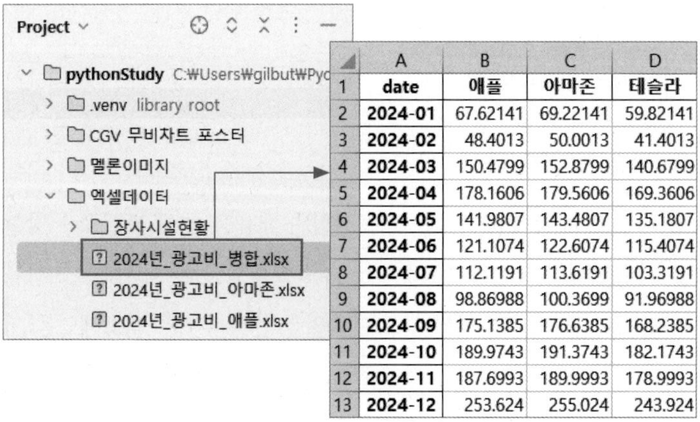

12.2.2 특정 시트의 특정 열만 가져와 합치기

프로젝트 탐색기에서 [엑셀데이터] 폴더의 [장사시설현황] 폴더를 펼치면 2021년부터 2024년 까지의 **전국장사시설현황.xlsx** 파일이 있습니다.

그림 12-5 [장사시설현황] 폴더의 구조

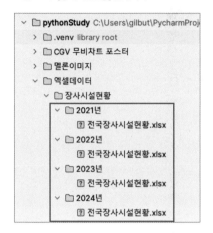

각 파일을 열고 장례식장 시설정보 시트에서 시설명, 주소, 전화번호 데이터를 가져와 하나의 파일로 합쳐보겠습니다.

그림 12-6 각 파일의 시트를 추출해 하나의 파일로 병합

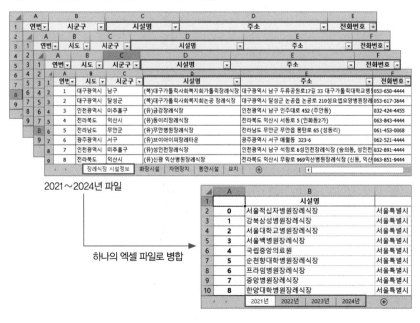

[pythonStudy] 폴더에 **ch12-장사시설데이터병합.py** 파일을 만든 후 여러 파일에서 특정 시트의 특정 열 읽어오기, 여러 시트를 하나의 파일로 합치기 순으로 코드를 작성합니다.

여러 파일에서 특정 시트의 특정 열 읽어오기

연도별 엑셀 파일의 장례식장 시설정보 시트를 읽어와 시설명, 주소, 전화번호 열을 추출합니다.

❶ pandas 모듈을 pd라는 별명을 붙여 불러옵니다.

❷ 4개의 엑셀 파일을 순회하도록 for 문을 작성합니다. in 키워드 뒤에 range(2021, 2025) 함수를 작성해 [2021, 2022, 2023, 2024] 리스트를 생성합니다.

❸ read_excel() 명령으로 엑셀 파일을 읽어와 데이터프레임으로 변환한 후 df 변수에 저장합니다. 이때 read_excel()의 두 번째 인자에 sheet_name="장례식장 시설정보"를 넣으면 엑셀 파일에서 읽어올 시트가 지정돼 해당 시트에서 데이터를 읽어옵니다.

❹ 데이터프레임에서 여러 개의 열을 추출할 때는 [ ]를 두 번 사용해 df[["시설명", "주소", "전화번호"]] 형식으로 작성합니다. 이는 df에서 "시설명", "주소", "전화번호" 열을 추출해 새로운 데이터프레임을 생성하라는 뜻입니다(바깥쪽 [ ]는 인덱스 연산자를 의미하고, 안쪽 [ ]는 리스트 자료형을 의미합니다). 새 데이터프레임은 df_data 변수에 저장합니다.

❺ df_data를 출력합니다. 이때 print(df_data)라고 작성하면 안 되는데, 그 이유는 실습 결과를 확인한 뒤 설명하겠습니다. 대신 df_data 뒤에 .to_string()을 붙여 print(df_data.to_string())이라고 작성합니다.

---

ch12-장사시설데이터병합.py

```
import pandas as pd -------------- ❶ 모듈 불러오기
for year in range(2021, 2025): --- ❷ for 문 작성
    # 장례식장 시설정보 시트를 읽어와 데이터프레임으로 변환  ┌ ❸ 데이터프레임으로 저장
    df = pd.read_excel(f"./엑셀데이터/장사시설현황/{year}년/전국장사시설현황.xlsx",
                       sheet_name="장례식장 시설정보")
    # df에서 시설명, 주소, 전화번호만 추출해 df_data에 저장
    df_data = df[["시설명", "주소", "전화번호"]] --- ❹ 데이터 추출
    print(df_data.to_string()) ------------------- ❺ 출력
```

코드를 실행하면 4개의 파일에서 가져온 시설명, 주소, 전화번호가 출력됩니다.

그림 12-7 실행 결과

	시설명	주소	전화번호
0	서울적십자병원장례식장	서울특별시 종로구 새문안로 9 (평동, 적십자병원)	02-2002-8444
1	강북삼성병원장례식장	서울특별시 종로구 새문안로 29 (평동)	02-2001-1081
2	서울대학교병원장례식장	서울특별시 종로구 대학로 101,서울대학교병원 (연건동)	02-2072-2020
3	서울백병원장례식장	서울특별시 중구 마른내로 9 (저동2가)	02-2277-4442
4	국립중앙의료원	서울특별시 중구 을지로 245 (을지로6가, 국립중앙의료원)	02-2262-4800
5	순천향대학병원장례식장	서울특별시 용산구 대사관로 59 (한남동, 순천향대학교병원)	02-797-4444
6	프라임병원장례식장	서울특별시 성동구 동일로 133 (성수동2가)	02-469-4448
7	중앙병원장례식장	서울특별시 성동구 금호산길 41 (금호동2가)	02-2234-4443

그런데 마지막 줄에 print(df_data)라고 작성하면 안 되는 이유는 무엇일까요? 마지막 줄을 print(df_data)로 수정하고 실행해보면 다음과 같이 모든 값이 출력되지 않고 일부가 생략된 채 출력됩니다. 출력할 데이터의 크기가 너무 클 때는 파이썬에서 데이터 일부를 생략하기 때문입니다. 따라서 df_data를 문자열로 변환하는 .to_string() 명령을 사용해야 데이터프레임 전체를 출력할 수 있습니다.

그림 12-8 데이터 일부가 생략된 실행 결과

	시설명	주소	전화번호
0	서울적십자병원장례식장	서울특별시 종로구 새문안로 9 (평동, 적십자병원)	02-2002-8444
1	강북삼성병원장례식장	서울특별시 종로구 새문안로 29 (평동)	02-2001-1081
2	서울대학교병원장례식장	서울특별시 종로구 대학로 101,서울대학교병원 (연건동)	02-2072-2020
3	서울백병원장례식장	서울특별시 중구 마른내로 9 (저동2가)	02-2277-4442
4	국립중앙의료원	서울특별시 중구 을지로 245 (을지로6가, 국립중앙의료원)	02-2262-4800
...	...	...	...
1114	한마음병원장례식장	제주특별자치도 제주시 연신로 52 (이도이동)	064-702-2580
1115	김녕농협 장례문화센터	제주특별자치도 제주시 구좌읍 김송로 102 (김녕리)	064-783-6511

여러 시트를 하나의 파일로 합치기

앞에서 언급했듯이 to_excel()은 데이터프레임을 엑셀 파일로 저장하는 명령입니다. 그러므로 여기서도 이 명령을 사용해 df_data를 엑셀 파일로 저장하면 되는데, 고려해야 할 점이 하나 있습니다. 한 엑셀 파일에 시트를 추가해가며 작업할 때 이어서 저장되지 않고 덮어씌우기가 된다는 것입니다.

이 문제를 해결하려면 pandas 모듈의 ExcelWriter() 명령을 사용해야 합니다. ExcelWriter()는 엑셀 파일을 생성하거나 기존 엑셀 파일에 데이터를 이어 쓸 수 있도록 엑셀 파일 객체를 만들어줍니다. 여기서 객체는 쉽게 말해 언제든 접근해서 데이터를 쓸 수 있는 엑셀 파일 접근자라고 생각하면 됩니다.

❶ ExcelWriter() 명령으로 어떤 엑셀 파일에 데이터를 저장할지 명시한 후 해당 엑셀 파일 객체를 writer 변수에 저장합니다. 앞으로 writer 변수를 사용하면 해당 엑셀 파일에 접근해서 데이터를 이어 저장할 수 있습니다. ExcelWriter에 빨간색 밑줄이 생기면 Alt + Enter 키를 눌러 pandas 모듈의 ExcelWriter 명령을 추가합니다.

❷ for 문 안의 print(df_data.to_string()) 문은 필요 없으니 주석 처리합니다.

❸ to_excel() 명령으로 데이터프레임을 엑셀 파일로 저장합니다. 이때 to_excel()의 첫 번째 인자에는 앞에서 만든 writer 변수를 넣고, 두 번째 인자에는 sheet_name=f"{year}년"을 넣어 데이터를 저장할 시트를 지정합니다.

❹ for 문을 한 번 돌면 한 해의 데이터가 병합되므로 이를 print(f"{year}년 데이터 병합 완료") 문으로 안내합니다.

❺ for 문을 빠져나와 writer 변수로 작업 중인 엑셀 파일을 닫습니다(writer.close()). 그래야 최종적으로 엑셀 데이터가 저장됩니다.

ch12-장사시설데이터병합.py

```python
import pandas as pd
from pandas import ExcelWriter  ----------------------- ❶ 모듈 자동 추가
writer = ExcelWriter("./엑셀데이터/장사시설_병합.xlsx") --- ❶ writer 객체 생성
for year in range(2021, 2025):
    # 장례식장 시설정보 시트를 읽어와 데이터프레임으로 변환
    df = pd.read_excel(f"./엑셀데이터/장사시설현황/{year}년/전국장사시설현황.xlsx",
                       sheet_name="장례식장 시설정보")
    # df에서 시설명, 주소, 전화번호만 추출해 df_data에 저장
    df_data = df[["시설명", "주소", "전화번호"]]
    # print(df_data.to_string()) -------- ❷ 주석 처리
    df_data.to_excel(writer, sheet_name=f"{year}년") --- ❸ 엑셀 파일로 저장
    print(f"{year}년 데이터 병합 완료") --- ❹ 안내문 출력
writer.close() ------------------------ ❺ 엑셀 파일 닫기
```

코드를 실행하면 **장사시설_병합.xlsx** 파일에 4개의 시트(2021년, 2022년, 2023년, 2024년)가 생성되고, 각 시트에 연도별 시설명, 주소, 전화번호 데이터가 담긴 것을 확인할 수 있습니다.

그림 12-9 병합 결과(장사시설_병합.xlsx)

▲	A	B	C	D	E	F	G
1		시설명	주소	전화번호			
2	0	(복)대구가	대구광역시	053-650-4444			
3	1	(복)대구가	대구광역시	053-617-3644			
4	2	(유)금강장	인천광역시	032-424-4455			
5	3	(유)동이리	전라북도	063-843-4444			
6	4	(유)무안병	전라남도	061-453-0068			
7	5	(유)브이아	광주광역시	062-521-4444			
8	6	(유)성인천	인천광역시	032-891-4444			

추가로 B, C, D 열의 내용이 모두 보이도록 열 너비를 넓혀보겠습니다. 열 너비 조절, 폰트 크기 변경, 셀 색상 변경 등의 서식 작업을 할 때는 openpyxl 모듈을 사용합니다. 그런데 한 가지 아쉬운 점은, for 문을 돌면서 데이터프레임으로 데이터를 병합하고 저장하는 과정에서 바로바로 서식 변경을 하면 좋을 텐데 데이터프레임이 엑셀에 완전히 저장되기 전까지는 그럴 수 없다는 것입니다. 데이터프레임이 엑셀에 저장된 후에야 openpyxl 모듈로 엑셀 파일을 불러와 서식 작업을 할 수 있습니다.

❶ openpyxl 모듈의 load_workbook( ) 명령으로 엑셀 파일을 불러와 book 변수에 저장합니다. openpyxl에 빨간색 밑줄이 생기면 Alt + Enter 키를 눌러 openpyxl 모듈을 추가합니다.

❷ for 문으로 2021~2024년 시트를 순회합니다.

❸ 엑셀 파일에서 현재 시트를 불러올 때는 sheet = book.active 문을 사용합니다. 그런데 지금은 2021년, 2022년, …과 같이 특정 시트를 불러와야 하므로 sheet = book["시트명"] 형식으로 시트를 불러옵니다.

❹ B, C, D 열의 너비를 조절합니다.

❺ 엑셀 파일을 저장합니다.

---

ch12-장사시설데이터병합.py

```
import openpyxl --- ❶ 모듈 자동 추가
import pandas as pd
(중략)
writer.close()
book = openpyxl.load_workbook("./엑셀데이터/장사시설_병합.xlsx") --- ❶ 엑셀 파일 불러오기
for year in range(2021, 2025): --- ❷ 2021~2024년 시트 순회
    sheet = book[f"{year}년"] ---- ❸ 특정 시트 가져오기
```

```
    sheet.column_dimensions["B"].width = 37 --- ❹ 열 너비 조절
    sheet.column_dimensions["C"].width = 70
    sheet.column_dimensions["D"].width = 14
book.save("./엑셀데이터/장사시설_병합.xlsx") ------ ❺ 엑셀 파일 저장
```

코드를 실행한 후 엑셀 파일을 열어보면 열 너비가 보기 좋게 조정돼 있습니다.

그림 12-10 조정된 열 너비

	A	B	C	D
1		시설명	주소	전화번호
2	0	서울적십자병원장례식장	서울특별시 종로구 새문안로 9 (평동, 적십자병원)	02-2002-8444
3	1	강북삼성병원장례식장	서울특별시 종로구 새문안로 29 (평동)	02-2001-1081
4	2	서울대학교병원장례식장	서울특별시 종로구 대학로 101,서울대학교병원 (연건동)	02-2072-2020
5	3	서울백병원장례식장	서울특별시 중구 마른내로 9 (저동2가)	02-2277-4442
6	4	국립중앙의료원	서울특별시 중구 을지로 245 (을지로6가, 국립중앙의료원)	02-2262-4800
7	5	순천향대학병원장례식장	서울특별시 용산구 대사관로 59 (한남동, 순천향대학교병원)	02-797-4444
8	6	프라임병원장례식장	서울특별시 성동구 동일로 133 (성수동2가)	02-469-4448
9	7	중앙병원장례식장	서울특별시 성동구 금호산길 41 (금호동2가)	02-2234-4443
10	8	한양대학병원장례식장	서울특별시 성동구 마조로 22-2 (행당동)	02-2290-9442

2021년 2022년 2023년 2024년 ⊕

TIP 코드를 실행할 때는 엑셀 파일을 닫고 실행해야 합니다.

(◯) 1분 퀴즈
정답 p. 489

1 다음 코드에서 잘못된 한 문장을 찾아 바르게 고치세요.

```
import pandas as pd
from pandas import ExcelWriter
writer = ExcelWriter("./엑셀데이터/장사시설_병합.xlsx")
for year in range(2021, 2025):
    df = pd.read_excel(f"./엑셀데이터/장사시설현황/{year}년/
            전국장사시설현황.xlsx", sheet_name="장례식장 시설정보")
    df_data = df["시설명", "주소", "전화번호"]
    df_data.to_excel(writer, sheet_name=f"{year}년")
    print(f"{year}년 데이터 병합 완료")
writer.close()
```

셀 서식
적용하기

12.2.1절에서 만든 **2024년_광고비_병합.xlsx** 파일을 불러와 폰트, 셀 테두리, 셀 배경색 등을 바꿔봅시다.

12.3.1 셀 하나에 서식 적용하기

마지막 줄에 합계를 추가하고 A14 셀의 배경색에 오렌지색을 적용해보겠습니다.

그림 12-11 합계 추가

	A	B	C	D
1	date	애플	아마존	테슬라
2	2024-01	67.62141	69.22141	59.82141
3	2024-02	48.4013	50.0013	41.4013
4	2024-03	150.4799	152.8799	140.6799
5	2024-04	178.1606	179.5606	169.3606
6	2024-05	141.9807	143.4807	135.1807
7	2024-06	121.1074	122.6074	115.4074
8	2024-07	112.1191	113.6191	103.3191
9	2024-08	98.86988	100.3699	91.96988
10	2024-09	175.1385	176.6385	168.2385
11	2024-10	189.9743	191.3743	182.1743
12	2024-11	187.6993	189.9993	178.9993
13	2024-12	253.624	255.024	243.924
14				

→

	A	B	C	D
1	date	애플	아마존	테슬라
2	2024-01	67.62141	69.22141	59.82141
3	2024-02	48.4013	50.0013	41.4013
4	2024-03	150.4799	152.8799	140.6799
5	2024-04	178.1606	179.5606	169.3606
6	2024-05	141.9807	143.4807	135.1807
7	2024-06	121.1074	122.6074	115.4074
8	2024-07	112.1191	113.6191	103.3191
9	2024-08	98.86988	100.3699	91.96988
10	2024-09	175.1385	176.6385	168.2385
11	2024-10	189.9743	191.3743	182.1743
12	2024-11	187.6993	189.9993	178.9993
13	2024-12	253.624	255.024	243.924
14	합계	1725.176	1744.776	1630.476

파이썬에서 특정 셀에 서식을 적용할 때는 openpyxl.styles 모듈의 Font(폰트), Alignment(정렬), PatternFill(셀 배경색), Border(셀 테두리) 등의 명령으로 서식을 미리 지정한 후 변수에 저장해놓습니다. 그리고 필요할 때마다 이 변수를 이용해 특정 셀에 서식을 적용합니다.

```
형식  |  # 서식 지정
        # 폰트: 글꼴 굴림, 글자 크기 12, 진하게
        변수1 = Font(name="굴림", size=12, bold=True)
        # 정렬: 수평 가운데로
        변수2 = Alignment(horizontal="center")
        # 셀 배경색: 시작/마지막 색상은 FFD732(오렌지색), 채우기 타입은 단색 채우기
        변수3 = PatternFill(start_color="FFD732", end_color="FFD732",
                            fill_type="solid",)
        # 셀 테두리: 좌, 우, 위, 아래 바깥 테두리(Side)를 얇게(thin)
        변수4 = Border(left=Side(style="thin"), right=Side(style="thin"),
                       top=Side(style="thin"), bottom=Side(style="thin"))
        # 서식 적용
        sheet["A14"].font = 변수1
        sheet["A14"].alignment = 변수2
        sheet["A14"].fill = 변수3
        sheet["A14"].border = 변수4
```

TIP openpyxl 모듈에서 제공하는 다양한 셀 서식은 다음 공식 문서를 참고하세요.
https://openpyxl.readthedocs.io/en/stable/api/openpyxl.styles.html

참고로 셀 배경색에는 여섯 자리로 된 RGB 색상표를 사용합니다. 구글에서 'RGB 색상표'를 검색하면 자신이 원하는 색상의 여섯 자리 코드를 얻을 수 있습니다.

[pythonStudy] 폴더에 **ch12-엑셀서식지정.py** 파일을 만들고 다음 코드를 작성합니다.

❶ **2024년_광고비_병합.xlsx** 파일을 열고 현재 시트를 sheet 변수에 저장합니다. openpyxl에 빨간색 밑줄이 생기면 Alt + Enter 키를 눌러 openpyxl 모듈을 추가합니다.

❷ openpyxl.styles 모듈의 Font, Alignment, PatternFill, Border 명령으로 서식을 지정한 후 각각 font, alignment_center, color_orange, border 변수에 저장합니다. Font, Alignment, PatternFill, Border, Side 명령에 빨간색 밑줄이 생기면 Alt + Enter 키를 눌러 openpyxl.styles.명령 형식의 모듈을 추가합니다.

❸ sheet["A14"] 명령 뒤에 .value를 붙이면 값을 넣을 수 있고, .font를 붙이면 폰트 서식을, .alignment를 붙이면 정렬 서식을, .fill을 붙이면 셀 배경색 서식을, .border를 붙이면 테두리 서식을 적용할 수 있습니다. "A14"(1열 14행) 셀에 "합계"라는 글자를 넣고, 앞에서 지정한 폰트, 정렬, 셀 배경색, 셀 테두리 서식을 적용합니다.

❹ B14, C14, D14 셀에서 각 회사의 광고비 합계를 구합니다. 각 셀에 "=SUM(B2:B13)"과 같이 합계를 구하는 수식을 문자열로 넣습니다.

❺ 엑셀 파일을 **2024년_광고비_병합_서식변경.xlsx**라는 이름으로 저장합니다.

ch12-엑셀서식지정.py

```python
import openpyxl ---------- ❶~❷ 모듈 자동 추가
from openpyxl.styles import Font, Alignment, PatternFill, Border, Side
book = openpyxl.load_workbook("./엑셀데이터/2024년_광고비_병합.xlsx")
sheet = book.active ___|___❶ 엑셀 파일 열기
# 서식 지정            ┌ ❷ 폰트, 정렬, 셀 배경색, 셀 테두리 서식 지정
font = Font(name="굴림", size=12, bold=True)
alignment_center = Alignment(horizontal="center")
color_orange = PatternFill(start_color="FFD732", end_color="FFD732", fill_type="solid")
border = Border(left=Side(style="thin"), right=Side(style="thin"),
                top=Side(style="thin"), bottom=Side(style="thin"))
# 서식 적용
sheet["A14"].value = "합계" --- ❸ A14 셀에 서식 적용
sheet["A14"].font = font
sheet["A14"].alignment = alignment_center
sheet["A14"].fill = color_orange
sheet["A14"].border = border
# 합계 산출
sheet["B14"].value = "=SUM(B2:B13)" --- ❹ B14, C14, D14 셀에 SUM 함수 입력
sheet["C14"].value = "=SUM(C2:C13)"
sheet["D14"].value = "=SUM(D2:D13)"
book.save("./엑셀데이터/2024년_광고비_병합_서식변경.xlsx") --- ❺ 저장
```

코드를 실행한 후 **2024년_광고비_병합_서식변경.xlsx** 파일을 열어보면 A14 셀에 서식이 적용되고 B14, C14, D14 셀에 합계가 계산된 것을 확인할 수 있습니다.

그림 12-12 실행 결과

	A	B	C	D
1	date	애플	아마존	테슬라
2	2024-01	67.62141	69.22141	59.82141
3	2024-02	48.4013	50.0013	41.4013
4	2024-03	150.4799	152.8799	140.6799
5	2024-04	178.1606	179.5606	169.3606
6	2024-05	141.9807	143.4807	135.1807
7	2024-06	121.1074	122.6074	115.4074
8	2024-07	112.1191	113.6191	103.3191
9	2024-08	98.86988	100.3699	91.96988
10	2024-09	175.1385	176.6385	168.2385
11	2024-10	189.9743	191.3743	182.1743
12	2024-11	187.6993	189.9993	178.9993
13	2024-12	253.624	255.024	243.924
14	합계	1725.176	1744.776	1630.476

12.3.2 여러 셀에 서식 적용하기

이번에는 세 회사의 광고비 데이터 부분(B2:D13)과 합계 부분(B14:D14)에 셀 서식을 적용해 보겠습니다.

그림 12-13 여러 셀에 서식 지정

	A	B	C	D
1	date	애플	아마존	테슬라
2	2024-01	67.621	69.221	59.821
3	2024-02	48.401	50.001	41.401
4	2024-03	150.48	152.88	140.68
5	2024-04	178.16	179.56	169.36
6	2024-05	141.98	143.48	135.18
7	2024-06	121.11	122.61	115.41
8	2024-07	112.12	113.62	103.32
9	2024-08	98.87	100.37	91.97
10	2024-09	175.14	176.64	168.24
11	2024-10	189.97	191.37	182.17
12	2024-11	187.7	190	179
13	2024-12	253.62	255.02	243.92
14	합계	1725.2	1744.8	1630.5

셀 배경색을 회색(D2D2D2)으로 설정한 후 color_grey 변수에 저장합니다.

ch12-엑셀서식지정.py

```
color_orange = PatternFill(start_color="FFD732", end_color="FFD732", fill_type="solid")
color_grey = PatternFill(start_color="D2D2D2", end_color="D2D2D2", fill_type="solid")
```

명령 하나로 여러 셀에 서식을 적용하면 좋겠지만 이는 불가능합니다. 대신에 다음과 같이 중첩 for 문을 이용해 셀 하나하나에 서식을 적용해야 합니다.

```
형식 | for row in sheet["B2:D13"]:
         for cell in row:
```

중첩 for 문에서 바깥 for 문을 처음 반복할 때 ["B2:D2"] 리스트가 row 변수에 저장되고, 두 번째 반복할 때 ["B3:D3"] 리스트가, … 열두 번째 반복할 때 ["B13:D13"] 리스트가 저장됩니다.

그림 12-14 중첩 for 문의 동작

	A	B	C	D
1	date	애플	아마존	테슬라
2	2024-01	67.62141	69.22141	59.82141
3	2024-02	48.4013	50.0013	41.4013
4	2024-03	150.4799	152.8799	140.6799
5	2024-04	178.1606	179.5606	169.3606
6	2024-05	141.9807	143.4807	135.1807
7	2024-06	121.1074	122.6074	115.4074
8	2024-07	112.1191	113.6191	103.3191
9	2024-08	98.86988	100.3699	91.96988
10	2024-09	175.1385	176.6385	168.2385
11	2024-10	189.9743	191.3743	182.1743
12	2024-11	187.6993	189.9993	178.9993
13	2024-12	253.624	255.024	243.924
14	합계	1725.176	1744.776	1630.476

1회 반복
```
for row in sheet["B2:D13"]:
    for cell in sheet["B2:D2"]:
```
⋮

12회 반복
```
for row in sheet["B2:D13"]:
    for cell in sheet["B13:D13"]:
```

결국 바깥 for 문은 12회, 안쪽 for 문은 3회 반복되므로 총 36회 실행되며, 안쪽 for 문 안의 cell 변수가 셀 하나하나를 순회합니다. 이 상태에서 cell 변수 뒤에 .font, .alignment, .fill, .border를 붙이면 셀 서식을 지정할 수 있습니다. 같은 방식으로 세 회사의 합계 부분에도 셀 서식을 지정합니다.

ch12-엑셀서식지정.py

```python
# 합계 산출
(중략)
sheet["D14"].value = "=SUM(D2:D13)"
# 광고비 데이터 부분에 서식 적용
for row in sheet["B2:D13"]:
    for cell in row:
        cell.font = font
        cell.alignment = alignment_center
        cell.fill = color_grey
        cell.border = border
# 합계 부분에 서식 적용
for row in sheet["B14:D14"]:
    for cell in row:
        cell.font = font
        cell.alignment = alignment_center
        cell.fill = color_orange
        cell.border = border
book.save("./엑셀데이터/2024년_광고비_병합_서식변경.xlsx")
```

코드를 실행하면 **그림 12-13**처럼 광고비 데이터 부분(B2:D13)과 합계 부분(B14:D14)에 셀 서식이 적용된 것을 확인할 수 있습니다.

> **NOTE 챗GPT로 셀 서식 코드 작성하기**
>
> openpyxl 모듈로 셀 서식 코드를 작성하는 것은 매우 번거롭습니다. 글자 크기 하나, 셀 배경색 하나를 바꿀 때도 긴 코드를 작성해야 합니다. 이럴 때 챗GPT에 다음과 같이 명령해보세요.
>
> > 파이썬의 openpyxl 모듈을 사용해 엑셀 시트의 서식을 변경하려고 해. 데이터는 A1부터 D14까지 채워져 있어. 내가 원하는 서식에 맞는 코드를 작성해.
> > - B2부터 D13까지는 회색, A14부터 D14까지는 오렌지색으로 셀 배경색을 채워.
> > - 데이터가 있는 모든 셀은 가운데 정렬, 글자 크기는 12, 폰트는 '굴림'을 적용해.
> > - 모든 셀의 테두리를 다 채워.
>
> 챗GPT는 다음 코드를 응답으로 내놓습니다. 이를 활용하면 번거로운 코드를 간편하게 작성할 수 있습니다.

```python
from openpyxl import Workbook
from openpyxl.styles import PatternFill, Alignment, Font, Border, Side
# 새로운 워크북 생성
wb = Workbook()
# 활성화된 시트 선택
ws = wb.active
# 데이터가 채워져 있는 모든 셀에 대해 서식 설정
for row in ws.iter_rows(min_row=1, max_row=14, min_col=1, max_col=4):
    for cell in row:
        # 셀의 내용 가운데 정렬
        cell.alignment = Alignment(horizontal='center', vertical='center')
        # 글자 크기 설정
        cell.font = Font(size=12, name='굴림')
        # 모든 셀에 테두리 설정
        cell.border = Border(left=Side(style='thin'),
                             right=Side(style='thin'),
                             top=Side(style='thin'),
                             bottom=Side(style='thin'))
# B2부터 D13까지 셀 배경색 설정(회색)
grey_fill = PatternFill(start_color='BFBFBF',
                        end_color='BFBFBF', fill_type='solid')
```

```
for row in ws.iter_rows(min_row=2, max_row=13, min_col=2, max_col=4):
    for cell in row:
        cell.fill = grey_fill
# A14부터 D14까지 셀 배경색 설정(오렌지색)
orange_fill = PatternFill(start_color='FFA500',
                          end_color='FFA500', fill_type='solid')
for cell in ws[14]:
    cell.fill = orange_fill
# 저장
wb.save("formatted_sheet.xlsx")
```

정답 p. 489

🔔 1분 퀴즈

2   다음 코드에 대한 설명 중 옳지 않은 것을 고르세요.

```
import openpyxl
from openpyxl.styles import Font, PatternFill
book = openpyxl.Workbook()
sheet = book.active
sheet["A1"].value = "제목"
font_bold_blue = Font(bold=True, color="0000FF")
sheet["A1"].font = font_bold_blue
sheet["A2"].value = "내용"
bg_yellow = PatternFill(start_color="FFFF00", end_color="FFFF00",
                        fill_type="solid")
sheet["A2"].fill = bg_yellow
book.save("formatted_excel.xlsx")
```

① openpyxl 모듈을 사용해 새 엑셀 파일을 생성한다.

② A1 셀에 "제목"이라는 값을 넣고, 셀 서식으로 진하게, 글자색에 파란색을 적용한다.

③ A2 셀에 "내용"이라는 값을 넣고, 셀 서식으로 글자색에 빨간색, 셀 배경색에 노란색을 적용한다.

④ 작업한 엑셀 파일을 formatted_excel.xlsx라는 이름으로 저장한다.

차트 만들기

엑셀에는 셀 범위를 지정해 차트를 만드는 기능이 있는데, 이를 이용해 **2024년_광고비_애플.xlsx**, **2024년_광고비_아마존.xlsx**, **2024년_광고비_테슬라.xlsx** 파일에 차트를 자동으로 삽입하는 프로그램을 만들어봅시다. 다음 그림처럼 total 광고비는 막대 차트로, 매체별(magazine, newspaper, radio, tv) 광고비는 꺾은선 차트로 그립니다.

그림 12–15 차트가 삽입된 엑셀 파일

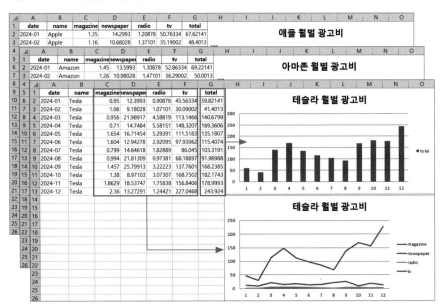

[pythonStudy] 폴더에 **ch12-차트만들기.py** 파일을 만듭니다.

12.4.1 막대 차트 만들기

세 회사의 엑셀 파일을 엽니다.

❶ company_list라는 리스트를 만들고 각 회사명을 저장합니다.

❷ for 문으로 company_list를 순회하며 각 엑셀 파일을 열어 현재 활성화된 시트를 sheet 변수에 저장합니다. openpyxl에 빨간색 밑줄이 생기면 Alt + Enter 키를 눌러 openpyxl 모듈을 추가합니다.

ch12-차트만들기.py

```
import openpyxl ---------------- ❷ 모듈 자동 추가
company_list = ["애플", "아마존", "테슬라"] --- ❶ 리스트 생성
for company in company_list: --- ❷ 세 회사의 엑셀 파일 열기
    book = openpyxl.load_workbook(f"./엑셀데이터/2024년_광고비_{company}.xlsx")
    sheet = book.active
```

이어서 막대 차트를 만듭니다.

❶ BarChart() 명령으로 막대 차트를 만들고 bar_chart 변수에 저장합니다. BarChart에 빨간색 밑줄이 생기면 Alt + Enter 키를 눌러 openpyxl.chart 모듈의 BarChart 명령을 추가합니다.

❷ bar_chart 변수에 .title을 붙이면 차트 제목을 설정할 수 있습니다. 문자열 포매팅으로 차트 제목을 "{회사명} 월별 광고비"라고 작성한 후 bar_chart.title에 저장합니다.

❸ openpyxl.chart 모듈의 Reference() 명령을 이용하면 차트 데이터로 사용할 셀의 범위를 명시할 수 있습니다. Reference()의 첫 번째 인자에는 대상 시트를 넣고(sheet), 두 번째 인자에는 차트 데이터로 참조할 셀 범위를 문자열로 넣은(range_string="Sheet1!G1:G13") 후 data 변수에 저장합니다(엑셀이 알아서 G1 셀은 제목으로, G2:G13 셀은 데이터로 인식합니다). Reference에 빨간색 밑줄이 생기면 Alt + Enter 키를 눌러 openpyxl.chart 모듈의 Reference 명령을 추가합니다.

> **TIP** "Sheet1!G1:G13"은 엑셀 시트의 셀 범위를 지정하는 방법으로, 시트명과 범위 사이에 느낌표(!)를 넣습니다.

❹ bar_chart.add_data()는 막대 차트(bar_chart)에 데이터를 추가해 차트를 실질적으로 그리는 명령입니다. 첫 번째 인자에는 차트 데이터의 범위, 즉 data를 넣고, 두 번째 인자에는

현재 제목 셀을 범례로 사용하겠다는 의미로 titles_from_data 옵션을 True로 설정합니다.

❺ sheet.add_chart() 명령으로 현재 활성화된 시트에 차트를 삽입합니다. 첫 번째 인자에는 앞에서 만든 차트(bar_chart)를 넣고, 두 번째 인자에는 차트를 삽입할 시작 셀(H1)을 넣습니다.

❻ 엑셀 파일을 **차트만들기_{company}.xlsx**라는 이름으로 저장합니다.

—— **ch12-차트만들기.py**

```
import openpyxl
from openpyxl.chart import BarChart, Reference --- ❶, ❸ 모듈 자동 추가
company_list = ["애플", "아마존", "테슬라"]
for company in company_list:
    book = openpyxl.load_workbook(f"./엑셀데이터/2024년_광고비_{company}.xlsx")
    sheet = book.active
    # 월별 total 광고비로 막대 차트 만들기
    bar_chart = BarChart() ------------------------------------ ❶ 막대 차트 생성
    bar_chart.title = f"{company} 월별 광고비" ----------------- ❷ 차트 제목 설정
    data = Reference(sheet, range_string="Sheet1!G1:G13") --- ❸ 차트 범위 지정
    bar_chart.add_data(data, titles_from_data=True) --------- ❹ 차트 도시
    sheet.add_chart(bar_chart, "H1") ------------------------ ❺ 차트 삽입
    book.save(f"./엑셀데이터/차트만들기_{company}.xlsx") ------- ❻ 저장
```

코드를 실행하면 **차트만들기_애플.xlsx**, **차트만들기_아마존.xlsx**, **차트만들기_테슬라.xlsx** 파일이 생성되고, 각 파일에 막대 차트가 삽입된 것을 확인할 수 있습니다.

그림 12-16 막대 차트가 삽입된 엑셀 파일

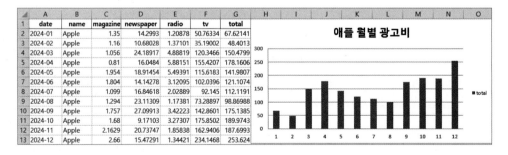

12.4.2 꺾은선 차트 만들기

다음으로 매체별(magazine, newspaper, radio, tv) 광고비를 꺾은선 차트로 만들어보겠습니다.

❶ LineChart()로 꺾은선 차트를 만들고 line_chart 변수에 저장합니다. LineChart에 빨간색 밑줄이 생기면 Alt + Enter 키를 눌러 openpyxl.chart 모듈의 LineChart 명령을 추가합니다.

❷ line_chart의 제목을 설정합니다.

❸ C 열부터 F 열에 각각 magazine 데이터, newspaper 데이터, radio 데이터, tv 데이터가 들어 있으니 for 문으로 C, D, E, F 열을 순회합니다. 막대 차트를 그릴 때와 마찬가지로 for 문 안에서 매체별로 꺾은선 차트를 그립니다.

❹ for 문을 빠져나와 꺾은선 차트를 엑셀 시트에 추가합니다.

ch12-차트만들기.py

```python
import openpyxl
from openpyxl.chart import BarChart, Reference, LineChart  --- ❶ 모듈 자동 추가
company_list = ["애플", "아마존", "테슬라"]
for company in company_list:
    book = openpyxl.load_workbook(f"./엑셀데이터/2024년_광고비_{company}.xlsx")
    sheet = book.active
    # 월별 total 광고비로 막대 차트 만들기
    (중략)
    sheet.add_chart(bar_chart, "H1")
    # 월별 매체별 광고비로 꺾은선 차트 만들기
    line_chart = LineChart()  ------------------- ❶ 꺾은선 차트 생성
    line_chart.title = f"{company} 월별 광고비"  --- ❷ 차트 제목 설정
    for column in ["C", "D", "E", "F"]:  --------- ❸ 차트 도시
        data = Reference(sheet, range_string=f"Sheet1!{column}1:{column}13")
        line_chart.add_data(data, titles_from_data=True)
    sheet.add_chart(line_chart, "H14")  ---------- ❹ 차트 삽입
    book.save(f"./엑셀데이터/차트만들기_{company}.xlsx")
```

코드를 실행하면 꺾은선 차트가 H14 셀에 삽입된 것을 확인할 수 있습니다.

그림 12-17 꺾은선 차트가 삽입된 엑셀 파일

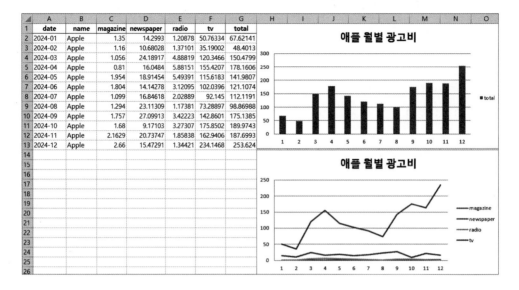

정답 p. 489

1분 퀴즈

3 다음 코드에 대한 설명 중 옳지 **않은** 것을 고르세요.

```python
import openpyxl
from openpyxl.chart import BarChart, Reference
book = openpyxl.load_workbook("./데이터.xlsx")
sheet = book.active
chart = BarChart()
chart.title = "Bar Chart"
data = Reference(sheet, range_string="Sheet1!B1:B10")
chart.add_data(data, titles_from_data=True)
sheet.add_chart(chart, "E5")
book.save("./데이터_시각화.xlsx")
```

① "데이터.xlsx" 파일을 열어 작업한다.

② 차트 제목을 "Bar Chart"로 설정한다.

③ 차트 데이터를 Sheet1의 A1:A10 셀에서 가져온다.

④ 막대 차트를 E5 셀에 삽입한다.

필터링과
정렬하기

pandas 모듈을 이용하면 대량의 데이터를 쉽게 다룰 수 있습니다. pandas 모듈의 진가는 뭐니 뭐니해도 필터링과 정렬에서 드러납니다. [엑셀데이터] 폴더의 **아파트분양가.xlsx** 파일에서 분양 가가 5000 이상인 데이터를 필터링하고, 분양가를 기준으로 정렬해봅시다.

그림 12-18 아파트 분양가

	A	B	C	D	E
1	지역명	규모	연도	월	분양가
2	서울	전체	2015	10	5841
3	서울	전용면적 60㎡이하	2015	10	5652
4	서울	전용면적 60㎡초과 85㎡이하	2015	10	5882
5	서울	전용면적 85㎡초과 102㎡이하	2015	10	5721
6	서울	전용면적 102㎡초과	2015	10	5879
7	인천	전체	2015	10	3163
8	인천	전용면적 60㎡이하	2015	10	3488
9	인천	전용면적 60㎡초과 85㎡이하	2015	10	3119
10	인천	전용면적 85㎡초과 102㎡이하	2015	10	3545

12.5.1 필터링하기

[pythonStudy] 폴더에 **ch12-필터링과정렬.py** 파일을 만들고 다음 코드를 작성합니다.

❶ pandas 모듈을 pd라는 별명을 붙여 불러옵니다.

❷ **아파트분양가.xlsx** 파일의 전체 데이터를 읽어와 df 변수에 저장합니다.

❸ 데이터프레임에서 특정 데이터를 필터링할 때는 인덱싱 연산자인 [ ] 안에 조건부 문장을 넣

습니다. df 데이터프레임에서 분양가가 5000 이상인 데이터를 필터링하려면 df[df["분양가"] >= 5000]을 작성합니다. 이러한 작성 방식이 처음에는 어색해도 적응되고 나면 코드가 매우 직관적으로 읽힙니다.

❹ 필터링한 결과를 출력합니다.

ch12-필터링과정렬.py

```
import pandas as pd ----------------- ❶ 모듈 불러오기
df = pd.read_excel("./엑셀데이터/아파트분양가.xlsx") --- ❷ 데이터 읽어오기
result = df[df["분양기"] >= 5000] --- ❸ 필터링
print(result.to_string()) ---------- ❹ 출력
```

코드를 실행하면 분양가가 5000 이상인 데이터가 출력됩니다.

	지역명	규모	연도	월	분양가
0	서울	전체	2015	10	5841.0
1	서울	전용면적 60㎡이하	2015	10	5652.0
(중략)					

실행결과

만약 분양가가 3000 이상, 4000 미만인 데이터를 필터링하고 싶다면 코드를 다음과 같이 수정합니다.

ch12-필터링과정렬.py

```
df = pd.read_excel("./엑셀데이터/아파트분양가.xlsx")
result = df[(df["분양가"] >= 3000) & (df["분양가"] < 4000)]
```

이 경우에는 '분양가가 3000 이상 그리고 분양가가 4000 미만'인 데이터를 필터링해야 하는데, 이처럼 2개 이상의 조건을 모두 충족해야 할 때는 각 조건문을 소괄호로 감싸고 '그리고'를 뜻하는 & 기호로 연결합니다.

	지역명	규모	연도	월	분양가
5	인천	전체	2015	10	3163.0
6	인천	전용면적 60㎡이하	2015	10	3488.0
(중략)					

실행결과

분양가가 3000 이상, 4000 미만이고 지역명이 부산인 데이터를 필터링하려면 다음과 같이 작성합니다.

ch12-필터링과정렬.py

```
df = pd.read_excel("./엑셀데이터/아파트분양가.xlsx")
result = df[(df["분양가"] >= 3000) & (df["분양가"] < 4000) & (df["지역명"] == "부산")]
```

실행결과

	지역명	규모	연도	월	분양가
15	부산	전체	2015	10	3112.0
19	부산	전용면적 102㎡초과	2015	10	3500.0
(중략)					

지역명이 서울 또는 부산인 데이터를 필터링하려면 다음과 같이 작성합니다. 코드에서 ¦ 기호는 '또는'을 의미하며, Shift + ₩(맥OS는 Shift + \ ) 키를 눌러 입력합니다.

ch12-필터링과정렬.py

```
df = pd.read_excel("./엑셀데이터/아파트분양가.xlsx")
result = df[(df["지역명"] == "서울") | (df["지역명"] == "부산")]
```

실행결과

	지역명	규모	연도	월	분양가
0	서울	전체	2015	10	5841.0
1	서울	전용면적 60㎡이하	2015	10	5652.0
(중략)					

12.5.2 정렬하기

df 데이터프레임에서 분양가를 기준으로 정렬하려면 sort_values() 명령을 사용합니다. 이 명령은 첫 번째 인자의 by 변수에 있는 열의 값을 기준으로 정렬하는데, 이때 두 번째 인자의 ascending 변수가 False이면 내림차순, True이면 오름차순으로 정렬됩니다.

```
result = df[(df["지역명"] == "서울") | (df["지역명"] == "부산")]
result = result.sort_values(by="분양가", ascending=False)
print(result.to_string())
```

코드를 실행하면 지역명이 서울 또는 부산인 아파트가 분양가의 내림차순으로 정렬됩니다.

	실행결과					
	지역명		규모	연도	월	분양가
4508	서울	전용면적 85㎡초과 102㎡이하	2020	3	13835.0
4423	서울	전용면적 85㎡초과 102㎡이하	2020	2	13835.0
3743	서울	전용면적 85㎡초과 102㎡이하	2019	6	12728.0
(중략)						

(A) 1분 퀴즈

정답 p. 489

4 지역명이 인천이고 분양가가 4000 이상인 데이터를 필터링하는 명령을 고르세요.

① df[(df["지역명"] == "인천") | (df["분양가"] >= 4000)]

② df[(df["지역명"] == "인천") & (df["분양가"] >= 4000)]

③ df[(df["지역명"] == "인천") && (df["분양가"] >= 4000)]

④ df[df["지역명"] == "인천" & df["분양가"] >= 4000]

마무리

1. pandas와 openpyxl 모듈

pandas 모듈을 이용하면 대량의 데이터를 쉽게 다룰 수 있고, openpyxl 모듈을 이용하면 엑셀 프로그램의 모든 기능을 파이썬 명령으로 제어할 수 있습니다. 이 두 가지 모듈은 엑셀 자동화를 쉽게 구현하는 데 매우 유용합니다.

2. 여러 엑셀 파일 합치기

- 여러 엑셀 파일의 데이터를 합칠 때는 해당 데이터를 데이터프레임 자료형으로 읽어와 열 단위로 합친 다음 to_excel() 명령을 이용해 엑셀 파일로 저장합니다.
- 합친 결과를 엑셀 파일로 저장할 때 여러 개의 시트를 만들어 저장하려면 ExcelWriter() 명령으로 엑셀 파일 객체를 만든 다음 해당 객체를 이용해 시트별로 저장합니다.

3. 셀 서식 적용하기

파이썬에서 특정 셀에 서식을 적용할 때는 openpyxl.styles 모듈의 Font(폰트), Alignment(정렬), PatternFill(셀 배경색), Border(셀 테두리) 등의 명령으로 서식을 미리 지정한 후 변수에 저장해놓습니다. 그리고 필요할 때마다 이 변수를 이용해 특정 셀에 서식을 적용합니다. 여러 셀에 서식을 지정하려면 중첩 for 문을 이용해 셀 하나하나에 서식을 적용합니다. 다음 코드에서는 cell 변수가 B2 셀부터 D13 셀까지 총 36개의 셀을 순회합니다.

```
for row in sheet["B2:D13"]:
    for cell in row:
```

4. 차트 만들기

- 막대 차트는 BarChart() 명령으로 만들고, 꺾은선 차트는 LineChart() 명령으로 만듭니다. 차트를 만드는 명령은 이 밖에도 영역 차트를 만드는 AreaChart(), 버블 차트를 만드는 BubbleChart(), 레이더 차트를 만드는 RadarChart() 등이 있습니다.

- 차트를 만들 때 Reference() 명령으로 셀 범위를 지정합니다. 첫 번째 인자에는 대상 시트를 넣고(sheet), 두 번째 인자에는 차트 데이터로 참조할 셀 범위를 문자열로 넣습니다(range_string="Sheet1!G1:G13").

5. 필터링과 정렬하기

- pandas 모듈을 이용하면 데이터프레임에서 원하는 데이터를 필터링하거나 특정 열을 기준으로 정렬할 수 있습니다.

- 데이터를 필터링할 때는 다음과 같이 [ ] 안에 조건부 문장을 넣습니다.

```
df[(df["지역명"] == "서울") & (df["지역명"] == "부산")]
df[(df["분양가격"] >= 5000) | (df["지역명"] <= 2000)]
```

- 데이터를 정렬할 때는 sort_values() 명령을 사용합니다. 첫 번째 인자의 by 변수에 있는 열의 값을 기준으로 정렬하는데, 이때 두 번째 인자의 ascending 변수가 False이면 내림차순, True이면 오름차순으로 정렬됩니다.

```
df.sort_values(by="분양가", ascending=False)
```

# 13장

엑셀 자동화 응용하기

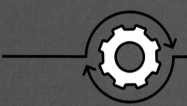

앞에서 배운 엑셀 자동화를 응용해 좀 더 복잡한 자동화 프로그램을 만들어봅시다. 이 장에서는 다양한 데이터가 섞여 있는 엑셀 파일에서 필요한 데이터만 필터링해 차트를 만들고, 유튜브 채널의 영상 조회수를 크롤링해 엑셀에 정리해봅니다.

지역별/연도별로 아파트 분양가 구분하기

13.1

아파트분양가.xlsx 파일에는 많은 데이터가 복잡하게 섞여 있습니다. 이 데이터를 ❶ 지역별(강원, 경기, …) 엑셀 파일로 나누고, ❷ 한 엑셀 파일에서 연도별(2015, 2016, …) 시트를 구분한 후, ❸ 시트마다 분양가 데이터를 막대 차트로 그리고, ❹ 각종 셀 서식을 적용해보겠습니다.

그림 13-1 작업 순서

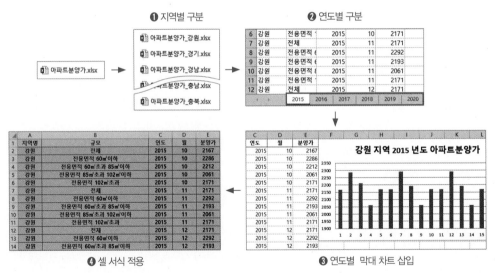

13.1.1 지역별로 아파트 분양가 구분하기

[pythonStudy] 폴더에 **ch13-아파트분양가데이터분리.py** 파일을 만듭니다. [엑셀데이터] 폴더의

아파트분양가.xlsx 파일에는 여러 지역의 분양가가 들어 있습니다.

그림 13-2 아파트분양가.xlsx 파일의 내용

▲	A	B	C	D	E
1	**지역명**	**규모**	**연도**	**월**	**분양가**
2	서울	전체	2015	10	5841
3	서울	전용면적 60㎡이하	2015	10	5652
4	서울	전용면적 60㎡초과 85㎡이하	2015	10	5882
5	서울	전용면적 85㎡초과 102㎡이하	2015	10	5721
6	서울	전용면적 102㎡초과	2015	10	5879
7	인천	전체	2015	10	3163
8	인천	전용면적 60㎡이하	2015	10	3488
9	인천	전용면적 60㎡초과 85㎡이하	2015	10	3119
10	인천	전용면적 85㎡초과 102㎡이하	2015	10	3545
11	인천	전용면적 102㎡초과	2015	10	3408
12	경기	전체	2015	10	3138
13	경기	전용면적 60㎡이하	2015	10	3126

Sheet1 ⊕

unique() 명령을 사용해 이 파일에 있는 지역을 추출합니다. 이 명령은 해당 열에 있는 값의 종류를 추출해 리스트로 반환합니다. 다음 코드를 작성하고 실행하면 **아파트분양가.xlsx** 파일에 있는 지역을 확인할 수 있습니다.

ch13-아파트분양가데이터분리.py

```
import pandas as pd
df = pd.read_excel("./엑셀데이터/아파트분양가.xlsx")
location_list = df["지역명"].unique()
print(location_list)
```

실행결과

```
['서울' '인천' '경기' '부산' '대구' '광주' '대전' '울산' '세종' '강원' '충북' '충남' '전
북' '전남' '경북' '경남' '제주']
```

13.1.2 연도별로 아파트 분양가 구분하기

아파트가 있는 지역을 추출했으니 for 문으로 각 지역에 접근해 연도별로 정렬합니다.

❶ 마지막 줄의 print(location_list) 문은 필요 없으니 주석 처리합니다.

❷ location_list로 for 문을 돌립니다.

❸ 전국 지역이 섞여 있는 데이터프레임(df)에서 location 지역에 해당되는 데이터만 추출합니다(df_location = df[df["지역명"] == location]). 이렇게 하면 for 문을 처음 반복할 때 df_location 변수에 서울 지역의 데이터가 저장되고, 두 번째 반복할 때 인천 지역의 데이터가 저장되며, 마지막으로 반복할 때 제주 지역의 데이터가 저장됩니다.

❹ df_location에서 연도를 추출합니다. 예를 들어 서울 지역의 아파트 "연도" 값은 2015부터 2020이므로 연도를 추출하면 year_list 변수에 [2015 2016 2017 2018 2019 2020]이 저장됩니다.

❺ year_list로 다시 for 문을 돌립니다.

❻ df_location에서 각 연도 값으로 필터링을 합니다. 예를 들어 year_list에 [2015, 2016, 2017, 2018, 2019, 2020]이 저장돼 있다면 for 문을 처음 반복할 때 df_year 변수에 서울 지역의 2015년 데이터가 저장되고, 두 번째 반복할 때 서울 지역의 2016년 데이터가 저장됩니다.

❼ df_year 데이터프레임에서 "월"을 기준으로 오름차순으로 정렬합니다.

❽ df_year를 출력합니다.

ch13-아파트분양가데이터분리.py

```python
location_list = df["지역명"].unique()
# print(location_list) ---------- ❶ 주석 처리
for location in location_list: --- ❷ 지역별 반복
    df_location = df[df["지역명"] == location] --- ❸ 지역별 데이터 필터링
    year_list = df_location["연도"].unique() ----- ❹ 연도 추출
    for year in year_list: --- ❺ 연도별 반복
        df_year = df_location[df_location["연도"] == year] --- ❻ 연도별 데이터 필터링
        df_year = df_year.sort_values(by="월", ascending=True) --- ❼ 정렬
        print(df_year) ------- ❽ 출력
```

코드를 실행하면 지역별, 연도별로 필터링된 데이터가 월별로 정렬됩니다.

실행결과

지역명	규모	연도	월	분양가	
0 서울	전체	2015	10	5841.0	서울 2015년, 월별 오름차순 정렬
(중략)					
174 서울	전용면적 102㎡초과	2015	12	6551.0	

	지역명	규모	연도	월	분양가	
255	서울	전체	2016	1	6108.0	
(중략)						서울 2016년, 월별 오름차순 정렬
1194	서울	전용면적 102㎡ 초과	2016	12	6771.0	
(중략)						

이 데이터를 엑셀 파일로 저장합니다.

❶ 마지막 줄의 print(df_year) 문은 필요 없으니 주석 처리합니다.

❷ location 변수가 각 지역명을 가져오면 ExcelWriter() 명령으로 엑셀 파일을 만들 준비를 합니다. **아파트분양가_(지역명).xlsx**라는 이름으로 연도별 시트를 만들어 저장할 계획입니다. ExcelWriter에 빨간색 밑줄이 생기면 [Alt]+[Enter] 키를 눌러 pandas 모듈의 ExcelWriter 명령을 추가합니다.

❸ df_year가 각 지역의 연도별 데이터를 갖고 있으니 to_excel() 명령을 이용해 엑셀 파일로 저장합니다. 시트명을 연도로 지정할 것이므로, 연도 값을 가지고 있는 year 변수를 문자열로 변환한 후 sheet_name 변수에 저장합니다(sheet_name=str(year)). 또한 index 변수를 None으로 설정해 데이터프레임의 인덱스를 엑셀 시트에 저장하지 않습니다.

❹ 바깥 for 문을 한 번 돌 때마다(한 지역을 순회할 때마다) 엑셀 파일을 닫아 작업한 내용을 저장하고, 지역을 분리했다는 안내 문구를 출력합니다.

ch13-아파트분양가데이터분리.py

```python
import pandas as pd
from pandas import ExcelWriter --- ❷ 모듈 자동 추가
(중략)
for location in location_list:
    (중략)                                 ┌ ❷ 엑셀 파일 객체 생성
    writer = ExcelWriter(f"./엑셀데이터/아파트분양가_{location}.xlsx")
    for year in year_list:
        (중략)
        # print(df_year) --- ❶ 주석 처리     ┌ ❸ 엑셀 파일에 쓰기
        df_year.to_excel(writer, sheet_name=str(year), index=None)
    writer.close() --------- ❹ 파일 닫기
    print(f"{location} 지역 엑셀 분리 완료")
```

코드를 실행하면 지역별로 엑셀이 분리됐다는 문구가 뜨고, 새로 생성된 엑셀 파일을 열어보면 연도별로 시트가 구분돼 있습니다.

그림 13-3 지역별 엑셀 파일로 분리, 한 파일 내 연도별 시트로 분리

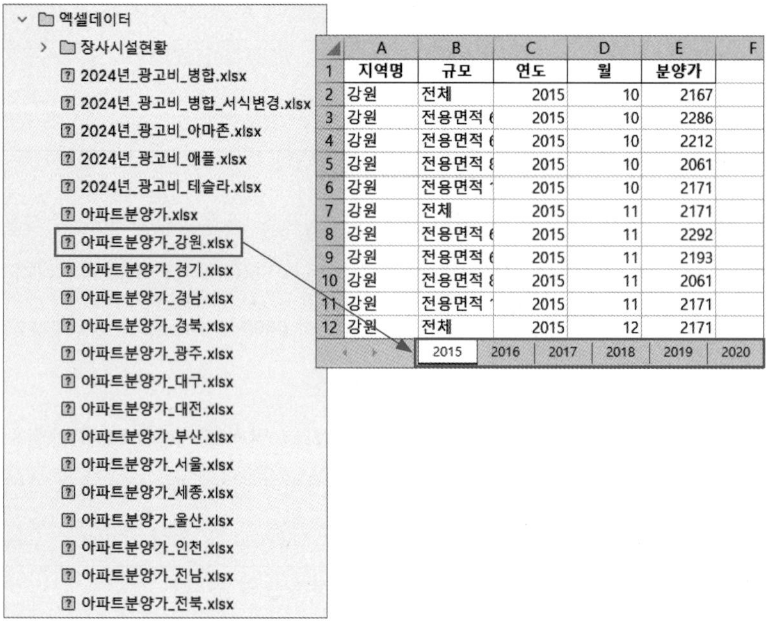

13.1.3 막대 차트 삽입하기

지역별 파일의 각 시트에 막대 차트를 삽입합니다.

❶ 파일이 지역별로 나뉘어 있으니 다시 한번 location_list로 for 문을 돌립니다.

❷ 지역별 엑셀 파일을 열고 book 변수에 저장합니다. openpyxl에 빨간색 밑줄이 생기면 Alt + Enter 키를 눌러 openpyxl 모듈을 추가합니다.

❸ 지역별 엑셀 파일에는 연도별 시트가 여러 개 있습니다. book.sheetnames는 book에 있는 시트명을 리스트로 갖고 있는데, 이 리스트를 for 문으로 돌립니다.

❹ book의 sheet_name 시트를 sheet 변수에 저장합니다.

❺ 막대 차트를 만들고 차트 제목을 설정합니다. BarChart에 빨간색 밑줄이 생기면 Alt + Enter

키를 눌러 openpyxl.chart 모듈의 BarChart 명령을 추가합니다.

❻ 막대 차트의 셀 범위로 E 열에 있는 분양가 데이터를 사용합니다. 이때 고려해야 할 사항이 있습니다. 분양가 데이터의 개수가 시트마다 다르기 때문에 차트를 만들 때 참조하는 셀 범위가 매번 달라야 하며, 이는 sheet.max_row 명령을 이용해 해결할 수 있습니다. .max_row는 해당 시트에 기록된 마지막 행 번호를 가져오는 명령으로, 문자열 포매팅으로 차트를 만들 셀 범위를 지정하면(f"{sheet_name}!E1:E{sheet.max_row}") 마지막 행 번호까지 지정됩니다. Reference에 빨간색 밑줄이 생기면 Alt + Enter 키를 눌러 openpyxl.chart 모듈의 Reference 명령을 추가합니다.

❼ 앞에서 지정한 셀 범위로 막대 차트를 그리고 F1 셀에 삽입합니다.

❽ 바깥 for 문을 한 번 돌 때마다 엑셀 파일을 저장하고, 지역별 엑셀 작업을 완료했다는 안내 문구를 출력합니다.

ch13-아파트분양가데이터분리.py

```
import openpyxl --- ❷ 모듈 자동 추가
import pandas as pd
from openpyxl.chart import BarChart, Reference --- ❺~❻ 모듈 자동 추가
from pandas import ExcelWriter
(중략)
for location in location_list:
    (중략)
    print(f"{location} 지역 엑셀 분리 완료")

for location in location_list: --- ❶ 모든 지역 순회
    book = openpyxl.load_workbook(f"./엑셀데이터/
                        아파트분양가_{location}.xlsx") --- ❷ 지역별 파일 열기
    for sheet_name in book.sheetnames: ----------- ❸ 모든 시트 순회
        sheet = book[sheet_name] ----------------- ❹ 시트 선택
        chart = BarChart() ⌐-- ❺ 막대 차트 생성, 제목 설정
        chart.title = f"{location} 지역 {sheet_name} 년도 아파트분양가"
        data = Reference(sheet,
                range_string=f"{sheet_name}!E1:E{sheet.max_row}") --- ❻ 셀 범위 지정
        chart.add_data(data, titles_from_data=True)┐
        sheet.add_chart(chart, "F1")--------------┘-- ❼ 차트 삽입
    book.save(f"./엑셀데이터/아파트분양가_{location}.xlsx") --- ❽ 저장, 출력
    print(f"{location} 지역 엑셀 작업 완료")
```

코드를 실행한 후 지역별 엑셀 파일을 열어보면 모든 시트에 막대 차트가 삽입돼 있습니다.

그림 13-4 막대 차트가 삽입된 각 시트

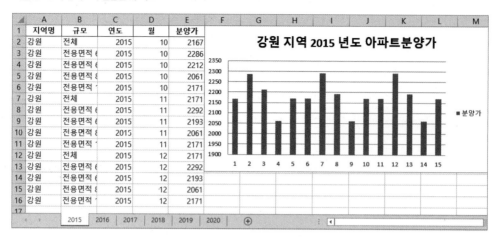

13.1.4 셀 서식 적용하기

12.3절 셀 서식 적용하기에서 배운 대로 각 시트의 제목 행과 데이터 부분에 셀 서식을 적용합니다.

❶ 폰트, 정렬, 셀 배경색, 셀 테두리 서식을 미리 지정해 변수에 저장합니다. Font, Alignment, PatternFill, Border, Side에 빨간색 밑줄이 생기면 Alt + Enter 키를 눌러 openpyxl. styles 모듈의 각 명령을 추가합니다.

❷ B 열(규모)의 데이터가 다 보이도록 열 너비를 넓힙니다.

❸ 제목 행의 A1 셀부터 E1 셀까지 순회하며 각 셀의 폰트, 정렬, 셀 배경색, 셀 테두리 서식을 적용합니다.

❹ 각 시트의 데이터 부분을 순회하기 위해 중첩 for 문을 돌립니다. 바깥 for 문의 반복 대상으로 sheet["A2:E{}".format(sheet.max_row)]를 작성하는데, 문자열 내에 변수를 삽입하기 위한 {}에는 .format(sheet.max_row)의 반환값이 들어갑니다. .format(sheet.max_row)는 해당 시트의 마지막 행을 문자열로 반환하므로(**그림 13-4**의 경우 16을 반환) 안쪽 for 문에서 데이터 부분의 모든 셀에 접근해 셀 서식을 적용할 수 있습니다.

```python
from openpyxl.chart import BarChart, Reference          ┌ ❶ 모듈 자동 추가
from openpyxl.styles import Font, Alignment, PatternFill, Border, Side
(중략)
for location in location_list:
    (중략)
    print(f"{location} 지역 엑셀 분리 완료")
# 서식 지정                                        ┌ ❶ 폰트, 정렬, 셀 배경색, 셀 테두리 지정
font = Font(name="맑은 고딕", size=12, bold=True)
alignment_center = Alignment(horizontal="center")
color_orange = PatternFill(start_color="FFD732", end_color="FFD732",
                           patternType="solid")
color_grey = PatternFill(start_color="D2D2D2", end_color="D2D2D2",
                         patternType="solid")
border = Border(left=Side(style="thin"), right=Side(style="thin"),
                top=Side(style="thin"), bottom=Side(style="thin"))
for location in location_list:
    book = openpyxl.load_workbook(f"./엑셀데이터/아파트분양가_{location}.xlsx")
    for sheet_name in book.sheetnames:
        sheet = book[sheet_name]
        # 열 너비 조절
        sheet.column_dimensions["B"].width = 40 --- ❷ B 열의 너비 조절
        # 제목 행 서식 적용      ┌ ❸ 폰트, 정렬, 셀 배경색, 셀 테두리 적용
        for row in sheet["A1:E1"]:
            for cell in row:
                cell.font = font
                cell.alignment = alignment_center
                cell.fill = color_orange
                cell.border = border
        # 데이터 부분 서식 적용 ┌ ❹ 폰트, 정렬, 셀 배경색, 셀 테두리 적용
        for row in sheet["A2:E{}".format(sheet.max_row)]:
            for cell in row:
                cell.font = font
                cell.alignment = alignment_center
                cell.fill = color_grey
                cell.border = border
    chart = BarChart()
    (중략)
```

코드를 실행한 후 엑셀 파일을 열어보면 제목 행과 데이터 부분에 셀 서식이 적용된 것을 확인할 수 있습니다.

그림 13-5 셀 서식이 적용된 결과

	A	B	C	D	E
1	지역명	규모	연도	월	분양가
2	강원	전체	2015	10	2167
3	강원	전용면적 60㎡이하	2015	10	2286
4	강원	전용면적 60㎡초과 85㎡이하	2015	10	2212
5	강원	전용면적 85㎡초과 102㎡이하	2015	10	2061
6	강원	전용면적 102㎡초과	2015	10	2171
7	강원	전체	2015	11	2171
8	강원	전용면적 60㎡이하	2015	11	2292
9	강원	전용면적 60㎡초과 85㎡이하	2015	11	2193
10	강원	전용면적 85㎡초과 102㎡이하	2015	11	2061
11	강원	전용면적 102㎡초과	2015	11	2171
12	강원	전체	2015	12	2171
13	강원	전용면적 60㎡이하	2015	12	2292
14	강원	전용면적 60㎡초과 85㎡이하	2015	12	2193
15	강원	전용면적 85㎡초과 102㎡이하	2015	12	2061
16	강원	전용면적 102㎡초과	2015	12	2171

강원 지역

1분 퀴즈

정답 p. 489

1 본문에서 실습한 내용에 대한 설명 중 옳지 않은 것을 고르세요.

① 각 지역별로 엑셀 파일을 분리해 저장한 후 해당 지역의 모든 연도별 데이터를 하나의 시트에 저장했다.

② unique( )는 해당 열에 있는 값의 종류를 추출해 리스트로 반환하는 명령이다.

③ 연도별 아파트 분양가를 막대 차트로 시각화했다.

④ sheet.max_row는 해당 시트에 기록된 마지막 행 번호를 가져오는 명령이다.

유튜브 조회수 수집해 엑셀로 저장하기

이 절에서는 ❶ 한 유튜브 채널의 영상 정보를 수집하고, ❷ 엑셀 파일로 저장하며, ❸ 조회수 추이를 꺾은선 차트로 그린 후, ❹ 각종 셀 서식을 적용해봅시다.

그림 13-6 작업 순서

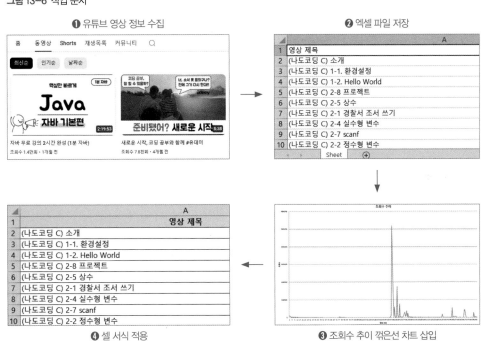

❶ 유튜브 영상 정보 수집   ❷ 엑셀 파일 저장

❹ 셀 서식 적용   ❸ 조회수 추이 꺾은선 차트 삽입

13.2.1 유튜브 조회수 수집하기

유튜브에서 나도코딩 채널의 조회수를 수집하려고 하는데, 다른 채널을 사용해도 무방합니다. 유튜브에서 나도코딩 채널에 접속해 [동영상] 탭(**https://www.youtube.com/@nadocoding/ videos**)을 클릭합니다. 스크롤을 내려야만 모든 동영상을 조회할 수 있기 때문에 selenium 모듈을 사용합니다. 수집할 정보는 영상 제목, 조회수, 업로드 날짜, 링크입니다.

그림 13-7 나도코딩 채널에서 수집할 정보

[pythonStudy] 폴더에 **ch13-유튜브조회수추이.py** 파일을 만듭니다. 스크롤이 길 때 데이터를 수집하는 방법은 **8.4절 유튜브 댓글 수집하기**에서 설명했으니 그 내용을 상기하면서 다음 코드를 작성합니다.

❶ 크롬 브라우저를 열고 나도코딩 채널에 접속합니다. webdriver에 빨간색 밑줄이 생기면 Alt + Enter 키를 눌러 selenium 모듈의 webdriver 명령을 추가합니다. 같은 방식으로 time 모듈도 추가합니다.

❷ 무한 반복문을 돌며 화면의 모든 동영상을 불러올 때까지 스크롤을 내립니다. 마지막에는 스크롤을 내려도 더 이상 내려가지 않으니 같은 위치 값이 계속 출력됩니다. 따라서 same_ num_cnt가 200까지 카운트되면 무한 반복문을 빠져나옵니다(이 로직이 기억나지 않으면 **8.4.1절 스크롤 내리기**를 복습하세요). ActionChains와 Keys에 빨간색 밑줄이 생기면 Alt + Enter 키를 눌러 selenium.webdriver 모듈의 ActionChains와 Keys 명령을 추가합니다.

❸ 영상 제목, 조회수, 업로드 날짜, 링크를 수집해 각각 title_elements, views_elements, date_elements, link_elements 변수에 저장합니다. By에 빨간색 밑줄이 생기면 Alt + Enter 키를 눌러 selenium.webdriver.common.by 모듈의 By 명령을 추가합니다.

❹ for 문을 돌며 영상 제목, 조회수, 업로드 날짜, 링크를 출력합니다.

❺ 모든 작업이 끝나면 크롬 브라우저를 닫습니다.

ch13-유튜브조회수추이.py

```python
import time ---------------------- ❶ 모듈 자동 추가
from selenium import webdriver --- ❶ 모듈 자동 추가
from selenium.webdriver import ActionChains, Keys --- ❷ 모듈 자동 추가
from selenium.webdriver.common.by import By --------- ❸ 모듈 자동 추가
# 유튜브 접속
opt = webdriver.ChromeOptions() --- ❶ 크롬 창 열고 유튜브 접속
opt.add_experimental_option("detach", True)
browser = webdriver.Chrome(options=opt)
browser.get("https://www.youtube.com/@nadocoding/videos")
time.sleep(3)
# 스크롤 끝까지 내리기
same_num_cnt = 0 --- ❷ 스크롤을 끝까지 내려 전체 페이지 불러오기
prev_height = 0
while True:
    ActionChains(browser).key_down(Keys.PAGE_DOWN).perform()
    cur_height = browser.execute_script("return document.documentElement.scrollTop")
    if prev_height == cur_height:
        same_num_cnt += 1
    else:
        same_num_cnt = 0
    if same_num_cnt == 200:
        break
    prev_height = cur_height
# 크롤링                         ┌ ❸ 영상 제목, 조회수, 업로드 날짜, 링크 수집
title_elements = browser.find_elements(By.CSS_SELECTOR, "#contents #video-title")
```

```
views_elements = browser.find_elements(By.CSS_SELECTOR,
    "span.inline-metadata-item.style-scope.ytd-video-meta-block:nth-child(3)")
date_elements = browser.find_elements(By.CSS_SELECTOR,
    "span.inline-metadata-item.style-scope.ytd-video-meta-block:nth-child(4)")
link_elements = browser.find_elements(By.CSS_SELECTOR, "a#video-title-link")
# 결과 출력          ┌ ❹ 영상 제목, 조회수, 업로드 날짜, 링크 출력
for view, date, title, link in zip(views_elements, date_elements,
                                title_elements, link_elements):
    video_link = link.get_attribute("href")
    print(f"영상 제목 : {title.text}")
    print(f"조회수 : {view.text}")
    print(f"업로드 날짜 : {date.text}")
    print(f"링크 : {video_link}")
    print("-----------------------------------")
browser.close() --- ❺ 크롬 창 닫기
```

코드를 실행하면 모든 영상의 제목, 조회수, 업로드 날짜, 링크가 출력됩니다.

실행결과

영상 제목 : 자바 무료 강의 2시간 완성 (1분 자바)
조회수 : 조회수 1.4만회
업로드 날짜 : 1개월 전
링크 : https://www.youtube.com/watch?v=DNCBaeCoMug

(중략)

가장 오래된 영상 정보부터 출력하기

앞의 실행 결과는 영상 정보가 최신 순으로 출력됐습니다. 즉 맨 위에 최신 영상 정보가 있고 맨 아래에 가장 오래된 영상 정보가 있는데, 이것을 역순으로 출력해보겠습니다. 코드에서 browser.find_elements()로 수집된 요소는 리스트 자료형으로 저장됩니다. 따라서 이 리스트를 역순으로 정렬하면 됩니다. 리스트의 원소를 역순으로 정렬하는 명령은 reversed()입니다. browser.find_elements() 문을 reversed()로 감싸 리스트의 원소를 역순으로 정렬합니다.

```
# 크롤링
title_elements = reversed(browser.find_elements(By.CSS_SELECTOR,
    "#contents #video-title"))
views_elements = reversed(browser.find_elements(By.CSS_SELECTOR,
    "span.inline-metadata-item.style-scope.ytd-video-meta-block:nth-child(3)"))
date_elements = reversed(browser.find_elements(By.CSS_SELECTOR,
    "span.inline-metadata-item.style-scope.ytd-video-meta-block:nth-child(4)"))
link_elements = reversed(browser.find_elements(By.CSS_SELECTOR,
    "a#video-title-link"))
```

코드를 실행하면 오래된 영상 정보부터 출력됩니다.

실행결과

영상 제목 : (나도코딩 C) 소개
조회수 : 조회수 11만회
업로드 날짜 : ⬚6년 전⬚
링크 : https://www.youtube.com/watch?v=dEykoFZkf5Y

(중략)

조회수를 숫자로 출력하기

다음으로 조회수 정보를 가공해 숫자로 출력하겠습니다. 즉 실행 결과 중 '조회수 11만회'를 '110000'으로 수정합니다.

❶ 문자열을 입력받아 숫자로 변환하는 string_to_inger() 함수를 정의합니다. 매개변수로 받은 문자열에 "만회"라는 문자가 있으면(if "만회" in view:) replace() 함수로 "만회"라는 문자열을 ""로 고쳐(아무것도 없는 상태로 만들어) view 변수에 저장합니다. 그리고 이렇게 만든 view 변수를 실수형으로 바꿔 10000을 곱한 후 다시 정수형으로 형변환을 합니다. 같은 방법으로 "천회"와 "회" 문자열도 숫자로 변환합니다.

❷ 수집한 정보를 출력하는 for 문 안에서 string_to_inger() 함수를 호출합니다. 이때 함수의 인자로 view.text.replace("조회수 ", "")를 넘기는데, 이는 view 변수에서 텍스트만 추출한 후 "조회수 " 문자열을 아무것도 없는 상태로 치환하라는 의미입니다(예: '조회수 7만회'를 '7만회'로 치환). 이렇게 변환한 문자열을 함수로 넘기고 함수 실행 결과를 view_ integer 변수에 받아 저장한 후 출력합니다.

```python
from selenium.webdriver.common.by import By
# 숫자 변환 함수 정의
def string_to_integer(view): --- ❶ 함수 정의
    if "만회" in view:
        view = view.replace("만회", "")
        view = int(float(view) * 10000)
    elif "천회" in view:
        view = view.replace("천회", "")
        view = int(float(view) * 1000)
    elif "회" in view:
        view = view.replace("회", "")
        view = int(view)
    return view
# 유튜브 접속
opt = webdriver.ChromeOptions()
(중략)
for view, date, title, link in zip(views_elements, date_elements,
                                   title_elements, link_elements):
    view_integer = string_to_integer(view.text.replace("조회수 ", ""))
    video_link = link.get_attribute("href")    ─── ❷ 함수 호출, 결과 출력
    print(f"영상 제목 : {title.text}")
    print(f"조회수 : {view_integer}")───────
    print(f"업로드 날짜 : {date.text}")
    print(f"링크 : {video_link}")
    print("-----------------------------------")
browser.close()
```

코드를 실행하면 조회수가 숫자로 바뀌어 출력됩니다.

```
실행결과
영상 제목 : (나도코딩 C) 소개
조회수 : 110000
업로드 날짜 : 6년 전
링크 : https://www.youtube.com/watch?v=dEykoFZkf5Y
-----------------------------------
(중략)
```

13.2.2 유튜브 조회수 엑셀로 저장하기

수집한 정보를 엑셀 파일로 저장할 수 있도록 파일을 생성합니다.

❶ [유튜브채널조회수] 폴더를 생성합니다. os에 빨간색 밑줄이 생기면 Alt + Enter 키를 눌러 os 모듈을 추가합니다.

❷ 엑셀 파일을 새로 만들고 현재 시트를 sheet 변수에 저장합니다. openpyxl에 빨간색 밑줄이 생기면 Alt + Enter 키를 눌러 openpyxl 모듈을 추가합니다.

❸ 1행의 1, 2, 3, 4열에 제목을 기록하고 열 너비를 적절히 조절합니다.

ch13-유튜브조회수추이.py

```
import os --------- ❶ 모듈 자동 추가
import time
import openpyxl --- ❷ 모듈 자동 추가
(중략)
# 크롤링
(중략)
link_elements = reversed(browser.find_elements(By.CSS_SELECTOR,
                        "a#video-title-link"))
# 엑셀 파일 생성
if not os.path.exists("./유튜브채널조회수"): --- ❶ 폴더 생성
    os.mkdir("./유튜브채널조회수")
book = openpyxl.Workbook() --- ❷ 엑셀 파일 생성, 현재 시트 저장
sheet = book.active           ┌ ❸ 제목 기록, 열 너비 조절
sheet.cell(row=1, column=1).value = "영상 제목"
sheet.cell(row=1, column=2).value = "조회수"
sheet.cell(row=1, column=3).value = "업로드 날짜"
sheet.cell(row=1, column=4).value = "영상 링크"
sheet.column_dimensions["A"].width = 85
sheet.column_dimensions["B"].width = 10
sheet.column_dimensions["C"].width = 13
sheet.column_dimensions["D"].width = 50
# 결과 출력
```

첫 행에는 제목이 기록되기 때문에 수집한 데이터를 2행부터 기록합니다.

❶ for 문에 들어가기 전에 row_num 변수를 선언하고 초깃값을 2로 설정합니다.

❷ for 문에 들어가 sheet.cell() 명령을 이용해 데이터를 셀에 기록합니다.

❸ for 문을 한 번 돌 때마다 row_num 변수의 값을 1씩 증가시킵니다(그래야 다음 행에 데이터
를 기록할 수 있습니다).

ch13-유튜브조회수추이.py

```python
# 결과 출력
row_num = 2 --- ❶ 변수 선언 및 초기화
for view, date, title, link in zip(views_elements, date_elements,
                                   title_elements, link_elements):
    view_integer = string_to_integer(view.text.replace("조회수 ", ""))
    video_link = link.get_attribute("href")
    print(f"영상 제목 : {title.text}")
    print(f"조회수 : {view_integer}")
    print(f"업로드 날짜 : {date.text}")
    print(f"링크 : {video_link}")
    print("-----------------------------------")
    sheet.cell(row=row_num, column=1).value = title.text --- ❷ 셀에 기록
    sheet.cell(row=row_num, column=2).value = view_integer
    sheet.cell(row=row_num, column=3).value = date.text
    sheet.cell(row=row_num, column=4).value = video_link
    row_num += 1 --- ❸ 변숫값 증가
browser.close()
```

이제 엑셀 파일을 저장하는데, 파일명을 현재 날짜와 시간으로 설정하겠습니다. 현재 날짜와 시
간을 가져오는 모듈은 datetime입니다. 예를 들어 datetime.datetime.today() 명령의 경우
현재 연, 월, 일, 시, 분, 초, 마이크로초가 다음과 같은 형태로 출력됩니다.

실행결과

datetime.datetime(2024, 5, 20, 13, 30, 38, 274754)

실행 결과를 좀 더 보기 좋게(예: ××××년 ××월 ××일 ××시 ××분 ××초) 출력하고 싶다면
strftime() 명령을 사용합니다(strftime은 string from time의 약어입니다). 이 명령에는 다
음과 같은 지시자를 사용할 수 있습니다.

표 13-1 strftime()의 지시자

지시자	설명	결과
%A	요일을 풀네임으로 출력한다.	Sunday, Monday, …, Saturday
%d	0을 채운 십진수로 일을 출력한다.	01, 02, …, 31
%m	0을 채운 십진수로 월을 출력한다.	01, 02, …, 12
%y	0을 채운 십진수로 두 자리 연도를 출력한다.	00, 01, …, 99
%Y	0을 채운 십진수로 네 자리 연도를 출력한다.	0001, 0002, …, 2013, 2014, …, 9998, 9999
%H	0을 채운 십진수로 시(24시간제)를 출력한다.	00, 01, …, 23
%M	0을 채운 십진수로 분을 출력한다.	00, 01, …, 59
%S	0을 채운 십진수로 초를 출력한다.	00, 01, …, 59

예를 들어 strftime("%Y년 %m월 %d일 %H시 %M분 %S")라고 작성하면 2024년 05월 20일 13시 30분 38초가 출력됩니다.

크롤링한 시간 정보를 datetime 모듈의 today()와 strftime() 명령으로 기록하고, 이를 파일명으로 사용해 저장합니다.

❶ today 변수에 현재 연, 월, 일, 시, 분, 초를 저장합니다. datetime에 빨간색 밑줄이 생기면 Alt + Enter 키를 눌러 datetime 모듈을 추가합니다.

❷ today 변수의 값을 파일명으로 사용해 엑셀 파일을 저장합니다.

ch13-유튜브조회수추이.py

```
import datetime --- ❶ 모듈 자동 추가
(중략)
for view, date, title, link in zip(views_elements, date_elements,
                                   title_elements, link_elements):
    (중략)
    row_num += 1
today = datetime.datetime.today().strftime("%y%m%d_%H시%M분%S초") --- ❶ 파일명 지정
book.save(f"./유튜브채널조회수/{today}.xlsx") --- ❷ 파일 저장
browser.close()
```

TIP 현재 시간을 원하는 문자열 포맷으로 얻을 수 있는 today = datetime.datetime.today().strftime("%y%m%d_%H시%M분%S초") 문은 자주 사용되니 기억해두세요.

코드를 실행하면 [유튜브채널조회수] 폴더에 현재 시간으로 된 엑셀 파일이 생성됩니다. 파일을 열어보면 수집한 정보가 다음과 같이 기록돼 있습니다.

그림 13-8 엑셀 파일 확인

13.2.3 조회수 추이를 꺾은선 차트로 그리기

조회수 추이를 꺾은선 차트로 그려보겠습니다.

❶ LineChart( )를 사용해 꺾은선 차트를 그립니다. 차트 제목(chart.title)은 "조회수 추이", 차트 스타일(chart.style)은 스타일 번호 13, y축 제목(chart.y_axis.title)은 "조회수", x축 제목(chart.x_axis.title)은 "영상 번호"로 설정합니다. LineChart에 빨간색 밑줄이 생기면 [Alt] + [Enter] 키를 눌러 openpyxl.chart 모듈의 LineChart 명령을 추가합니다.

> **TIP** openpyxl 모듈에서 미리 정해놓은 차트 스타일은 1부터 48까지 있으며, 차트 스타일에 따라 배경색, 라인 두께, 라인 색상 등이 달라집니다.

❷ 차트의 셀 범위로 B1 셀부터 마지막 행의 셀까지 지정합니다(f"Sheet!B1:B{sheet.max_row}"). Reference에 빨간색 밑줄이 생기면 [Alt] + [Enter] 키를 눌러 openpyxl.chart 모듈의 Reference 명령을 추가합니다.

❸ 앞서 지정한 셀 범위로 차트를 그리고 차트의 너비와 높이를 조절한 후 E1 셀에 삽입합니다.

```
from openpyxl.chart import LineChart, Reference --- ❶~❷ 모듈 자동 추가
from selenium import webdriver
(중략)
for view, date, title, link in zip(views_elements, date_elements,
                                   title_elements, link_elements):
    (중략)
    row_num += 1
# 차트 생성
chart = LineChart() --- ❶ 차트 생성 및 제목, 스타일, y축, x축 설정
chart.title = "조회수 추이"
chart.style = 13
chart.y_axis.title = "조회수"
chart.x_axis.title = "영상 번호"              ┌ ❷ 차트 셀 범위 지정
data = Reference(sheet, range_string=f"Sheet!B1:B{sheet.max_row}")
chart.add_data(data, titles_from_data=True) ┐
chart.width = 45
chart.height = 25                            ├--- ❸ 차트 도시, 크기 조절, 삽입
sheet.add_chart(chart, "E1") ────────────────┘
today = datetime.datetime.today().strftime("%y%m%d_%H시%M분%S초")
book.save(f"./유튜브채널조회수/{today}.xlsx")
browser.close()
```

코드를 실행하면 현재 시간으로 엑셀 파일이 생성되고 파일 안에 차트가 삽입됩니다. 차트 스타일이 궁금하다면 chart.style의 숫자(1~48)를 다르게 설정하고 실행해보세요.

그림 13-9 조회수 추이 차트 확인

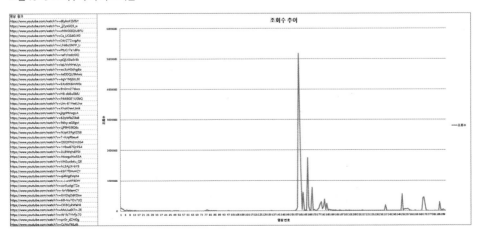

13.2.4 셀 서식 적용하기

끝으로 셀 서식을 적용합니다.

❶ 폰트, 정렬, 셀 배경색, 셀 테두리를 미리 지정해 변수에 저장합니다. Font, Alignment, PatternFill, Border, Side에 빨간색 밑줄이 생기면 Alt + Enter 키를 눌러 openpyxl. styles 모듈의 각 명령을 추가합니다.

❷ 제목 행의 A1 셀부터 D1 셀까지 순회하며 셀 서식을 적용합니다.

❸ 데이터 부분("B2":f"D{sheet.max_row}")을 모두 가운데 정렬합니다.

❹ D 열의 영상 링크를 클릭할 수 있도록 하이퍼링크를 설정합니다. cell.hyperlink = cell. value 문은 cell.value 값으로 링크를 걸라는 의미입니다.

❺ 모든 셀에 테두리를 추가합니다. sheet.iter_rows()는 시트의 각 행을 하나씩 가져오라는 명령으로, 이를 for 문에 사용하면 모든 행을 순회할 수 있습니다.

ch13-유튜브조회수추이.py

```python
from openpyxl.styles import Font, Alignment, PatternFill, Border, Side
from selenium import webdriver                    └ ❶ 모듈 자동 추가
(중략)

# 차트 생성
(중략)
sheet.add_chart(chart, "E1")
# 서식 지정            ┌ ❶ 폰트, 정렬, 셀 배경색, 셀 테두리 지정
header_font = Font(bold=True, size=12)
center_alignment = Alignment(horizontal="center")
header_fill = PatternFill(start_color="D9EAF1", end_color="D9EAF1",
                          patternType="solid")
thin_border = Border(left=Side(style='thin'), right=Side(style='thin'),
                     top=Side(style='thin'), bottom=Side(style='thin'))
# 제목 행 서식 적용
for row in sheet["A1:D1"]: --- ❷ 폰트, 정렬, 셀 배경색 적용
    for cell in row:
        cell.font = header_font
        cell.alignment = center_alignment
        cell.fill = header_fill
# 데이터 부분 서식 적용
```

```
for row in sheet["B2":f"D{sheet.max_row}"]: --- ❸ 가운데 정렬
    for cell in row:
        cell.alignment = center_alignment
# 영상 링크 걸기
for row in sheet[f"D2:D{sheet.max_row}"]: ----- ❹ 하이퍼링크 설정
    for cell in row:
        cell.hyperlink = cell.value
# 모든 셀에 서식 적용
for row in sheet.iter_rows(): ------------------ ❺ 셀 테두리 적용
    for cell in row:
        cell.border = thin_border
today = datetime.datetime.today().strftime("%y%m%d_%H시%M분%S초")
book.save(f"./유튜브채널조회수/{today}.xlsx")
browser.close()
```

코드를 실행하면 현재 시간으로 엑셀 파일이 생성되고, 파일을 열어보면 셀 서식이 적용된 것을
확인할 수 있습니다. 마지막 열의 영상 링크를 클릭하면 해당 웹 페이지로 이동합니다.

그림 13-10 셀 서식과 링크 확인

	A	D
1	영상 제목	영상 링크
2	(나도코딩 C) 소개	https://www.youtube.com/watch?v=dEykoFZkf5Y
3	(나도코딩 C) 1-1. 환경설정	https://www.youtube.com/watch?v=_jjZysGQS_w
4	(나도코딩 C) 1-2. Hello World	https://www.youtube.com/watch?v=xNMGGQIU8FU
5	(나도코딩 C) 2-8 프로젝트	https://www.youtube.com/watch?v=Ca_UCG40JX0
6	(나도코딩 C) 2-5 상수	https://www.youtube.com/watch?v=D4rZ7ZxxgAo
7	(나도코딩 C) 2-1 경찰서 조서 쓰기	https://www.youtube.com/watch?v=LF46oSNFP_U
8	(나도코딩 C) 2-4 실수형 변수	https://www.youtube.com/watch?v=PtUCr7a1dPo
9	(나도코딩 C) 2-7 scanf	https://www.youtube.com/watch?v=neFzhsdzI0Q
10	(나도코딩 C) 2-2 정수형 변수	https://www.youtube.com/watch?v=pQjUGIeSr3k

이 프로그램을 업그레이드하면 특정 키워드를 검색했을 때 나오는 여러 유튜브 영상의 조회수
를 수집해 엑셀 파일로 저장할 수 있습니다. 또한 각 영상의 댓글 수, 좋아요 수, 썸네일 이미지
등 더 많은 정보를 수집해 기록할 수도 있습니다. 그리고 각종 수치 정보를 차트로 그려 영상의
조회수, 댓글 수, 좋아요 수의 상관관계를 분석해볼 수 있습니다.

2 엑셀 파일의 특정 셀에 URL을 기록하면 웹 페이지를 바로 열 수 있도록 하이퍼링크를 설정하는 명령을 고르세요.

① `cell["hyperlink"] = "https://www.naver.com"`

② `cell.hyper_link = "https://www.naver.com"`

③ `sheet.cell.hyperlink = "https://www.naver.com"`

④ `cell.hyperlink = "https://www.naver.com"`

마무리

1. 특정 데이터 분리하기

복잡하게 섞여 있는 데이터에서 어떤 값을 기준으로 데이터를 분리하려면 unique() 명령을 사용합니다. 예를 들어 df["지역명"].unique()를 실행하면 df에 저장된 지역명이 추출되고, 이를 활용하면 다음과 같이 지역별로 데이터를 분리할 수 있습니다.

```
for location in df["지역명"].unique():
    df_location = df[df["지역명" == location]
```

2. 크롤링한 시간 정보 기록하기

크롤링 결과를 엑셀로 저장할 때는 크롤링한 날짜와 시간 정보를 남기면 큰 도움이 됩니다. 다음은 크롤링한 날짜와 시간을 문자열로 저장하기 위해 datetime 모듈의 today()와 strftime() 명령을 사용한 코드입니다. 이를 엑셀의 파일명이나 시트명으로 활용하면 이 데이터를 언제 수집했는지 파일만 보고도 알 수 있습니다.

```
today = datetime.datetime.today().strftime("%y%m%d_%H시%M분%S초")
```

3. 하이퍼링크 설정하기

특정 셀에 URL을 기록할 때 해당 셀의 hyperlink 속성을 활용하면 하이퍼링크를 설정할 수 있고, 이 URL을 클릭하면 해당 웹 페이지로 이동합니다.

```
cell.hyperlink = cell.value
```

1분 퀴즈
정답

2장

1. ①

2. ③

3. ① int(input("키 입력 (cm) >> "))

② int(input("몸무게 입력 (kg) >> "))

3장

1. ③

2. ②

3.

실행결과
"돈까스"

4.

```
contents = input("문장 입력 >> ") # 변수명은 달라도 됨
result = contents.replace('제주도', '#제주도').replace('여행', '#여행').replace('맛
        집', '#맛집') # replace() 함수 적용 순서는 상관없음
print(f"결과: {result}")
```

5.

① weather = ["맑음", "눈", "흐림", "천둥번개", "비"] # ()를 []로 수정

② weather.append("안개") # "weather =" 삭제

③ weather.remove("천둥번개") # ["천둥번개"]를 "천둥번개"로 수정

④ print(weather[-4:-1]) # [-1:-4]를 [-4:-1]로 수정

6.

```
shopping_list = input("구매할 물건을 쉼표로 구분해 입력: ")
shopping_list = shopping_list.split(",")
sorted_result = sorted(shopping_list)
print("정렬된 쇼핑 목록:", sorted_result)
```

또는

```
print("정렬된 쇼핑 목록:", sorted(input("구매할 물건을 쉼표로 구분해 입력:").split(",")))
```

7. ②

8. ① exchange_rates[key] = value

② exchange_rates[currency] * price

9. ②

10.

```
age = int(input("나이를 입력하세요: "))
has_ticket = input("일반 티켓을 소지하고 있습니까? (네/아니요): ")
is_vip = input("VIP 티켓을 소지하고 있습니까? (네/아니요): ")
clothes_color = input("옷 색깔을 입력하세요 (검정/빨강/파랑/초록): ")
can_enter = (is_vip=="네" or (age>=18 and has_ticket=="네" and clothes_color=="파랑"))
print(f"입장 가능 여부: {can_enter}")
```

4장

1.

실행결과
Hello
Python

2. ① elif 13 <= age **and** age < 19: # or를 and로 수정

② **elif** 19 <= age: # else를 elif로 수정

3.

실행결과
1
3

4. ① while attempt_count < 3: # ==를 <로 수정

② **break** # break 문 추가

5. zip(animal_list, sound_list)

6.

```
num = int(input("숫자 입력: "))
for i in range(1, num + 1):
    for j in range(i):
        print(i, end=" ")
    print()
```

7. ②

8. IndexError

5장

1. ②

2.

```
def calculator(a, b, operator):
    if operator == '+':
        return a + b
    elif operator == '-':
        return a - b
    elif operator == '*':
        return a * b
    elif operator == '/':
        if b == 0:
            return "0으로 나눌 수 없습니다."
        else:
            return a / b
    else:
        return "지원하지 않는 연산자입니다."
```

3. ②

4. ③

5. ④

6장

1.

```
import requests
from bs4 import BeautifulSoup
code = requests.get("http://www.cgv.co.kr/movies/?lt=1&ft=0") # "로 감싸기
soup = BeautifulSoup(code.text, "html.parser") # .text 붙이기
title = soup.select("strong.title") # ,를 .로 수정
for i in title:
    print(i.text) # title을 i로 수정
```

2. ④ (div.ad_banner_premium은 div#content의 자식이므로 div#content > div.ad_banner_premium > h3.subtit로 수정해야 합니다.)

7장

1. ④

2. ③

3. ②

4. ②

5.

```
import requests
from bs4 import BeautifulSoup
import urllib.request as req
code = requests.get("https://www.sisul.or.kr/open_content/skydome/introduce/pop_
                    subway.jsp")
soup = BeautifulSoup(code.text, "html.parser")
image_element = soup.select_one("div.center > img")
img_url = "https://www.sisul.or.kr" + image_element.attrs["src"]
req.urlretrieve(img_url, "지하철 노선도.png")
```

6. ②

8장

1. ③

2. ④

3. ②

4. ③

5. ④

6. ②

9장

1. ③

2. ④

3. ④

10장

1. ③

2. ③

3. ④

11장

1.

```
mail_box = MIMEMultipart()
mail_box["From"] = my_mail
mail_box["To"] = your_mail
mail_box["Subject"] = title # "Title"을 "Subject"로 수정
msg = MIMEText(content, _charset="euc-kr")
mail_box.attach(msg)
```

2. ④

3. ②

12장

1. ─────────────────────────────────────

```
import pandas as pd
from pandas import ExcelWriter
writer = ExcelWriter("./엑셀데이터/장사시설_병합.xlsx")
for year in range(2021, 2025):
    df = pd.read_excel(f"./엑셀데이터/장사시설현황/{year}년/전국장사시설현황.xlsx",
                       sheet_name="장례식장 시설정보")
    df_data = df[["시설명", "주소", "전화번호"]] # []를 두 번 사용
    df_data.to_excel(writer, sheet_name=f"{year}년")
    print(f"{year}년 데이터 병합 완료")
writer.close()
```

─────────────────────────────────────

2. ③

3. ③

4. ②

13장

1. ①

2. ④

찾아보기